本书获广西高校人文社会科学重点研究基地"区域社会治理创新研究中心"资金资助

作为社会公权力的基层群众自治权

王振标 著

中国财经出版传媒集团

中国财政经济出版社

图书在版编目（CIP）数据

作为社会公权力的基层群众自治权／王振标著．――北京：中国财政经济出版社，2021.6
ISBN 978-7-5223-0557-8

Ⅰ.①作… Ⅱ.①王… Ⅲ.①基层组织－群众自治－研究－中国 Ⅳ.①D638

中国版本图书馆 CIP 数据核字（2021）第 106208 号

责任编辑：胡　博　　　　责任印制：刘春年
封面设计：孙俪铭　　　　责任校对：胡永立

中国财政经济出版社 出版

URL：http://www.cfeph.cn
E-mail：cfeph@cfeph.cn

（版权所有　翻印必究）

社址：北京市海淀区阜成路甲 28 号　邮政编码：100142
营销中心电话：010-88191522
天猫网店：中国财政经济出版社旗舰店
网址：https://zgczjjcbs.tmall.com
北京财经印刷厂印刷　各地新华书店经销
成品尺寸：170mm×240mm　16 开　19.25 印张　301 000 字
2021 年 6 月第 1 版　2021 年 6 月北京第 1 次印刷
定价：80.00 元
ISBN 978-7-5223-0557-8
（图书出现印装问题，本社负责调换，电话：010-88190548）
本社质量投诉电话：010-88190744
打击盗版举报热线：010-88191661　　QQ：2242791300

前　言

基层群众自治制度是一项独具中国特色的基层治理制度，基层群众自治制度的有效运行是构建共建共治共享的社会治理格局的重要前提和基础。作为基层群众自治制度的核心，对基层群众自治权的研究理所当然成为法学界的研究重点。但经过21世纪初短暂的繁荣后，法学界对基层群众自治权的研究渐趋平静，并留下了一系列尚未解决的争议。在诸争议之中，基层群众自治权的性质之争是最为核心和重要的争议。对自治权性质认识的不同也进一步决定了对自治权主体、对象、内容等方面认识的不同。近些年，越来越多的学者认为基层群众自治权具有权利和权力双重面相。但是既有研究依然主要是从权利的角度对基层群众自治权进行的研究，即使持"综合说"的学者也鲜有人从权力角度对基层群众自治权的系统研究。

自治权的性质之争产生的根源在于"自治"与"自治权"这两个概念本身的复杂性，在不同的语境之中，"自治"与"自治权"分别具有不同的内涵。该现象不仅存在于各学者的学术论述中，也存在于法律文本中。在不同语境中，根据其主体不同及所指向对象的不同，"自治"与"自治权"便具有了不同的含义。当人们强调自治主体是自治共同体还是个体时，自治便有了团体自治和个体自治之分；当人们强调其对外的自治属性和对内的民主属性时，自治又有了团体自治和成员自治之分。当以基层群众自治共同体为主体，分别强调其所指向对象是外部对象（政府）和内部对象（成员）时，基层群众自治权的"权利"和"权力"之分便产生了。因此，只有在确定了具体语境时，讨论基层群众自治权是权力还是权利才有可能。当以自治共同体为主体、以其内部成员为对象时，基层群众自治权主要表现为一种权力属性。但基层群众自治权的社会公权力属性还需要从两个方面加以论证：第一，它是一种公权力还是私权力；第二，基层群众自治权到底是一种国家转授的国家公权力还是一种社会性的权力。与公司等私法人不同，基层群众自治共同体之存在是为了提供公共产品和公共服务，如果借用英国法对公共职能的检测标准，那么基层群众自治共同体履行显然是一种公共职能。由于基层群众自治共同体非一级国家政权而是一种社会自治共同体，显然，基层群众自治权只能是一种社会公权力而非国家公权力。

基层群众自治权与国家公权力相互之间的关系向来备受关注，行政化与去行政化也构成了基层群众自治研究的主线之一。从规范文本来看，国家公权力与基层群众自治权并不存在隶属关系，而是一种"帮助、指导—协助"的关系，但同时它们还存在"监督与被监督"的关系。如果要更深入地了解这种关系，还需从基层群众自治权的价值基础和本源的研究着手。从价值基础来看，各种自治制度相应的自治权总是政治博弈的产物，它既植根于自下而上的自治需求，同时也被视为一种自上而下的治理工具。自治权既源于共同体成员的权利让渡，同时也基于国家公权力的承认。我国的基层群众自治，作为一种国家主导下的制度建构，基层群众自治权的实现既需要与国家公权力保持一定距离，同时也离不开国家公权力的帮助和支持。辅助原则尽管在我国并无法律规范上的依据，但其内容与我国相关法律规范有不谋而合之处。辅助原则一方面要求国家公权力对基层群众自治权的运行保持克制义务，同时也要对基层群众自治权尽帮助义务。辅助原则对于国家公权力和基层群众自治权的权限划分也有指导意义，辅助原则要求权力和责任应当尽可能地被分配给低层次（或者是最恰当）的单位。

对基层群众自治权的研究离不开对其内容的全面研究和考察。由于既有研究大多从权利的视角来研究基层群众自治权的内容，因而大多学者将其划分为选举权、被选举权、表决权、参与权、知情权及监督权等内容。从公权力视角来看，作为社会公权力的基层群众自治权从内容上来讲与国家公权力有相似之处。按权力性质的不同，基层群众自治权也大致可以分为内部规约制定权、内部管理权、监督权以及民间调解权。进一步的研究可以发现，不仅法学界对该问题缺乏足够的关注，我国既有规范文本也存在许多不足，且这些不足较少为学界所关注。比如，村（居）民会议是否为内部规约制定权的唯一行使主体就鲜有学者关注。如果严格按照《中华人民共和国村民委员会组织法》（2018年修正）的规定，村民会议是村规民约唯一的制定主体。但在实践中大量的村规民约是由村民代表会议和村民小组制定的，这些村规民约是否合法有效？再比如，依《中华人民共和国村民委员会组织法》和《中华人民共和国居民委员会组织法》的规定，内部规约不得与"宪法、法律、法规和国家的政策"相抵触，那么规章是否不在不得抵触之列？最后，内部管理权的对外效力难题也是一个迫切需要解决的司法难题。这涉及对《中华人民共和国村民委员会组织法》第二十四条和第二十七条究竟是管理性强制性规范还是效力性强制性规范的认定问题。

基层群众自治权的归属主体是全体成员所构成的基层群众自治共同体，但从结构功能主义的角度看，不同性质的基层群众自治权由共同体内部不同的机构行使。从规范文本来看，我国形成了"村权三分，三会村治"的基本模式。为了进一步实现基层治理的善治目标，不少地方进行了有益的探索，进而形成了诸如成都"村民议事会"、广东清远"自治单元下沉"等新的模式。法学研究者所需要研究的是，这些新成立的机构所行使的权力来源是否合法，是否突破了既有法律文本的相应规范？这需要我们对基层群众自治权的行使依据作进一步的探究。根据前述对基层群众自治权的概念和本源所做的基本研究，基层群众自治权行使的直接依据是内部规约，最终依据是国家法。伴随着国家公权力的下沉，受基层政府委托，基层群众自治共同体往往也承担着大量的行政职能，进而基层群众自治共同体的内部规范也可以分为委托性规范和自主性规范，只有后者才构成了基层群众自治权的行使依据，前者是国家公权力在基层的延伸。不少地方政府对基层群众自治共同体权力结构的改造往往以地方性法规或其他规范性文件为依据，但根据《中华人民共和国立法法》的规定，基层群众自治的基本制度属于法律保留的范畴，那么如何理解法律保留原则下宪法法律以外法规范的立法权限对于这些基层治理革新的合法性，就有着重要意义。

"自治、法治、德治"三治融合是我国基层社会治理的基本模式。与此同时，自治原则、法治原则和德治原则也构成了基层群众自治权行使的基本原则。除此以外，鉴于四个民主在基层群众自治中的重要地位，民主原则也是基层群众自治权行使的基本原则之一。自治原则从消极的层面而言，要求基层群众自治权具有自主性，基层群众自治权的行使要免于国家公权力的不当干涉；从积极层面而言，要求充实基层群众自治权的内容，减少对国家公权力的依赖。德治原则、法治原则和民主原则同样是国家公权力的行使原则，但在基层群众自治权的行使过程中具有独特的含义。德治原则意味着基层群众自治权的行使不仅要合法,还要符合社会公众普遍认可的价值观,这种价值观不仅包括了整个中国社会各阶层共同认可的社会主义核心价值观,还包括了共同体内部共同价值观。法治原则对基层群众自治权既有规制和约束以防止其滥用的作用,同时也有保障其免受国家公权力干扰之作用。

历史上,由于基层群众自治一开始便承载了直接民主的美好寄托,因此相较于在国家公权力的行使而言,基层群众自治行使中的直接民主所占的比重较大,处理好直接民主与间接民主之间的关系显得尤为重要。除此以外,如何避免多数暴政可能造成的对少数群体利益的损失,也是民主原则在运行时需要注意的问题。由于相较于国家公权力而言,基层群众自治权的行使更多地采用了民主决策方式,因此避免多数暴政的问题对基层群众自治权的行使有着更为重要的意义。

任何权力都有滥用的可能,基层群众自治权也不例外。对基层群众自治权的滥用,既有研究主要关注于基层群众自治的内部人控制问题,但对基层群众自治权行使中的多数暴政问题和外部监督问题的关注严重不足。在实践中,基层政府和法院对于村(居)民(代表)会议所作的决议或制定的内部规约所导致村(居)民个体权益的减损等问题的处理态度呈现了明显的分化,在实践中还有以自治之名逃避监管责任的现象。既有的法律规范也存在许多模糊之处,以至于即使在最高人民法院的判决或裁决中也存在不同的意见。《中华人民共和国村民委员会组织法》第三十六条隐含着一个逻辑悖论,根据该条款,自治权力行使的合法性与是否应当对前者进行审查之间互为前提,进而成为一个悖论。既有法律规范并没有设立对基层政府和法院逃避监管责任的追责机制。避免基层群众自治权的滥用既离不开完善的内部权力制约和监督机制,也离不开国家公权力的外部监督。应当明确,国家公权力对基层群众自治权的外部监管既是一种权力,同时也是一种不可推卸的法律责任。

由于基层群众自治权运行实践中受到基层政府影响过大,因此基层群众自治权的行政化和保障一直以来是学术界研究的重点。在部分学者看来,"去行政化"是实现基层群众自治权、摆脱自治"空转"现象之灵丹妙药。但是"居站分离"的改革实践说明这种基于"国家—社会"简单研究范式的观点过于片面和理想化,因为它割裂了基层群众自治权与国家公权力之间的相互联系。如果跳出"行政化"与"去行政化"的思维模式,回归到"自我管理、自我教育、自我服务"的基本定位,我们可以发现,公共产品和公共服务供给是基层群众自治共同体存在的主要目的和功能,因此公共产品和公共服务供给能力是基层群众自治权脱虚向实的基础,也是实现其相对独立性和自主性的前提。要解决公共产品供给能力低下的问题,必须解决两个关键性的问题:其一是经济自主权和可供自由支配的财产,其二是必须承认基层群众自治权有一定的强制性。

目 录

引言 1

第一章 作为社会公权力的基层群众自治权之概念 20

  第一节 自治与基层群众自治 20

  第二节 基层群众自治权之社会公权力属性的证成 38

  第三节 作为社会公权力之基层群众自治权的概念界定 ... 55

第二章 基层群众自治权的本源及其与国家公权力的关系 ... 64

  第一节 基层群众自治权的本源 64

  第二节 基层群众自治权与国家公权力之间的关系 73

第三章 基层群众自治权的内容 92

  第一节 内部规约制定权 92

  第二节 内部管理权 105

  第三节 内部监督权 109

  第四节 民间调解与裁决权 114

第四章 基层群众自治权的行使 119

  第一节 基层群众自治权的行使主体 119

  第二节 基层群众自治权的行使依据 128

  第三节 基层群众自治权的行使原则 136

第五章　基层群众自治权的滥用及其规制 ············ 154

第一节　基层群众自治权的滥用风险 ················ 154
第二节　基层群众自治权滥用的原因探析 ············ 165
第三节　我国基层群众自治权监督与制约机制的完善 ···· 186

第六章　基层群众自治权的虚化与回归 ············ 211

第一节　实践中基层群众自治权的虚化表征 ·········· 211
第二节　基层群众自治权虚化的原因探析 ············ 219
第三节　基层群众自治权脱虚向实的实现与保障 ······ 232

结语 ·· 251

参考文献 ······································ 253

附录 ·· 280

附录A：调查问卷 ································ 280
附录B：访谈提纲 ································ 297

引　　言

一、问题的提出

（一）本书的研究对象：作为社会公权力的基层群众自治权

基层群众自治制度是我国基层民主政治建设的一项伟大制度创新。我国自古以来就有"皇权不下乡"的历史传统。新中国成立后，尽管传统乡土社会发生了翻天覆地的变化，基层群众自治仍然在国家层面得到了承认和发展，基层民主政治也得到了真正的确立和发展。如果从1954年《城市居民委员会组织条例》的颁布算起，至今已经有60多年的发展历史。一直以来，党和国家对基层群众自治制度建设极为重视。党的十七大首次将"基层群众自治制度"写入党代会报告，并正式将其与人民代表大会制度、中国共产党领导的多党合作和政治协商制度、民族区域自治制度一起，纳入了中国特色政治制度范畴。十八大以来，党对基层群众自治制度做出了新的部署，提出要"健全基层党组织领导的充满活力的基层群众自治机制"。党的十九大做出了乡村振兴的重大战略部署，并指出要坚持和完善基层群众自治制度，加强农村基层基础工作，健全自治、法治、德治相结合的乡村治理体系，加强社区治理体系建设，实现政府治理和社会调节、居民自治良性互动。党的十九届四中全会《决定》再次强调，要"健全充满活力的基层群众自治制度"。

"充满活力的基层群众自治制度"的实现，离不开基层"小微权力"的规范运行。从2014年中央一号文件提出"探索不同情况下村民自治的有效实现形式"起，为实现农村基层治理的善治目标，提高基层群众自治性组织的治理能力，不少地方政府都在尝试基层群众自治的制度创新，其中自治单元的下沉、村内权力结构的再造以及村民自治权的规范化是主要内容。2018年中央一号文件《中共中央、国务院关于实施乡村振兴战略的意见》明确提出要建设法治乡村，并指出，要推行村级"小微权力"清单制度，加大基层"小微权力"腐败惩处力度。在此之后，"小微权力"清单制度在全国铺开，不仅在乡村，在城市基层社区也大力推行。当然，基层"小微权力"规范运行的实现不仅需要对其加强监督，更重要的是实现它与国家公权力之间的良性互动。在乡村脱贫攻坚和乡村振兴战略背景下，乡村振兴离不开国家的大力支持，国家公权力的下沉是必然趋势，而坚持基层群众自治制度意味着要保障基层群众自治空间。基于权力性质及其来源的不同，基层"小微权力"可以分为两类：一类是自上而下基于国家法和基层政府授权或委托而产生的权力，另一类是自下而上基于自治属性和自治事务而产生的权力。前者是国家公权力的延伸，而后者则是一种具有自治属性的社会公权力。不同权力来源和权力性质使得这两种权力的行使需要遵循不同的原则和规范，其所产生的相应法律关系自然也存在相当大的差异。最为明显的是，具有自治性质的社会公权力与国家公权力之间并没有隶属关系，从法理上来讲，在不抵触和违背国家法的前提下，具有自治属性的社会公权力的行使有相当大的自主性。如何既尊重基层群众自治的原则同时又加强自治权滥用的监管至今都是理论界和实践界的未解难题之一。正是鉴于前述两类基层"小微权力"之间的重要区别，为了聚焦于第二类"小微权力"并强调其自治属性，本书没有采用政治学界常用的"村内权力"或"小微权力"这类概念，而是采用了法学界较多地采用的"村民自治权"和"居民自治权"的概念，并将其统一到"基层群众自治权"这一概念之下。

  作为基层群众自治制度的核心，基层群众自治权的研究理所当然成为法学界的关注和研究重点。但经过21世纪初短暂的繁荣后，法学界对基层群众自治权的研究渐趋平静，与此同时留下了一系列尚未解决的争议。在诸争议之中，基层群众自治权的性质之争是最为核心和重要的争议。对自治权性质认识的不同也进一步决定了对自治权主体、对象、内容等方面认识的不同。"自治权"这一概念在不同语境之下，往往也有不同的内涵。基于"自治权"这一概念的复杂性，不同的学者甚至同一学者在不同语境之中往往从不同视角去使用"村民自治权"和"居民自治权"的概念，有时它们是指某种权利，有时是指某种权力。近些年，越来越多的学者认为基层群众自治权具有权利和权力双重面相。因为学术上对于"自治权"的"权力"或"权利"

属性在不同语境下有不同理解，为了加以明确区分，本书采用了"作为社会公权力的基层群众自治权"这一概念加以界定，**为表述方便起见，本书省略其定语，简称之为"基层群众自治权"，凡未加特别说明的情况下本书中的"基层群众自治权"均指社会公权力层面的基层群众自治权**。当然，基层群众自治权是否确实是一种社会公权力并非不证自明，对于这一概念的证成将在第一章完成。最后需要说明的是，尽管从理论上来讲基层群众自治制度可能还包括了除村民自治和居民自治以外的自治形式，从党的十九届四中全会《决定》表述来看，基层群众自治的外延也有扩大的趋势，但在我国，目前只有前述两种形式为宪法所明确肯定并形成系统的法规范体系，因此为研究之便利，**本书所指基层群众自治仅指村民自治和居民自治，相应地，基层群众自治权亦仅指村民自治权和居民自治权**。

（二）研究意义

基层群众自治制度的完善、"自治、法治、德治"相结合的乡村治理体系的建立既有赖于党和国家的大力推进，也有赖于学术上的研究和探索。在1998年通过《村民委员会组织法》及随后一段时间，基层群众自治尤其是村民自治一度成为政治学、社会学、公共管理学、法学等各学科的研究热点。作为政治基层群众自治的核心，基层群众自治权自然也曾是法学界的研究重点之一。如今，基层群众自治研究的热潮虽然已经退去，但绝非意味着相应的理论问题都已经解决；相反，相较政治学、公共管理学、社会学等学科对该领域的持续研究，法学界对基层群众自治权的研究并不充分，不能给我国基层群众自治实践提供足够的理论支撑。

既有研究至少在以下方面存在问题或有待进一步研究。第一，专门针对基层群众自治权的系统研究成果不多，而且多是从权利的角度来研究的，从公权力的角度研究的不多。尽管在法学界中，关于基层群众自治权的性质，权利说、权力说和权利权力双重说三种学说并存，但是从权力的角度的系统研究极少。第二，基层群众性自治组织的行为既可能是法律、法规授权或委托的行为，也可能是行使基层群众自治权力的行为（如社会公行政行为），学界对这两种行为的区分研究不够。行政管理学界和行政法学界早在20世纪末就开始关注并引入社会公行政（有些学者用"社会行政"一词）的概念。石佑启在2003年《论公共行政之发展与行政主体多元化》（《法学评论》

2003年第4期）就指出了这两种行为的区别，并明确提出基层群众性自治组织是一种典型的社会公行政组织，但法学界中研究基层群众自治的学者对此并没有引起足够的重视，缺乏深入的挖掘和研究。第三，对基层群众自治权力的滥用及规制研究的较多，而对基层群众自治权空心化研究的不多。基层群众自治权运行实践中的问题确实更突出地表现在国家公权力的不当侵扰和基层群众自治权力的滥用，但是基层群众自治权空心化也是一个不容忽视的问题。基层群众性自治组织存在的主要意义，就在于为村（居）民提供公共服务和公共产品，但是相当多的实证研究都表明基层群众性自治组织公共产品供给能力低下，但鲜有从法学角度的分析。第四，基层群众自治制度是诱致性制度变迁和理性构建制度变迁的结合，法学界对基层群众自治的该特性重视不够。西方国家的地方自治，尤其是英美国家的地方自治多是自发生成的，从制度经济学的角度来讲属于诱致性制度变迁，而我国民族区域自治和特别行政区自治则主要是理性构建的结果。我国的基层群众自治两种特征都有，它既不是纯粹自发生成的，也并非纯粹的理性构建的结果。这意味着，一方面对于基层群众自治权的运行，我们需要保留足够的空间，另一方面，绝不能忽视国家公权力对它的支持和监管。法学界对前者往往较为关注，对后者重视不够。

因而，在党和国家提出法治国家、法治政府、法治社会一体建设，坚持和完善基层群众自治制度的背景下，从法学视角对作为社会公权力的基层群众自治权进行系统研究有很强的理论意义和现实意义。

从理论意义上来讲，本书的研究有助于丰富和发展自治权相关基础理论，并促进基层群众自治权理论完整化和系统化。从法学角度来讲，基层群众自治权是基层群众自治的核心理论问题。我国对自治权的现有研究主要集中于对特别行政区自治权和民族区域自治权的研究，且常以西方地方自治权为参照物。然而，基层群众自治相较地方政府自治而言有其特殊性——基层群众性自治组织不属于一级政府，因而它不具有西方地方自治政府所具有的行政权、立法权和司法权等国家公权力。但基层群众自治与一般社会自治也有所不同，一般的社会自治往往是属于特殊领域或特殊群体的自治（如行业协会的自治、高校自治等），而基层群众自治所涉及领域往往较广，公共卫生、公共安全、公共活动、集体财产、公共文化等多方面多领域都可能属于基层群众自治的管辖范畴。另外，既有研究往往着眼于基层群众自治权的性质——它是一种权力还是一种权利，而对基层群众自治权的本源研究不够深入。基层群众自治权的本源在很大程度上决定和影响了基层群众性自治组织与基层政府之间的相互关系、基层群众自治权的行使依据等一系列重大理论问题。

从实践意义上来讲，本书的研究有利于回应实践中的一些法律问题。基层群众自治权运行实践中往往遇到很多一些法律难题，比如基层群众自治共同体制定的自治章程或村规民约究竟有没有处罚的设定权？如果罚款被认定为违反《行政处罚法》，那么削减村民福利甚至村内批评、警告是否同样也构成了对《行政处罚法》的违背？以村民议事会为典型的新型议事机构的权力是否存在合法性问题，会否侵蚀原本属于村民（代表）会议的权力？经村民会议或居民大会（而不是村委会或居委会）合法程序表决通过但明显违背基本公平正义原则的决议如果侵犯了少数成员的合法权益，司法程序如何提供有效的救济？另外还有村/居民（代表）会议制定的内部决议的对外效力问题，村一级组织是否有权利调整各村民小组的农地等等问题。

最后，本书的研究还有助于深化对基层群众自治共同体①内部权力结构完善和优化的研究。基层群众自治共同体内部权力的有效行使离不开科学、合理的权力结构，尤其是内部完善的权力制衡和监督机制。目前对这方面的研究主要集中于村两委（村共产党员支部委员会和村自治委员会的简称）之间的关系。这个问题是政治学、社会学、公共管理学等多学科都关注的问题，但法学界明显缺乏足够的关注。社会学侧重实证研究，政治学与公共管理则都具有明显的价值导向和制度建构倾向，只是公共管理更侧重效率，政治学更侧重公正和正义。然而学界对村（居）民会议、村（居）民代表会议、村（居）委会、村（居）民小组之间的相互关系的研究却不够充分，尽管相关法律对其都有基本定性，但仍存有一定待解决的问题。例如，《中华人民共

---

① 为了表达的准确性，本书对基层群众自治共同体、基层群众性自治组织以及村（居）委会作了区分。其中基层群众自治共同体是指由某一特定区域（村或社区）的村（居）民所组成的自治性社团。在此意义上，村（居）委会只是其中的一个执行机构，两者之间的关系类似于公司与董事会之间的关系。由于《中华人民共和国村委会组织法》和《中华人民共和国居委会组织法》明确规定村（居）委会是基层群众性自治组织，因此尽管有学者提出广义和狭义的基层群众性自治组织的概念对此加以区分，但为了保持与法律文本的一致，本书尽量避免采用基层群众性自治组织这一容易引起混淆的概念。具体请参见第一章第一节。

和国居委会组织法》中并没有明确规定居务监督委员会，那么实践中村（居）务监督委员会的创设是否合法？村（居）民会议是否能将所有的权力授予村（居）代表会议？村（居）民代表会议是否有权制定村规民约或居民公约？基层群众自治共同体的组织结构可否是多元化的？行政村和自然村并设的两级村委会制是否合法？在《中华人民共和国村民委员会组织法》（以下简称《村委会组织法》）和《中华人民共和国城市居民委员会组织法》（以下简称《居委会组织法》）没有明确规定的情形下，诸如村（居）民协商议事会等基层治理机制创新实践中所自行设立之机构的合法性是否存在问题？它们是否侵蚀了原本属于村（居）民（代表）会议的权力？

二、国内外相关研究综述

（一）国内研究现状

1. 总体上的研究特点

我国研究村民自治和社区自治的文章和著作可谓汗牛充栋，但是从公权力视角研究基层群众自治权的并不多见。总体来讲既有研究呈现两个特点。

第一，对村民自治权研究的较多，对居民自治权研究的较少，而直接将两者合并研究的更少。我在中国知网以"居民自治权"作为题名搜索得到3篇文章，以"社区自治权"作为题名搜索到6篇（其中有一篇实际是研究村民自治的），两者相加是9篇（扣除其中那篇研究村民自治的，实际上应该是8篇），而单以"村民自治权"为题名搜索的结果是85篇，最后以"基层"和"自治权"为篇名搜索的结果是7篇（事实上只有1篇是专门研究基层群众自治权力的）。是否这两者的差异远大于共性，以至于对两者的合并研究很难成为一个独立的课题呢？从社会学和公共管理学的角度来看，城乡二元化结构的长期影响使城乡区别很大，无论是职业构成、学历构成、年龄结构、贫富差距还是社会关系（一个是熟人社会，一个是陌生人社会）在城乡之间都呈现巨大的差异，从而呈现出两种不种的社会生态。但是，一则，将来的改革趋势是城乡一体化，城乡二元化结构将从法理上失去依据，在现实上鸿沟也将逐渐缩小；二则，从法学的角度来看，村民自治权和居民自治权本质上没有多大区别，国家—自治共同体—组织成员三者之间的权利义务关系在本质上也没有多大区别。司法实践中，也常有法院直接援引《村委会组织法》来适用于居民自治领域的法律纠纷。

第二，从权利的角度研究基层群众自治权的较多，从权力的角度来研究基层群众自治权的较少。如前所述，关于基层群众自治权的性质主要有三种学说——"权利说""权力说""权利权力综合说"。尽管不少学者承认基层群众自治权具有权力的性质，但是具体到研究基层群众自治权的行使、内容和救济与保障时，大多不自觉地从权利的角度来分析基层群众自治权。崔智友的论文《中国村民自治的法学思考》（《中国社会科学》2001年第3期）就专门指出了这点。有意思的是，崔智友似乎犯了同样的错误：在论述自治权的性质时承认村民自治权的权力性质，而在分析自治权的行使方式时，明显是从权利性质的角度来分析的。总之，有意识地专门针对作为公权力的基层群众自治权的系统研究极为少见。

2. 已有研究成果简述

（1）对基层群众自治的整体勾勒和研究。这方面的研究成果主要是专著，比较有代表性的有：徐勇著《中国农村村民自治》（华中师范大学出版社1997年出版、2018年再版）及《中国城市社区自治》（武汉出版社2002年出版），郑永流等著《农民法律意识与农村法律发展》（武汉出版社1993年出版），郑永流著《当代中国农村法律发展道路探索》（上海社会科学院出版社1991年出版），王禹著《我国村民自治研究》（北京大学出版社2004年出版），王振耀著《中国村民自治理论与实践探索》（宗教文化出版社2000年出版），唐鸣著《草根的法律规制》（中国社会科学出版社2013年出版），于建伟、黄观鸿、唐鸣等著《中国基层群众自治制度》（中国民主法制出版社2017年出版），王仲田、詹成付主编《乡村政治：中国村民自治的调查与思考》（江西人民出版社1999年出版），于语和著《村民自治法律制度研究》（天津社会科学院出版社2006年出版），周庆智著《中国基层社会自治》（中国社会科学出版社2017年出版），王允武《中国自治制度研究》（四川人民出版社2006年出版）等。上述各专著研究角度各有不同，政治学、社会学、公共管理学、法学等各类学科的研究视角都有，研究方法亦各有不同，有的注重田野调查，有的侧重价值分析，有的侧重比较研究。除此以外，新中国成立以前也有不少研究专著，因社会生态和政治生态差异，这里不予列举。

(2) 关于自治权基本理论的研究。这方面主要研究重点在三个问题,一是自治权的性质,二是自治权的本源,三是自治权的主体。

关于自治权的性质方面的研究已有一定的成果,但是远未达成共识。如前所述,关于这方面的研究已经有许多成果,主要有三种主流观点——"权力说""权利说""权力与权利综合说"。持"权力说"者如张文山在《自治权理论与自治条例研究》中所言:"一种在社会团体内,经过团体多数和人许可或默示的,合法地、独立行使具有约束力和支配力的一种权力。"① 持"权利说"者如王禹在《我国村民自治研究》中指出:"村民自治权是一种自治权利,而不是自治权力。"② 持"综合说"者如崔智友在《中国村民自治的法学思考》中指出:"村民自治权应当具有两重性质。从来源上看,它是法律赋予村民自治主体的一种权利,而村民自治主体在行使村民自治权时,对构成村民自治主体的每一个村民来说,又是一种具有内部管理色彩的公共权力。"③

关于自治权的本源的研究以及基层群众自治权与民族区域自治权、特别行政区自治权及国外地方自治权之间的区别则论者甚少,或只有概括论述自治权的基本理论及其不同机理(如王允武《中国自治制度研究》,四川人民出版社2006年版;周安平《社会自治与国家公权力》,《法学》2002年第10期),或只有只言片语提到该问题,缺乏进一步的论证。(如杨成《村民自治的性质辨析》,《求实》2015年第5期);王建学《作为基本权利的地方自治》,厦门大学出版社2010年版)。

关于自治主体的研究,崔智友《中国村民自治的法学思考》(《中国社会科学》2001年第3期)一文有比较全面的分析,他的"村民自治的主体是由户籍关系归属于村的全体村民所组成……村民自治体,简称自治体"④ 的观

---

① 张文山:《自治权理论与自治条例研究》,法律出版社2005年版,第4页。还有其他学者也持该看法,如周贤日、潘嘉玮:《论村民自治权与国家行政权》,《华南师范大学学报(社会科学版)》2003年第1期,第26—34页。

② 王禹:《我国村民自治研究》,北京大学出版社2004年版,第53页;杨成《村民自治的性质辨析》,《求实》2015年第5期,第81页。

③ 崔智友:《中国村民自治的法学思考》,《中国社会科学》2001年第3期,第136页。其他类似观点参见:何泽中《当代中国村民自治》,湖南大学出版社2002年版,第68—71页;王建学《作为基本权利的地方自治》,厦门大学出版社2010年版,第41—45页;周安平《社会自治与国家公权力》,《法学》2002年第10期,第15—17页。

④ 崔智友:《中国村民自治的法学思考》,《中国社会科学》2001年第3期,第132页。

点亦得到许多学者的赞同。但是也有不少不同的观点,较有代表性的一种观点是:村民自治的主体是村民委员会,村民委员会应当成为名副其实的法人①。这一观点在 2017 年出台的《民法总则》似乎得到了认可和回应,因为在《民法总则》中村(居)委会的法人地位得到了承认。另一种较有代表性的观点是,村民自治的主体是村民个人。最后,还有一种较为独特的观点,刘颖在《论村民自治的主体》一文中还特别提出"户"也可作为村民自治的主体。②

(3)关于国家公权力与基层群众自治权之间的关系及界分的问题的研究。这一问题事实上是政府与基层群众自治共同体相互关系的一个侧面。法学界与政治学界诸多学者的共识是,应当引入辅助原则来解决这一难题。作为现代自治理论中的一个重要原则,辅助原则作为处理国家与社会之间关系的一个基本原则已经被广泛接受。例如熊光清在《从辅助原则看个人、社会、国家与超国家之间的关系》一文中指出:"……国家应当把一些不太重要的事情交由次级团体去处理,而不至于分散自己的力量……"③ 个人自我负责与团体协作优先于国家在给付行政方面所负的责任。④ 问题在于,在何种程度下国家权力应该保持谦抑又在何种情况下必须干预基层群众自治,以确保"承认并尊重共同体自治"的同时"防止盲目自治带来的权力滥用与失序"⑤。对于这一问题的看法很大程度上取决于对基层群众自治权的性质和本源的认识。现有的研究往往在并没有区分不同的自治形式的情况下笼统地阐释这个问题,从而导致辅助性原则过于抽象。从基本逻辑来看,如果自治权来源于国家授予,那么自治权事实上依然是国家权力的一部分,至少在自治权与国家公共权力的边界出现模糊的情况下,国家拥有解释权上的优势;相反,如果自治权直接来自自治共同体成员的授予并不是国家的授予,那么国家公权力并不享有天然的压倒性优势。但如果我们承认一项权利如果一经授予、国家将不能再授予其他组织,而且为了达到幸福、正义的生活环境我们

---

① 陈箭、刘民安:《简论村民委员会的法律地位》,《政治与法律》1992 年第 6 期,第 45—47 页。
② 刘颖:《论村民自治的主体》,《求索》2008 年第 6 期,第 54—56 页。
③ 熊光清:《从辅助原则看个人、社会、国家、超国家之间的关系》,《中国人民大学学报》2012 年第 5 期,第 68—75 页。
④ 刘茂林:《公法评论(第 1 卷)》,北京大学出版社 2003 年版,第 194 页。
⑤ 李泽:《法治社会中共同体自治的边界》,《学术交流》2015 年第 6 期,第 72—76 页。

已经将最重要的权利赋予了国家,那么自治权的行使确实不得僭越本该由国家公权力行使的权力(例如对自由、生命、基本财产的限制)。

与这方面有关的研究另一个重要学术成果是社会行政(或社会公行政)概念的提出。至少是在 20 世纪末,社会行政这一概念即被提出,李大琨在 1998 年即从国家与社会两分的角度提出社会行政这一概念,并指出随着时代发展,公共服务的提供者与公共职能的承担者将不再仅仅是国家①。在行政法学界也有不少学者提出行政主体多元化并倡导社会公行政的概念。姜明安是社会公行政理论的积极倡导者,石佑启也是此中代表。他们指出,随着非政府公共组织的迅速发展,传统的行政委托、授权的概念已经不能完全覆盖非政府公共组织依章程和规约提供公共服务执行公共管理职能的行为,这时的行政权已经"不仅仅指国家行政权力……,还包括社会公行政权力"②。徐婧则明确指出社会公权力是社会自治权的表征③。然而,这些研究成果未被很好地引入基层群众自治权力的法理研究当中。

(4)关于基层群众自治权的行使及困境。这方面的研究主要包括诸如基层群众性自治组织权力结构、自治章程或村规民约的制定与执行、民间准司法行为的合法性及规制、基层群众自治权运行的困境等。

关于基层群众自治组织的组织结构优化与完善的研究尚有进一步挖掘的空间。徐勇、赵德健提出了村民自治"三波论",并指出现阶段的研究任务是不断探索村民自治的有效实现形式,建构多层次多类型多样式的村民自治体系④。肖滨、方木欢在实证研究的基础上,分析和总结了村民自治组织内部结构中村两委的紧张关系以及村民会议与村委会之间的紧张关系,并独创性地提出"五权"平衡理论来解释,最终提出,要用"三元制衡与多层共治"(指协商议事会、村民委员会和村务监督委员会所构成的三元结构,分

---

① 李大琨:《中国社会行政管理》,中国国际广播出版社 1998 年版。
② 石佑启:《论公共行政之发展与行政主体多元化》,《法学评论》2003 年第 4 期,第 59—66 页。
③ 徐靖:《论法律视域下社会公权力的内涵、构成及价值》,《中国法学》2014 年第 1 期,第 79—101 页。
④ 徐勇、赵德健:《找回自治:对村民自治有效实现形式的探索》,《华中师范大学学报(人文社会科学版)》2014 年第 4 期,第 1—8 页。

别负责决策、执行与监督的权力）的方式来优化组织结构①。更难得可贵的是，该文还探讨了村民小组与村之间的相互关系。房亚明则明确提出："村民委员会是当前我国村民自治的主要形式。由于各个地方的历史、地理、人文、社会资本和政治生态迥异，全国整齐划一的村庄组织形式有必要因地制宜地进行调整。"② 杜鹏以成都"村民议事会"的制度创新为实例，对后选举时代村民自治与政府治理有效结合的路径进行了有益的探索③。而范思凯、邓泉国通过对村民自治组织与居民自治组织之间组织结构的比较，对如何相互促进和改善基层群众自治组织结构提出了比较有意义的建议，作了有益探索④。其他诸如程启军《村民自治组织体系的结构功能分析》（《社会》2002年第10期）、韦少雄《村民自治组织结构关系论析》（《河池学院学报》2013年第2期）、王俊文《农村村民自治组织结构功能比较研究三论》（《中共沈阳市委党校学报》2002年第2期）亦作了一些有益探索。专门针对居民自治组织结构的研究，陈伟东的《邻里网络：自组织的社会结构——解读城市社区自治的一种分析框架》一文提供了一个很好的视角并做了有益探索。但总体而言，该领域还有许多值得思考和研究的问题。从上述研究综述来看，该领域主要是社会学、政治学与公共管理界的研究，从法学视角对该问题的研究相当不充分，例如没有从法理上分析村（居）民对于组织结构的自主选择权以及基层群众自治机制创新中政府与村民自治共同体的角色区别。

自治章程和村规民约与基层群众自治权力紧密相关。关于自治章程和村规民约的研究，张广修的专著《村规民约论》（武汉大学出版社200年出版）、张明锁的专著《村民自治与"村规民约"建设研究》（郑州大学出版社1999年出版）都做了较为深入的综合性探讨，论文方面齐飞的博士论文《国家治理体系中的村规民约》（中共中央党校，2015年）、田有成博士论文《传统与现代乡土社会中的民间法》（中国政法大学，2005年）、刘志刚《民

---

① 肖滨、方木欢：《寻求村民自治中的"三元统一"——基于广东省村民自治新形式的分析》，《政治学研究》2016年第3期，第77—90页。

② 房亚明：《回应与责任：村庄自治组织形式的多元化建构——中国农村权力结构的制度化调整》，《湖北行政学院学报》2012年第2期，第25—30页。

③ 杜鹏：《村民自治的转型动力与治理机制——以成都"村民议事会"为例》，《中州学刊》2016年第2期，第68—73页。

④ 范思凯、邓泉国：《结构与关系：村民自治与居民自治组织体系比较研究》，《中共福建省委党校学报》2012年第1期，第28—34页。

事审判中的村规民约》(中国人民大学学报》2010年)、罗昶《村规民约的实施与固有习惯法——以广西壮族自治区金秀县六巷乡为考察对象》(《现代法学》2008年)、孟刚《村规民约的司法审查研究》(《国家行政学院学报》2011年)、张广修《村规民约的历史演变》(《洛阳工学院学报》2000年)等文章都做了有益的探索。另外,苏力的《法治及其本土资源》、吉尔兹的《地方性知识》、千叶正士《法律多元》等论著对于如何看待村规民约与国家法之间的关系,如何正确对待民间法的效力亦颇有益处。

与此紧密相关的另一个问题是对基层群众自治共同体内部准司法行为的研究。只要承认村规民约(当然是指合法的村规民约)的效力,自然会存在一个村规民约的适用问题,这时民间准司法行为即可能出现(亦可能是以准行政行为的方式出现)。可惜的是与前述关于村规民约研究的繁荣与蓬勃形成鲜明对照的是,这方面的研究目前较为薄弱(但对于民间习惯的研究比较多)。对于大部分学者而言,司法权是一项国家统一行使的权利,否则无法保证法治公平性。胡金龙明确提出创设司法裁判制度的必要性、可行性,并且提出了两种可供选择的制度设计,其中第二种完全是民间性质的仲裁机制①。不足之处在于,他未论证建立这种村民自治司法裁判制度与司法权的国家统一性之间的关系。刘泽友介绍了民族自治区域司法自治的传统,并提出:"在国家法律统一规范的前提下,我们应对传统的家法族规吸取其中有益的精华,扬弃其中的糟粕。经过'传统的再改造',实现土家族家族司法在现代社会条件下的价值转换。"② 不过他没有提到这种自治司法的方式是否适用于一般的基层群众自治。而刘颖虽然承认内部解纷机制是"是解决问题的根本途径",但是认为"从现在的情况看,内部救济的建立还有相当长的路要走,求助于内部救济显然还不现实"③。从法理上来讲,如果基于意思自治的原则,民事纠纷双方当事人约定将纠纷管辖权交与仲裁机构是合法和可接受的,那么如果双方当事人约定将纠纷管辖权交与自治共同体亦是可接受的。

关于基层群众自治权力运行中的问题,学界尤其是政治学与社会学界通

---

① 胡金龙:《村民自治司法裁判制度探微》,《长江论坛》2006年第2期,第69—72页。
② 刘泽友:《论湘鄂西土司司法自治与土家族家族司法的确立》,《学术交流》2009年第3期,第80—84页。
③ 刘颖:《村民自治权利的司法救济及相关问题探讨》,《河南师范大学学报(哲学社会科学版)》2005年第3期,第83—85页。

过实证研究与田野调查，发现基层群众自治权力运行中最突出的两个问题是：国家公权力的不当干扰和基层群众自治权力的滥用。张敏就是从村民自治权与国家政权尤其是乡镇政权关系以及村民自治权（实际上应当是村民自治体）与村民关系的两个维度作了总结，并指出了村民自治在这两个维度的异变：变为基层政府的附庸以及村委会之治①。徐勇通过对村民自治实践的反思，指出由于行政对村民自治人、财、物的全面控制而导致"村民自治有自治形式而无自治的内容，因此沦为空壳化"②。于建嵘《村民自治：价值和困境》一文列举了村民自治中的五大困境，其中前面四项都是关于村民自治权的内部冲突与紧张关系，第五项困境是国家公权力与村民自治权之间的冲突与紧张关系③。也有不少学者注意到基层群众自治中的公共产品供给不足，曲延春指出了当前农村公共产品供给主体的"碎片化"，多元主体间也没有形成协同合作的整体供给机制④。本该是农村公共产品的重要供给主体之一的村民自治组织在实践中供给能力严重不足，说明村民自治权一方面存在着滥用的问题，另一方面也说明，作为公权力的村民自治权存在严重的空心化倾向。对后者，法学界的关注严重不足。

（5）关于基层群众自治权力运行的保障与规制。基层群众自治权的保障与规制已有许多研究成果，从大体上来讲包括了基层群众自治权力运行的保障、救济以及对其的监督与规制两个方面。

关于基层群众自治权力运行的保障的研究，如前所述，大多学者是基于权利救济的视角对其进行的研究，从权力良性运行保障的视角进行的研究极少。张文山是权力论的坚定支持者，其《论自治权的法律保障机制》一文提出，自治权的法律保障机制应由法律解释机制、审查监督机制、平衡争议机制、违法制裁机制构成。虽然他主要是从民族区域自治权的角度出发来论述的，但对于基层群众自治权力的保障也有一定的借鉴意义。刘国利《村民自

---

① 张敏：《自治还是他治：村民自治权异变及其治理》，《中共浙江省委党校学报》2011年第6期，第66—73页。

② 徐勇：《村民自治的成长：行政放权与社会发育——1990年代以来中国村民自治发展困境的反思》，《开放导报》2004年第6期，第32—37页。

③ 于建嵘：《村民自治：价值和困境——兼论〈中华人民共和国村民委员会组织法〉的修改》，《学习与探索》2010年第4期，第73—76页。

④ 曲延春：《差序格局、碎片化与农村公共产品供给的整体性治理》，《中国行政管理》2015年第5期，第70—73页。

治组织管理权力的法律保障》一文指出了村权力（即村民自治组织管理权力）的非强制性与对行政权力的依赖性，提出了加强村权力的法律保障的主张。而大部分学者是从对基层群众自治权力运行的立法保障、行政保障与司法保障等方面来研究的。肖金明从立法的角度进行了分析，并指出应以村民自治法替代现行的村民委员会组织法，应当尽量避免过度的立法规制，以免抑制和削弱基层自主创新能力，压缩村民自治权限①。何泽中一文主要从司法救济、行政救济、调解救济、法律援助四个角度进行了分析②。张其莺、付民从司法保障的角度进行了分析，并且提出必须尽快确立村民自治的司法保障措施③。

关于基层群众自治权力运行的研究，主要集中在对其滥用的监督和规制，而对其怠于行使或行使不足的研究严重不足。唐鸣主笔的《草根民主的法律规制——村民自治面临的新问题及法律制度建设》（中国社会科学出版社2013年出版）对这一问题进行了综合性探讨和研究。该著既有实地调研，也有理论分析，既关注微观问题又有宏观视野，可谓了解和掌握对基层群众自治民主的法律规制这一课题研究状况必读的一部佳作。闫理真的硕士论文《村民自治组织与村民权利的行政法救济》独辟蹊径地将特别权力关系理论应用到基层群众自治体与其成员的相互关系中去，并以此为根据研究了基层群众自治权力侵犯村民权利的行政法救济途径④。梁成意指出了基层群众自治权力救济的三个原则内部救济穷尽性、司法最终性、救济制度法制化⑤。

关于基层群众自治权力运行的规制中还有一个需要单独提一下的问题——即民主自治名义下的多数暴政问题——在简单比例民主程序下，村民自治可能对少数群体利益造成侵害，这方面的研究已经逐渐引起部分学者的关注。不受法律规制的民主将会演化成暴民之治已经成为一种共识。程守艳

---

① 肖金明：《建构和完善农村社会民主治理体系与制度——兼议〈中华人民共和国村民委员会组织法〉的修改》，中国法学会行政法学研究会2010年年会，第2010页。
② 何泽中：《论村民自治权的法律救济》，《法学论坛》2005年第5期，第87—90页。
③ 张其莺、付民：《村民自治的司法保障》，《西南民族大学学报（人文社科版）》2005年第3期，第102—104页。类似的观点也见于安树昆、吉龙华：《村民自治的司法保障问题探析》，《云南大学学报（法学版）》2005年第1期，第112—115页。
④ 闫理真：《村民自治组织与村民权利的行政法救济》，中国政法大学，2007年。
⑤ 梁成意：《论完善村民自治救济制度的原则与方案》，《荆州：长江大学学报（社会科学版）》2011年第4期，第24—28页。

以政治学视角提出萨托利"有限多数原则"对解决简单多数制可能导致的"多数人暴政"问题的意义,以解决"遵循多数统治原则的同时保护少数人的权利"的政治难题①。尽管该文主要是针对民族区域自治,但对其他自治形式也有借鉴意义。除此以外,有不少论文论证了协商民主对于基层群众自治的意义,例如董前程《协商民主与农村基层民主自治制度创新:一种完善农村民主政治建设的有效路径》(《南京师范大学学报》2008年),刘晔《公共参与、社区自治与协商民主:对一个城市社区公共交往行为的分析》(《复旦学报》2003年)等。但是总体而,该领域的研究成果不多,还有许多重大问题未涉及,亦有诸多问题尚未形成共识。

(6)域外农村(社区)自治方面的研究。国内不少学者运用比较研究的方法,希望能从国外基层群众自治中挖掘、探索出一些经验和教训以资我国基层群众自治制度借鉴。黄辉以《纽约乡村法》为例介绍了与我国迥异的美国乡村自治法律制度,美国的乡村分为社团乡村与非社团乡村,社团乡村具有独立法人资格(其村委会是其中机构之一,而非法人),美国的社团乡村有立法权、有征税权、有准司法权(设有村法官)等。而非社团乡村区域的组织化程度很低,只能维持本村内部的简单运作,其组织功能仅有消防等基本安全职能②。李晶、红英通过对日本宫城县仙台秋保町马场村的田野调查,展现了一幅生动的日本村落自治的现实画卷③。项继权从政治学的角度综合性地介绍了各主要发达国家农村自治体系,并且简要地对比了各国农村基层群众自治组织的设置、权力结构和运转机制以及党政关系和政企关系,并依此提到了对我国的借鉴意义④。张康之、石国亮《国外社区治理自治与合作》(中国言实出版社2012年出版)概述了国外社区自治的机构与管理方式和内容,探讨了社会治理模式转型中的社区治理,重点介绍了国外社区服务及其供给方式和内容,以求为我国社区研究和社区建设提供一份参照。张力《行

---

① 程守艳:《萨托利"有限多数原则"及对我国民族区域自治实践的启示》,《焦作大学学报》2010年第2期,第110—112页。
② 黄辉:《论美国乡村自治法律制度——以〈纽约乡村法〉为例》,《当代法学》2009年第1期,第140—146页。
③ 李晶、红英:《"村落自治"中的国家——日本宫城县仙台秋保町马场村的田野调查》,《云南民族大学学报(哲学社会科学版)》2016年第5期,第46—56页。
④ 项继权:《外国农村基层管理体制比较与借鉴》,《政治学研究》1996年第1期,第76—81页。

政法的自治范式研究》（社会科学文献出版社 2015 年出版）从借鉴美国地方治理框架入手，从公民自我治理的角度出发反思当下的行政法范式。张力认为当前的行政法范式依然坚持单一中心和自上而下的行政权运作方式，并以此为基点搭建一整套的概念体系、信念和方法，它难以解释或解决行政权的正当性危机。但是总体而言，我国学者对域外基层群众自治的研究并不深入和充分，国外制度移植的可行性和必要性的分析都不够。

（二）国外研究现状

不少外国学者也对中国基层群众自治（主要是乡村自治）表示了极大的关注和兴趣。在国外，由于地方自治与法治都有较深的传统，各地都形成较为成熟的、法治化的地方自治制度。所以西方学者的研究兴趣不在基层群众自治权的法理问题，更重要的是它对于中国民主化进程的影响和意义。但近些年来国外对中国基层群众自治的研究重点从民主选举转变到了基层有效治理[①]。

1. 基层群众自治中的民主政治

中国的村民选举既是我国学者的关注重点，也是西方学者的关注重点。西方学者首先关注到了村民选举的真实性，梅尼恩（Manion）通过对我国 4 个县 56 个村庄的调研得出结论，乡镇政府确实对中国的村委会选举产生重大影响，但是候选人想要当选仍然需要大量村民的选票支持[②]。约翰·詹姆斯·肯尼迪（John James Kennedy）关注到了我国村委会选举中出现的"贿选"现象，但他提出了一个与我国学者迥异的观点：竞选本来就是民主的一个重要体现，选票购买体现了选票的价值，在英国和美国，选票购买都有悠久的历史，它本身就是民主的一个过程，或者说它是民主的代价[③]。澳大利亚学者杰卡（Jacka）和中国云南大学陈瑞合著的《华南村民自治和代表》一文则通过对云南 4 个乡村的实地调研得出结论，村民和村干部大多都认为村干部

[①] 付建军：《从民主选举到有效治理：海外中国村民自治研究的重心转向》，《国外理论动态》2015 年第 5 期，第 82—89 页。

[②] Manion. Melanie. The Electoral connection in the Chinese Countryside. American Political Science Review, 1990, 4: 736-748.

[③] John James Kennedy: The Price of Democracy: Vote Buying and Village Elections in China, Asian Politics & Policy, 2010, 4.

是国家的代表,但与此同时,他们并不认为这与村民的利益之间有任何冲突①。杰卡等还从女权主义视角审视了女性在中国基层治理中的地位以及女性地位与民主的相互关系,并得出结论:即使在一个威权国家,女性实质性的代表权也可以得到实现②。

2. 基层治理中的国家法与民间规范相互关系

罗伯特·C. 埃里克森在其著作《无需法律的秩序》中通过对加利福尼亚州某农区的长时间实地考察研究,运用博弈论、法律经济学和社会学的研究方法分析了在一个交织紧密的社会中国家法与民间规范的相互关系。在作者调研的这个现实的乡村社会,各种社会规则是通过反复博弈自然形成的,相应地,制度建构的国家法退而居其次。而日本学者青木昌彦也在《比较制度分析》中得出了类似的结论,由于多重博弈和关联博弈的存在,人们得以走出囚徒困境并解决公地悲剧难题,人们之间的纠纷也在此框架下得以解决。印度著名经济学家巴苏总结出"巴苏核心原理",即"任何能够通过法律来实施的行为和结果,都可能通过社会规范来实施",以及这个核心原理的两个推论,"能通过法律得到的结果原则上没有法律也可以得到","如果某种结果不是均衡的,那么它无法通过法律来实施"③。

3. 经济发展水平与自治水平的相互关系

西方学者对我国基层群众自治的一个关注重点是经济发展水平是否与基层群众自治具有某种相关关系。不过有学者认为两者之间是正相关的关系,有学者却认为是负相关的关系。美国学者欧博文(Kevin J. O'Brien)指出,在拥有效益良好的集体企业的富裕村提倡村民自治比较容易④。戴慕珍(Jean Oi)经过研究,得出村民自治的实行与农村经济发展水平之间存在反比关系的结论⑤。而艾美·B. 爱泼斯坦(Amy B. Epstein)、史天健则认为经济发展

---

① Jacka Chengrui: Village Self-Government and Representation in Southwest China, Journal of Contemporary Asia, 2016 (1).

② Tamara Jacka, Sally Sargeson: Representing Women in Chinese Village Self-Government: A New Perspective on Gender, Representation, and Democracy, Critical Asian Studies, 2015 (4).

③ Kaushik Basu, "The role of Norms and the Law in Economics: An Essay on Political Economy", in Scott and Keates (eds.), *Schools of Thought*, Princeton University Press, 2001: 165.

④ Kevin. O'Brien J. Implementing political reform in China's villages. The Australian Journal of Chinese Affairs. 1996: 32-33, 59.

⑤ Jean. Oi. Economic Development, Stability and democratic village self-governace. China view, 1996.

程度与村民选举参与之间并不是截然对立的正相关或负相关关系,而是曲线相关关系①。

综上可见,西方学者的研究提供了较为新鲜的视角和切入点,大多研究总体上保持了学术的客观性,提供了不少知识增量。但总体来讲,西方学者对我国基层群众自治的关注主要集中于村民自治而较少关注城市居民自治,研究视角主要是政治学的和社会学的,甚至是经济学的,而较少法学的,他们会不自觉地类比于西方的地方自治,而非一种社会自治,部分学者(例如杰卡)的行文中直接用 village government 来指称我国的村级组织,尽管他们知道在我国村委会不属于国家政权的一部分,村干部也不是国家公务员。

三、本书的研究思路与方法

(一) 研究思路与主要研究内容

与政治学、社会学领域对基层群众自治的研究不同,法学视野下对基层群众自治的研究既要体现法释义学的特点,还要从总体结构上体现法学的思维方式——运用法学概念、原则和原理去分析和阐释问题、分析问题和解决问题。因此,本书选择了以作为社会公权力的基层群众自治权为核心概念。从法学的角度而言,对某种公共权力的研究,无非是从概念、主体、内容、运行等几个方面来研究。当然理论的研究最终是以服务实践为最终落脚点的,因此对基层群众自治权的研究也离不开对其滥用的规制以及有效运行的实现等方面的研究。因此本书总体上采用了"概念——权力来源——内容——运行——规制和保障"的基本思路来研究作为社会公权力的基层群众自治权(对其主体的研究被放在运行部分)。本书内容大体分为导论、基层群众自治权力的概念、基层群众自治权的基本理论(价值基础、本源以及国家公权力与基层群众自治权相互关系)、基层群众自治权的内容、基层群众自治权力的运行、基层群众自治权力的滥用和规制、基层群众自治权力的虚化与回归七个大的部分。

---

① Amy B. Epstein. 2003. Village Elections in China: Experimenting with Democracy. U. S. And Shi Tian - Jian. Ecoonomic. Development and village elections in Rural China. journal ofcontrmporary China, 1999: 425 - 442.

（二）研究方法

本书主要在汲取前述已有研究成果的基础上，采用实证研究、文献分析、价值分析、规范分析等多种方法进行研究。

第一，实证研究方法。一是通过问卷调查和访谈的方式来了解基层群众自治权运行的实际情况；二是通过在中国裁判网和"北大法宝"上搜索大量与基层群众自治权运行相关的案例，来了解和探寻基层群众自治权在实际运行中存在的一些问题。

第二，文献研究的方法。对既有研究成果、研究文献的学习和梳理，是快速了解和掌握本领域研究现状的基本方法。例如，在基层群众自治权的实际运行方面，一些官方的调研报告以及一些学者和科研机构的调研数据可以使研究者对研究对象有基本的了解。文献研究不仅有助于了解本课题的最新研究成果，同时也能找到本研究领域主要研究分歧和研究薄弱处之所在。

第三，规范研究的方法。法学研究离不开对规范文本的基本掌握、分析和理解，否则就无法体现它与政治学等其他学科研究的区别。基层群众自治权的主体、本源、内容以及其与国家公权力之间的相互关系、它在实际运行中存在的问题都和规范文本息息相关。

第四，跨学科的研究方法。近些年对基层群众自治的研究成果主要在政治学和社会学领域，因此对于其他学科领域的研究成果的吸收和运用就显得非常重要。从社会公权力的角度去理解和研究基层群众自治权本身就带有政治学的色彩。在许多方面公法学和政治学共享着一些基本范畴和研究范式。比如公权力的概念、国家与社会两分的研究范式本来就是公法学和政治学共有的研究范式。另外，作为处理国家和社会相互关系的重要原则，辅助原则也是公法学和政治学共同研究的重点。基层群众自治权的运行实践与规范文本之间呈现一定的事实与规范之间的差距，那么，客观看待这种规范与现实的错位，就离不开社会学领域的一些研究成果。最后，提供公共产品和公共服务是基层群众自治权的重要职能。那么在公共产品供给责任上国家与社会的责任划分问题，就与基层群众自治权的公共属性以及其与国家公权力之类相互关系息息相关，在这些方面借助公共经济学的研究成果，对于如何看待这些问题非常有裨益。

第一章　作为社会公权力的基层群众自治权之概念

学术界对于自治权（自然也包括基层群众自治权）最大的争议仍是其性质之争：即其究竟是一种权利还是一种权力，虽经多年争论，但仍无定论。欲界定基层群众自治权的概念，必先厘清其性质。但究其原因，"自治"一词的多重内涵导致了自治权内涵的复杂性，进而导致基层群众自治权概念的复杂性。在证成其社会公权力属性之后，还需对其主体、依据及对象等作一个初步分析才能进一步实现对其概念的界定。在这其中尤其需要注意的是委托事务与自治事务的区分，以此为基础，才能区分委托、下放的国家公权力与基层群众自治权。

第一节　自治与基层群众自治

一、自治的多重内涵

"自治"一词，古已有之。据王允武先生考证，在中国古代汉语中"自治"一词有以下几种用法：第一，遵循领导以自行管理自己；第二，领导亲自处理；第三，修养自身之德性，意同自律；第四，自己管理自己的事务[①]。在现代汉语中，"自治"则主要取"自我管理"之义。无论是在《辞海》还是在《现代汉语大词典》中，"自治"一词都有自我管理之意[②]。自我管理

---

① 王允武：《中国自治制度研究》，四川人民出版社2006年版，第2—3页。
② 《辞海》中的表达为"自己管理自己"，见《辞海》，上海辞书出版社1979年版，第557页。《现代汉语大词典》中的表述为"在法律范围内行使管理自己事务的权力"，见《现代汉语大词典》，光明日报出版社2003年版，第1573页。

总是蕴含有一定的自主性，无论何种形式的"自治"，总是与"他治"相对应，意味着一定程度上或一定范围内的自我管理，自己的事情自己做主，排除他者的干涉。相对应地，在英语中，"自治"通常表达为"self-government""self-rule"或"autonomy"，从语义上来讲，也有自我管理之意。《韦伯词典》对"self-government"一词的解释为"government under the control and direction of the inhabitants of a political unit rather than by an outside authority"，而对"self-rule"的解释直接等同于"self-government"，对"autonomy"的解释蕴含有自治权之意，除此以外，还包含有个人自主或独立之意（"self-directing freedom and especially moral independence"）。《剑桥词典》对"self-government"的解释亦与《韦伯词典》类似，指"the control of a country or an area by the people livingthere, or the control of an organization by a group of people independent of central or local government"，对"autonomy"的解释也既包含公共领域的自治权亦包含私人的自主能力之意（"the right of an organization, country, or region to be independent and govern itself"or"the ability to make your own decisions without being controlled by anyone else"）。

但具体而言，由于存在不同的自治形式，在不同语境之中，"自治"一词又常有不同的含义。根据其强调的侧重点不同，自治可能包括两个层面的含义：第一，与"他治"相对，强调自治中的自由内涵，意指自治主体在法定范围内排除他者干涉而自行决定纯粹涉己事务的自由和能力。第二，与"官治"和"专制"相对，意指"民治"，强调自治中的民主内涵，指公共团体内部公共意志的形成和公共事务的决定应当依某种民主程序而非某个人或某小部分人所决定。如孙中山所言："官治之者，政治之权，付之官僚……，民治则不然，政治主权在于人民，或直接行使之，或间接以行使之，……是以人民为主体，人民为自治者。"[①] 此处之"自治"，与"民主"近意。因此，有学者提出自治存在民主向度和自由向度两个层面的双重含义[②]。

相对应地，自治也产生了两个基本因素：团体自治和成员自治。例如

[①] 孙中山：《中华民国建设之基础》，陈旭麓、郝盛潮编：《孙中山集》（外编），上海人民出版社1990年版，第34—35页。
[②] 王建学：《作为基本权利的地方自治》，厦门大学出版社2010年版，第11—15页。

在日本的地方自治理论中就包含上述两个方面的基本因素：团体自治和居（住）民自治。团体自治和居民自治原本是地方自治的两种不同模式，前者强调地方自治共同体具备独立于国家的法律人格，可依自己的意思在一定范围内自行处理地方公共事务，后者强调人民将处理公共事务视为自己的权利，排斥官治。日本地方自治的理论和实践先后受德国、美国的影响，因而上述两种地方自治理论在日本地方自治中都有表现，是两种自治的结合。而今在日本的地方自治理论中，团体自治主要强调的是地方与中央的相互关系问题；而所谓居民自治，是指地方自治中居民对公共事务的民主参与问题，亦即地方自治体与其成员相互关系的问题①。地方自治中的上述逻辑可以类推到其他形式的自治，任何自治形式都包含了对内和对外两个方面，也都包含了民主和自由两个层面的含义。对外而言，自治要求自治主体以外的第三方应当尊重自治主体决定自身事务的自由，自治主体拥有之表意充分的自由，此一维度体现的是自治的自由属性。对内而言，自治要求自治主体内部意志的形成应当是按照一定民主程序而形成，而非某个人或某小部分人决定，此一维度强调的是自治的民主属性。鉴于居民或住民是地方自治中的概念，因此本书用"成员自治"代替"居民自治"一词，和团体自治相对，意指自治共同体成员对自治体内部公共事务的民主参与。

　　根据自治主体的不同，自治还有两种不同的用法。一种是指团体自治②，例如地方自治、大学自治、社会自治等。对于团体自治，马克斯·韦伯有过经典陈述："自治意味着不像他治那样，由外人制定团体的章程，而是由团体的成员按其本质制定章程（而且不管它是如何进行的）。"③ 另一种是指个体自治，指作为独立的自然人个体对自身事务的处理，例如个体的意思自

---

① 韩铁英：《居民自治的生理与病理——日本地方政府与居民的关系浅析》，《日本学刊》1999年第1期，第28—29页；今川晃：《日本地方自治的基本原则》，俞祖成、周石丹译，《政治学研究》2016年第1期，第114页。

② 与"自治"类似，"团体自治"一词在不同语境下也有不同的含义。当其与"成员自治"相对时，强调的是自治共同体在对外关系中的整体性和独立性。当其与"个体自治"相对时，强调的是自治的主体是一个共同体而非个体。

③ ［德］马克斯·韦伯：《经济与社会》（上卷），林荣远译，商务印书馆1997年版，第78页。

治①。团体自治与个体自治既有区别，也有联系。一方面，团体都由一个个独立的自然人个体组成，个体自治构成了团体自治的基础，"个体的'autonomy'思想和行为是'自治'理念与制度实践得以产生和发展的逻辑前提"。② 另一方面，作为整体的自治共同体其意志又反过来可能对其成员个体的权利和自由构成限制。一旦加入某自治共同体而成为其中的一员，在享受成员资格所带来权利的同时，也要承担相应的义务，遵守自治共同体内部的章程。

二、不同语境下"自治"的共同特征

尽管在不同语境下，"自治"一词侧重点有所不同，指向对象有所不同，总体来讲，具有以下特征。

第一，相对排他性。自治首先意味着自身事务自主决定，排斥第三方的任意干涉。这种排他性是自治的最根本特征。如果自身事务完全由他者所决定，无论他者之决定是否基于自治主体之利益，这种治理模式都只能称之为他治。但是这种排他性并非绝对的、无限制的，无论何种形式的自治必然是一定范围内的自治，至少是法治下的自治，自治权的内容和范围皆有赖于法律的承认和规范。这一方面是因为涉己事务与涉他事务并非泾渭分明，纯粹涉己的事务是不存在的，"任何影响自己的事情都会通过自己影响他人"③。在人类社会，个体与集体、小集体与大集体已经成为无法分割的有机体。另一方面是因为相对于更大集体的利益，小集体或个体的利益往往需要做出让步。因此一个自治主体在何种范围或何种程度上决定自身事务往往需要考虑在更高层次的战略决策中的利益冲突与取舍。

第二，内部民主性。如前所述，现代民主政治中，团体自治不仅意味着对外的排他性，还意味着自治主体内部事务需按一定的民主程序决定。1993年《世界地方自治宣言》明确规定了地方自治包括团体自治和居民自治两个方面。前者指地方自治之公法人，依自己的意志自行处理地方公共事务；后

---

① 本文所研究的基层群众自治显然也是一种团体自治，因此下文所述自治除另有说明外，均指团体自治。
② 王允武：《中国自治制度研究》，四川人民出版社2006年版，第7页。
③ ［英］约翰·密尔：《论自由》，张书克译，中西书局2015年版，第15页。

者重点在于成员个体对共同事务的参与权，要求地方住民有权依自主意识处理地方事务①。团体由个体组成，团体公共意志是所有成员个体意志的函数，通过一定形式的民主程序而表现出来，"扣除所有成员意志中不统一的部分，就形成了公意"②。无论该种民主程序采用何种形式，每个成员的个体意志都不应该被忽略，否则所谓的公共意志便被部分成员或个别成员的意志所取代。团体自治还需尊重个体自治，需区分自治共同体内部公共事务和其成员的私务。团体自治权的行使需当尊重其成员的自治权，不得任意侵犯其成员对自身事务进行处理的权利和自由。因此，从这个角度而言，中国传统的"皇权不下乡"不能算真正的自治，而应当是"乡绅之治"。对于普通村民而言，他们没有参与乡村公共事务的权利，甚至连自身事务都受他者所干涉，因此皇权之治与乡绅之治均为他治，所不同仅在于统治者是远在天边的庙堂皇权还是近在咫尺的乡村士绅。

第三，法定性。法治是自治的前提和保障，自治制度必须在既定法律框架下运行。尽管自治以自由为其价值基础，但自治地位的获得、自治形式、自治权的范围、主体及其监督都有赖于实定法的规定。从应然的角度而言，根据密尔总结的自由第一原则，纯粹涉己的行为无须对他人负责③，相对应地，某团体纯粹内部事务应当由该团体自己决定。但从实然的角度而言，自治地位的获得、自治权的范围、行使规则还需考虑不同地域、不同的公共团体所各自具有的历史传统、现实需求和利益关系。自由原则为自治提供了价值基础和应然法上的合法性，而法治则为自治提供了实定法上的合法性。实定法既为自治提供了具体规则和保障，同时也限定了自治的基本范围。

三、基层群众自治：国家主导下的社会自治

（一）基层群众自治概述

基层群众自治制度是我国现行宪法体制下三种自治制度之一④。依《宪

---

① 郑贤君：《地方制度论》，首都师范大学出版社2000年版，第25页。
② ［法］卢梭：《社会契约论》（双语版），戴光年译，武汉出版社2015年版，第30页。
③ ［英］约翰·密尔：《论自由》，张书克译，中西书局2015年版，第97页。
④ 王允武：《中国自治制度研究》，四川人民出版社2006年版，第1页。

法》第一百一十一条之规定，村委会和居委会是我国基层群众性自治组织①。如果说《宪法》第一百一十一条奠定了我国基层群众自治制度的宪法地位，那么《村委会组织法》和《居委会组织法》则构建了我国基层群众自治的基本法律框架。从理论上来讲基层群众自治可能还包括了除村民自治和居民自治以外的其他自治形式。党的十九届四中全会提出要"健全充满活力的基层群众自治制度"，并提出要"健全以职工代表大会为基本形式的企事业单位民主管理制度"，但受《宪法》明确肯定的目前尚只有前述两种形式。为了不过度分散研究精力，因此本书所指基层群众自治仅指**村民自治和居民自治，相应的基层群众自治权亦仅包括村民自治权和居民自治权**。学术界对作为整体的基层群众自治研究较少，把村民自治和居民自治分开研究的较多，尤以对村民自治的研究最多。但从本质上而言，村民自治与居民自治共性多于异性，由于《居委会组织法》规定较为简单，行政和司法实践中也常见将《村委会组织法》适用于居民自治领域，因此本书将两者结合研究，以基层群众自治的概念统摄村民自治和居民自治的概念，以基层群众自治权的概念统摄村民自治权和居民自治权的概念。

作为我国独创的特殊自治形式，基层群众自治独具中国特色。基层群众自治最大的特点在于，它是一种国家主导下的社会自治，它是自生自发的制度进化和自上而下的制度构建相结合的产物，但以自上而下的制度构建为主，体现了强烈的国家主导的特征。一方面，与西方的地方自治不同，它是一种社会自治形式，它是人民公社体制后国家公权力从社会基层退出的结果，体现了自下而上的自治需求。另一方面，从它产生的历史和运行实践来看，它离不开国家公权力的支持，是自上而下制度构建的结果，是整个国家治理体系的一部分。

尽管不少学者习惯性地将我国基层群众自治制度与西方地方自治相类比，尤其是诸如日本市町村自治，但与西方的地方自治不同，我国基层群众自治在本质上是一种社会自治。我国的基层群众自治与西方的地方自治最大的区别在于，从法律属性来讲前者属于社会自治，后者属于地方政府自治；前者是国家与社会相分离的结果，而后者是国家纵向分权的结果。具体来说，在

---

① 《宪法》（2018年修正）第一百一十一条："城市和农村按居民居住地区设立的居民委员会或者村民委员会是基层群众性自治组织……"

以下两个方面它们存在区别。

第一，基层群众自治共同体不是一级政权，而地方自治的地方公共团体一般被认定为地方政府。作为一级政权，地方公共团体往往不仅有服务性的职能，同时也具有一定的统治性的职能（如警察权、征税权等）。而社会自治团体主要履行的是一些服务性的职能。尽管它们在实践中可能也会履行一些统治性职能，但一般都属于辅助性的（例如维护社会治安），或是基于法律法规授权或行政委托。因此从这个角度而言，如果与日本相对照，从法律地位而言，我国的村民自治更类似于日本的町内会，而不是日本的市町村，后者更类似于我国的县乡两级基层政府。从实际职能来看，我国的村委会更类似于日本的町内会和综合支所的综合体①。

第二，从财税来源上讲，作为一级地方政府，西方的地方自治公共团体往往有固定的财税来源，而我国的基层群众自治共同体没有独立的财税来源。以美国为例，根据《纽约乡村法》，纽约州的社团性村有独立的财政权和征税权②。日本的市町村也有独立的财税权，市町村政府的财政来源分为自主财源和依存财源，其中自主财源主要是由市町村自主征收的地方税③。因此，尽管西方的地方公共团体也有相当一部分的财税来源于上级财政的转移支付，但它们均有一部分稳定的财税来源。而我国的基层群众自治共同体一般没有独立的财税来源，居民自治委员会的经费基本上由政府财政供给，农村税费改革后大多数没有集体经济收入的村委会的主要经费也由上级政府来供给。

基层群众自治并非唯一的社会自治形式。随着改革开放的深入、计划经济向社会主义市场经济的转轨以及政府职能的转变，原先全能政府模式逐渐向有限政府和服务型政府转变，在相当多的领域政府逐渐退出来，社会力量逐渐发展壮大。与村民自治类似，各种社会自治组织如商会、行业协会、体育协会、农民专业合作社等也逐渐发展壮大起来。尽管在本质上都是社会自

---

① 关于日本的町内会和综合支所各自的职能和特征可参见李晶、红英：《"村落自治"中的国家——日本宫城县仙台秋保町马场村的田野调查》，《云南民族大学学报（哲学社会科学版）》，2016年第5期，第46—56页。

② 黄辉：《论美国乡村自治法律制度——以〈纽约乡村法〉为例》，《当代法学》2009年第1期，第144页。

③ 焦必方：《以地方自治为特点的日本市町村政府的行为方式研究》，《中国农村经济》2001年第11期，第74—75页。

治，但基层群众自治与行业协会自治、商会自治等其他形态的社会自治也存在一定的区别。

第一，基层群众自治比行业协会、商会自治等其他社会自治与政府的关系更加紧密。事实上，和基层群众自治一样，行业协会、商会自治、体育协会等其他形态的社会自治也不同程度地面临着"自主性"和"行政性"的矛盾和平衡问题，因为一方面它们都要维系本自治共同体的利益，另一方面也都要获得国家的承认，许多时候还履行着国家授权或委托的行政职能。但是从功能上来讲，基层群众自治是国家权力向基层社会渗透和国家向基层社会提供公共服务的主要载体；从其产生来讲，行业协会、商会自治等其他社会自治自生自发的特征更为明显。因此，它们首先维护和增进的是组织成员利益而不是履行政府与民众联系的功能作用①。另外从运行经费来看，基层群众自治相较于其他形式的社会自治对政府的依赖更甚，商会、行业协会以及各种体育协会等自治团体大多采取会员制，会员有义务缴纳会费，它们的主要经费或来自其成员缴纳的会费，或来自自治团体对外服务所得的收益。前者以律师协会、注册会计师协会等职业协会为例。《深圳市律师协会2018年度财务报告》显示，2018年深圳律师协会的预算收入总共为2013万元，其中1983万元源于会费，30万元源于银行利息。后者以足协为例。2019年中国足协对外公开了2017年度、2018年度的财务报告，根据这两年的财务报告，中国足协的主要收入来源是对外服务和经营所得收入（授权、赞助及合作收入等），少部分源于国家财政购买服务。其2017年度财务报告显示，2017年度中国足球协会各项收入合计7.6亿元。其中授权、赞助以及合作收入共计5.9亿元，占比77.6%；国家体育总局购买服务收入共计1.2亿元，占比15.8%。②

第二，基层群众自治共同体首先是一个地缘共同体，而其他社会自治共同体一般是某种身份共同体。因此，从具体职能来讲，基层群众自治共同体

---

① 周庆智：《厘清村民自治与基层社会自治的不同属性》，《人民论坛》2016年第22期，第56—58页。
② 《中国足球协会2017、2018年财务报告》显示：2017年度中国足球协会各项收入合计7.6亿元。其中授权、赞助以及合作收入共计5.9亿元，占比77.6%；国家体育总局购买服务收入共计1.2亿元，占比15.8%；其他收入合计0.5亿元，占比6.6%。2018年度中国足球协会各项收入合计8.4亿元。其中授权、赞助以及合作收入共计6.6亿元，占比78.6%；国家体育总局购买服务收入共计1.3亿元，占比15.5%；其他收入合计0.5亿元，占比5.9%。参见腾讯新闻网，https：//sports.qq.com/a/20190822/003680.htm，最后访问时间是2020年1月11日。

的职能具有普遍性,从治安、教育、文化到公共卫生等各领域它们都有所涉及。而行业协会、商会自治等其他形式的社会自治共同体在职能上显得更加具有专门性。

尽管它是一种社会自治,但基层群众自治同时也明显地体现了国家主导自上而下的制度构建特征。从规范文本来看,村委会的设立、撤销和范围调整是国家和村民共同意志的结果,而居委会的设立、撤销和规模调整更是由直接由政府所决定的①。而从其产生和发展历史来看,人民公社之后部分地方村委会和居委会的诞生和发展都具有自生自发的特征,但从一种地方性的制度创新到全国制度的建立,是国家公权力自上而下推行的结果。村务监督委员会的产生和发展也有着类似的演化逻辑。下文将进一步从基层群众自治的历史源流来探视我国基层群众自治作为一种国家主导下的社会自治的特点。

(二) 基层群众自治的历史基础

我国自古以来就有"皇权不下县"(有学者称之为"皇权不下乡")的传统。从秦汉构建中央集权的郡县制开始,国家正式任命的官员都只到县这一级,直到辛亥革命胜利。费孝通将此概括为著名的中国社会"双轨政治理论",即自上而下的皇权和自下而上的绅权、族权平行运作,互相作用。德国著名社会学家马克斯·韦伯也有类似结论:"事实上,正式的皇权统辖只施行于都市地区和次都市地区。出了城墙之外,统辖权威的有效性便大大地减弱,乃至消失。"②温铁军先生将其总结为"皇权不下县"。但是中国古代的乡村自治实为乡绅之治,与现代意义上所谓自治相差甚远。"乡绅既非地方百姓选举的代表,也不是政府任命的代表。他们只不过自己的特权地位而被(习惯上)接纳为地方社群的代言人而已。"③他们或为退任之官僚或为官僚的亲戚,他们在野,但是朝中有人,他们没有政权但是有势力④。简而言之,这种所谓之自治缺乏现代自治所需

---

① 《村委会组织法》第三条:"……村民委员会的设立、撤销、范围调整,由乡、民族乡、镇的人民政府提出,经村民会议讨论同意,报县级人民政府批准……"《中华人民共和国居委会组织法》第六条:"……居民委员会的设立、撤销、规模调整,由不设区的市、市辖区的人民政府决定。"
② 马克斯·韦伯:《儒教与道教》,洪天富译,江苏人民出版社2003年版,第77页。
③ 瞿同祖等:《清代地方政府》,法律出版社2003年版,第337页。
④ 费孝通等:《皇权与绅权》,生活·读书·新知三联书店2013年版,第11页。

之民主因素，最底层的民众从来都只是被治者，而非自治者，区别只在被谁统治。

这种乡绅之治在本质上是一种官绅结合下的统治模式，是政府与地方乡绅政治博弈的结果。在农业时代，广袤的农村是国家各种资源（税收和兵源等）的主要来源，而保障农村的基本治安和稳定是其相应的主要成本。对于国家而言，他们寻求以最小的成本汲取最大的资源。乡绅自治一方面保证了国家得以顺利汲取乡村资源，另一方面尽可能小地投入成本。乡绅阶层作为非正式的代理人帮助国家管理乡里进而帮助国家实现了成本的最小化，作为报酬他们获得了对乡里的事实上的管理权。至此，皇权和绅权各取所需，各自实现了利益的最大化。换而言之，"皇权不下县"并非如某些学者所言"皇权无法下乡"[1]，真正的现象是"国责不下县"，包括宗族在内的民间非正式组织承担了相应的职责[2]。秦晖通过对长沙走马楼吴简的研究发现，即便在历史上公认士族、宗族力量最为强大的魏晋时期，皇权在乡里的活动和控制也超出人们的想象。因此他的结论是，在我国历史上大部分时代血缘共同体（家族、宗族）并不能或者说是不被允许提供有效的自治资源，更无法对抗皇权[3]。

无论是"皇权不下县"还是"国责不下县"，这种民间自发生成的自我管理和自我服务体系与国家政权体系并与不悖的管理模式构成了我国的一种文化记忆，一旦现实需要它就会以人们所需要的形式出现。这就是20世纪末"皇权不下县"突然又受学术界所重视，并逐渐形成一种学术共识的重要原因。这种历史实践有力证明了民间的自治不仅是必要的，而且是可能的，更重要的是它与国家政权是并行不悖的。

（三）基层群众自治的产生与发展

1. 村民自治的产生与发展

著名的农村问题专家徐勇将村民自治和居民自治的产生和发展都归结为

---

[1] 任剑涛：《政治秩序与社会规则——基于国家—社会关系的视角》，《人民论坛·学术前沿》2012年第4期，第42页。

[2] 秦晖：《农民需要怎样的"集体主义"——民间组织资源与现代国家整合》，《东南学术》2007年第1期，第12页。

[3] 秦晖：《传统中华帝国的乡村基层控制：汉唐间的乡村组织》，《中国乡村研究》2003年第1期，第1—31页。

三个阶段,即"三波段"理论。借用徐勇的"三波段"理论,本书也将村民自治的产生和发展归纳为三个阶段,但对于第三阶段的界定与徐教授略有不同。

第一阶段是村民自治的产生阶段(1980—1987年)。这个阶段类似徐勇所言村民自治的第一波段,是以自然村(而非行政村)为基础的自生自发的村民自治,其要点在于满足权力真空状态下的秩序需求,其主要贡献在于以"三个自我"(自我管理、自我教育、自我服务)奠定了村民自治的基础。①

第二个阶段是村民自治的发展阶段(1988—2005年)。该阶段类似徐勇所说的村民自治第二波段,是以建制村为基础的规范规制的村民自治,它的主要贡献就是确立了"四个民主"(民主选举、民主决策、民主管理和民主监督)作为村民自治的主要方向,并将民主和自治相结合②。1998年《村民委员会组织法》修订时增加了四个民主的重要内容,随后全国掀起了村级选举直选的改革热潮。一时间,村委直选甚至海选成了村民自治中最令人瞩目的成就和研究热点。

第三个阶段是村民自治的转型阶段(2006年至今)。村民自治从民主向善治的价值转变的背后是村委会的职能和定位在事实上的转型:从汲取型向服务型、从行政型向自治型组织的转型。这个转型尽管是悄然发生的,但确实有一个非常重要的时间节点,即自2006年起农业税的彻底废除。税费改革后,传统行政职能的瓦解赋予了自治职能新生的机遇,因此在我看来,2006年农业税费的彻底废除才是找回自治的开始。农业税费的取消一方面终结了基层政权和村委会的传统职能,无论是基层政权还是村委会最终必将面临从资源汲取者向公共产品供给者的角色转变;另一方面,农业税费的取消也提出了一些关于公共产品供给方面的新问题,例如集体灌溉费用应当由谁来出的问题③。在农村税费改革之初,确实出现了基层政权和村委会在职能和角

---

① 徐勇、赵德健:《找回自治:对村民自治有效实现形式的探索》,《华中师范大学学报(人文社会科学版)》2014年第4期,第3—4页。

② 徐勇、赵德健:《找回自治:对村民自治有效实现形式的探索》,《华中师范大学学报(人文社会科学版)》2014年第4期,第4—5页。

③ 王习明:《谁来为农田的灌溉买单——税费改革后乡村的农田灌溉难题》,《中国乡村发现》2007年第2期,第120—127页。

色转换方面的不适应①,某些地方可能还会出现分利秩序②,普通村民被排除在外,导致乡村治理内卷化③,但随着国家对农村基础公共设施投入的增加,随着乡村振兴战略的实施,基层政权和基层群众性自治组织从汲取型向服务型的转变是正在发生的事实。

汲取型向服务型的转换还隐含着一个新问题:公共产品和公共服务供给责任在政府与基层群众自治共同体之间该如何划分的问题。这是一个极为重要但长期以来被忽视的问题,它在本质上来讲是基层群众自治共同体如何从行政助手真正走向自治共同体、从规范意义上的自治走向实践意义上的自治的问题。在"服务型政府""城乡一体化"建设的大背景下,城乡基本公共产品主要由政府供给,"国责不下县"的逻辑前提已经不存在。村民自治存在的现实基础是什么?如果仅仅是完成基层政府所委托之事务,那么它与旧时胥吏并无不同,自然也谈不上村民自治;如果它不仅仅要完成委托事务,还有提供公共产品及公共服务(作为对政府供给之公共产品的补充)之责,那么村民自治共同体提供公共产品或公共服务的财政基础何在?从农村税费改革以来,为了减轻农民负担,国家总的政策倾向是取消一切税费。为了填补税费改革以后留下的公共产品供给真空,我国曾出台了"一事一议"制度,但是随着国家奖补力度的加大,"一事一议"制度也由农村公共产品的自主供给模式异化为政府供给模式④。这意味着即便在公共产品的供给方面,村民自治共同体依然只能作为基层政府的助手而无法成为独立的公共产品供给者,自然也就意味着其从行政型组织向真正意义上的自治型组织的转换任重而道远。

2. 居民自治的产生与发展

类似于村民自治,徐勇将居民自治也分为三个波段:国家组织边缘群体

---

① 周飞舟:《从汲取型政权到"悬浮型"政权——税费改革对国家与农民关系之影响》,《社会学研究》2006年第3期,第1—38页。
② "分利秩序"一词最早由贺雪峰提出来,是指一种以"权力"为中心的利益分配潜规则,其特点是广泛性、隐蔽性以及自我稳固性,而其结果是公共资源的"私人化"。参见:贺雪峰《小农立场》,中国政法大学出版社2013年版,第213—216页;王海娟、贺雪峰《资源下乡与分利秩序的形成》,《学习与探索》2015年第2期,第56—63页。
③ 陈锋:《分利秩序与基层治理内卷化资源输入背景下的乡村治理逻辑》,《社会》2015年第3期,第95页。
④ 王振标:《论村内公共权力的强制性——从一事一议的制度困境谈起》,《中国农村观察》2018年第6期,第13页。

的吸纳性居民自治、国家推动社区建设中的建构性居民自治以及地方治理创新中的催生与激活的内生型居民自治[1]。但考虑到曾受"大跃进"、人民公社制度尤其是"文化大革命"的影响,居民自治曾经名存实亡,本书将居民自治的产生和发展划分为四个阶段。

第一个阶段也是居民自治的产生阶段(1949—1956年)。从诞生的历史来看,居民自治要早于村民自治,并且相较于村民自治,居民自治的形成过程中政府自上而下制度构建的特点更为明显,自下而上群众自生自发的特征更弱。居民委员会是在废除传统的保甲制基础上建立起来的,期间经历了"街道政府"与"居民委员会"两个方案之争。最终后者胜出并以法律形式被确立。1954年底,全国人大常委会通过了《城市居民委员会组织条例》,首次以全国性法律的形式明确了居民委员会的法律地位、性质和职能。在这一阶段,通过对基层组织的整顿和重建[2],新生的人民政权一方面稳定了基层秩序,另一方面也构建了直通家门的基层权力控制网络。通过与单位制相结合,居民自治实现了对城市居民的全覆盖管理,非单位化的边缘群体被居民委员会所吸纳。因此,居民自治及其实现形式,是一种低度自治,在特性上属于国家吸纳性的居民自治[3]。

第二个阶段是居民自治的挫折阶段(1957—1978年)。从1957年起,随着"大跃进"和人民公社化运行的进行,居民委员会受到了冲击。基层政府被党政合一的人民公社所取代,公社下再设分社。有的城市居民委员会被取消,部分城市虽然保留了居民委员会,但也名存实亡。因为它已不是作为具有独立地位和自治性质的居民组织而存在,而是作为行政体系中的一个组成

---

[1] 徐勇:《培育自治:对居民自治有效实现形式的探索》,载徐勇主编《中国城市居民自治有效实现形式研究》,中国社会科学出版社2015年版,第7—11页。

[2] 新中国成立初期,以上海为例,里弄和居委会整顿分为两个阶段,1952—1953年和1954—1955年。具体可参见:郭圣莉《阶级净化机制:国家政权的城市基层社会组织构建——以解放初期上海居委会的整顿与制度建设为例》,《甘肃社会科学》2007年第4期,第172—176页。张济顺:《上海里弄:基层政治动员与国家社会一体化走向(1950—1955)》,《中国社会科学》2004年第2期,第178—188页。

[3] 徐勇:《培育自治:对居民自治有效实现形式的探索》,载徐勇主编《中国城市居民自治有效实现形式研究》,中国社会科学出版社2015年版,第8页。另外,对于居民自治的这一特点侯利文也有类似结论,其称之为"国家中的社会",见侯利文:《去行政化的悖论:被困的居委会及其解困的路径》,《社会主义研究》2018年第2期,第113页。

部分而存在,是人民公社之网的网上纽结①。居民委员会的自治属性至此已经完全弱化,革居委被完全纳入国家体系之中。

第三个阶段是居民自治的恢复发展阶段(1978—1999年)。1978年党的十一届三中全会以后,随着公社制的解体、单位制的变化以及城市人口的迅速增长,居民自治和居民委员会不仅得到恢复,还得到了迅速的发展。街道办和居委会先后恢复,相应的法律制度也逐渐恢复或重修。1982年,《宪法》首次从根本法的高度规定了居委会的性质和任务。1989年,全国人大常委会通过了《居委会组织法》并以法律的形式再次明确了居委会的自治性质,规定了居民自治的"三自"原则、基本任务和基本架构。到20世纪90年代末,经过国企改革,企业的社会职能被取消。至此,新中国成立以来长期并存的单位制和街居制二元体制结束,街道和居委会承接了更多的社区公共服务任务。因此,1991年开始,民政部首次提出"社区建设"的概念以期应对新挑战。在社区建设中,居委会再度实现高度的行政化,无论是从工作内容、业绩考核还是人员配备和经费统筹等各方面,都体现出居委会对政府的高度依赖②。

第四个阶段是治理创新与回归自治阶段(2000年至今)。自2000年民政部发布《关于在全国推进城市社区建设的意见》以来,随着社区建设的推进,虽然城市社区公共产品供给能力大大加强,但居委会的行政化趋势也愈加明显,自治属性愈加淡化。与此同时,以"去行政化"为目标的改革和基层治理模式创新在各地屡见不鲜。从我国社区建设历程来看,社区去行政化改革主要历经了四个主要阶段,基本每五年到一个新的高潮。各地探索和推进社区去行政化改革,主要有四种模式:一是"居站分离"模式,二是"撤街强社"模式,三是"行政准入"模式,四是"三社联动"模式③。但是这些改革最终看来,都陷入了去行政化的悖论,最终被锁定在"行政化"与"自治化"的二律背反之中。因此,有学者干脆提出以服务化的目标来取代

---

① 刘祖云:《中国都市居民委员会的历史沿革及其特点——中国都市社会基层居民组织的结构与功能研究之一》,《社会学研究》1987年第6期,第67页。
② 侯利文:《国家政权建设与居委会行政化的历史变迁——基于"国家与社会"视角的考察》,《浙江工商大学学报》2019年第1期,第120—133页。
③ 陈鹏:《社区去行政化:主要模式及其运作逻辑——基于全国的经验观察与分析》,《学习与实践》2018年第2期,第90页。

去行政化的目标①。

与居民委员会陷入改革循环不同,随着城市的发展,城市基层社区的其他社会力量正在蓬勃地自发生长,各种利益共同体和文化共同体自然形成,例如各商业小区内的业主委员会,各种社区老年人组织、兴趣爱好小组、志愿者组织等。这些组织官方身份更弱,亦较少受到政府资助,但正因为如此,它们天然具有强烈的自治属性,并逐渐承担了越来越多的公共服务职能。以业主委员会为例,随着商品房市场的发展,商品房小区中的业主委员会逐渐在城市社区管理中占据了重要位置。尽管业委会的成立布满荆棘,但是它的成立充分体现了内生的、自下而上的自治需求。有学者用社区政体这一概念去分析和研究以业委会为核心的自治体制,并通过实证研究得出结论:这种业主主权下的社区政体能够释放可观的制度红利,能有力改善社区的治理境况和业主福祉②。有学者则用邻里自组织网络这一概念概括前述自发的邻里组织,并指出中国的社区治理需要经历一个从被组织向自组织转换的过程③。

(四) 基层群众自治制度的演化逻辑

村民自治和居民自治在我国虽然有着不同的历史,但在不同的历史背后有着相似的发展逻辑。总体来看,通过对村民自治和居民自治的产生发展历程的回顾,可以得出以下结论:

第一,基层群众自治制度虽有自下而上的自治需求,但总体上也是国家主导下的制度构建的结果。从村民自治和居民自治的产生来看,都体现出强烈的工具主义倾向,而并非纯然出于人的自由本质和自下而上的自治需求,从国家的角度来看,它是新生政权用作有限的资源条件下整合基层社会的最佳工具。相对而言,村民自治的产生发展过程中自治属性更强一些,而居民自治的产生发展过程中行政属性更强一些。

---

① 侯利文:《去行政化的悖论:被困的居委会及其解困的路径》,《社会主义研究》2018年第2期,第110—116页。

② 陈鹏:《城市社区治理:基本模式及其治理绩效——以四个商品房社区为例》,《社会学研究》2016年第3期,第125页。

③ 陈伟东:《邻里网络:自组织的社会结构——解读城市社区自治的一种分析框架》,《湖湘论坛》2010年第2期,第28页。

第二，从法律属性上来看，基层群众自治一直被定性为一种社会自治。尽管村民自治和居民自治都体现出行政化倾向，但是从规范文本来看，它们从诞生之日起基本的定位就是一种社会自治，且从未被正式纳入政权组织体系。

第三，从村民自治和居民自治的产生和发展来看，它们在本质上都是国家与社会相分离但分离不彻底的结果。既有的相关研究大多是在国家—社会二元结构分析框架下的进行的，村民自治和居民自治的产生和发展也确实呈现出与社会力量的培育和发展息息相关，当社会完全被国家所吞没，呈现出"国家中的社会"状态时，基层群众自治只是一种规范文本上的自治，在实践中它们成为国家控制和整合基层社会的工具。当社会从国家中分离出来，并逐渐发展壮大时，基层群众自治的自治属性也在加强。

四、村（居）委会的双重含义与多重角色

由于我国基层群众自治制度是以村（居）委会为核心构建起来的，后续的研究中"村（居）委会"一词将会被频繁使用，因此在开展进一步的研究之前，有必要先厘清村（居）委会在规范文本中的不同用法及其含义。

（一）村（居）委会在规范文本中的双重含义

在《村委会组织法》和《居委会组织法》中，根据使用语境不同，村（居）委会有时作为村（社区）内权力机构（村民会议或村民代表会议）的执行机构，而有时直接被指称为基层群众性自治组织。例如，《村委会组织法》第二条直接规定："村民委员会是村民自我管理、自我教育、自我服务的基层群众性自治组织。"而第十条又规定："村民委员会……执行村民会议、村民代表会议的决定、决议。"《居委会组织法》中亦有类似的规定。如果将村（社区）内组织结构与公司内部组织结构相对比，这两种不同的角色定位会更清晰。如果将整个基层群众性自治组织类比于公司，那么基层群众性自治组织与公司都是由其成员（村民、居民或股东）组成的

社团法人，而与村（居）委会性质最类似的是公司的董事会，它们同样都是一个社团的执行机构。但两者不同的地方在于，董事会不具有独立法人资格，不能以自己的名义对外从事法律行为，它只能以公司的名义对外从事法律行为，而村（居）委会可以以自己的名义对外从事法律行为，而且《民法总则》授予了它法人资格。此时的村（居）委会事实上代表的是整个基层群众性自治组织而非作为执行机构意义上的村（居）委会，因为后者显然既非权利的享有者又非责任的承担者，它无法成为一个真正的法人。

为了区分作为基层群众性自治组织的村委会和作为执行机构的村委会这两种不同角色，有学者提出广义和狭义的村（居）委会的概念对此加以区分。王允武先生认为，"村民委员会"这一词语在法律文本中有广义的和狭义的两种不同含义（这种区分也可适用于"居民委员会"）：广义的是指作为村民自治组织的村民委员会，狭义的是指作为村民自治组织的执行机构，即由村民选举的主任、副主任和其他委员所构成的村民委员会[①]。另有学者提出新的概念，指称整个村全体村民所构成之集体。有学者直接用"村"来指称村民集体，并认为村民自治实际上就是村自治；崔智友曾在《中国村民自治的法学思考》提出"村民自治体"这一概念，并以此指称"由户籍关系归属于村的全体村民"[②]。相对而言，"村民自治体"这一概念相较于"村"这一概念更为精确，因为后者有时指地理意义上的村，有时指组织意义上的村。因此，为了避免歧义和理解上的混淆，在本书中，若非特别说明，"村（居）委会"这一概念均指狭义的村（居）委会，而在广义上则使用"村（居）民自治共同体"（或"基层群众自治共同体"）来指称前述广义上的村（居）民自治组织。此处，基层群众自治共同体是指由某一特定区域（村或社区）的村（居）民所组成的具有自治性质的社团。这一概念大体与"村民自治体"这一概念类似，但更强调了其整体性和组织性，它不是全体村（居）民的简单相加而是一个有机的组织，它不仅包含全体村（居）民，还包含由其成员所选举产生的组织机构以及基本运作规则，可能还拥有一定的集体财产。

---

① 王允武：《中国自治制度研究》，四川人民出版社 2006 年版，第 235—237 页。
② 崔智友：《中国村民自治的法学思考》，《中国社会科学》2001 年第 3 期，第 132 页。

(二) 村（居）委会在职能意义上的三重角色

早在 20 世纪末就有学者开始有意识地区分村干部双重角色[①]。在此基础上，还有人提出了村干部的三重角色论[②]。村干部多角色理论成为分析国家公权力与基层群众自治权相互关系的重要工具之一。其实，相较于村干部的多重角色，根据其所履行职能的不同，村（居）委会在不同环境下所充当的角色更为复杂。根据履行职能的不同，村（居）委会在不同场合下至少可能充当了下述三种角色：法律法规授权或行政委托的组织、社会公行政组织以及村集体经济组织。当经由法律、法规授权或行政委托而行使国家公权力时，其为法律、法规授权或行政委托的组织；当依据自治章程、村规民约行使村内公共权力时，其充当着社会公行政组织的角色；当管理、经营村集体财产时，其为村集体经济组织[③]。2017 年颁布实施的《民法总则》分别明确了集体经济组织和基层群众性自治组织特殊法人的地位[④]。这一方面表明我国在法律上明确对基层群众自治共同体的经济功能和自治功能作了区分，另一方面也意味着承认了基层群众性自治组织的相对独立性，进一步来讲也意味着对国家事务与自治事务的区分。

区分上述三种不同角色的关键在于：第一，所涉及的事项是国家公务、村庄公务抑或村庄内部经济事务；第二，村民自治共同体与其成员间的关系究竟是民事法律关系还是行政法律关系；第三，村民自治共同体行使的究竟是一种民事上的私权利还是一种社会公权力[⑤]。关于上述三个问题的区分将在后继研究中继续阐述。

[①] 徐勇：《村干部的双重角色：当家人与代理人》，《二十一世纪》（香港）1997 年第 8 期。
[②] 付英：《村干部的三重角色及政策思考——基于征地补偿的考察》，《清华大学学报（哲学社会科学版）》2014 年第 3 期，第 154—163 页。
[③] 参见《全国人民代表大会常务委员会法制工作委员会对关于村民委员会和村经济合作社的权利和关系划分的请示的答复》："集体所有的土地依照法律规定属于村农民集体所有的，应当由村农业生产合作社等农业集体经济组织经营、管理，没有村农业集体经济组织的，由村民委员会经营、管理。"
[④] 《民法总则》第九十六条规定："本节规定的机关法人、农村集体经济组织法人、城镇农村的合作经济组织法人、基层群众性自治组织法人，为特别法人。"
[⑤] 王振标：《论村内公共权力的强制性——从一事一议的制度困境谈起》，《中国农村观察》2018 年第 6 期，第 12—25 页。

第二节　基层群众自治权之社会公权力属性的证成

一、基层群众自治权的性质之争："权利"抑或"权力"

（一）自治权性质的学术之争

关于自治权的性质，我国学术界长期以来主要有三种主张："权利说""权力说""权利与权力综合说"（以下简称"综合说"）。这种性质之争不仅存在于基层群众自治领域，几乎存在于包括民族区域自治、商会自治、地方自治等几乎所有的自治领域，并且基本逻辑相同，因此此处介绍虽以基层群众自治为主，但并不排除以其他自治领域的学术观点为例证。

持"权利说"者认为自治权是一种权利。这一主张拥护者甚众，周安平、王允武、王禹、张广修、张景峰、赫耀武、张清、顾伟等人均持此种观点。但需要注意的是，在这一主张中又可细分为两派，一派是"集体权利说"，另一派是"个体权利说"，前者以周安平为典型，后者可以王允武为例。周安平是较早明确提出社会自治权是一种权利而非权力的学者。他的主要理由是，自治权的主体是自治体的成员而非自治体的机关，自治机关的权力只不过是自治权主体行使自治权的方式而已。但是需注意的是，周安平这里所讲的自治权的主体是自治体的成员是指作为集体的成员而非作为个体的成员[1]。更多的"权利论者"是从个体成员的角度去阐释自治权的权利性质的。例如王允武虽然承认村民自治权有两种类型，一种是村民个体直接参与行使的，另一种是村民个体无法直接参与行使的（例如村内经济、治安等公共事务），而必须通过村内机构方得以行使。但村民自治权依然是个体权利而非集体权利，其理由是某些权利的行使形态虽然表现为集体，但是个体行使权利时，却是独立地做出意思表示的[2]。

---

[1] 周安平：《社会自治与国家公权力》，《法学》2002年第10期，第16页。
[2] 王允武：《中国自治制度研究》，四川人民出版社2006年版，第284页。

持"权力说"者认为自治权在本质上是一种权力。张文山是其中的代表,他认为权力的本质特征体现在人与人之间的命令服从关系上,而社会团体是权力的载体,只有在社会团体中,才会存在权力。自治权是"一种在社会团体内,经团体多数人认可或默示的……一种权力"①。沈岿也认为村民自治权是一种准政府组织的权力②。周贤日、潘嘉玮也是权力说的代表。田飞龙认为村民自治权既具有权利面向也具有权力面向(在这一点上和"综合说"类似),但本质上是一种权力。田飞龙博士认为村民自治权是一种权利的结论源于分散化的公法学,就统一的公法学视角而言,村民自治权应当解读为一种社会公权力③。由于"权力说"明显无法涵盖村民依法(尤其是依《村委会组织法》)而享有的权利,尤其是村民个体所享有的权利(例如村民的选举权、被选举权、村务参与权、监督权等),而且也不符合权力制约和权利保障的潜在价值取向,因此"权力说"逐渐式微。

持"综合说"者则认为自治权兼具权利和权力属性。近年来"综合说"逐渐增多,且隐有后来居上、渐成主流之势。"综合说"的典型代表是崔智友,他认为村民自治权这一概念具有两重性质,从来源上看它是一种权利,但当村民自治共同体行使自治权时,又是一种具有内部管理色彩的公共权力④。王建学表达了类似的观点,他从自治的二元面相(民主和自由两个向度)的角度,阐释了自治权的权力和权利双重属性⑤。上述观点显然产生了广泛的影响,越来越多的学者开始承认基层群众自治权的双重属性。例如汪沛颖、胡金龙等就指出村民自治权在面对村民个体时,亦有权力的属性⑥。"综合说"的优势在于注意并区分到了村民自治权的两个面相:对内的和对外的(或是王建学所说的民主和自由两个向度)。

---

① 张文山:《自治权理论与自治条例研究》,法律出版社2005年版,第3—4页。
② 沈岿:《谁还在行使权力》,清华大学出版社2003年版,第1页。
③ 田飞龙:《从村民自治领域的权利救济看统一公法学知识生产的必要性——从村民自治领域的两个典型案例切入》,《美中法律评论》(美国)2009年第10期,第45页。
④ 崔智友:《中国村民自治的法学思考》,《中国社会科学》2001年第3期,第136页。
⑤ 王建学:《作为基本权利的地方自治》,厦门大学出版社2010年版,第42页。
⑥ 汪沛颖《村民自治权与村民个体权利间的冲突之困与解决之道》,《四川行政学院学报》2017年第5期,第68—72页;胡金龙《村民自治司法裁判制度探微》,《长江论坛》2006年第2期,第69页。

（二）争议之源：不同语境下的"自治权"

其实如果仔细对比就会发现，前述"权利论"与"权力论"的争论看似针锋相对、水火不容，实际上他们所争论的未必是同一个对象。争论的原因主要不是他们对某个事物的性质本身争议，而是对不同的事物都冠以同一个名称。换而言之，当他们围绕"自治权"的性质进行争议时，所争论的并非同一事物，而只是恰好他们都给予"自治权"这个词以不同的指谓。例如，"权利说"的代表周安平也承认自治机关拥有某种公权力，只是他认为那不能叫自治权（其称之为自治权的行使方式）[①]。刘颖也有类似的观点，他也认为村委会拥有经村民主动让渡权利所形成的公共权力，但是它不能叫自治权[②]。而权力论者也并不否认村民个体拥有法定的各种自治性的权利。甚至部分学者会在行文时在不同的语境下用到"自治权"一词，从而导致前后不一致的现象。例如丁国民是"权利论"的支持者，其在《中国村民自治权研究》一书第一章中明确提出，村民自治权是权利而非权力，但在第二章对村民自治权与民族区域自治权作比较研究时却又明确使用了权力一词[③]。莫纪宏在其著作《现代宪法的逻辑基础》第二十四章中也多次在不同语境中用到"自治权"一词，有时在"权利"层面上使用该词，有时又意指其为"权力"[④]。潘嘉玮和周贤日在《论村民自治权与国家行政权》一文中是从"权力"的角度研究村民自治权与国家行政权相互关系的[⑤]，而在同一年发表的姊妹篇《村民自治权与村民经济自主权》中却是从"权利"的角度来分析村民自治权与村民经济自主权相互关系的[⑥]。

由此可见，自治权性质的不同认识事实上与自治权在不同语境中的使用有关，自治权一词在不同语境中所具有的不同指谓使人们对其性质产生了不同认识。对词语和概念的理解必须依托于语境，"只有命题才有意义；只有

[①] 周安平：《社会自治与国家公权力》，《法学》2002年第10期，第16页。
[②] 刘颖：《论村民自治的主体》，《求索》2008年第6期，第55页。
[③] 丁国民：《中国村民自治权研究》，法律出版社2013年版，第27、53页。
[④] 莫纪宏：《现代宪法的逻辑基础》，法律出版社2001年版，第494—509页。
[⑤] 周贤日、潘嘉玮：《论村民自治权与国家行政权》，《华南师范大学学报（社会科学版）》2003年第1期，第26—34页。
[⑥] 潘嘉玮、周贤日：《村民自治权与村民经济自主权》，《华南师范大学学报（社会科学版）》2003年第4期，第44—52页。

第一章　作为社会公权力的基层群众自治权之概念

在命题的联系关系中名称才有指谓","表达式只有在命题中才有指谓。所有变项都可理解为命题变项"①。"自治权"一词也是如此，只有置于具体的语境之中，其才有所指谓。由于"自治"一词的多重含义，"自治权"一词经常也在不同的语境中表达了不同的含义。

由于"自治"一词具有丰富的内涵，"自治权"相应地也具有了多重内涵。例如在《民族区域自治法》中，我们便可以看到三种互有联系但不同的主体享有的"自治权"："自治机关的权力""民族区域自治地方的权利"和"少数民族的权利"②。作为一个法学概念，影响自治权指谓的语境变项主要有三个：自治权的主体、指向对象及其内容。但是由于自治权的内容过于复杂，且各国、各类自治权内容差异较大，此处主要研究前两个变项。只有当明确自治权的主体及其指向对象时，自治权在某处语境中的指谓才能得到一个大体上明确的理解。而且只要明确了自治权的主体和其指向对象，结合法学的一般原理，在某特定语境下，自治权的权力或权利属性也就可以确定了。

对前述对"自治权"的种种用法进行梳理可以发现，"自治权"的使用大体可以分为三种情形：第一，以个体为主体以国家或自治共同体为对象时的"自治权"；第二，某自治共同体为主体以国家为对象时的"自治权"；第三，以某自治共同体为主体以其成员为对象时的"自治权"。因为权力总是体现出一种强制性和支配性，而国家不可能成为个体或自治共同体命令和支配的对象，因此前两种语境下的"自治权"应当属于"权利"，较少有争议。因此问题的关键是第三种情形下的"自治权"是否属于一种"权力"以及它能否被称之为"自治权"。下面将仅就第三种语境下基层群众自治权的"公权力"性质加以证成并界定，除另有说明以外，全文所指称之基层群众自治权亦仅指第三种语境下的基层群众自治权。

当对自治权概念尚未形成统一认识且其在各种语境中的使用都能从法律文本中找到依据时，断然否定自治权在某种语境中的使用并不明智，但在某种限定语境中对自治权进行研究却是可行的。本书所研究的核心对象正是在此种语境下的"自治权"：以某自治共同体为主体以其成员为对象

---

① [英]维特根斯坦：《逻辑哲学论》，贺绍甲译，商务印书馆2005年版，第35—36页。
② 沈寿文：《重新认识民族区域自治权的性质——从〈民族区域自治法〉文本角度的分析》，《云南大学学报（法学版）》2011年第6期，第17页。

时的"自治权"。

在前述的第三种语境下,"权利说"支持者大多并不否认基层群众自治共同体拥有某种权力,只是他们不把这类权力称之为"自治权"。其潜在的理由,一是为了确保"以社会自治权对抗国家公权力的目的"①,当村委会和村民在自治事务上发生矛盾时确保村民权利②。但这并不构成否定这类公共权力被称之为"自治权"的理由,因为称这类公共权力为自治权或承认这类自治权具有公权力的性质,并不意味着承认国家公权力对其可以任意干涉。排除国家公权力对村民自治权任意干涉的关键在于区分自治共同体所行使的两种不同的公共权力:国家授权或委托的权力以及自治共同体处自治事务的权力。否定后者的公权力属性,既不能真正排斥国家公权力对于自治事务的任意干涉,也不利于自治共同体提供公共产品和公共服务。

否定基层群众自治权的权力属性的更重要原因在于,法学和政治学传统意义上的公权力往往默认地指称国家公权力。"一般而言,公共权力仅指国家权力。"③ 在传统的法学框架下,私权利是私法的核心范畴,公权力是公法的核心范畴,而政治国家是公权力的垄断者④。公权力习惯上的相对物是私权利,而非私权力。在部分"权利说"的主张者看来,不仅基层群众自治权的社会公权力属性是可疑的,而且从根本上说社会公权力的存在也是可疑的。因此,欲证成基层群众自治权的社会公权力属性,首先需要界定社会公权力本身,并明确社会公权力的特性,进而证成基层群众自治权对上述特征的契合。

二、社会公权力之界定

(一)社会公权力的产生

第二次世界大战以后,国家与社会的分离以及社会组织的发展壮大逐渐

---

① 周安平:《社会自治与国家公权力》,《法学》2002 年第 10 期,第 16 页。
② 刘颖:《论村民自治的主体》,《求索》2008 年第 6 期,第 55 页。
③ 蒋永甫:《政治学导论》,广西师范大学出版社 2016 年版,第 32 页。
④ 李天昊:《公权力与私权力界限析》,《重庆社会科学》2017 年第 4 期,第 33—39 页。

第一章 作为社会公权力的基层群众自治权之概念

改变了国家是公权力垄断者的现实。经历过政府失灵和市场失灵之后，人们意识到政治国家与市民社会双方存在互补性，双方都具有不可取代性。无论欧洲大陆还是英美，有限政府和社会自治成为一种政治共识。我国在改革开放以后，市民社会也开始孕育、发展并走向成熟，各种社会自治组织开始如雨后春笋般出现。无论中外，越来越多的社会自治组织承担着越来越多的公共职能，他们逐渐拥有了越来越接近政府部门的权力。尽管国家依然占据着核心和主导地位，但公权力不再单为国家所独占，越来越多的社会组织享有一定的社会公权力并得到国家承认，"社会公权力代表了市民社会生成和发展的必然趋势，代表了现代社会格局变迁的新动向"[①]。据徐靖考证，社会公权力这一概念在中国最早使用于民族学领域[②]，并随之在法学、政治学、行政管理学等领域得到广泛使用。图1-1、图1-2、图1-3可以形象地说明上述现象[③]。

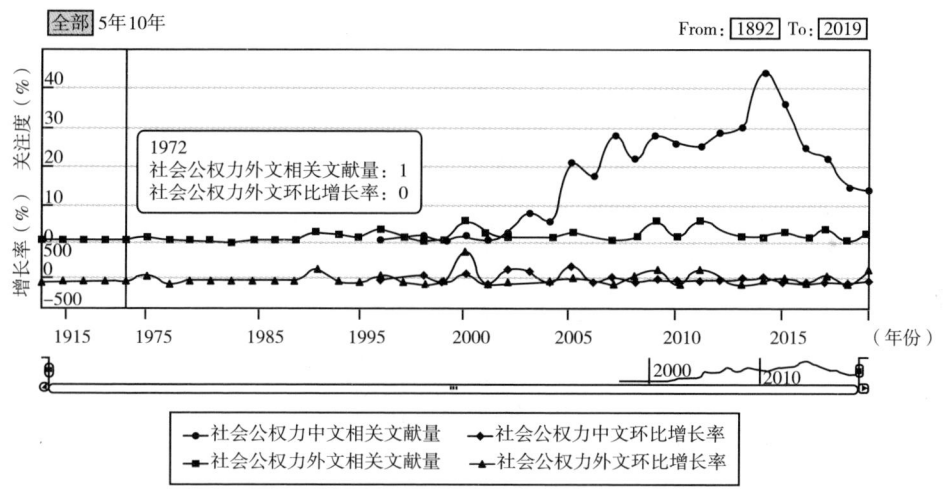

图1-1 "社会公权力"的学术关注度

[①] 冯之东：《社会公权力的司法救济与民间化——以公私法域交融背景下的足球协会为研究个案》，《南京大学法律评论》2010年第2期，第125页。
[②] 徐靖：《论法律视域下社会公权力的内涵、构成及价值》，《中国法学》2014年第1期，第79—101页。
[③] 此三图均为我在中国知网以"社会公权力"为主题词进行搜索后的可视化结果。我还以"社会权力"这一近似概念进行过搜索，结果与此类似，由于篇幅所限，不在此处陈列。

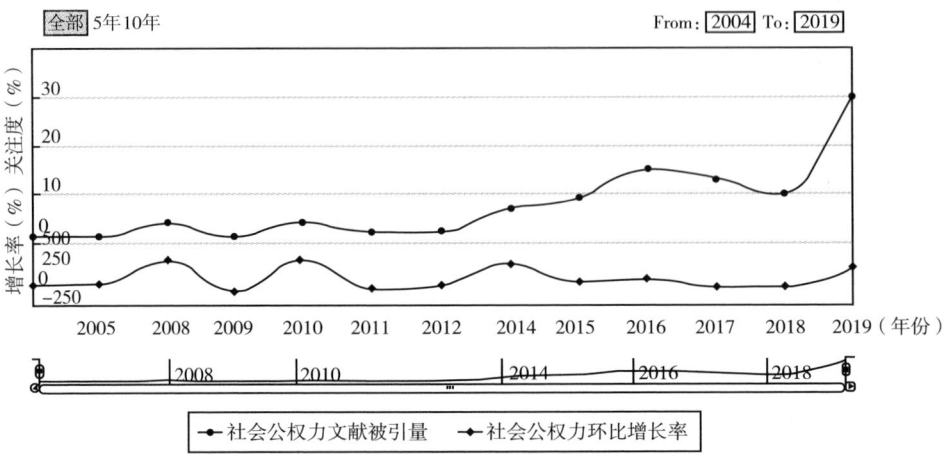

图1-2 "社会公权力"的学术传播度

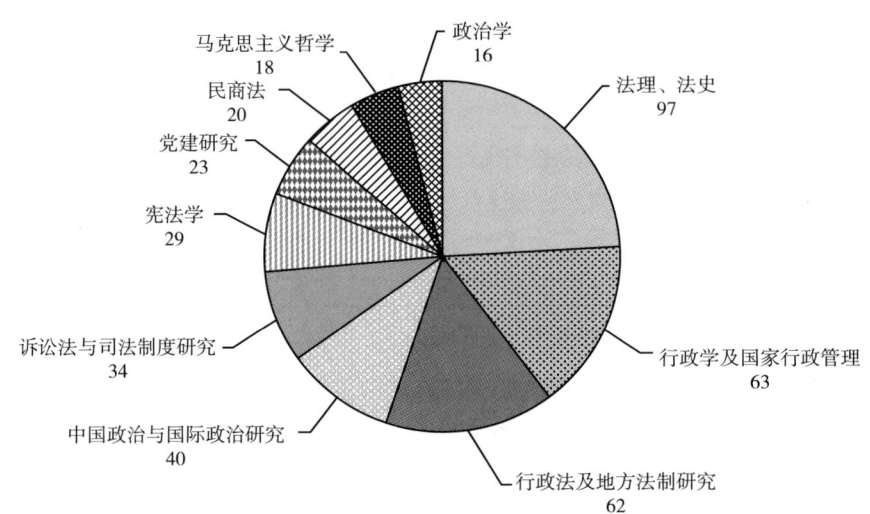

图1-3 "社会公权力"的学科分布

(二) 社会公权力的内涵与特征

在对社会公权力这一概念进一步分析之前,有必要对"社会公权力"与"社会权力"这两个既相互关联又极为近似且在部分文献中几乎被等同使用的概念进行一定的区分。在我国,最早提出"社会权力"这一概念的

第一章 作为社会公权力的基层群众自治权之概念

当属郭道晖,在郭道晖的理论体系中"社会权力"被界定为"社会主体以其所拥有的社会资源对社会的支配力"(在后来的一些文章中修正为对"国家和社会的支配力和影响力")①。"社会权力"概念的提出产生了广泛的学术影响,也在一定程度上促使了"社会公权力"这一概念的形成。但"社会公权力"概念产生以后,其内涵明显开始与"社会权力"这一概念逐渐产生差异,这种差异不仅仅是外延上的差异,也是内容本身上的差异:它们的区别不在于除了社会公权力以外是否还存在社会私权力,更在于其指向对象的不同,或者说两者并不属于"种属关系"。在郭道晖的理论体系中,社会权力的指向对象是国家和社会(指向外部),而"社会公权力"这一概念通常指社会自治共同体依其章程或内部规则对其成员所拥有之管理权限。如果根据迈克尔·曼的威权性权力和散漫性权力分类,郭道晖所提出的"社会权力"应当属于散漫性权力。此时"权力"一词被泛化,它不仅包括了具有支配性的力量,还包括社会组织的经济权力、知识性权力、舆论监督等一切影响力,甚至政治权利都被涵括进来②。而大多数情形下,学者们在使用"社会公权力"一词时,它所指谓的对象虽然不是一种国家公权力,但是一种具有强制性的权力,而不仅是一种影响力。举例而言,足球协会对其成员(例如球队俱乐部)③拥有的权力和其对球迷的影响力是两种不种性质的权力。为了更好地与"社会权力"一词相区分,避免用词上的混乱,本书出于对郭道晖先生的尊重,也基于遵循既有使用习惯的原则,将"社会公权力"限定于社会自治共同体对内部成员的支配性权力。

作为一个相对较新的概念,不同的学者在使用"社会公权力"这一概念时具体内涵和侧重点有所不同。徐靖和李海平对社会公权力做了相对细致研究。李海平将社会公权力界定为:"社会组织基于法律或者契约的授权而拥

---

① 郭道晖:《论国家权力与社会权力——从人民与人大的法权关系谈起》,《法制与社会发展》1995 年第 2 期,第 22 页。
② 郭道晖:《论社会权力的存在形态》,《河南省政法管理干部学院学报》2009 年第 4 期,第 1—8 页。
③ 依《中国足球协会章程》的规定,中国足协采取会员制,其会员分为单位会员和个人会员,加入足协的条件之一是"在足球运动领域内具有一定的影响",因此事实上是以单位会员为主,个人会员一般只"接受对中国足球事业有突出贡献的人士"作为荣誉会员。质而言之,大部分球迷是不可能成为足协的会员的。

有的管理一定领域、一定范围公共事务的权力。"① 徐靖将社会公权力界定为："社会公权力是国家之外的社会组织以准公共产品供给为目的，以社会利益实现为宗旨，对组织成员所产生的影响力与支配力。"② 姜明安虽然没有给社会公权力下一个明确的定义，但曾例证社会公权力是"社会自治组织对其成员行使的权力以及社会自治组织依法律授权或国家机关委托而对外部相对人行使的权力③"。

上述定义也存在一些明显分歧。这些分歧主要有：社会公权力的主体是否必须是社会自治共同体抑或一般社会组织都可以但以社会自治共同体为典型，社会公权力的指向对象是否只是社会组织的内部成员抑或包括了外部对象，其内容是仅包括内部事务还是也包括外部事务，其行使依据是否只包括内部规则而不包括国家法。上述争议的实质在于要区分以下两组权力：自主权力和委托权力、对内的权力和对外的权力。如前所述，社会自治共同体所管理的事务可以区分为自主事务和委托事务，相应的权力也可以分为自主权力和委托权力。在实践中，社会自治共同体行使的权力可能是源于政府委托或法律、法规的授权，也可能是源于共同体内部规则的授权。在本质上来讲，前者依然是一种国家权力，只是由国家转授予社会组织行使。大多情况下，社会组织因为不是国家政权机关，因此没有对外的权力。社会组织的对外权力的存在一般有两种情形：第一种是基于国家授权或委托而产生的权力，这一点前面已经阐述，它在本质上仍然是一种国家权力；第二种情形是对"权力"一词作宽泛意义上的理解，社会组织基于其拥有的各种社会资源而对外拥有的影响力。后一种情形可以涵括于前述郭道晖提出的"社会权力"这一概念。

至此，我们可以把社会公权力界定为：社会自治共同体经国家法承认和概括授权，基于共同体内部规约，为提供内部公共产品管理内部事务而对其内部成员所具有的支配力。

与国家公权力相比，它具有社会性。这种社会性不仅体现为其权力主体的社会性，还体现为其内容上的社会性。它的行使主体一般是社会自治共同

---

① 李海平：《论社会宪政》，《法律科学（西北政法大学学报）》2012年第1期，第36—43页。
② 徐靖：《论法律视域下社会公权力的内涵、构成及价值》，《中国法学》2014年第1期，第87页。
③ 姜明安：《论公法与政治文明》，《法商研究》2003年第3期，第63页。

体，而不能是国家机关。它所管辖的事务往往也是自治共同体内部事务，而非国家行政事务。与公司等私法人所拥有的私权力相比，它具有公共性。它以提供公共产品实现公共利益为目的，尽管这种公共产品和公共利益往往仅限于内部，但它仍然具有一定非排他性和非竞争性的特征。最后，与散漫性权力及各种一般意义上的影响力相比，它对内部成员具有强制性。社会公权力的产生和行使一般要得到国家法的承认，并以内部规约为依托，为保证自治共同体内部秩序，应当具有支配性。

三、基层群众自治权之权力属性

如前所述，对基层群众自治权之权力属性的质疑，最主要的原因在于将权力约限定于公权力，将公权力默认为国家公权力的思维定式。由于国家公权力长期占据政治生活的核心，在特定历史时期甚至吞没了社会的生存空间，因此国家公权力不仅占据着学术研究的重心，而且导致了将权力默认为国家公权力的思维惯性。在部分学者看来"权力应是公权力"[①]，在更多的学术文献中，公权力往往被默认等同于国家公权力。不过仅仅从词语构成上看，这些看法显然是不符合构词逻辑的，如果能将权力直接等同于公权力，或将公权力直接等同于国家公权力，那边"权力"前面的"国家"和"公"等限定词将会变得毫无意义。如果回溯权力这一概念的既有研究，也可以发现，将权力简单等同于公权力，或将公权力简单等同于国家公权力也并非学术主流观点。

作为一个政治学、法学与社会学共享的核心概念，"权力"这一概念被不同学科背景和学术观点的学者"基于不同的目的、在不同背景中并且是在无穷尽的不同方式"[②]中使用。因此它是一个从来都没有统一界定，也几乎无法被统一界定的概念。《社会权力学》的作者罗德里克·马丁等曾针对17世纪以来著名思想家们关于权力的界定做过系统的梳理和介绍，最后总结为7种学说。马克斯·韦伯认为权力是"在一种社会关系中哪怕遇到反

---

① 段凡：《论权力应是公权力》，《武汉大学学报（哲学社会科学版）》2012年第5期，第45—51页。

② [英]史蒂文·卢克斯：《权力：一种激进的观点》，彭斌译，江苏人民出版社2012年版，第52页。

对也能贯彻自己意志的任何机会,不管这种机会是建立在什么基础之上"①,罗伯特·达尔认为权力是一种能够迫使他人去做其本身不愿意做的事情的力量②。

显然,从前述几种具有广泛代表性的观点来看,并没有任何一种主流观点将权力等同于国家公权力,相反地,学者们尤其是社会学家们倾向于认为国家公权力仅仅是权力的一个类型。例如迈克尔·曼的权威性权力和散漫性权力。他还根据权力的来源将权力划分为意识形态权力、经济权力、政治权力和军事权力四种类型,并且指出只有政治权力是国家所特有的权力③。他还指出权力的三种形式特征,其中之一是权威性与弥漫性的区别,其中弥漫性权力是"不直接由命令实施,而是以相对自发的、无意识的和去中心的方式扩散。人们的行动……并不是被直接命令的"④。我国也有学者认为依据主体的不同,权力可以划分为国家权力、社会权力和个体权力,而国家权力是"一切个人力量的联合,是一种普遍的强制性的力量",是一种"异化了的社会权力"⑤。

肯定基层群众自治权之权力属性,还需说明基层群众自治权之来源问题。作为一种社会自治,基层群众自治与地方自治不同,地方自治共同体的自治权力是国家权力纵向分权的结果,而社会自治共同体的权力从何而来则是一个难题。

一种常见的解释是社会自治共同体只有私权利而没有公权力,它们所行使之权力无非是国家所授。授权理论在一定程度上可以延续传统公法理论的解释力,但当类似"无法律、法规明确授权,而是根据组织章程、规约等行使公权力、履行公共职能的非政府公共组织在行政法上该如何定位"⑥这样的问题开始被提出来时,前述理论就捉襟见肘了。田永诉北京科技大学案、

---

① [德]马克斯·韦伯:《经济与社会》(上卷),林荣远译,商务印书馆1997年版,第81页。
② Dahl R. "The Concept of Power", Behavioral Science, 1957, 2 (3): 201—215.
③ 史焕高:《权力与国家:评迈克尔·曼〈社会权力的来源〉》,《政治与法律评论》2011年第1期,第287—296页。
④ [英]迈克尔·曼:《社会权力的来源·第三卷·全球诸帝国与革命(1890—1945)》,郭台辉、茅根红、余宜斌等译,上海人民出版社2015年版,第8页。
⑤ 王宝治:《社会权力概念、属性及其作用的辨证思考——基于国家、社会、个人的三元架构》,《法制与社会发展》2011年第4期,第141—147页。
⑥ 石佑启:《论公共行政之发展与行政主体多元化》,《法学评论》2003年第4期,第59—66页。

第一章 作为社会公权力的基层群众自治权之概念

广州吉利案和长春亚泰案等典型案例更促使了行政法学界对上述问题的思考。另一种回答则是指出了一种独立于国家行政和国家公权力的概念:社会公行政和社会公权力,这种看法得到了越来越多人的支持。21世纪初,姜明安就将授权行政、委托行政和社会公行政三者并列,指出社会自治组织根据内部章程行使公权力是行政权力社会化的一种重要形式①。他还明确提出公权力分为国家公权力和社会公权力两种②。事实上,对社会公权力的关注早已超出行政法学界的范围,走进整个公法学界的视野。

实践需要只能证明社会自治和社会公权力的必要性和现实合理性,却并不能自证其合法性。对于社会公权力合法性的证成可回溯至近代契约论。自近代契约论产生以来,公权力源于个体权利让渡的思想在西方渐入人心。在近代启蒙思想家和契约论者那里,依照自然法的思想,个体权利是天赋的自然权利,而公权力源于权利的让渡,基于社会契约伴随着国家的产生而产生。为了消除人类之间的内斗并走向相互合作,人们达成社会契约并组织联合体,将自己的全部或部分自然权利让渡给这个联合体。这个联合体被称为国家,而为了让社会契约不至于成为空谈,这个契约本身暗含着一项约定,集体可以强迫成员服从集体的意志③。如果从权利让渡的彻底性来讲,契约论大体可以分为两种:洛克式的和卢梭式的。洛克认为个体只让渡了部分权利,而保留了另一部分的权利,而且国家的存在就是为了保护公民的生命、财产和自由。卢梭则认为公民让渡了全部的权利。在卢梭式契约论的理想愿景中,国家是公意的代表和化身,国家与公权力成为孪生体,并成为公权力的唯一拥有者。它泯灭了社会自治的空间,并蕴含了民主暴政的可能,法国大革命后"卢梭嗜血的右臂"——雅各宾派的恐怖统治提醒着人们卢梭式民主对自由的压制。与此相对应,洛克式的契约论预留了社会自治与社会公权力的可能。既然人们联合组成国家时并未让渡全部权利而保留了部分权利,那么,他们也可以让渡剩余的权利而继续联合成其他的共同体。社会自治组织的蓬勃发展证明了在这一点上洛克式契约论更加契合了实践的需要。如果依照类似于国家的形成逻辑推演社会自治共同体的形成,洛克式

---

① 姜明安:《新世纪行政法发展的走向》,《中国法学》2002年第1期,第61—72页。
② 姜明安:《论公法与政治文明》,《法商研究》2003年第3期,第63页。姜明安后来还加入了国际公权力的概念,形成了公权力三分法:国际公权力、国家公权力以及社会公权力。
③ [法]卢梭:《社会契约论》,戴光年译,武汉出版社2015年版,第19页。

契约论不仅可以说明社会公权力何以可能,还可以解释它的主要依据、行使主体和主要内容。

四、基层群众自治权之社会属性

尽管学术界对社会公权力尚无明确、权威的概念。但是如前所述,与国家权力相比,社会公权力有以下特性:社会公权力的主体为社会组织,社会公权力的基础在于社会自治,社会公权力行使的基本依据是社会组织内部章程、规则及惯例,社会公权力的行使对象一般是其成员。社会公权力的主体为社会组织而非国家机关,这是其与国家公权力相区分的一个重要标志。国家与社会分野的过程一般是国家权力不断下放给社会的过程,因此社会组织行使的未必都是社会公权力(因为存在社会组织经法律、法规授权行使国家公权力的情形),但国家机关行使的必然不是社会公权力。自治是社会公权力的基础,社会组织之所以能获得一定的公权力,除了国家的承认,更重要的是社会组织成员对相互订立契约的自觉服从。因而,社会公权力是"因组织体成员契约协议而产生,是国家之外的社会自治权"①。江平先生也指出,私权的核心是"自由",社会权力的核心是"自治",国家权力的核心是"强制力"②。社会公权力行使的基本依据是社会组织内部章程、规则及惯例,这是它与某些社会组织经国家法律、法规授权而行使的国家权力的主要区别。社会公权力的获得往往需要国家法的正式承认,例如《体育法》对体育社会团体体育赛事管理权、对运动员的管理权以及一定的处罚权的规定等,但其"行使的基本依据是该组织成员民主协商制定的章程、规则和原则以及具有规范作用的惯例"③。基于这一区别,在行政法学界已经有学者将授权行政主体与自治行政主体加以区分,并指出前者的依据是宪法与组织法以外的单行法律和法规,而后者的依据是某一社会公行政组织的章程、决议和规约④。

---

① 徐靖:《论法律视域下社会公权力的内涵、构成及价值》,《中国法学》2014年第1期,第94页。
② 江平:《社会权力与和谐社会》,《中国社会科学院研究生院学报》2005年第4期,第29页。
③ 尹洪阳:《论司法对社会公权力的介入和规制》,《中国政法大学学报》2013年第5期,第84页。
④ 应松年:《行政法》,北京大学出版社、高等教育出版社2010年版,第39页。

第一章　作为社会公权力的基层群众自治权之概念

在现实中,基层群众性自治组织往往过多承载了本属于基层政府的公共职能,表现出某种行政化倾向,以至于被认为是另一种形式的"小政府"。根据《村委会组织法》第五条与《居委会组织法》第三条,基层群众性自治组织的工作可以大体分为两个方面:协助基层政府开展工作和管理本自治体内部事务。当它协助基层政府开展工作时,它所行使的事实上是经由基层政府委托之国家公权力,只有当其管理本自治共同体内部之公共事务时,方始行使基层群众自治权。无论是从实在法的条文,还是从学理上来看,基层群众自治权与国家公权力是非同质的,相反地,基层群众自治权很好地体现了社会公权力的上述几个特征。首先,基层群众自治权的行使主体为基层群众性自治组织,而不是政府机关。《宪法》第一百一十一条规定:"城市和农村按居民居住地区设立的居民委员会或者村民委员会是基层群众性自治组织。"《村委会组织法》与《居委会组织法》亦有类似规定。基层群众自治性组织既然不是一级国家政权,不是国家机构的一部分,它不就能拥有国家公权力。当它管理自治范围内的事项时,拥有的只能是一种社会公权力。其次,基层群众自治权的基础在于自治。《村委会组织法》第一条开宗明义地规定了基层群众自治权存在的目的是保障村民自治[1]。《居委会组织法》第一条虽略有不同,但也明确了"城市居民群众依法办理群众自己的事情"是其立法目的之一。而《村委会组织法》与《居委会组织法》第二条都确定了基层群众自治组织的基本性质是村(居)民自我管理、自我教育、自我服务的基层群众性自治组织。自我管理意味着基层群众自治组织的权力基础来源于其村(居)民的自我同意。最后,基层群众自治权行使的直接依据是内部章程、规则及惯例。社会公权力虽然有赖于国家法的承认,但本质上是基于社会成员通过契约的授权,正如仲裁委员会的仲裁权虽然有赖于《仲裁法》的规定,但本质上来源于自愿接受仲裁结果的约束的契约条款。基层群众自治共同体的权力也一样,虽然有赖国家有关法的规定和承认,但本质上来自自治共同体内部成员通过社会契约(表现为自治章程或传统习俗)对其剩余权利的让渡。这种具有社会公权力性质的自治权是社会与国家相分离的结果。这种自治权具有本源性,它不是源于法律的授权,而是其所固有的[2]。

---

[1] 《中华人民共和国村委会组织法》第一条:"为了保障农村村民实行自治,由村民依法办理自己的事情……根据宪法,制定本法。"
[2] 张清、顾伟:《居民自治权论要》,《南京大学法律评论》2013年第2期,第56页。

五、基层群众自治权之公共属性

对于政治学和法学，尤其是公法学而言，公权力才是一个核心范畴，而私权力则是一个经常仅仅在对权力进行理论上的分类时才出现以确保概念外延完整性的概念。在部分学者眼中，私权力根本就不存在，私域只存在权利而不存在权力①。不过也有学者认为，只要不把权力等同于国家权力，而只把权力界定为一种事实上的影响力或支配力，那么私权力是存在的②，甚至在司法实践中，类似公司这种私法人行使的处罚权有时也是会被法院所承认③。但是，受传统政治学和法学的影响，以行使或归属主体是否为政权机关仍然是判断公权力和私权力的重要标准，甚至是主要标准④。因此，如果基层群众自治权被认定为一种权力，那么它究竟是公权力还是私权力也是值得探讨的。事实上，基层群众自治权的公私属性之争与"权力"和"权利"的性质之争是紧密关联的。在理论和实践中，诸如自治共同体内部事务究竟属于公务还是私务、自治共同体与其成员之间相互关系是否属于平等民事主体之间的法律关系等问题极大地影响了人们对于基层群众自治权是权力还是权利的看法。因为如果前述问题的结论是私务和平等民事主体之间的关系，那么在传统的"公权力—私权利"思维定式下，那么基层群众自治权被认定为权利的可能性就大大增加了。

如果承认私权力的存在，那么界分公权力与私权力的关键自然是要区分"公"与"私"。公权力与私权力、公法关系与私法关系、公共利益与私人利益之间的区分等问题往往交织在一起。这是一个极为复杂的问题，随着各种非政府组织的兴起以及公共职能从国家向社会组织的转移，这一问题显得更

---

① 段凡：《论权力应是公权力》，《武汉大学学报（哲学社会科学版）》2012 年第 5 期，第 45—51 页。

② 徐靖：《论法律视域下社会公权力的内涵、构成及价值》，《中国法学》2014 年第 1 期，第 79—101 页。

③ 蒋大兴：《社团罚抑或合同罚：论股东会对股东之处罚权——以"安盛案"为分析样本》，《法学评论》2015 年第 5 期，第 152—163 页。

④ 例如，李天昊《公权力与私权力界限析》，《重庆社会科学》2017 年第 4 期，第 33—39 页。该文虽然承认社会权力（包括公权力与私权力）的存在，但最终依然采用了主体论，认为公权力是政权机关应该享有的权力。

第一章 作为社会公权力的基层群众自治权之概念

为复杂。公共职能社会化的背景下，行政机关可能以民事主体身份行使民事权利作出民事行为，相应地，非政府组织也可能作为社会公行政组织行使公权力作出社会公行政行为，因此简单地以一个行为主体的性质来判断某种行为、行使的权利（权力）以及法律关系的公私属性已经越来越不能适应社会的实际发展。

英国法上判断非法定机构的行为是否应当受司法审查的标准在我国行政法学界经常被引用于解释前述问题。根据 De Smith 等在《司法审查原理》一书中的归纳，英国法中的判断标准主要有："要不是"检测（即如果该机构不存在，政府是否必然亲自介入）、是否受到政府的支持和鼓励、是否享有垄断性的权力以及受害人是否承诺受其约束等标准[①]。按前述标准来对基层群众自治共同体和公司等私法人相比较可以发现，基层群众自治共同体具有明显的公法性质，当其作为内部事务的管理者和公共产品的提供者时尤其如此。首先，从"要不是"检测标准来讲，基层群众自治共同体，在历史上是作为国家权力逐步退出基层乡村和社区后真空填充者出现的，一旦自治共同体不能有效提供村内公共产品或服务，政府势必亲自介入相关活动。相对应地，对于大部分公司而言，除了提供诸如水力和电力之类准公共产品的公司以外，如果它们破产或不存在了，自然会有其他公司来替代其功能，政府并不会直接亲自介入相关活动。其次，从受到政府的支持和鼓励的角度而言，显然基层群众自治共同体的设立具有明显的国家建制特点，并且运行经费受到政府的支持和鼓励，而一般的公司因为要遵循自由竞争的市场原则，不能受到政府的特别支持，即便某些国有企业在设立时有国家作为股东的参股，但在运营时仍然应当与私企公平竞争，政府不应给予特别的资助和鼓励。最后，就权力的垄断性而言，基层群众自治共同体确实拥有了针对其成员的垄断性权力。尽管从数量上来看，基层群众自治共同体数量众多，但是在特定的区域范围内，它的存在具有排他性。与公司不同，基层群众自治共同体的设立并不全然是其成员合意的结果，它同时也是甚至主要是国家公权力意志的体现，正因如此才有建制村和自然村，建制社区和自然小区的区分。另外，基层群众自治共同体的成员资格的获得与退出并不完全是自由意志上合意的

---

① De Smith, S. H. Woolf, and J. Jowell, Principles of Judicial Review, London: Sweet & Maxwell, 1999: 68 - 74.

结果,"不是一种契约意义上的选择行为,而是一种先我而在的'他致性'结果",有学者认为这是基层群众自治共同体与公司和其他社会团体之间最本质的区别[①]。这意味着就最后一个标准(是否承诺受其约束)而言,基层群众自治共同体成员明显比公司股东受到更多约束。尤其是对村庄而言,尽管存在有无数村庄,但村民只有两个选择:要么承诺接受该村民自治共同体的约束,要么失去村民身份。而后者成本太高以至于一般情形下村民无法承受,因为与股东身份的获得不同,村民身份的获得显然并非纯粹契约合意的结果,它更多地是依据出身以及法律相关规定的结果:村民事实上很少享有在不同村之间切换村民身份的自由。

当然前述结论并不意味着基层群众自治共同体的一切行为总是具有公共属性,和行政机关一样,它们也可能以民事主体的身份行使民事权利做出民事法律行为。前述结论有一个基本前提:基层群众自治共同体作为内部事务的管理者和公共产品的提供者。前者(内部事务的管理者)强调了前述的语境(即第一章所规定的第三种语境),后者(公共产品的提供者)强调了公与私的分界。基层群众自治共同体之所以受到政府的支持和鼓励,是因为它们作为政府的补充代行了公共产品和公共服务提供者之职,否则相应的公共产品供给之责将由政府亲自承担,"要不是"检测标准背后的逻辑正是如此。

从根本上来讲,产品和利益的公私之分主要不在于产权上是否共有,而在于服务对象上是否公用(是否服务于不特定的对象),在于是否具有非排他性和非竞争性的特征。在股份公司不断发展壮大的今天,一个公众公司的股东人数可能远远超过一个普通的村/社区的村(居)民数,其所收获的利益也是一种共有利益(但并非公共利益)。在公共产品供给体系多元化的今天,作为一种市场主体,公司提供公共产品和公共服务也并不罕见,比如供水、供电、公共交通等公司。同样作为公共产品的供给者,基层群众自治共同体与公司这类私法人至少在两个方面体现了巨大的区别:第一,大多情况下,基层群众自治共同体的公共产品供给对象主要是其成员,而公司的公共产品供给对象主要是顾客而非其成员(股东);第二,多数情况下,公司通

[①] 张旭勇:《村民民主决策权的司法救济制度研究:行政法语境下的理论与实践》,中国法制出版社2012年版,第100页。

过技术性处理，实现了公共产品的排他性和竞争性，解决了公共产品的外部性问题，而基层群众自治共同体一般没有解决上述问题（没必要或无法解决上述问题）。这意味着，仅就共同体与其成员关系来看，公司与股东之间主要不是公共产品的供给者和受益者的关系，而是一种投资者与盈利法人之间的相互关系，无论股东规模多么庞大，股东结构多复杂，公司提供给股东的红利是可分割的、可计算的，可分配利润是一种按份共有的财富。而基层群众自治共同体存在的主要目的是提供给村（居）民公共产品和公共服务，如道路维护、公共卫生以及公共安全等。基层群众自治共同体也会有集体财产，并且不少村集体经济还较为强大，为村（居）民创造经济收益和就业机会也是其一项重要的职能，不过这涉及的是另一种角色和功能——集体经济组织。

至此可见，在前述第三种语境下，即以基层群众自治共同体为主体以其成员为对象时的基层群众自治权属于一种典型的社会公权力。尽管学术界对"社会公权力"的具体界定上还存在一定的分歧，但是对于大部分"社会公权力"的研究者而言，对基层群众自治权是一种典型的"社会公权力"基本没有异议。在大多数对社会公权力的研究中，村民自治权和居民自治权都是必不可少的研究事例。

第三节 作为社会公权力之基层群众自治权的概念界定

一、主体之争：村（居）民个体抑或村（居）民集体

对村民自治概念界定中最大的争议在于村民自治的主体[①]。总体而言，关于村民自治的主体，主要有以下三种观点：第一种观点可称为"村民个体说"，即认为村民自治的主体是作为个体的村民；第二种观点认为村民自治的主体是村民委员会，因此可称为"村委会说"；第三种观点认为村民

---

① 由于学界对村民自治权研究要比居民自治权的研究更多也更为深入，此处以村民自治权为例，居民自治权以此类推。

自治的主体是作为整体的村民或称之为"村自治体",可称之为"村民集体说"①。前述王允武先生对"村民委员会"所作广义和狭义的区分,消解了"村委会说"与"村集体说"之间的分歧②。如果从广义的理解,"村委会说"实际上与"村集体说"是一致的。加之近来持"村委会说"者渐少,因此村民自治的主体之争议可以归结为"村民个体说"和"村民集体说"之争。而后者得到了越来越多学者的赞同,如崔智友、丁国民等均持该主张③。另外还有一种主张算是折中派,认为面向国家时,村民自治的主体是广义的村民委员会,而在村民自治共同体内部,村民自治的主体是村民个体④。

"村民个体说"的主要理据在于,他们认为而村民自治应当是权利自治,村民自治权应当是一种权利而非权力,权利的主体必须是可辨认的个体,而村民集体这个概念是模糊的,容易造成法律关系中权利义务主体的模糊⑤。坚持"村民个体说"更深层次的原因还在于将村民自治权置于国家公权力之下的担忧,他们认为只有将村民自治的主体定位为村民个人,村委会才能仅作为村民授权的自治机关而存在,才能真正体现自治之精神⑥。"村民集体说"的主要理据在于,村民自治的内容主要都是集体性的村内公共事务,村民享有自治权并不意味着每个村民可以独自地依照法律规定行使自治权。"村民自治"是以集体的方式出现的,不同于村民依照宪法和法律的规定享有对个人事务的自己决定权。而且,如果将"村民自治"的主体视为"村民个人",那么在"村民自治"事务上产生的问题就将是每个村民与基层政权组织之间的矛盾,这样显然不利于基层政权组织依法有效地保障村民的自治权⑦。

上述两种理论都有一定的理由,但也都有一定的不足。"村民个体说"

---

① 崔智友:《中国村民自治的法学思考》,《中国社会科学》2001年第3期,第129—140页。
② 王允武:《中国自治制度研究》,四川人民出版社2006年版,第235—237页。
③ 崔智友《中国村民自治的法学思考》,《中国社会科学》2001年第3期,第129—140页;丁国民《中国村民自治权研究》,法律出版社2013年版,第13—14页。
④ 王允武:《中国自治制度研究》,四川人民出版社2006年版,第237—238页。
⑤ 刘颖:《论村民自治的主体》,《求索》2008年第6期,第54—56页。
⑥ 王凯、程同顺:《协商民主视角下的村民自治主体分析》,《湖北社会科学》2016年第6期,第18—23页。
⑦ 崔智友:《中国村民自治的法学思考》,《中国社会科学》2001年第3期,第130—131页。

第一章 作为社会公权力的基层群众自治权之概念

无法回避村内公共事务决策时村民个体如何能成为自治主体的问题。尽管他们可以声称村民通过民主投票，以独立的意思表示完成了对公共事务的参与，但是不可否认的是，一方面，村内公务并非全部采用直接民主的方式完成，相当多情况下仍采用代议制民主的方式完成①；另一方面，这种决策最终依然是以集体名义或公意做出，一旦集体意志和公意形成，它就不再是个体意志的简单相加，而是作为一个整体的独立意志存在。"村民集体说"也有需要解决的问题：当村民行使诸如选举权、监督权等自治权时，村民自治的主体为何不是村民个体？常见的解释是区分村民自治的主体和村民自治权的主体，因此持"村民集体说"的学者在论及村民自治权时往往认为村民自治权的主体是村民个体，而村民自治的主体是村民集体。但自治权是自治的核心，如果村民自治权的主体是村民个体，那么村民自治的主体是村民集体这个命题中，其主体地位到底含义为何，则是一个更为令人困惑的问题。

事实上，上述争议产生的原因是没有区分团体自治和成员自治这两个概念。如前所述，自治包括了自由和民主两个向度，与此类似，自治可以包括团体自治和成员自治这两个因素。团体自治强调自治共同体独立于国家的法律人格和对自身事务处理的自由向度，而成员自治则强调了自治体成员对公共事务参与的民主向度。从团体自治的角度而言，自治的主体自然是村民集体，而从成员自治的角度而言，自治的主体自然是村民个体。此结论与前述王允武先生的结论有些类似，但也有不同之处。因为即使在自治体内部，村民自治的主体并不一定就是村民个体，只有从村民参与公共事务的角度看时，村民个体方才成为村民自治的主体。在当下中国村民自治实践中，村民会议召集较少，村民代表会议和村委会成为事实上的意志机构和执行机构，相当多村内公共事务的决策和处理中，并非每个村民都有表决权和参与权。

因此，与自治权性质之争类似，只有在确定语境的情形下，自治权主体之争才有意义。无论是村民个体参与村内选举、村内事务的表决以及村务监

---

① 根据 2010 年徐勇主持的在全国 31 个省 246 个村的调研结果显示，2009 年，41.1% 的村从没召开过村民会议，但是 97.1% 的村召开过村民代表会议。参见：徐勇《中国乡村政治与秩序》，中国社会科学出版社 2012 年版，第 77 页。我调研了解的情况也大体相当，绝大多数的村很少召开村民大会，重大事情一般是通过召开村民代表会议来决议。

督等所行使的权力,还是村民自治共同体以村民集体的名义管理村内事务时所行使的权力,都具有排斥外在任意干涉的自治性质,因此都可被称之为自治权。因此,部分学者所作的自治主体与自治权主体之区分并没有实际意义,所谓的村民自治主体之争本质上就是村民自治权主体之争。还需注意的是,村民集体作为一个抽象概念只能是基层群众自治权的归属主体,具体行使者依然是自治共同体内部各机构,如村民会议、村民代表会议、村委会以及村务监督委员会等。

二、职能范围：自治事务与委托事务的区分

自治共同体（例如高校、行业协会等）往往都承担着两方面的事务：一方面是政府授权或委托的事务,另一方面是自治共同体本身的事务,基层群众自治共同体也不例外。有学者甚至认为,不仅西方地方自治体系下可以区分委托事务和自治事务,即便我国这样单一制国家的地方政府事务中也可以区分中央委托事务和自主事务。[①] 对于自治共同体而言,委托事务属于政府授权或委托的事务,只有自治事务才是自治的内容,才属于自治权的职能范围。自治事务的依据是自治共同体内部规则（自治章程和其他内部规约）,而政府授权和委托事务的依据是国家法律法规。

委托事务与自治事务的区分具有非常重要的意义。首先,它是自治团体保持独立性的前提。自治事务由自治共同体自己决定是自治的应有之义,而委托事务既然源于政府的授权或委托,自然应当接受政府的指导甚至控制。如果不能有效地区分委托事务与自治事务,那么基于政府在政治生活中的核心地位,自治共同体只能成为政府的附庸。其次,委托事务与自治事务的区分对权力的指向对象和效力范围有重要影响。一般而言,自治权力源于内部规约之授权,因而其约束对象和指向对象往往只能是其内部成员,而不能约束其外部对象。但委托事务因受国家公权力之委托,因而自治主体在管理委托事务时实际上行使的是国家公权力,其效力可以及于外部对象。最后,区分委托事务与自治事务对于界定法律责任的最终承担者有重要意义。根据

---

① 王建学：《论地方政府事权的法理基础与宪法结构》,《中国法学》2017 年第 4 期,第 124 页。

第一章 作为社会公权力的基层群众自治权之概念

《中华人民共和国行政诉讼法》的有关规定，法律法规授权和行政委托两种情形下行政主体和被告的确立原则不一致。受委托的组织所作的行政行为，委托的行政机关是被告，而法律法规授权的组织所作的行政行为，被授权的组织是被告。尽管如此，这里的被告事实上只是形式上的责任主体，由于法律法规授权的事务最终从本质上而言是政府事务，最终责任承担者还是国家。但对于自治事务而言，本就是自治共同体内部事务，故而国家不应当成为最后的责任人。

从理论上来讲，委托事务与自治事务的区分是清晰的。但在实践中，清晰地区分委托事务与自治事务并不容易。例如在实践中可能会出现既有法律法规上有概括性规定又直接依据内部规则进行管理活动的情形，此时如何认定其性质便较为复杂。有学者主张应当认定其为自治事务，并以村民自治共同体执行村规民约时与村民之间产生的纠纷在司法实践中极少被列为行政诉讼为例加以例证[①]。戚建刚在对著名的长春亚泰足球俱乐部诉中国足协案的分析中，表达了类似的观点，认为"国家法律和法规一般需明确规定授予权力的种类，不能通过概括性的条款以极为笼统的方式进行"，并借鉴英国行政法上的方法从公共职能视角去分析自治团体与成员之间是否构成行政法律关系[②]。实践中，基层群众性自治组织的行政化倾向从某种角度而言就是因为委托事务太多而自治事务太少，以至于在农村税费改革后，许多农村基层群众自治组织无所适从，不知其自身职能和定位如何。"没有国家的治理任务，农村基层组织就不会主动进行乡村治理。"[③]

至此，我们可以将作为社会公权力的基层群众自治权界定为：**基层群众自治共同体为了管理内部公共事务、提供公共产品和服务，在法定框架下依自治章程及其他内部规约所享有的针对其成员的权力**[④]。

[①] 石佑启：《论公共行政之发展与行政主体多元化》，《法学评论》2003年第4期，第63—64页。需说明的是，石教授并不认为此类纠纷不应被列为行政诉讼，而只是加以例证授权性行政主体和社会公行政主体之间的区别，并进而主张行政法研究对象的扩张和行政主体的多元化，"公共行政不仅包括国家行政，还包括社会公行政"。

[②] 戚建刚：《长春亚泰足球俱乐部诉中国足协案再评析——以公共职能为视角》，《行政法学研究》2004年第3期，第31—37页。

[③] 杨华、王会：《重塑农村基层组织的治理责任——理解税费改革后乡村治理困境的一个框架》，《南京农业大学学报（社会科学版）》2011年第11期，第41—49页。

[④] 为了表达的便捷，本书后文表述时全部用"基层群众自治权""村民自治权""居民自治权"等，而不再用"作为社会公权力的基层群众自治权"，即省略"作为社会公权力的"这个定语。

三、基层群众自治权与相关概念的比较

(一) 基层群众自治权与村级（社区）小微权力的比较

"宁海36条小微权力清单"的成功经验受到了全国理论界和实务界的广泛关注，2018年中央一号文件更是将"宁海经验"加以推广，明确在全国推行村级"小微权力"清单制度，村级（社区）"小微权力"这一概念成为一个新兴热词。在规范性文件中更常见的是村级（社区）小微权力，而较少见到基层群众自治权（或村（居）民自治权）这一类概念。但从理论研究来讲，极有必要对这两个概念进行一定的区分。

村级（社区）小微权力是一个相对更宽泛的概念，村级（社区）小微权力不仅包含基层群众自治权，也包括了法律法规授权或基层政府所委托的国家权力。如以"宁海36条小微权力清单"为例，集体民主管理方面的权力有19条，村集体便民服务方面的权力有17条[①]。这其中大多属于村内公共事务管理方面的权力，但也包括一些行政委托方面的权力，例如计划生育、殡葬管理以及户籍迁移等方面的权力。

小微权力清单的目的在于监督和规制一切小微权力，而无论其是自治权力还是委托权力。但对这两者进行区分仍然是有必要的，因为这两者在性质上不一样，所以对其监督和规则的方式和方法应当有所区别，尤其是在这其中基层政府的角色和作用应当有所区别。对于自治权力的监督，基层政权应保持适当谦抑以免有违自治原则。而对于委托权力，相关的行政职权部门应当拥有更充分的权限加以监管和指导。

(二) 基层群众自治权与地方自治权的比较

基层群众自治权与西方国家的地方自治权在相当多的方面有相似之处，例如它们都面临着"权力"与"权利"的性质之争，都存在对内和对外的两个向度以及"权力"和"权利"双重属性，都可以根据自主事务和委托事务的划分而区分自治权力与委托权力。正因如此，我国学者在对基层群众自治

[①] 罗兴佐：《基层治理制度创新是如何可能的——基于浙江宁海"36条"的调查》，《求索》2018年第5期，第139页。

第一章 作为社会公权力的基层群众自治权之概念

权进行比较研究时,常将西方的地方自治权作为参照物。但这两者事实上也确实存在较大的区别。前面已经对基层群众自治与地方自治作了基本的区别,在此基础上,此处再进一步分析基层群众自治权与地方自治权的区别。

首先,从本质上来讲,基层群众自治权是一种社会公权力,而地方自治权则是一种国家公权力。如前所述,基层群众自治共同体不是一级政权,而地方自治的地方公共团体一般被认定为地方政府。地方自治在本质上是国家公权力纵向分权的结果,所以地方自治权本质上是国家公权力。而基层群众自治是国家与社会相分离的结果,是国家从"全能型政府"向"有限政府"转变的结果,基层群众自治权本质上是一种社会公权力。因为国家是现代政治中暴力的合法垄断者,因此两者最明显的区别是前者的强制性特征更明显,这种强制性可能会以暴力的形式体现;而后者虽然也有一定的强制性,但相对而言弱得多,并且是一种非暴力的强制性。在其他国家地方自治制度中,即便最基层的地方公共团体,往往也拥有一定的警察权和征税权。以美国为例,根据《纽约乡村法》,美国纽约村民自治共同体的村长可能依村理事会的意见对其村民签署传票,且其传票的效力在全州内都被认可。其村理事会有征税权,根据需要还可以设立警察、消防等机构。对于不及时纳税的,村还有强制执行的权力①。作为一种权力,尽管基层群众自治权也具有一定的强制性,但这种强制性不能直接通过暴力的方式予以实现,它的实现或以各种社会资本的软约束为条件,或以国家公权力为后盾②。我国基层群众自治共同体则不拥有警察权和征税权,尽管它们也拥有社会治安、并曾经拥有税收(农业税)方面的权限,但均以基层政府辅助者的角色而存在,此类权力属于委托权力而非自治权力。

其次,从指向对象来看,地方自治权的指向对象并不仅限于自治共同体的内部成员,而基层群众自治权的指向对象原则上仅限于内部成员。地方自治权作为国家公权力的一部分,它与中央政府权力均直接源于宪法、法律,因此它的指向对象不限于内部成员,可及于国家法赋权范围内的任何人。基层群众自治权的权限源于自治共同体内部成员的授权,它只能对内部成员有约束力。例如,对被抓住的小偷,无论其是否本地人,地方自治共同体均可

---

① 黄辉:《论美国乡村自治法律制度——以〈纽约乡村法〉为例》,《当代法学》2009年第1期,第142—144页。
② 更进一步的讨论详见本书第六章第三节。

依法对其进行处罚。对于基层群众自治共同体而言，如果该小偷不是自治共同体成员，其无权对其进行处罚，只能将其移交至警察部门，但如果该小偷是本共同体成员，基层群众自治共同体除了应当将其移交至警察部门以外，还可以依据内部规则在不与国家法相冲突的情况下施加一定形式的惩戒。

（三）村民自治权与居民自治权的比较

村民自治权与居民自治权有太多的相似之处，例如都是一种国家主导之下的社会自治，都是一种以地缘为纽带的自治，都有着类似的自治组织架构等。但这两者之间也有一些区别，主要体现在以下两个方面。

第一，村民自治权与居民自治权产生的社会基础不同。村民自治权产生的社会基础是一个"熟人社会"或至少是个"半熟人社会"，而居民自治权所产生的社会基础是一个"陌生人社会"。村民自治共同体不仅是一个地缘共同体，还是一个利益共同体和文化共同体，大多时候还是一个血缘共同体。而居民自治共同体主要只是一个地缘共同体。村庄对于村民而言不仅是一个生活区域，还是一个生产区域，同时也是其血脉世代延续所在。同村的农民之间大多相互熟悉，在长期的交往和博弈过程中形成了稳定的行为预期和互助模式。这使得村庄相较于居民社区有更强的自治基础，村民相较于居民有更强烈的合作愿望、更多的信任基础和社会交往中更小的交易成本。因此，公共事务的自主治理模式在农村比在城市社区更容易成功，离开了政府的支持，城市的公共产品供给变得几乎不可能。这一点也决定了，村民成员资格与居民成员资格不完全相同。居民自治体的成员资格以居住于该地域为主要条件，而村民资格则不完全如此。村民资格根据该村的自治章程可能还涉及其是否为与本村村民有血缘或姻亲关系，是否在本村有土地承包经营权等。

第二，相较于村民自治权，居民自治权的行政属性更强，行政化色彩更明显。这一点既有实践基础，也有规范依据。从实践来看，在公共服务和公共产品供给的职能方面，村民自治要强于居民自治，自新中国成立以来城市社区公共产品供给就主要依赖于政府，而农村的公共产品供给在农村税费改革和城乡一体化建设之前相当一部分是依赖农村自行解决的，即使在农村税费改革后和城乡一体化建设的今天，城乡实际差别依然明显。从规范文本来看也是如此。例如《村委会组织法》明确规定了村委会的运行应遵循"民主选举、民主决策、民主管理、民主监督"四个原则，而《居委会组织法》只

第一章 作为社会公权力的基层群众自治权之概念

规定了居委会的工作应采取民主的方法,相对应的对于村(居)务公开、村(居)务监督等方面,《村委会组织法》都比《居委会组织法》规定的要详细;另外,依《村委会组织法》及《居委会组织法》的规定,村委会的设立、撤销、范围调整需经村民会议讨论同意,而居委会的设立、撤销、规模调整,居民会议的讨论同意不是必经程序;在经费方面,村委会的经费分为委托事项和自主事项,前者所需经费由政府负责,后者主要由村内自行解决①,而居委会的经费原则上由政府拨付②。

---

① 当然这主要是规范文本上的,实践中大部分缺乏集体经济收入的村委会的主要经费来源依然是政府财政。
② 以上请分别参阅《村委会组织法》第二条、第三条、第三十七条,《居委会组织法》第五条、第十一条、第十九条等条款。

第二章 基层群众自治权的本源及其与国家公权力的关系

既有研究过多地关注自治权性质之争，而对其本源的关注严重不够，这与该问题的理论价值严重不匹配。该问题的研究对后继研究具有重要的理论意义，尤其是对深入理解基层群众自治权与国家公权力相互关系具有重要意义。从历史实践上来看，各种自治制度总是政治博弈的产物，它既植根于自下而上的自治需求，同时也被视为一种自上而下的便捷的治理工具。基层群众自治权既源于共同体成员的权利让渡，同时也基于国家公权力的承认。尤其是我国的基层群众自治，作为国家主导下的制度建构，基层群众自治权的实现既需要与国家公权力保持一定距离，同时也离不开国家公权力的帮助和支持。这意味着辅助原则虽然在我国没有明确的法律依据，但是其基本内容与我国基层群众自治制度的基本法律规定相契合，对于恰当处理基层群众自治权与国家公权力相互关系有着重要的指导作用。

第一节 基层群众自治权的本源

我国对自治权本源的专门研究凤毛麟角，有限的介绍一般都是直接借鉴西方有关地方自治之自治权来源的基本学说，主要可以分为三种：固有权说、授予说和制度保障说。这些学说固然以西方自治实践和相应法学理论为基础，但对我国各类自治制度下自治权研究亦有一定的借鉴意义。以此为基础，本节将重构自治权本源产生的基本模型，结合我国基层群众自治实践的产生发展实践，探究我国基层群众自治之本源。

第二章　基层群众自治权的本源及其与国家公权力的关系

一、西方自治权本源的基本理论

（一）固有权说

固有权说主要源于英美法系。由于悠久的地方自治传统及受古典自由主义的影响，英美（尤其是英国）传统上认为自治权是自治组织所固有的，且先于国家而存在的，国家出现后，这种固有的自治权依然存在，国家不但不能干涉，还要加以保护①。该理论与古典自然法思想中的"天赋人权""人人生而自由及平等"思想一脉相承，认为自治权基于人的自由本质和天赋人权。从人的自由本质和自我决定权出发可以自然地得出一个结论：既然个人有权决定个人事务，自治共同体亦有权决定属于其内部事务而不受外来干预。即如同莫纪宏先生对自治一词总结的："一是仅就与他人无关的事情，个体享有充分的自己决定权；二是仅就与其他共同体中成员无关而与本共同体所有成员有关的公共事务全体成员享有共同决定权。"②除此以外，该学说还与英美以权力"自下而上"运动的地方自治实践和历史亦有契合之处③。

然而，即使在英美法系，该学说亦影响日衰。美国爱达荷州最高法院法官狄龙（Dillon）于1872年在其著作《论市法人》一书中提出了关于市政府权力的规则，后被称之为"狄龙规则"（Dillon Rule）。根据该规则，地方政府除了法律授予的权力外别无其他权力④。该规则虽然提出时只是针对市政府的，但后来几乎应用在所有州的各类地方政府中。当然也有学者坚持认为狄龙规则侵犯了地方政府的自治权，地方自治权是固有的、不可剥夺的权利⑤。但美国的主流学说依然坚持地方自治权是州授予的，而非其固有的，在大部分的州，地方的固有自治权都被否定了⑥。1960年，美国肯塔基州最

---

① 陈绍方：《地方自治的概念、流派与体系》，《求索》2005年第7期，第46页。
② 莫纪宏：《现代宪法的逻辑基础》，法律出版社2001年版，第465页。
③ 关于英美自治实践、历史的介绍可参见龚文婧：《英美地方自治制度比较研究》，中共中央党校论文，2011年，第23—24页。
④ 王名扬：《美国行政法》（上），北京大学出版社2016年版，第201页。
⑤ Thomas Linzey, Daniel E. Brannen, A Phoenix From The Ashes: Resurrecting A Constitutional Right Of Local, Community self - Government in The Name of Environmental Sustainability, 8 Arizona Journal of Environmental Law & Policy 1 (2017, Oct 01).
⑥ McQuillin, The Law of Municipal Corporations § 4: 80 (3d ed., 2010).

高法院在 Board of Trustees v. Paducah 案例中已经坚决并不含糊地在肯塔基城市中放弃地方固有自治权利的理论，并申明："大多数法院已经放弃了地方自治权固有的理论，并认为这种权利只有在明确的宪法规定赋予或承认的范围内，或者在必要的范围内以保护私人或专有能力免于征收。"① 该结论在 2014 年的 Johnson v. Commonwealth 案中又得到重申和引用②。这是因为，在美国的政治架构中，联邦层面是联邦制，而在州的层面是单一制，只有州才是权力的固有者，联邦和地方政府的权力都是由州派生出来的。我国不少固有权理论的论证者错把美国州与联邦之间的权力逻辑作为例证，或者至少受其影响。而事实上，美国所谓的地方自治是指州以下各级政府的自治。而英国，尽管有着更为悠久的地方自治传统，由于受议会主权传统的影响，在法理上，国家对地方自治有着控制权，"中央政府可以创立地方政府，同样也可以解散地方政府，此外，中央政府还有权取消地方政府在某项事务上的控制权"③。

美国在地方自治层面已经放弃了固有权说并不意味着固有权说完全被抛弃，须注意的是在州自治和印第安保留地自治领域，美国仍然坚持了固有权说。在美国，印第安部落的自治权一般并不被认为是由法律授予的，而是内生的、固有的。关于印第安人的自治权，美国有一个所谓"印第安人自决和教育援助法案"（ISDEAA），该法案承认并主张印第安部落能比联邦分支机构提供更好的政府服务给它的成员④。在美国，关于印第安部落主权传统上有两个理论，第一种理论认为它的基础是部落与联邦政府之间谈判达成的各种条约，第二个理论认为它的基础是部落自治的固有（inherent）权威。而大多数印第安法律学者坚持认为印第安部落拥有的固有主权从来没有消失过⑤。19 世纪著名的"马歇尔三部曲"为美国联邦与印第安部落之间的关系奠定了基础，时

---

① Board of Trustees v. Paducah, 333 S. W. 2d 515 (Ky, 1960).
② Johnson v. Commonwealth, 449 S. W. 3d 350 (Ky, 2014).
③ 孙宏伟：《英国地方自治体制研究》，南开大学论文，2014 年，第 128—129 页。
④ Geoffrey D. Strommer, Stephen D. Osborne. The History, Status, And Future Of Tribal Selfgovernance Under The Indian self – Determination And Education Assistance Act. 39 Am. Indian L. Rev. 1 (2014).
⑤ Hope M. Babcock. A Civic – Republican Vision of "Domestic Dependent Nations" in the Twenty – First Century: Tribal Sovereignty Re – envisioned, Reinvigorated, and Re – empowered. 2005 Utah L. Rev. 443.

任美国联邦最高法院首席大法官约翰马歇尔在三个案件中确立了三个基本原则:第一,印第安部落是一种"国内依附族群"(domestic dependent nations),他们占有其土地的权利从属于联邦政府的最终管辖权;第二,印第安部落和联邦之间是一种"监管关系";第三,除了受限于条约和国会法律以外,部落可以管理他们内部事务免于州和联邦政府的干扰①。根据这些原则,印第安部落和其成员被认为从属于联邦政府,但仍然保留了某种程度上的主权。

(二)授予权说

与固有权说刚好相反,授予权说认为自治权来源于国家的授予,而不是自治共同体固有的权力。自治权是由国家授予的,地方自治是通过自上而下的制度性安排而授予地方以一定的管理本地方事务的权力,国家也可以根据需要随时撤回这种权力②。这种制度安排主要是基于政治统治和社会治理上的便利。授予权说源自于大陆法系,也主要应用于大陆法系国家。这种学说的理论源头可以追溯到卢梭的主权不可分割理论③,其政治理论上的主要支撑则源于德国的国家理论学说。这种国家理论强调国家相对个人和市民社会的优势地位,具有至上的统治权威。黑格尔就指出国家的利益是普遍利益,是"普遍性和特殊性的统一",认为"国家是绝对观念的现实","国家是绝对自在自为的理性的东西"④。

与英美两国历史形成鲜明对比,德法的地方自治制度的建立都由国家自上而下地通过授权而建立。事实上,授予权说不仅能与现代大部分国家自治实践和历史相契合,还与各国实在法相吻合,同时它也有利于解决国家法治统一和主权统一的问题,它能牢牢地将地方自治控制在国家统一的大环境下。但该学说显而易见的缺陷是不利于保障地方自治,不利于保护自治权。自治权在此成了国家对公民和自治共同体的恩赐,国家对此可以予取予夺,自治制度完全沦为了为国家统治便利而行的政治治理工具,而不是基于人的自由

---

① Hope M. Babcock. A Civic - Republican Vision of "Domestic Dependent Nations" in the Twenty - First Century: Tribal Sovereignty Re - envisioned, Reinvigorated, and Re - empowered. 2005 Utah L. Rev. 443.
② 周小平、刘志强:《地方自治的理论与实践》,《法治研究》2007年第6期,第52页。
③ 莫纪宏:《现代宪法的逻辑基础》,法律出版社2001年版,第485页。
④ [德]黑格尔:《法哲学原理》,范扬、张企泰译,商务印书馆1961年版,第253页。转引自龚文婧:《英美地方自治制度比较研究》,中共中央党校论文,2011年,25页。

本质①。有鉴于此，国家权力授予说经过修正产生了一个变种——制度保障说。

(三) 制度保障说

制度保障说源于德国学者卡尔·施米特。该学说认为，"某些既存或为宪法所肯认的制度须受宪法直接保护，立法者不得以法律任意变更其核心价值内涵"，将制度保障与基本权利区别开来，并且认为自然团体或组织团体本身不具有先于国家因而国家只能保障不能限制的基本权利，宪法对地方自治之规定只不过为其提供制度保障，鉴于这种宪法保障的存在，其他法律对地方自治就不能予以废除②。制度保障说与固有权说的共同点在于它们都不承认自治团体拥有天然的勿需国家授权的自治权利。但与一般的授予说不同的是，它认为地方自治虽不是一种基本权利，但是由宪法所确认和保障的制度。因此立法机关所制定的一般性法律不能废止该制度的实质性内容，然而宪法可以（因为它不是一项基本人权）③。

制度保障说限制了国家立法者对自治权的予取予夺，确保了自治制度的稳定性，相比简单的国家授权说更加符合各国法治现实（世界上存在并承认各种自治制度的国家大都在宪法或宪法性文件中对自治制度做了明确规定），因而该学说目前已经成为德国和日本的通说④。

二、西方自治权本源学说的启示与反思

无论固有说还是授予说（包括制度保障说）都有其一定的局限性，任何一种理论都不具有普适性。就固有说而言，除了其在实践中日益式微以外，在理论上它也面临质疑。第一，作为固有说的理论基础，天赋人权或人的自

---

① 另外，授予权说的在理论上还可能受到另外一种挑战：根据卢梭的学说，国家主权不能转让，"主权是公共意志的行使，它永远不能被转让"。然而对卢梭的这一论断，学界已多有批判和回应。如张千帆在《国家主权与地方自治》一书所说："主权……早已不是一个不可让渡、不可分割、不可进化的单一概念。"即使此论断并不为大众所接受，公共权力的分工和转授却早已成为客观事实，因而此处不再着墨。
② ［德］卡尔·施米特：《宪法学说》，刘锋译，上海人民出版社2005年版，第182—184页。
③ ［日］盐野宏：《行政法》，杨建顺译，法律出版社1999年版，第605页。
④ 王允武：《中国自治制度研究》，四川人民出版社2006年版，第282—283页。

由、理性本质等自然法思想是先验的，无法验证的。第二，即便我们承认天赋人权，对象也仅限于个人，它只能是一种权利。它或许可以解释以个体为主体的自治权，那么作为公共权力的自治共同体的自治权是从哪里来的呢？它与其共同体成员的权利又有何关系呢？一个最可能的结论便是基于契约论的解释："它是一种基于契约而形成的权力，其来源于成员的一致同意，而不是组织外部其他主体的赋予。"① 至此，一个修正学说——契约说产生了：自治权来自其成员通过社会契约让渡产生而非国家赋予。就授予说而言，尽管它更符合大部分国家的历史实践和文本现实，但它依然无法解释少数特例：为什么有些国家自治历史和实践先于宪法、法律文本，甚至先于国家而产生？而且它始终置自治制度为一种治理便捷的制度性工具而非基于人的自由本质的天然诉求，即使是经过修正的制度保障说亦是如此——虽然普通立法程序无法取消自治制度、剥夺公民和自治共同体的自治权，但经过修宪程序可以加以废止②。对于自治制度的保障，它终究不如固有权说。因此，企图用某一种学说去解释不同国家不同种类的自治权并不明智，相反对自治权本源的探究应当采用多元主义的思维方式，在相对明确的语境中，分析自治权产生路径，重构自治权本源模型，然后结合具体的法律文本和历史实践去探究某种具体的自治权之本源。

从上面的介绍可以看出，无论固有说还是授予说，都是围绕西方地方自治之自治权而构建起来的理论体系，它们都与各国地方自治的历史和实践有着紧密联系。我国三类自治制度均有别于西方地方自治制度，特别行政区自治权无论在内容还是程度上均远超过一般地方自治政府，民族区域自治是区域自治和民族自治的混合，而基层群众自治组织根本不是一级政权组织。因而西方自治权本源学说并不能直接应用于我国，但是西方自治权本源理论依然提供了我们一些思路：第一，一种自治权要么是传来的要么是固有的，但归根结底都是源于人民；第二，每个国家的自治权本源理论总是与自治实践相契合的，而不是纯粹由某种法学理论经形式逻辑推演的结果；第三，固有说和授予说表面上是对本源认识的不同，本质上却是价值取向的区别——固有说植根于人的自由本质，授予说则视自治制度为一种治理便利、高效的制度工具。

---

① 徐靖：《论法律视域下社会公权力的内涵、构成及价值》，《中国法学》2014年第1期，第95页。

② 王建学：《作为基本权利的地方自治》，厦门大学出版社2010年版，第137页。

三、我国基层群众自治权之本源探究

(一) 自治权本源图示模型

根据现代民主理论,一切公共权力均来自公民权利的让渡和授予,因此从根本上来讲,自治权(如果它被承认是一种公共权力)亦必须来自公民权利的让渡。但是,这种让渡是由自治共同体成员直接让渡的抑或先由公民让渡与国家,然后再由国家转授予自治共同体却是一个值得继续深究的问题。现代宪法学说一般认为公民并未将所有权利让渡给国家,公民在让渡部分重要权利给国家的同时,保留了其他部分权利。那么实际上真正的问题是,各自治共同体所拥有的公共权力究竟是由公民从其所保留的部分权利中让渡而形成的,还是基于社会治理的需要由国家将其拥有的公共权力分剥出来给自治共同体。在不同的自治制度下,这一问题的答案未必是一致的。

从理论上来讲,既然公民可以将部分权利让渡给某个公共团体以形成国家,那么自然也可以将其剩余权利中的一部分继续让渡给其他公共团体,从而形成独立于国家之外的其他公共团体。但这并不意味着当下所有的自治共同体均依其成员所保留之权利的让渡经国家承认而形成(见图2-1),因为自治共同体的权力有可能源自国家的转授予(见图2-2),当然也有可能两者兼具(见图2-3)——即自治共同体部分自治权源于国家转授部分源于其成员剩余权利的让渡。因而从逻辑上来讲,公民权利让渡及自治权的形成可以有三种逻辑路径,具体而言可以用图2-1、图2-2、图2-3所示模型表示上述三种可能性。

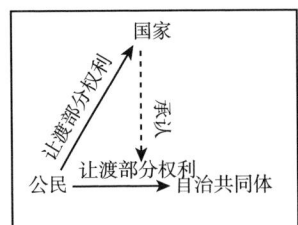

图2-1 成员让渡型

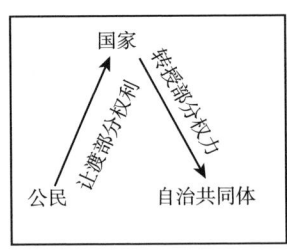

图2-2 国家授予型

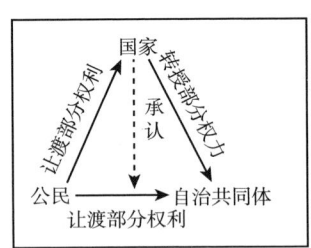

图2-3 复合型

为了更形象和准确地表达自治权来源，后文将图2-1所代表的自治权产生模式界定为"成员让渡型"，图2-2代表的自治权产生模式界定为"国家授予型"（因制度保障说本质上亦是国家授予说的一种，因此适用于制度保障说的自治权亦将归入此类），图2-3代表的自治权产生模式界定为"复合型"（意味着部分自治权源于国家授权，部分自治权源于成员让渡）。

在探究我国各类自治权本源之前，还有一个重要问题需要解释：在图2-1所代表的成员让渡型模式中，自治共同体的权力来自其成员权利的直接让渡，为什么还需要国家的承认？这是因为，如前所述，公民授予自治共同体的权利与被授予国家的权利可能存在潜在的重叠或冲突，而这种可能的、潜在的重叠或冲突是否现实存在需要国家通过一定程序来予以审查，只有通过国家审查并承认，公民对自治共同体的授权才是合法有效的。之所以这种审查权和承认权属于国家而不是自治共同体，是因为尽管国家已经不是唯一的政治主体，但当代政治生活的中心依然是国家而非其他政治共同体，国家是能确保多元政治主体统一于法治之下的唯一权威。因而即便某一自治共同体之自治权直接来源于其成员的让渡，那么这种被让渡的权利是否本来已经被让渡予国家，这种让渡是否合宪，其审查权是属于国家的，因而其自治权的合宪性与合法性是需要得到国家承认的。

（二）基层群众自治权之本源的法理分析

我国基层群众自治共同体不属于国家政权组织，本质上来讲它是一种自主的、非官方的社会组织，从而使得村民自治的性质不同于主权自治和地方自治[①]，也不同于我国特别行政区自治和民族区域自治[②]。一般而言，它被归入为社会自治。因此，在性质上，基层群众自治权不属于国家公权力，它是一种社会公权力。如前所述，基层群众性自治组织本身不属于国家政权机关，尽管它有时可能经由国家授权或委托而行使国家公权力，但是当其依据自治章程或村规民约管理本自治共同体内部事务时，其所行使的是

[①] 杜承铭：《村民自治的宪政之维》，《武汉大学学报（哲学社会科学版）》2011年第4期，第30页。

[②] 关于基层群众自治与特别行政区自治和民族区域自治的区别的研究，可参见张清、顾伟《居民自治权论要》，《南京大学法律评论》2013年第2期，第57页；杨成《村民自治权的性质辨析》，《求实》2010年第5期，第80页；张景峰《居民自治权理论探讨》，《河南科技大学学报（社会科学版）》2008年第3期，第104页。

一种社会公权力。

基层群众自治权的社会公权力属性意味着它是与国家权力异质的权力，虽需要获得国家的概括承认，但并非国家权力的下放。"（社会公权力组织）所行使的权力不会因主体移转而发生性质变更。"① 既然不是来自国家权力的下放和授予，自然只能来源于其成员自下而上的权利让渡。基层群众自治权的获得不仅源于国家的概括承认，更源于其成员的同意和自觉服从，它是自治共同体成员自我管理的结果。例如村委会管理村集体财产、调解村民纠纷等权力的合法性，不仅是因为国家法的承认，更重要的在于它是由村民选举产生且能为村民所罢免。因而基层群众自治权的具体内容随自治章程和村规民约的不同而呈现较大的自主性。自治章程可视为自治共同体成员基于自治和自身同意对其剩余权利（经宪法让渡给国家之后的剩余权利）再次委托而形成的社会契约，以此契约，基层群众自治共同体方始获得管理自身事务的社会公权力。正是基于这一逻辑，基层群众自治权获得了其合法性和正当性。

（三）从历史实践看我国基层群众自治权的本源

如前所述，从历史实践来看，我国基层群众自治制度是自生自发的制度进化与自上而下制度建构的双重结果。村民自治制度是自发形成，后经国家宪法和法律承认的，城市居民自治制度虽然是由政府主导建制的结果，但是其一开始便具有社会自治性质，不属于政权组织。现行以村委会为核心的村民自治是在20世纪70年代末80年代初自发形成的，后经1982年宪法规定才获得合法地位。居民委员会虽然不是自发形成的，但是在其成立之初便有明确的自治性质。1953年，彭真向毛泽东并中共中央递交的《城市应建立街道办事处和居民委员会》报告中提到："街道的居民委员会必须建立，它是群众自治组织，不是政权组织，也不是政权组织在下面的腿；城市街道不属于一级政权……还需要设立市或区政府的派出机关——街道办事处。"② 由此可见，居委会从一开始便具有社会自治的性质。而且居委会的实际存在也早于《居委会组织法》，这也从侧面印证了"居民自治权的存在先于法律法规

---

① 徐靖：《论法律视域下社会公权力的内涵、构成及价值》，《中国法学》2014年第1期，第92页。
② 《彭真文选》，人民出版社1991年版，第240页。

的规定"①。基层群众自治制度设立的历史尤其是村民自治制度自发形成后经国家法律承认的历史说明了基层群众自治不仅具有自治性质，而且具有自发性，因为政府职能虽然覆盖了相当多的公共领域，但无法也不应该覆盖全部的公共领域。当国家制度供给不能满足不同社区差异化的基层群众需求时，相应的组织和制度便会自发产生，这便是古代乡绅之治与新中国成立后村民委员会制度自发产生的基本逻辑。无论古代乡绅抑或当代的村委员其行使的公共权力均来自其治下村民权利的让渡（这种让渡或表现为一种习惯和传统，或明文的村规民约），但以国家明示或默示的承认为前提。

第二节 基层群众自治权与国家公权力之间的关系

无论是从前述基层群众自治的基本理论来看，还是依据依我国宪法、法律、法规的相关规定，国家公权力与基层群众自治权之间相互关系总体可以概括为"指导、支持—协助、监督—被监督"的关系。具体来讲，一方面国家公权力应当保持适当克制，尊重基层群众自治权的自主运行，另一方面国家公权力应当指导、支持和帮助基层群众自治权的有效运行，与此同时还有权力和责任监督基层群众自治权的规范运行。相应地，在基层群众自治实践中既有可能出现国家公权力的越位行使，不当干预基层群众自治权的自主运行，也有可能出现国家公权力的缺位，如对基层群众自治权有效运行的支持不足，或者对其规范运行的监管不够。遗憾的是，从既有研究来看，学界对两权关系中国家公权力的越位关注较多，但对其缺位缺乏应有的研究和关注。

一、基层群众自治权与国家公权力相互关系的应然状态

（一）国家公权力对基层群众自治权自主运行的尊重与克制义务

无论何种形式的自治和自治权，总是意味着在一定条件和范围内的自主

---

① 张清、顾伟：《居民自治权论要》，《南京大学法律评论》2013 年第 2 期，第 57 页。

性，如果不能排除外在力量的任意干预，那么也不可能被称之为自治和自治权。同样，基层群众自治权被称之为一种自治权的前提也是其在一定条件和范围下的自主运行并能排除外在力量尤其是国家公权力的任意干预。依前述对基层群众自治权的概念、性质以及本源的分析，国家与基层群众自治共同体属于基于国家与社会的分野而产生的横向分权关系。随着改革开放和政府职能的转变，国家实现从"划桨者"到"掌舵者"的转变，逐步从"那些不能与国家混淆或不能被国家淹没的社会生活领域"① 退出，各类社会组织纷纷涌现，填补国家退出后留下的空间。如哈贝马斯所讲"市民社会的核心机制是由非国家和非经济组织在自愿基础上组成的"②，而基层群众自治权正是在这种自愿性机制上形成的。尽管国家依然处于政治生活的中心，但国家与基层群众自治共同体在各自的公共领域（国家与社会）发挥作用，两者之间的关系实质上是国家与社会的关系。要实现"市民社会与国家间良性的结构性互动关系"，国家应该承认市民社会的独立性，国家对社会事务的干涉遵循辅助性原则，对社会的干预调节应当采用法律和经济手段，而不是政治手段③。这种模式下国家与基层群众自治共同体，进而国家公权力与基层群众自治权，不再是一种纵向隶属关系，而是既在其各自领域各负其责又相互支持和协作的关系。基层社会组织如村民自治共同体和社区居民自治共同体固然有协助基层政府履行其职责之义务，但这种义务基于法律规定而非行政命令。在基层群众自治组织管理基层群众自治组织内部事务时，国家机关不得任意干涉。

上述结论不仅是一种理论推论，还可从规范文本中获得支撑。《村委会组织法》第五条规定："乡、民族乡、镇的人民政府对村民委员会的工作给予指导、支持和帮助，但是不得干预依法属于村民自治范围内的事项……"《居委会组织法》虽然没有类似的明确规定，不过从《居委会组织法》第一条所规定的立法目的来看，"由城市居民群众依法办理群众自己的事情"是其主要立法目的之一，居民自治权的自主运行也应当受到政府的基本尊重。党和政府的有关文件也多次强调要加强基层群众自治权运行的自主性，并强

---

① ［加］查尔斯·泰勒：《市民社会的模式》，冯青虎译，载邓正来、亚历山大编：《国家与市民社会——一种社会理论研究路径》，中央编译出版社1999年版，第3页。
② ［德］哈贝马斯：《公共领域的结构转型》，曹卫东等译，学林出版社1999年版，第29页。
③ 邓正来：《国家与社会：中国市民社会研究》，北京大学出版社2008年版，第1-20页。

调国家公权力不能任意干预属于基层群众自治领域的事项。例如2008年国务院发布的《关于加强市县政府依法行政的决定》中就明确规定:"……严禁干预基层群众自治组织自治范围内的事情,不得要求群众自治组织承担依法应当由政府及其部门履行的职责。"

(二) 国家公权力对基层群众自治权有效运行的指导、支持和帮助义务

与公司自治等私域自治形式不同,基层群众自治肩负着为村或社区提供公共产品和公共服务的职责。如前所述,基层群众自治的历史演化实践证明了它符合英国行政法中的公共职能判断标准,它符合"要不是"准则:即如果该类组织或机构不存在,那么政府将会直接承担起相应的公共产品和公共服务的供给责任。这类社会组织的公共职能事实上是政府职能社会化的结果,因此它们往往受到政府的支持和帮助。在我国,基于《村委会组织法》和《居委会组织法》的相关规定,这种支持和帮助还成为一种法定义务。《村委会组织法》第五条和《居委会组织法》第二条概括性地规定了政府对基层群众自治共同体的指导、支持和帮助义务,并在其他条款有进一步的细化规定。

首先,政府对于基层群众自治共同体有物质帮助义务。基层群众自治权的有效运行离不开一定的物质基础。此物质基础可以分为两类:第一类是日常公共服务所需的物质基础,例如办公场所、办公经费以及基层干部的工资和误工补贴等;第二类是特定公共产品和公共服务供给所需的物质基础,一般以专项经费的形式产生,例如村内道路修缮及建设、小型水利修缮和建设、非日常的公共活动或聚会等。需要注意的是,根据《村委会组织法》第三十七条和《居委会组织法》第十七条的规定,国家对村委会和居委会的物质帮助义务存在一定的区别。根据《村委会组织法》第三十七条的规定,村委会所需要的物质条件和经费被分为两部分:一部分是基于协助政府开展工作或行政委托而产生的经费和其他物质需求,该部分由政府负担;另一部分是基于村内公共事务而产生的经费和物质需求,该部分原则上由村集体自己以筹资筹劳的方式解决。而《居委会组织法》第十七条并未做上述区分,而是笼统地规定居委会所需经费和其他物质需求原则上由地方政府负担,经居民会议同意,可以从集体经济收入中给予适当补贴。但在实践中,无论是第一类还是第二类,由于我国大部分乡村和社区缺乏稳定的集体经济收入来源,都

严重依赖于政府的大力支持。长期以来,由于各地方财政能力有限,也由于人们重视不够,地方政府对基层群众自治共同体的物质帮助往往局限于前述第一类,而对第二类往往采取项目制形式,以至于基层群众自治权的有效运行严重缺乏自主性,并进而形成了如某些学者所概括的"资源消解自治"。但近些年如四川成都、上海徐家汇地区已经开始尝试改革,采取下拨基层群众自治共同体一定的、稳定的公共服务资金,有效地解决了公共产品供给和需求相偏离的矛盾(具体的介绍请参见第六章)。

其次,政府对基层群众自治权的有效运行负有指导之责。现代公共服务和社会治理中,越来越呈现专业化的趋势,专业人才和专家系统在公共服务和社会治理中的作用越来越重要,而在这方面拥有强大的专业团队和丰富治理经验的地方政府显然相较基层群众自治共同体拥有明显优势。因此,在基层群众自治权的行使和运行实践中,由于缺乏相关专业人才和治理经验,基层群众自治权的行使离不开政府的指导。比较典型的例子是"村财乡管""居财街管"在我国的普遍推行。由于基层村庄和社区普遍缺乏专业会计人才,无法依《中华人民共和国会计法》按照全国统一的会计制度进行会计核算,绝大部分的基层群众自治共同体的财务权的行使离不开基层政府的指导和支持,甚至直接将会计账目交由基层地方政府代为管理。据部分学者考证,我国目前绝大部分的农村地区已经实施了"村财乡管"制度①。除财务领域以外,诸如公共卫生、传染病预防、公共安全等公共服务和公共产品的供给显然也离不开政府的指导和帮助。

最后,国家对基层群众自治权的承认和支持是基层群众自治权获得合法性的基础,国家公权力对基层群众自治权的支持是后者得以有效运行的前提。如前所述,基层群众自治权既来源于共同体成员权利的让渡,也基于国家的承认。以民间调解为例,村委会下设之调解委员会调解权的政治合法性既源于《村委会组织法》《中华人民共和国人民调解法》的明文承认,同时也根源于村委会民主选举程序所获得的政治权威和调解程序中纠纷当事人的同意和授权。人民调解虽以纠纷当事人的同意和自愿为前提,但调解协议一旦形成,就具有法律效力,并可以国家公权力为其实现的最终保障。如果一方当

---

① 刘磊、晏晓波:《"村财乡管"机制实施困境及解决路径》,《人民论坛》2016年第31期,第118—119页。

事人不履行调解协议，另一方可到法院起诉要求对方履行，调解协议最终可以国家公权力为后盾得到履行。由此可见，国家公权力对于人民调解权的有效行使具有支撑和保障作用，如果缺乏国家公权力的支撑，那么人民调解权的有效性和权威性将会大大削弱。与此同时，也必须注意，这并不意味着国家公权力是人民调解权的有效性和权威性的唯一保障，在大多数情况下，调解人的社会地位和权威、纠纷当事人自身的承诺以及社会信用机制等其他社会资本构成了人民调解权有效行使的直接保障。

（三）国家公权力对基层群众自治权规范运行的监督之责

基层群众自治权的规范运行一方面需要自治共同体内部有完善的权力制衡机制和权力监督体系，另一方面也离不开来自外部的国家公权力对基层群众自治权的监督。国家公权力对基层群众自治权的监督基于以下三方面的原因或理由，第一是防止自治共同体内部出现民主多数暴政中多数群体对少数群体合法权益的任意侵犯。典型的情形是村（居）民（代表）会议以多数决的方式所通过的决议或内部规约无视甚至侵犯少数群体的合法权益，由于受传统宗族观念、男女不平等观念的影响，在村内集体福利分配、土地承包经营权的划分等重大问题上，入赘男、外嫁女、外迁户、外姓人等少数群体往往受到不公平待遇，甚至直接被剥夺村民资格。第二是防止自治共同体内部权力制衡和权力监督体系失灵而产生的内部人控制问题，典型的表现是由于村（居）民（代表）会议召集存在一定的困难以及长期以来威权政治和集权体制的影响，法定由村（居）民（代表）会议行使的重大事项决定权在实践中被少数甚至个别村干部窃取，进而形成村（居）委会对基层群众自治权的实际控制。第三是防止自治共同体基于本位主义所产生的外部负效应行为，典型的表现是在各种项目下乡或公共产品的供给中，自治共同体内部基于共同体的利益而做出有损其他集体、个人甚至国家利益的行为，例如村民和村干部合谋骗取国家补贴资金、上游村庄无视下游村庄公共卫生将污染物直接排入河流等行为。在基层群众自治实践中，尤以前两种情形最为常见，所引发的社会纠纷和社会矛盾也最多。

国家公权力对基层群众自治权规范运行的监督之责在规范文本中也有明确的法律依据。《村委会组织法》第二十七条规定了基层政府对村民

(代表)会议所作之决议或制定之内部规约的监督权①。依据该条，无论上述决议或内部规定侵犯村民合法权益（包括人身权、民主权利和财产权）还是违背国家法，基层政府都有权责令改正。《村委会组织法》第三十六条规定了国家公权力对村委会侵犯村民权益情形下国家公权力的监督权②。依据该条，无论积极侵权（村委会的决定侵犯村民权益）还是消极侵权（村委会怠于行使法定职责致使村民权益受损），法院及基层政府都有权加以撤销或责令改正。《村委会组织法》第三十一条还另外专门规定了村委会不依法及时、准确公布村内公共事务时乡镇政府和县级有关主管部门的监管权③。

国家公权力对基层群众自治权的监督既是一种职权也是一种责任和义务。国家公权力往往是职权与职责的综合体，国家公权力对基层群众自治权的监督也是职权与职责的统一体。这意味着，一方面国家公权力要尊重基层群众自治权的运行，不能任意干预基层群众自治权的自主运行，另一方面国家公权力也不能怠于履行对基层群众自治权规范运行的监督之责。

二、国家公权力的越位与缺位：两权关系失范的双重可能

在国家公权力与基层群众自治权相互关系的上述三种表述中，第一种表述体现的是对国家公权力消极不作为的谦抑要求，后两种表述则是对其积极作为的期待。但在两权关系的互动实践中，在何时应当保持消极的谦抑，何种又当积极介入之间并不存在明确的界限，加之国家公权力行为主体有着自

---

① 《村委会组织法》第二十七条：“村民会议可以制定和修改村民自治章程、村规民约，并报乡、民族乡、镇的人民政府备案。村民自治章程、村规民约以及村民会议或者村民代表会议的决定不得与宪法、法律、法规和国家的政策相抵触，不得有侵犯村民的人身权利、民主权利和合法财产权利的内容。村民自治章程、村规民约以及村民会议或者村民代表会议的决定违反前款规定的，由乡、民族乡、镇的人民政府责令改正。”

② 《村委会组织法》第三十六条：“村民委员会或者村民委员会成员作出的决定侵害村民合法权益的，受侵害的村民可以申请人民法院予以撤销，责任人依法承担法律责任。村民委员会不依照法律、法规的规定履行法定义务的，由乡、民族乡、镇的人民政府责令改正。乡、民族乡、镇的人民政府干预依法属于村民自治范围事项的，由上一级人民政府责令改正。”

③ 《村委会组织法》第三十一条：“村民委员会不及时公布应当公布的事项或者公布的事项不真实的，村民有权向乡、民族乡、镇的人民政府或者县级人民政府及其有关主管部门反映，有关人民政府或者主管部门应当负责调查核实，责令依法公布；经查证确有违法行为的，有关人员应当依法承担责任。”

身利益的衡量，因此可能造成规范与事实偏差，或者如部分学者所说的象征体系与客观事实的背离①。在这种规范与事实的偏差或背离中，由于国家公权力居于主导地位，因此本书从国家公权力的角度出发，以其积极义务与消极义务两个方面来讨论两权关系失范的两种可能。

（一）国家公权力的越位

从历史上来看，我国具有国家公权力强大而社会自治缺乏的传统②。从基层群众自治制度的历史演化实践来看，国家公权力也具有主导性地位。加之国家所具备的各种强大政治资源和社会资源，国家公权力对基层群众自治权具有绝对的主导性优势是个不争的事实，基层群众自治制度作为基层治理工具的工具化价值也是一种客观现实。

不过即便抛开国家公权力对基层进行网格化控制的种种现实需求不论，单纯从理论上来讲，国家公权力与基层群众自治权的有效分离也非易事。国家公权力与基层群众自治权相互分离的基础在于国家事务与自治事务的区分。自治事务之间的区分只能是纯粹理论上的，在客观实践中从来就没有明确的界限。诸如公共安全、公共卫生、公共交通等公共事务往往是由政府承担主要供给责任，而基层群众自治共同体承担辅助性供给责任。而这种主要责任与辅助责任在实践中从来都没有办法严格划分，而是随着国家财政能力的变化以及国家公共政策不断地调整变化。以村内道路为例，在全国推行"村村通"工程之前，村内道路尤其是组与组之间的道路往往属于纯粹的村内事务，由村民自行集资③。而伴随着国家财政能力的强大和对乡村转移支付的加强，上述公共产品的供给主体成了国家，相应地，村内公共交通也不再是纯粹的村内自治事务。因此在"项目下乡"以及乡村振兴的大背景下，传统意义下纯粹的自治共同体内部事务也往往被涵括于国家事务之中，国家事务与自治事务的界限也进一步模糊。当国家事务与自治事务无法有效区分时，居于主导和强势地位的国家公权力就具备了越位干涉自治事务的可能。而法律赋予基层政府和法院对基层群众自治共同体的指导、支持和帮助以及监督

---

① 郭伟和：《基层社会治理的双重背离现象及对其探源》，《浙江工商大学学报》2018年第1期，第97—106页。
② 周安平：《社会自治与国家公权》，《法学》2002年第10期，第15—22页。
③ 例如，我的家乡（湖北江汉平原某村）在21世纪初所修乡间水泥路便全部由村民集资。

之职权和职责则为国家公权力的越权提供了通道。

源于国家公权力的指导、支持和帮助往往在客观上加强了国家公权力对基层群众自治权的控制力和影响力,进而可能构成对基层群众自治权自主运行的干预。以基层干部的误工补贴和工资为例,基层干部的误工补贴和工资的财政给付一方面确实是对基层群众自治的一种物质帮助,但与此同时也不可避免地造成了地方政府对基层干部的控制力和影响力。因此,在村(居)委会干部的专职化和行政化进程便加强了行政消解自治的程度,进而有学者提出了究竟"谁该为村干部工资买单"的命题,并提出,村干部工资财政化是国家行政权对村民自治权的侵蚀[1]。与此类似,"村财乡管""居财街管"等政策也面临相应的困境,一方面,村(社区)基层确实急需源于政府在财会方面专业人才和专业管理经验的指导和帮助,另一方面"村财乡管"确实大大加强了国家公权力对基层群众自治权的控制力,体现了国家公权力向基层的延伸[2]。

源于基层政府和法院的监督与对基层群众自治权自主运行的干预之间也从来没有明确的界限。从理论上来讲,是否构成了对国家法的违背或侵犯村(居)民合法权益是基层政府和法院是否有权介入基层群众自治事务的前提。但是否构成了对国家法的违背或是否侵犯了村(居)民合法权益本身就需要基层政府和法院进行审查,而该审查过程本身为国家公权力侵入基层群众自治权提供了可能。尤其是当法律规范存在模糊地带的情形下,基层政府或法院如何判定是否应当介入基层群众自治权的运行在很大程度上依赖于行政自由裁量权和司法自由裁量权。

(二) 国家公权力的缺位

国家公权力往往是职权与职责的综合体。国家公权力机关既有可能过度行使监督权或借助对基层群众自治事务的指导、支持和帮助进而形成对基层群众自治权的越位干预,也可能因为怠于履行指导、支持、帮助和监督之责而造成国家公权力的缺位。从既有研究来看,由于基层群众自治行政化的客观存在,学界对于国家公权力的越位行使关注较多,而对国家公权力的缺位

---

[1] 陈永刚:《谁该为村干部报酬"买单"——对村干部工资管理若干问题的思考》,《兰州学刊》2010年第5期,第54—58页。

[2] 周珂:《村财乡管的法理悖论及改革路径》,《法学论坛》2017年第5期,第142—151页。

第二章 基层群众自治权的本源及其与国家公权力的关系

则明显关注不够。

国家公权力缺位的第一种可能是对基层群众自治权有效运行指导、支持和帮助的不足。这种不足不仅仅指供给数量上的不足,在某些情况下还可能体现为供给与需求的错位,即这种源于国家公权力的指导、支持和帮助并非基层群众自治权有效运行真正所需。如前所述,在公共产品和公共服务的有效供给方面,政府相较于基层群众自治共同体有着更为丰富的经验和更为充足的资源。但囿于基层政府本身的财力限制,对于自利性的基层政府而言,如果缺乏足够的利益驱动,在没有足够的规范约束和责任追究机制的情形下,源于国家公权力的指导、支持和帮助就只能是一种自上而下的恩赐,或者成为一种自上而下进行权力渗透和控制的掩护。此时,对于国家公权力的指导、运行和帮助的供给与需求之间便形成了错位。因此,只有在有充分的法律保障和规制的情形下,才能使源于国家公权力的指导、支持和帮助真正成为基层政府的义务,而不是一种恩赐,才能使国家公权力的指导、支持和帮助之供给与需求有效衔接。

国家公权力的缺位也可能体现为对基层群众自治权规范运行的监督不足。对于纯粹的自治事务,例如涉及基层群众自治共同体与其成员之间的纠纷,由于缺乏足够的利益驱动,基层政府和法院可能会以尊重基层群众自治为由拒绝介入相应的纠纷,其外在主要表现为拒绝对相关案件的受理,有时甚至会出现基层政府与法院之间相互推诿的情形[①]。一旦基层政府与村(居委会)干部之间在某种分利秩序下形成某种"庇护关系"[②]时,这种监督还可能会陷入"老子监督儿子"的尴尬和质疑。基层干部专职化程度越高、村(居)委会行政化趋势越明显,这种监督的效能和公信力就越低。当村(居)委会彻底沦为基层政府在基层农村和社区的派出机构时,这种监督在本质上就成为一种内部监督。

---

① 更进一步的探讨和论述请见本书第五章第二节。
② 庇护关系是 Carl H. Lande 提出的一个经常被引用来描述我国基层政府与乡村干部相互关系的概念。意指"一种经由地位、权利或资源占有不平等的两个人均出于对自己有利的目的而结成的纵向的二元联盟"。See. Carl H. Lande, The Dyadic Basis of Clientelism, In S. W. Schmidt, L. Guasti, C. H. Lande and J. C. Scott (eds), Friends, Followers and Factions, Berkeley, Los Angeles and London: University of California Press, 1977.

三、辅助原则：处理两权关系的基本原则

（一）辅助原则的内涵

尽管辅助原则的思想源流可追溯至古希腊的亚里士多德，有学者视中世纪神学家托马斯·阿奎那是辅助原则的奠基人①，但一般公认，1931年教宗庇护十一世（Pius XI）发布的《四十年通谕》最早明确提出了辅助原则（原文为"subsidiarity function"而非现在通用的"principle of subsidiarity"），并在现代意义上比较全面地阐释了辅助原则②。直到19世纪后半叶，天主教社会理论家才成为辅助性观念的主要支持者，并将辅助原则作为他们所寻求的在自由资本主义社会和马克思社会主义之间的某种中间道路③。第二次世界大战以后，辅助原则先后成为德国《基本法》和欧共体（欧盟前身）的重要原则。德国首先将辅助性原则写入了1950年的《基本法》，1992年的欧共体条约（即《马斯特里赫特条约》）将其确认为欧盟法律的中心原则，后来《里斯本条约》重申了这一原则④。自辅助原则被引入欧共体以来，辅助原则始终受到广泛的重视⑤。欧洲不少国家的宪法都明确规定了"辅助性原则"⑥。辅助原则漂洋过海，成为具有全球影响力的理论。在联合国的文件和政策、世界银行报告和行动计划以及各类非政府组织报告中，它都受到了欢迎和发展⑦。它在美国也产生了回响，尽管辅助原则在美国不是一个正式的宪法原则，但它仍然发挥着重要的作用，立法者和法官把它作为"联邦主义的指导

---

① 熊光清：《从辅助原则看个人、社会、国家、超国家之间的关系》，《中国人民大学学报》2012年第5期，第68页。
② 王华：《关于"村财乡管"的思考——基于辅助原则的分析》，《长江论坛》2009年第6期，第67页。
③ Paolo G. Carozza. Subsidiarity as a Structural Principle of International Human Rights Law [J]. American Journal of International Law, 2003 (97): 41.
④ 胡萧力：《财政分权与我国地方政府角色的再认识——地方化与辅助性原则的视角》，《东方法学》2017年第5期，第64页。
⑤ 苗静：《欧盟宪法辅助原则的历史发展与当代含义》，《广西社会科学》2007年第2期，第85页。
⑥ 王建学：《作为基本权利的地方自治》，厦门大学出版社2010年版，第18页。
⑦ Yishai Blank. Federalism, Subsidiarity, and the Role of Local Governments in An Age of Global Multi-level Governance, 37 Fordham Urb. L. J. 532.

原则"①。总之，他们或者把辅助原则当成欧盟的联邦主义②，或者认为辅助原则在美国联邦制中也扮演着重要角色，在美国联邦制中也扮演着一个含蓄的、被低估的角色③。尽管学者们常把辅助原则与联邦主义相提并论——这两者都是当今世界用以组织不同级别政府与不同政治行动和认同领域之间的关系的主要理论，但这两者之间有着明显的区别。在《马斯特里赫特条约》起草时，欧洲人尽管避免用"联邦主义"这个词，据说是因为英国人和欧洲大陆的人之间一直存在分歧，前者认为"联邦主义"意味着更大的中央集权，而欧洲大陆的人则感觉恰恰相反④。其中最明显的差别就是在联邦主义中有相对较为明确的主权中心，而辅助性原则并不强调主权中心。例如在美国的联邦制各级政权体系中，联邦和州共享主权，但州（state）是一个特殊的存在，联邦和地方政府的权力都是源于州，联邦政府的权力源于州的让渡，而地方政府的权力源于州的授权。因此，以色列学者 Yishai Blank 总结了联邦主义与辅助原则有三个方面的差异，其中首要的就是认为联邦主义中州（State）的管辖权优于其他部分：州是唯一真正"公认"（recognized）或"特权"（privileged）的领土范围，超过其他单位，特别地方政府；相反，在辅助性原则中，没有优先或特权的政府级别；每个领域都有各自不同的优点和缺点⑤。

概括来讲，辅助原则的核心思想是只有当个人无能为力时，公权力才介入；而在公共部门内部，也应优先由下级政府承担解决问题的责任⑥。更具体一点来说，是从个人、社会组织到国家（国家内部各级政权也由低到高排列）分成各个层次，政府需要将权力委托给最低层次（或说最接近公民）且

---

① 胡萧力：《财政分权与我国地方政府角色的再认识——地方化与辅助性原则的视角》，《东方法学》2017 年第 5 期，第 64 页。

② George A. Bermann, Taking Subsidiarity Seriously: Federalism in the European Community and the United States, 94 Colum. L. Rev. 332, 338—39 (1994).

③ Alex Mills. Federalism in the European Union and the United States: Subsidiarity, Private Law, and the Conflict of Laws, 32 U. Pa. J. Int'l L. 369.

④ Edward T. Swaine. Subsidiarity and self – Interest: Federalism at the European Court of Justice [J]. 41 Harvard International Law Journal. 2000, 41：3.

⑤ Yishai Blank. Federalism, Subsidiarity, and the Role of Local Governments in an Age of Global Multi-level Governance, 37 Fordham Urb. L. J. 509.

⑥ 刘莘、张迎涛：《辅助性原则与中国行政体制改革》，《行政法学研究》2006 年第 4 期，第 9 页。

能有效执行（任务）的单位①，只有当低层次的责任主体无法胜任该目标时，高一级的组织才应该介入，并且该介入是出于保护他们的目的，高层级组织的介入应当以低层级组织无法处理的事务为限。但这并非辅助原则的唯一解释。辅助原则本来就源于天主教，辅助原则能够得以成为一项处理社会领域和政治领域问题的重要原则，与天主教的社会思想传统有很大的关系②。因此有学者指出，辅助原则事实上包括两种：一种是世俗的辅助原则，另一种是神学的辅助原则。前者强调任务和责任由在制度层次的最低可能层次的机构承担，后者强调某些社会任务以及相应的责任应当属于最恰当的（而不一定是最低可能层次的）特定类型的实体③。"辅助原则要求社会功能被最恰当层级的单位而不是最低的可能层级的单位执行。"④ 天主教神学中辅助原则的重点在于区分公共部门和私人部门之间的界线，而世俗的辅助原则重点则在不同层级的权力分支部门之间的界线。还有学者认为，由于辅助原则引起的广泛关注，人们对辅助原则的解读超过了它本身的内涵（或至少是超过了欧共体法律中辅助原则本身的含义），欧共体条约中的辅助原则是一个宪法原则而非一个社会哲学原则，本来目的只在于防止欧共体权力过于集权，以使其成员国和人民容易接受⑤。

日本学者 Ken Endo 对辅助原则内涵进行了更清晰的描述，其将辅助原则区分为消极的和积极的两个方面。消极的辅助原则可以有三种表达：（1）当低层次组织可以圆满（can satisfactorily）地处理事务时，高层次组织就不"能"（cannot）干预；（2）（更严格的版本）当低层次组织可以单独地（alone can）处理事务时，高层次组织就"不应该"（should not）干预；（3）（作为变化的版本）如果没有被安排（not assigned）去做高层次组织"不能"（cannot）干预。而类似地，积极的辅助原则也有三种表达：（1）当

---

① Yishai Blank. Federalism, Subsidiarity, and the Role of Local Governments in an Age of Global Multi-level Governance, 37 Fordham Urb. L. J. 533.

② 熊光清：《从辅助原则看个人、社会、国家、超国家之间的关系》，《中国人民大学学报》2012 年第 5 期，第 68 页。

③ Latimer Trevor. The Principle of Subsidiarity: A Democratic Reinterpretation [J]. Constellations, 2018, 25 (4): 587.

④ Chaplin J. Subsidiarity and Social Pluralism [M] // Global Perspectives on Subsidiarity. Springer Netherlands, 2014: 72.

⑤ Reimer von Borries, Malte Hauschild: Implementing The Subsidiarity Principle [J], Columbia Journal of European Law, 1999, 5: 369.

低层次组织不能圆满（cannot satisfactorily）地处理事务时，高层次组织就"能"（can）干预；（2）（更强烈的表达）当低层次组织不能单独地（alone cannot）处理事务时，高层次组织就"应该"（should）干预；（3）（作为变化的版本）如果被安排（assigned）去做，高层次组织就"能或必须"（can or/and must）干预。①

（二）辅助原则的理论基础

很显然，辅助原则天然就与西方自由主义传统和自治理论紧密相关。有学者坚信，辅助原则的基础不是来自对社会效率或者是政治妥协的需要，而是源于个人主义。也就是说它的第一个基础是坚信每个人都被赋予了固有的、不可剥夺的价值或尊严②，因此个人的价值在本体论和道德上来讲优先于社会团体和国家的价值③。由于这一价值，所有其他形式的社会，从家庭到国家和国际秩序，最终都应该为人类服务。他们的结局必须是个人的繁荣。④集体利益也是为了实现个体利益而存在的。将此逻辑推演，小的团体相对于大的团体而言，也可类推为个体与集团之间的关系。小的团体是大的团体的成员，为了实现小团体的利益，这些小团体联合成了大团体，这些大团体的存在也是为了实现和服务于小团体的利益。至此便形成了由下往上，越低层级的单位越具有本体论和道德上的价值。显然，此处的逻辑与前述从个体自由到团体自治的逻辑如出一辙。也正是因为如此，辅助原则和自治理论以及联邦主义有着某种天然的联系。

但这并不意味着辅助原则就是古典自主主义的直接延伸。与古典自由主义最大的不同在于，辅助原则强调个体尊严的实现只有在社会联合体中才能实现。托马斯·阿奎那被视为天主教神学辅助原则的奠基人。在托马斯·阿奎那看来，一方面需要强调个人自由和个人行动的重要性，另外一方面，集体行动的目标应该设定在更高层次上，因为个人无法达到这些目标。这暗含

---

①② Ken Endo, The Principle of Subsidiarity: From Johannes Althusius to Jacques Delors [J]. Hokkaido Law Review, 1994, 43 (6): 553 – 652.

③ Benjamin S. Llamazon, Subsidiarity: the Term, Its Metaphysics and Use [J], Aquinas: Rivista Internazionale Di Filosofia, 1978 (21): 45 – 56.

④ Paolo G. Carozza. Subsidiarity as a Structural Principle of International Human Rights Law [J]. American Journal of International Law, 2003 (97): 42.

了个体在追求个人利益之前应当先维护集体利益①。如前所述，辅助原则包含了消极与积极两个方面，辅助原则不仅仅是消极的要求排除更高层次单位的干预，也积极地要求更高层次单位提供帮助。因此，辅助原则在某种程度上是一个相互矛盾的原则，一方面它限制国家权力，强调国家对个人和社会自由的尊重，另一方面又赋予它权力和合法性②。

辅助原则从经济学的角度也能得到支撑。有学者认为，辅助原则的经济解释更容易让人理解，辅助原则的核心是经济效率原则③。蒂布特（Tiebout）首次提出了地方公共产品的概念，并建立了一个"模拟市场"的公共产品供给体系。他认为在不考虑个人对公共产品消费偏好差异的前提下，基于以自由迁徙为前提的"用脚投票"以及由此导致的地方政府之间提供公共产品的竞争，地方公共产品的供应可以达到帕累托效率，实现帕累托改进，以达到资源的有效配置。因此，地方政府能比中央政府更加高效地提供公共产品④。奥斯特罗姆等论证了公共产品的自愿供给（社区供给）的可行性。埃里克森在《无需法律的秩序》一书中得出一个结论：交织紧密的群体会形成一些社会规范，会形成无须法律的秩序⑤。奥斯特罗姆在传统的私有产权制和公共产品的政府供给之外，提出了公共事务的自主治理模式，认为在交织紧密的社区，公共产品的自愿供给是可能发生的⑥。青木昌彦对日本德川幕府时期的乡村水利灌溉系统的研究也证明，在一个封闭社区，长期重复博弈和关联博弈能有效遏制"搭便车"的投机行为，从而能自发地形成有效的合作机制⑦。低层次单元作为公共产品供给主体的优先性不仅是因为供给效率高于高层次单元，同时也是因为在需求方面，越低层次的单元内，公共意志的形

---

① 苗静：《欧盟宪法辅助原则的历史发展与当代含义》，《广西社会科学》2007年第2期，第85—89页。

② Paolo G. Carozza. Subsidiarity as a Structural Principle of International Human Rights Law [J]. American Journal of International Law，2003（97）：42.

③ Aurelian Portuese. The Principle of Subsidiarity as a Principle of Economic Efficiency [J]. 17 Columbia Journal of European Law. 2011（17）：232.

④ Tiebout C M. A Pure Theory of Local Expenditures [J]. Journal of Political Economy，1956，64（5）：416—424.

⑤ [美] 罗伯特·埃里克森：《无需法律的秩序》，苏力译，中国政法大学出版社2016年版，第297—300页。

⑥ [美] 奥斯特罗姆：《公共事务的治理之道——集体行动制度的演进》，余旭达、陈旭东译，译文出版社2012年版，第11—34页。

⑦ [日] 青木昌彦：《比较制度分析》，周黎安译，上海远东出版社2001年版，第46—52页。

成成本越低，公共选择的结果越接近真实的消费偏好。布坎南和图洛克从公共选择的角度分析了群体规模与决策成本之间的相互关系，他们认为"对于那些在两个单位中都被集体化的活动来说，与较大单位比，较小的单位通常有涵盖而更广的决策规则"，减少决策成本的一个办法"就是在那些与集体化旨在消除的外部性范围一致的最小单位中组织集体活动"①。这一结论与辅助原则显然不谋而合。如果把独立地完成某项任务（或提供某项公共产品）等同于有效消除外部性，那么上述结论几乎就是辅助原则的经济学表达形式。最后，辅助原则有助于发挥更低层次单位的制度创新活力，这在客观上是一种政策实验。我国改革开放的成功证明了在小部分地方先行先试和制度创新、待其成功之后推广到全国的基本模式总体上是成功的。果作村民委员会、后陈村村务监督委员会的建立以及"宁海36条"等制度创新都是鲜活的例证。

（三）辅助原则的局限性：模糊性与碎片化

对于辅助原则的批评和质疑首先源于辅助原则的模糊性。辅助原则首先要面对尤纳森·罗丹（Jonathan Rodden）提出的分配难题：到底权力和责任被分配哪一级才是合适的②。辅助原则看似为前述分配难题提供了一个有效的解决方案，但是这种解决方案依然是模糊的。辅助原则可以同时用为中央集权和权力下放来赋予合法性。因为恰当的层级既可能是更高一级的单位，也可能是低一级的单位，如果是前者，那么意味着辅助原则支持中央集权，反之则意味着它支持权力下放③。这意味着辅助原则预设了一个对分配问题的元解释的存在（相应地或许也存在掌握元解释权的机构）。因此，伯比奇（Burbidge）认为当代的辅助概念存在着一个内在的重要矛盾。一方面，辅助性要求地方机构参与自己的决策；另一方面，辅助性对何为适当级别的决策权采用元解释。他认为辅助原则在治理中是一个类似于正义、公平或爱之类的指导性的道德原则。将辅助原则从一个政治原则变成一个法律原则是非常

---

① ［美］詹姆斯·M. 布坎南、戈登·图洛克：《同意的计算》，上海人民出版社2017年版，第110页。

② Rodden J. Hamilton's paradox: The Promise and Peril of Fiscal Federalism [M]. New York: Cambridge University Press, 2006: 19.

③ Aurelian Portuese. The Principle of Subsidiarity as a Principle of Economic Efficiency [J]. 17 Columbia Journal of European Law. 2011（17）: 232.

困难的，辅助性类似于韦伯式的理想类型，可以在一系列表现形式上观察到，但不是通过权力下放试图实现的东西①。辅助原则的模糊性影响了它在现实中的运用。例如辅助原则的可诉性就常受到质疑。迄今为止，辅助原则最重要的应用是将其作为欧盟立法程序的一部分加以考虑。虽然创始条约明确指出辅助性是一项司法上可执行的法律原则。然而，法院判例法表明，作为司法原则的辅助性已经明显无效②。更严厉的批评者认为，辅助原则不过是一个空洞的概念，它对于实际决策没有任何指导作用，因而可以成为任何层次单位行动或无权行动的理由③。

对于辅助原则进行批判的第二个理由是，辅助原则过分强调了各层次单位在目标上的一致性。加雷斯·戴维斯（Gareth Davies）认为："辅助原则的弱点在于，它假设了核心目标的首要地位，依照不同利益试图完全实现目标，但是，却没有提供对它的可取性进行质疑的机制。"④

特雷弗·拉蒂默（Trevor Latimer）对辅助原则的各种理由都进行了批判，他认为辅助原则基于一些缺乏证明的假设。辅助原则是一个从来没有得到充分证明的假设。在避免集权化带来的危险和碎片化带来的危险的比较当中，拉蒂默认为没有可靠的证据能证明过度的集权比过度的碎片化更坏，也没有证据能证明过度的集权比过度的碎片化更容易形成⑤。他还认为，世俗辅助原则的后果论证是薄弱的，应当将任务和职责优先推定给更低层次的组织缺乏足够的证据支持，如果更低层次的组织是一个非民主组织，那么将任务和职责分配给它将会削弱民主⑥。我国不少学者也指出，过度地强调自治共同体的利益优先性和自治性可能会导致"土围子化"。贺雪峰提出，着力于完

---

① Dominic Burbidge. The Inherently Political Nature of Subsidiarity [J]. The American Journal of Jurisprudence, 2017 (62): 143 - 164.

② Gabriel A. Moens* and John Trone. The Principle of Subsidiarity in Eu Judicial and Legislative Practice: Panacea or Placebo? [J] J. Legis. , 2014, 41: 65 - 102.

③ Alex Mills. Federalism in the European Union and the United States: Subsidiarity, Private Law, and the Conflict of Laws [J], University of Pennsylvania Journal of International Law. 2010, 32: 369.

④ 熊光清：《从辅助原则看个人、社会、国家、超国家之间的关系》，《中国人民大学学报》2012年第5期，第73页。

⑤ Latimer Trevor. Against Subsidiarity [J]. Journal of Political Philosophy, 2018, 26 (3): 282 - 303.

⑥ Latimer Trevor. The principle of subsidiarity: A democratic Reinterpretation [J]. Constellations, 2018, 25 (4): 590.

善村庄内部治理机制的集体产权改革可能会产出土围子,并且可能已在珠三角出现了①。

(四) 辅助原则与我国基层群众自治制度的契合

辅助原则作为源于欧洲的一项政治原则,它能否适用我国基层群众自治中政府与基层群众自治共同体之间的相互关系并非不证自明。有学者认为它是"一项具有可操作性的普遍法则"②。也有学者认为"不同的政治制度和政治环境对辅助原则的认同度或容纳度都会不同"③。斯塔登(Staden)对拉美和非洲各国辅助原则的适用实践的研究得出结论:辅助原则的实用性和意义在很大程度上取决于当地的需求和偏好④。综合前述对辅助原则局限性的批评,可见辅助原则的可移植性并不如某些学者认为的那么理所当然,或至少说明它并不是不证自明的。

辅助原则确实有嵌入我国基层群众自治制度的可能。尽管辅助性原则较多地作为地方自治制度中处理各级政府之间相互关系的基本原则出现,但辅助原则不仅是处理国家机关内部各层次权威机构间职权和职责划分的基本准则,同时也适用于个人、社会、国家、超国家这些不同层级之间的复杂关系⑤,是处理个人、社会、国家乃至国家内部各级政府之间复杂关系所应遵循的"至高的社会哲学原则"⑥。如果说辅助原则所遵循的自下而上的组织原则与单一制下国家权力自上而下的组织方式相悖,因而在政府组织内部辅助原则是否兼容还存在较大的问题的话,那么对于基层群众自治,这个问题并不存在。因为基层群众自治是一种社会自治。基层群众自治权与国家公权力之间的关系本质上是一种社会公权力与国家公权力之间的关系,并

---

① 贺雪峰:《农村集体产权制度改革与乌坎事件的教训》,《行政论坛》2017 年第 3 期,第 12—17 页。
② 王建学:《作为基本权利的地方自治》,厦门大学出版社 2010 年版,第 19 页。
③ 熊光清:《从辅助原则看个人、社会、国家、超国家之间的关系》,《中国人民大学学报》2012 年第 5 期,第 68—75 页。
④ Andreas von Staden. Subsidiarity in Global Governance:Subsidiarity in Regional Integration Regimes in Latin America and Africa, 79 Law & Contemp. Prob. 27.
⑤ 熊光清:《从辅助原则看个人、社会、国家、超国家之间的关系》,《中国人民大学学报》2012 年第 5 期,第 71 页。
⑥ 王华:《关于"村财乡管"的思考——基于辅助原则的分析》,《长江论坛》2009 年第 6 期,第 67—70 页。

不是隶属关系。

辅助原则对我国基层群众自治制度的契合性从规范文本上也可获得一定支撑。例如《村委会组织法》同时规定了基层政府对基层群众自治共同体的帮助义务和不得干预的克制义务，正好对应了辅助原则的积极方面和消极方面。辅助原则的应用不仅意味着基层政府对基层群众自治共同体事务的帮助义务和克制义务，同时也意味着行政村（社区）对村（居）民小组的帮助义务和克制义务。《村委会组织法》第二十八条规定了村民小组有权决定村民小组内部事务，这一条没有明确规定行政村不得干预村民小组内部事务，也没有明确规定行政村有对村民小组内部事务予以支持、帮助之义务。但基于《村委会组织法》第二十八条之规定，我们可以合理地认为，行政村对于村民小组内部事务只有帮助、指导甚至监督之职责，但没有干涉和代为做出决定的职权。

上述结论可以在司法判例中得到印证。例如在安徽省六安市红旗村村民委员会等与黄山等案中，一审二审法院都认为行政村对村民小组有法定管理职责，对涉及村民利益的重大事项具有审查、监督和指导职责。二审法院更进一步指出行政村对村民小组内部事务之职责仅限于审查监督和指导，而没有法律上的处分权[①]。显然，该案中两审法院的判决契合了辅助原则的积极方面和消极方面。该案还引申出了另外一个值得思考的问题，那就是辅助原则的法律责任问题。在该案中，三位村民对七三村村民小组集体土地补偿款分配不服提出诉讼，顺带要求红旗村村委会承担连带责任，理由是村委会未尽其对村民小组指导、审查和监督之责。对三位村民的这一诉求，一审法院和二审法院产生了分歧，一审法院支持了原告的诉求，但是二审法院认为，虽然村委会对村民小组有指导、审查和监督之责，但是"没有法律上的处分权，并非法律意义上应当承担连带责任的主体"。辅助原则的消极方面往往和自治制度的基础紧密相连，如果不能排斥高层次单位的任意干涉，那么自治制度的根基就不存在，因此司法机关的保障是自治制度得以存续的重要基础。但是辅助原则的积极方面则较为复杂，能否给予低层次单位帮助、给予哪些单位以帮助以及给予多大程度的帮助大部分的时候是一个政治问题而不是一个法律问题，并且依赖于一定的客观物质基础才能实现。如果借用德国

---

① 北大法宝引证号：CLI.C.9658300，（2017）皖15民终820号。

公法学上的概念，要求免于更高层次单位的干预是一种主观权利，而要求更高层次单位的帮助是一种客观权利。对于前者而言，可以寻求司法程序的救济，而对于后者只能借助政治途径加以解决（例如通过自下而上层层选举的代议制民主链条表达诉求并通过民主程序进行博弈）。

我国基层群众自治实践也证明，辅助原则在处理我国基层群众自治权与国家公权力之间相互关系不仅是可能的，而且是可欲的。在这方面，"成都议事会"制度提供了极佳的例证。成都市每年向农村拨付一批公共服务资金，但不直接干涉资金的具体用途，而是由村级组织召开"村民议事会"自主决议项目资金的使用，政府规定了"村民议事会"的议事规则，但不干涉其议事过程。成都市政府的这一做法完美地诠释了辅助原则的两方面内涵：仅当低层次的组织无法完成某项任务时，高层次的单位才会介入；且这种介入仅限于低层次单位无法完成的部分。由于"空心村"以及行政村规模过大等问题，对于缺乏集体资金的大部分农村来讲，奥斯特罗姆等所谓的公共产品的自愿供给非常艰难甚至不可能[①]，外在财政支持和帮助解决了这些问题。同时，这种支持和帮助只限于农村社会所需要的层面，政府会提供资金并监督资金使用情况（以防资金没有用于公共用途或被侵占），政府的介入保持了恰到好处的谦抑，并且没有越过其界限以至于吞没村民自治。成都"村民议事会"制度发挥了政府和村民自治共同体各自的优势。政府的优势在于拥有更强大的资源，而由村民议事会自行决定资金的用途，实实在在地发挥了村民自治制度，能更真实、有效地反映各村不同的公共产品需求偏好。至此，一方面，成都市政府的财政资助体现了辅助原则的积极方面（政府对于农村基层公共事务的帮助义务），另一方面，成都市政府由村民自行决定项目资金的使用用途契合了辅助原则的消极方面（政府对自治事务的克制义务）。

综上可见，无论是从理论构成、规范文本还是实践案例，辅助原则与我国基层群众自治制度都有相当程度的契合度，它在我国基层群众自治权的行使中是一个虽隐而不显但事实上发挥着作用的一个重要原则。

[①] 王振标：《论村内公共权力的强制性——从一事一议的制度困境谈起》，《中国农村观察》2018年第6期，第12—25页。

第三章　基层群众自治权的内容

既有研究大多从权利的视角来研究基层群众自治权的内容，进而将其划分为选举权、被选举权、表决权、知情权、监督权等内容。从公权力视角来看，基层群众自治权从内容上来讲与国家公权力有相似之处。按权力性质的不同，基层群众自治权也大致可以分为内部规约制定权、内部管理权、监督权以及民间调解权。但与国家公权力不同，基层群众自治权受国家公权力的监督，其效力仅及于共同体内部，其实现依赖于国家公权力的支持和帮助。

第一节　内部规约制定权

一、内部规约的界定

基层群众自治共同体内部规约是指基层群众自治共同体内依法定程序在法定权限范围内制定出的代表共同体公共意志并对其内部成员具有约束力的行为规范。一个自治共同体往往还包括了一些约定俗成的行为规范，这些行为规范虽然并不以成文的形式表现出来，但是基于传统和制度惯性，它对自治共同体成员也有约束力。因此广义的内部规约还包括了不成文的习惯法[①]。但因为不成文的习惯法是自发形成的，不存在制定权的问题，因此此处仅对成文意义上的内部规约进行研究。依《村委会组织法》和《居委会组织法》的规定，村民自治共同体内部规约被称为自治章程和村规民约，城市

[①] 当然，本书并不否认成文习惯法的存在。在乡村世界，成文的习惯法往往就以村规民约为载体表现出来。高其才就曾指出村落习惯法的主要载体是乡规民约。参见高其才：《中国习惯法论》，湖南出版社1995年版，第12—17页。

居民自治共同体内部规约未区分自治章程和一般的居民公约，被统称为居民公约。

广义的村规民约（学界亦有称之为"乡规民约"）包含自治章程和一般的村规民约。从效力等级秩序来讲，自治章程比一般村规民约具有更高效力，作为保障村民基本权利的"根本大法"，因此又被称为村民自治的"小宪法"[①]。既然自治章程被称之为"小宪法"，又被视为村民之间有关村域公共和公益事务管理的契约[②]，那么从价值取向来讲，它就应当是为了保障村（居）民合法权利以及公共福祉的实现；从内容来讲，自治章程主要应当规定村（居）民的权利以及村（社区）公共权力应当如何规范行使，而不是具体某方面的行为规范。相较于一般的村规民约，它应当是全面性的、综合性的、根本性的，而一般的村规民约只是某一方面的（例如村内公共卫生）行为规范。当然，在实践中由于内部规约被虚置的情形较为常见，许多村只见村规民约未见有自治章程，或者有些村虽然制定有自治章程但仍以冠名以村规民约。另外，实践中有些自治章程虽冠以自治章程之名，但从内容上来看主要是对村（居）民义务的规定，甚至只是对国家法的简单重复，那么它就不能被称之为自治章程，充其量只能被称之为村规民约。尽管自治章程和村规民约有所区别，但为了表述简便，本书中除非特别声明，将村自治章程和村规民约统称为村规民约，**并将村规民约和居民公约统称为内部规约**。

内部规约是一种内生性和本土性的民间规范。与国家法不同，内部规约由基层群众自治共同体依内部民主程序自发形成，而非经国家法定机关依立法程序制定。相较于国家法，内部规约更能体现当地村（居）民的制度偏好，体现当地的社会传统和习俗[③]。内部规约尽管并非国家法定立法机构依法定程序所制定的法规范，但是它依然有一定的约束力和规范作用，因而被称为民间规范。一个社会联合体是一群人，他们在相互关系中，承认一些行为规则具有约束力。如果这些规则不再有效，这一团体就会分裂。而法律规

[①] 许娟：《新型乡约若干问题探讨》，《法学论坛》2008年第1期，第110页。
[②] 梁开银：《论村民自治章程的法律地位、内容及效力——兼论村民自治的法律制度生态》，《社会科学家》2010年第1期，第74—78页。
[③] 王振标：《论村规民约的法治化治理》，《行政与法》2016年第2期，第45页。

范只是行为规则的一种①。正因如此，才有学者将内部规约纳入民间法、习惯法或软法等"法"的范畴。

二、内部规约的效力

依《村委会组织法》和《居委会组织法》之规定，内部规约必须由村（居）民会议制定，并报当地基层政府备案。据此，可以认为内部规约的生效必须有两个条件：第一，必须经过村（民）会议讨论通过；第二，必须报接受当地基层政府备案审查。这意味着内部规约的效力有两个渊源，前一条件意味着内部规约必须得到村民的认可，后一条件意味着内部规约必须得到国家的认可。

因此，内部规约的效力既源于国家法的承认和概括授权，同时也植根于村民的认可，是一种自发的社会契约，其约束力来自社会成员对自身权利的让渡。国家法对内部规约效力的承认不仅表现在《村委会组织法》和《居委会组织法》等国家法对内部规约的概括性授权，还体现在正式的司法程序中它的效力会被承认。另外，有些地方性法规明确确认了村规民约的效力②。尽管村规民约古已有之③，但社会主义新中国的村规民约与古代中国的村规民约有着本质的区别。如前所述，中国古代的乡村自治本质上是一种"乡绅之治"，相应地，封建时代村规民约在本质上是乡绅权力制度化和成文化的结果。而今天的内部规约已经不再是费孝通先生所提出的"长老权力"的简单演化，而是一种自治共同体成员共同意志的表达，具有更强的"同意权力"属性，更多地表现出社会契约特征④。

内部规约的效力源于其内部成员的自我同意，也就意味着就对人的效力

---

① ［奥］尤根·埃利希：《法律社会学基本原理》，中国社会科学出版社2009年版，第28页。
② 高其才：《通过村规民约的乡村治理——从地方法规规章角度的观察》，《政法论丛》2016年第2期，第22页。
③ 学界一般认为，北宋时期陕西蓝田吕氏兄弟发起制定的"吕氏乡约"是中国最早的村规民约，但是也有学者认为可追溯至周代。本书赞同张明新的观点，认为可以合理推测中国古代乡规民约肯定可以追溯至更早，只是目前可以见到的最早的成文乡规民约是北宋《蓝田吕氏乡约》。参见张明新：《乡规民约存在形态刍论》，《南京大学学报（哲学·人文科学·社会科学版）》2004年第5期，第61页。
④ 王振标：《论村规民约的法治化治理》，《行政与法》2016年第2期，第46页。

而言，内部规约原则上只能对该自治共同体的成员产生效力，其效力不能及于自治共同体以外。正如足球协会的内部规约可以对其成员（足球队或俱乐部）产生约束力，但无法约束球迷，村规民约（居民公约）也只能约束本共同体成员而不能约束共同体以外公民。如果共同体外的公民侵犯了本共同体的权益或破坏了共同体力求维护的秩序，它只能寻求国家法的保护。但对虽非本村（社区）成员但长期驻扎或生活在此的组织和个人，依《村委会组织法》和《居委会组织法》的规定内部规约也有一定的约束力①。基于长期的共同生活，他们已经成为共同体的准成员，也有部分参与共同体公共事务的权利。例如《村委会组织法》在规定了前述单位和个人遵守村规民约之义务后，紧随其后也规定了参与相关公共事务的权利；另外《村委会组织法》还规定了户籍虽不在本村，但居住一年以上的人可以申请参加选举②。《居委会组织法》虽然没有对此有明确规定，但是《居委会组织法》也未明确将居民身份与户籍绑定，而且2011年《民政部关于促进农民工融入城市社区的意见》（民发〔2011〕210号）明确提出，要"切实保障农民工参与社区自治的权利"，可见承认非户籍常居人口的社区成员资格是未来的趋势。另外，基层群众自治共同体作为一种地域性自治共同体，其空间效力原则上不能及于其所在地域之外。就时间效力而言，它与一般行为规范一样应当遵循不溯及既往的原则。

由于基层群众自治共同体并非一级政府，因此其内部规约的效力并不以强制执行的方面表现出来，但这并不表示它没有实效。它的效力主要表现为两种方式：通过社会资本的强制，在正式的诉讼和裁决体系中被援引。埃里克森在《无需法律的秩序》一书中得出结论：交织紧密的群体会形成一些社会规范，会形成无需法律的秩序。越是交织紧密的社会，越是重复博弈、声

---

① 《村委会组织法》第三十八条："驻在农村的机关、团体、部队、国有及国有控股企业、事业单位及其人员不参加村民委员会组织，但应当通过多种形式参与农村社区建设，并遵守有关村规民约。"
《居委会组织法》第十九条："机关、团体、部队、企业事业组织，不参加所在地的居民委员会，但是应当支持所在地的居民委员会的工作。所在地的居民委员会讨论同这些单位有关的问题，需要他们参加会议时，他们应当派代表参加，并且遵守居民委员会的有关决定和居民公约。"

② 《村委会组织法》第十三条第三款："户籍不在本村，在本村居住一年以上，本人申请参加选举，并且经村民会议或者村民代表会议同意参加选举的公民。"《村委会组织法》第三十八条："……村民委员会、村民会议或者村民代表会议讨论决定与前款规定的单位有关的事项，应当与其协商。"

誉机制、信号传导机制可能发挥作用的情况下，民间规范发挥作用的空间就越大①。在这种"熟人社会"，违背内部规约的人会被共同体联合排斥甚至被驱逐出共同体，这种驱逐对其而言是一种"最大的不幸"②。当然，在今天基层群众自治共同体有没有权力剥夺其成员的成员资格是相当有争议的，但是在"熟人社会"，声誉机制依然是一种非常重要的社会资本。在现代社会，内部规约的效力还表现在被正式的国家法律体系所承认，甚至通过在正式的诉讼和裁决体系中被援引而实现其强制性的效力。尽管对于它们能否被直接引用还存在一定的争议。但只要不违背国家法，村规民约往往被法院所认可。通过对83份裁决文书的分析，胡若溟发现，法院对于村规民约是否违背国家法的审查标准在实践中存在对"违反国家法"中的"国家法"和"违反"双重限缩解释的情形③。尽管胡若溟的结论尚有可探讨之处，但在我国司法实践中，内部规约的效力越来越被正式法律体系所认可，确是事实。

三、内部规约制定权的边界

内部规约本身的合法性是其作为基层群众自治权行使依据的前提，也构成了内部规约制定权行使的外部边界。依《村委会组织法》和《居委会组织法》的规定，内部规约不能与宪法、法律、法规和国家的政策相抵触④，不得有侵犯村民的人身权利、民主权利和合法财产权利的内容。因此，内部规约制定权有两个方面的限制，其一是国家法规定了内部规约的外部界限，其二是成员个体的基本权利构成了对内部规约的内在限制。

---

① 石佑启、王振标：《民间规范的生存空间及其受国家法的规制与改造——基于博弈论与新制度经济学的视角》，《江苏社会科学》2018年第6期，第174页。
② [奥]尤根·埃利希：《法律社会学基本原理》，中国社会科学出版社2009年版，第52页。
③ 胡若溟：《国家法与村民自治规范的冲突与调适：基于83份援引村民自治规范的裁判文书的实证分析》，《社会主义研究》2018年第3期，第105页。
④ 《村委会组织法》第二十七条："……村民自治章程、村规民约以及村民会议或者村民代表会议的决定不得与宪法、法律、法规和国家的政策相抵触，不得有侵犯村民的人身权利、民主权利和合法财产权利的内容……"
《居委会组织法》第十五条："……居民公约的内容不得与宪法、法律、法规和国家的政策相抵触。"

（一）不抵触的范围与标准

自治是法治下的自治，因此内部规约生效的前提是符合国家法治的基本要求，国家法限定了对内部规约的基本界限。因此，不得与国家法相抵触是其产生效力的第一条件。理解这一原则的关键在于如何界定"国家法"和"相抵触"这两个概念。

首要的问题是，"规章"是否在不得抵触的"国家法"之列。从规范文本来看，《村委会组织法》和《居委会组织法》都未明确将规章包含在不得抵触的"国家法"之列。《村委会组织法》对国家法的正式表述是"宪法、法律、法规和国家的政策"。对此，目前也尚未见有相应的法律解释。但与规范文本不同，在司法实践中，规章似乎毫无争议地被明确纳入其中（而诉讼当事人也未见对此提出抗辩）。例如"陈丽娇案"中，法院认为"关于'外嫁女'退股的规定，明显违背法律、法规、规章的强制性规定，该规定不应作为……合法性依据"[①]。最为典型的当属《广东省农村集体经济组织管理规定》，该地方规章在广东有关出嫁女、挂靠户、入赘户等案件争议中经常被援引作为审查村规民约是否合法的标准。我以"广东省"为审理范围以"外嫁女+成员资格+村规民约"为关键词进行全文搜索，在北大法宝中搜索得到的裁决文书总计是 1862 件，在这 1862 件中再以"广东省农村集体经济组织管理规定"进行全文搜索，结果是 1359 件裁决文书，可见其援引比例之高。在学术研究当中，尽管以村规民约为研究对象的文章可谓浩如烟海，但尚未见到对此问题的研究。

司法实践和学术研究的集体漠视证明了一个事实：村规民约不能与国家法相抵触是一个从学术界到实务界再到普通民众都承认的基本共识，以至于无论规章是否被明文纳入法律，人们普遍承认规章有高于村规民约的效力，因为它是国家法的正式法源，它代表的是国家意志（尽管它的发布主体可能是地方政府）。因此对《村委会组织法》第二十七条及《居委会组织法》第十五条中的"宪法、法律、法规"应当扩大解释，即认为其包括了所有国家法的正式渊源。另外，除了前述条文外，在《村委会组织法》和《居委会组

[①] 胡若溟：《国家法与村民自治规范的冲突与调适：基于83份援引村民自治规范的裁判文书的实证分析》，《社会主义研究》2018年第3期，第105页。

织法》中还多次出现了"宪法、法律、法规"以及"法律、法规"的表述，例如《村委会组织法》第九条、第十条、第三十六条，《居委会组织法》第三条、第十二条等，而这两部法中完全没有出现"规章"。如果对"宪法、法律、法规"做狭义的解释（即不包括规章），那么《村委会组织法》第十条和《居委会组织法》第十二条①似乎意味着作为基层群众自治的主管机关，民政部门制定的规章对于基层群众自治共同体全然没有法定的约束力。这显然不符合立法原意，也不利于基层群众自治制度的发展。《村委会组织法》最初制定于1987年，《居委会组织法》制定于1989年，当时未将规章纳入条文之中，可以理解为当时法律、法规和规章之间的还没有明确的区分界定。而在《中华人民共和国立法法》实施后，《村委会组织法》和《居委会组织法》的修订中，由于已经约定俗成理解为广义上的国家法规范概念，因而没有特意进行修订。其实类似的情况并不少见，如1998年制定、2015年及2018年两次修订的《中华人民共和国高等教育法》中第五十三条规定："高等学校的学生应当遵守法律、法规，……"，显然，对这里的法律法规应该作广义的理解。作者做了一个简单的统计，以"法律、法规、规章"为全文关键字，在北大法宝上搜索得到的结果，仅就法律这一项，只有55部法律，而以"法律、法规"为标题关键字，搜索的结果是362部法律（当然这其中包含了前述55部法律）；以"法律法规"为全文关键字搜索得到的结果是212部法律，以"法律法规规章"搜索得到的结果为零。尽管我没有一一核对，去研究这些法律中的"法律法规"究竟是广义的还是狭义的，但可以合理推测，类似《中华人民共和国高等教育法》这样以"法律法规"或"法律、法规"指称所有国家法的应当不在少数。综上，对整个《居委会组织法》和《村委会组织法》中的"宪法、法律、法规"作扩大解释是合理的。但从减少理解上的分歧为见，本书认为，在《村委会组织法》和《居委会组织法》的修订中，应当明确将"规章"加入其中，以"宪法、法律、法规和规章"进行表述更为严谨。

其次，其他规范性文件能否纳入内部规约不能抵触的国家法和国家政策

---

① 《村委会组织法》第十条："村民委员会及其成员应当遵守宪法、法律、法规和国家的政策……"

《居委会组织法》第十二条："居民委员会成员应当遵守宪法、法律、法规和国家的政策，办事公道，热心为居民服务。"

第三章 基层群众自治权的内容

范畴?从司法实践来看,既有援引中央层面国务院政策的,也有援引地方层面规范性文件的案例。例如在广州市甘棠村村委会等与东环街道办事处纠纷上诉案中,一审法院就援引了《国务院批转公安部〈关于解决当前户口管理工作中几个突出问题的意见〉》第一条,并认为"上述章程关于挂靠户的规定,与国家关于未成年子女可以随父或随母人户的政策相抵触",二审法院再度援引了前述政策,维持了原判①。实践中还有以违反政府规范性文件而认定内部规约为无效的。佛山市东村股份合作经济社与三水区西南街道办事处、佛山市三水区人民政府案中,法院更明确指出:"原告所依据的村规民约的相关规定与此规定(《广东省农村集体经济组织管理规定》)及《三水区落实农村出嫁女及其子女合法权益的意见》相抵触"。而这两个文件中,前者是地方政府规章,后者是一个规范性文件②。一般而言,党中央和国务院的政策文件称之为国家政策当无争议。国务院办公厅和各职能部门发而布的规范性文件往往是对党和国家政策的细化和具体化,也可以纳入广义的国家政策之列。但是,地方政府和其职能部门发布的规范性文件能否纳入村规民约不能抵触的国家法和国家政策范畴,值得进一步探讨。一般而言,地方规范性文件大体可以分为三类:第一类是解释性的,是对国家法和国家政策的解释和细化;第二类是创制性的,是在国家法尚未做出规定或未做出具体规定的情况下依职权或依国家法的授权做出的创制性规定;第三类是指导性的,是用于指导公民和组织生产、生活的不具有强制执行力的规范性文件。解释性的规范性文件可分为法定解释性规范性文件和自主解释性规范性文件。创制性的规范性文件也可以分为两类,第一类是授权性的,是依国家法的授权进行的。第二类是职权性的,是依职权自行制定的。法定解释性规范性文件和授权性的规范性文件具有法源地位③,是国家法和国家政策的扩展,它构成了国家法和国家政策的一部分,因此应当被纳入内部规约不可抵触的"国家法和国家政策"的范畴。但是,地方政府及其职能部门制定的其他规范性文件既不能称之为国家法,亦不能称之为国家政策,且考虑到应当为基层群众自治保留足够的自治空间,不宜列入内部规约不可抵触的"国家法和国家

---

① 北大法宝引证码:CLI.C.11451060。
② 北大法宝引证码:CLI.C.37804898。
③ 此处规范性文件的分类和效力参考了叶必丰对行政规范的分类的效力的分析。参见叶必丰:《行政规范》,载应松年《当代中国行政法》(上卷),中国方正出版社 2002 年版,第 600—601 页。

政策"的范畴。

最后，抵触是指明显违反国家法和国家政策的具体条文，还是也包括了违反国家法以及国家政策的基本精神和价值导向？从理论上来讲，对于何谓"不抵触"，主要有三种观点：不与上位法的精神和基本原则相抵触；既不得与上位法的精神和基本原则相抵触，也不得与上位法的具体规定相抵触；必须有上位法作为立法依据①。主流的看法是第二种，与上位法的基本原则、基本精神相悖和具体规定相悖都构成对上位法的抵触。首先，不得与上位法精神和基本原则相抵触已经成为人们的共识②。当然，由于基本原则和基本精神较为抽象，实践中把握审查标准可能存在一定的困难。但不能因为精神和基本原则不容易把握就不将其作为"不抵触"的一个标准③。对内部规约合法性审查的司法实践既有遵循"违反"和"明显违反"国家法具体条文标准④，也有内部规约因违背基本精神和基本原则而被判定无效的。一般来讲，如果在文本上明确违反了国家法的明文规定，法院倾向于判定内部规约无效，当国家法在某领域出现立法空白时，法院才会综合判定内部规约是否违背了国家法的基本精神和基本原则。这一点在村（居）民资格的案例中表现得尤为明显，因为国家法在这方面的规定阙如，法院判决常见有认定相关村规民约违反宪法、法律精神和基本原则而无效的。例如姜洪沐等诉荆东村村民委员会案中，法院以荆东村的村规民约"违反了相关法律的规定，与我国长期推行、倡导的尊老敬老的良俗相悖"而判定无效⑤。涉及"外嫁女"成员资格的问题，法院也往往以村规民约不能违背"男女平等"的基本法律精神而裁定无效。

（二）成员合法权利对内部规约的限制

村规民约和村内决议不得有侵犯村民的人身权利、民主权利和合法财产

---

① 孙波：《地方立法"不抵触"原则探析——兼论日本"法律先占"理论》，《政治与法律》2013年第6期，第122—132页。
② 苗连营：《论地方立法工作中"不抵触"标准的认定》，《法学家》1996年第5期，第41页。
③ 孙波：《地方立法"不抵触"原则探析——兼论日本"法律先占"理论》，《政治与法律》2013年第6期，第123页。
④ 胡若溟：《国家法与村民自治规范的冲突与调适：基于83份援引村民自治规范的裁判文书的实证分析》，《社会主义研究》2018年第3期，第98—109页。
⑤ 北大法宝引证码：CLI. C. 48974。

权利的内容,因此公民基本权利也构成对内部规约制定权的重要限制。村规民约从理论上可视为村民让渡权利与自治共同体的社会契约,但是并非所有权利均可让渡,已经让渡给国家的权利不能再让渡给自治共同体,公民基本权利如生命权、自由权等更不能让渡给基层群众性自治组织。司法实践中,以村规民约侵犯村民基本权利为由判定无效的例子也很常见。红旗村村民委员会等与黄山等侵害集体经济组织成员权益纠纷上诉案是一个非常典型的案例,此案一审法院明确指出:"村规民约不得同国家法律、法规相抵触,非经法定程序,任何组织不得以任何理由擅自剥夺他人合法财产权利。"[1]

一般而言,公民基本权利较少单独作为审查村规民约合法性的依据,通常是伴随着内部规约"与国家法具体条文相抵触"或"与国家法精神相抵触"等审查标准的一种辅助性依据。在"与国家法具体条文相抵触""与国家法精神相抵触""侵犯公民合法权益"三者之中,法院优先适用第一个标准,其次是第二个标准,最后为第三个标准。前述优先次序并不一定是一种重要性排列,而极可能是法院的一种自我保护策略:在我国这样一个成文法国家,白纸黑字的具体条文比抽象的原则、精神和法学理论对诉讼当事人而言更有说服力,这种选择上的优先次序减轻了审判主体的政治风险。因为从司法实践效果来看,在内部规约的效力与村(居)民个体权益之间,法院在审理村规民约合法性时倾向于保护村民个体权益。仍以对村民成员资格的审查来看,法院在判断村民是否具有成员资格时标准极不统一,在司法实践中既有以户籍为标准的、亦有以是否有承包地有标准的也有以是否履行村民义务为标准的[2]。显然,此时法院已经不再是简单审查内部规约的合法性,而是直接审查诉讼参与人是否应当具有村民资格以及相应的合法权利。但是法院并不是无条件地倾向于村民个体权益,相当多的时候法院也需要尊重基层群众自治权的自治性,因此有时也会认可村规民约的效力而否定村民权益。钱俊鹏与佛山市三水区云东海街道办事处案中一审二审法院均认定了《辑罗村章程》中"户口回迁户五周年内不参加村的分配"条款的效力[3]。可见在复杂多变的标准背后,是法院力图在村民个体权益和村民集体自治之间取得平衡的努力。

---

[1] 北大法宝引证码:CLI. C. 9658300。
[2] 亢攀英:《村规民约合法性审查研究》,郑州大学论文,2017年,第16—18页。
[3] 北大法宝引证码:CLI. C. 70831519。

四、内部规约制定权的行使机构

从规范文本来看,如前所述,依《村委会组织法》和《居委会组织法》之规定①,内部规约必须由村(居)民会议制定,因此内部规约制定权的行使机构应当是村(居)民会议。但村(居)民会议是否为唯一的制定主体则并不确定,尤其是村民代表会议和村(居)民小组能否成为内部规约的制定主体是一个值得研究但尚未被充分研究的课题②。

在实践中,由于村(居)民会议召集成本较高、难度较大,村民会议相当多的法定职能由村(居)民代表会议代替行使。但村(居)民代表会议是否拥有内部规约的制定权则是一个值得商榷的问题(由于居民代表会议虽存在于实践中,但在《居委会组织法》中并未规定,此处分析主要以村民代表会议为例探讨内部规约的制定权问题)。从规范文本来看,《村委会组织法》的关于村民会议和村民代表会议职权的规定均体现了一个规律,即在规定了村民会议的职权之后,紧随其后的是规定"村民会议可以授权村民代表会议……"③。从立法技术上来讲,如果村民会议可以将所有职权授予村民代表会议,更简洁的方式是直接规定"村民会议可以授权村民代表会议代行一切村民会议职权"。从法理上来讲,内部规约代表着村(社区)内公意,是一种要在村(社区)普遍适用且反复适用的行为准则。内部规约与一般决议的区别在于,前者要保持一定的稳定性,是一种反复适用的准则,而后者则是针对某一事项的特别决定。因此相对而言,后者对效率的要求更高,而前者对公平、正义的价值追求更重要。尽管村(居)民会议召集成本较高、难度较大,但并非无法完成。村(居)民会议的召集条件与村民委员会选举大体

---

① 《村委会组织法》第二十七条:"村民会议可以制定和修改村民自治章程、村规民约,并报乡、民族乡、镇的人民政府备案……"
《居委会组织法》第十五条:"居民公约由居民会议讨论制定,报不设区的市、市辖区的人民政府或者它的派出机关备案,由居民委员会监督执行。居民应当遵守居民会议的决议和居民公约……"

② 罗鹏和王明成曾给出一个简单的结论,认为村民代表会议无制定权,村民小组是合法的制定主体。本书总体上认可他的观点,但略有不同。参见罗鹏、王明成:《村规民约的内涵、性质与效力研究》,《社会科学研究》2019年第3期,第73页。

③ 可参见《村委会组织法》第二十三条、第二十四条。

相当①，村（居）民委员会选举能顺利进行的地方，村（居）民会议就应当可以顺利制定。作为自治共同体内的"民间法"，制定内部规约的重要性并不亚于选举村（居）委会，因此如同村（居）委会的选举不能委托于村民代表会议，内部规约的制定也不能委托于村民代表会议。从实务上来讲，部分地方性法规明确规定了村民代表会议不能制定村民自治章程、村规民约。如《湖北省实施〈中华人民共和国村民委员会组织法〉办法》第八条第（八）项就明确规定："（村民会议）授权村民代表会议讨论决定有关事项，但有关村民委员会的设立、撤销、范围调整，村民委员会成员的罢免、补选，村民自治章程、村规民约的制定和修改等事项不得授权。"《海南省实施〈中华人民共和国村民委员会组织法〉办法》也有类似的规定②。

　　实践中还有不少地方的村（居）民小组也在制定村规民约（居民公约），部分地方性立法还明确授予村民小组制定村规民约的权力③。民政部办公厅《关于开展优秀村规民约征集活动的通知》也将这类村规民约和居民公约纳入征集范围④。实践中村民小组多是由以前公社时期的生产小队组成，它们大多是自然村，有些地方在民间又被称为屯，少数较大的屯还下设村民小组。相较于行政村，自然村是一个典型的"熟人社会"。随着村民自治有效实现形式的探索，自治单元下沉成为一种重要的改革形式，有些屯（村民小组）设立屯级村委会并代替行政村成为基本自治单元。加之我国相当多农村土地依然是由村民小组（而非行政村）集体所有，这样的村民小组事实上具备了

---

① 《村委会组织法》第二十二条："召开村民会议，应当有本村十八周岁以上村民的过半数，或者本村三分之二以上的户的代表参加，村民会议所作决定应当经到会人员的过半数通过……"
《居委会组织法》第九条："……居民会议必须有全体十八周岁以上的居民、户的代表或者居民小组选举的代表的过半数出席，才能举行。会议的决定，由出席人的过半数通过。"
《村民委员会选举规程》（民发〔2013〕76号）："选举村民委员会，有登记参加选举的村民过半数投票，选举有效……"居委会选举在各省的制定办法大多也有类似条款。

② 参见《海南省实施〈中华人民共和国村民委员会组织法〉办法》第十条："村民代表会议讨论决定村民会议书面授权的事项，但下列事项村民会议不得授权：……（二）村民自治章程、村规民约的制定和修改；……"

③ 例如《云南省玉龙纳西族自治县林业管理条例》第二十八条就规定："……村民小组应当建立健全森林防火工作的村规民约。"《云南省昭通大山包黑颈鹤国家级自然保护区条例》第十三条也规定："各村民委员会、村民小组可以结合实际，制定村规民约，增强村民保护意识，鼓励村民参与保护工作。"

④ 民政部办公厅《关于开展优秀村规民约征集活动的通知》（民办函〔2017〕34号）第二条第一款："……村民小组、自然村或居民小组、楼栋组织实施的'组规''寨规'、小组公约、楼栋自治公约等也可纳入征集范围……"

法人的基本条件。此类村民小组，相对行政村而言它是村民小组，相对组内村民而言它是一个自然村，是一个有着共同利益、共同文化和血缘纽带的共同体。此时，村民小组会议本质也是一个村民会议（自然村村民会议）。村规民约的效力源于村民权利的让渡，是一种基于同意的权力，村民小组会议通过的决议是由全体有表决权的组内村民所通过的，符合前述的效力逻辑。但是村民小组制定的村规民约要生效还需满足一个条件：在制定一般的村规民约之前必须先制定自治章程。因为只有制定了自治章程这个"小宪法"，村民小组才能真正成为一个自治共同体，才能让村规民约对即使不赞成该村规民约的村民也产生约束力。通过自治章程意味着成员们接受了以下事实：相较于被排除于自治共同体以外，成员甘愿接受内部规约的约束，只要它符合自治章程的规定。居民小组的居民公约制定权也基本上适用前述逻辑。另外，司法实践中村（居）民小组作为村规民约的制定主体资格一般也都得到了法院的认可，例如在龙良华诉小朋村漕滩一村民小组案[1]以及龙某某等诉章舍社区居委会三组案[2]两个案例中，村（居）民小组制定的村规民约（居民公约）部分条款的效力虽然被否认，但是被否认的理由是均是与国家法相冲突而非主体不适格。

最后，内部规约的提案权应当由谁来行使也是一个值得研究的问题。由于《村委会组织法》和《居委会组织法》对此并未做出明确的规定，作为乡村治理事实上的核心，基层政府和村（居）委会事实上行使着草案的起草权和提案权。在相当多的地方，内部规约直接由基层政府提供范本[3]。作为村（社区）内核心的常设机构，村（居）委会行使草案的起草权和提案权享有天然的优势，在基层干部法律素养较低的情况下，基层政府提供指导或委派法律顾问加以协助也有其合理性。但这并不意味着基层政府和村（居）委会可以垄断草案的起草权。依据自治原则，当国家法没有明确规定时，村（居）民可以通过自治章程对内部规约的起草、提案、审议等程序自行设定。参照一般法规范的提案权设定，本书认为，除了村（居）委会，村（居）民小组、村（居）务监督委员会以及一定数量的村（居）民代表和村（居）民均可以考虑被授予提案权。

---

[1] 北大法宝引证码：CLI.C.52877463。
[2] 北大法宝引证码：CLI.C.48003012。
[3] 陈寒非、高其才：《乡规民约在乡村治理中的积极作用实证研究》，《清华法学》2018年第1期，第81页。

第二节 内部管理权

一、日常事务管理权

依《村委会组织法》和《居委会组织法》的规定,作为自治共同体内核心的常设机构,村(居)委会是自治共同体内部管理权的主要行使机构。村(居)委会的主要职权,可以归纳如下:第一,执行内部规约以及村(居)民(代表)会议的决议;第二,处理自治共同体内各种日常公共事务,如普法教育、调解民间纠纷、处理自治共同体内其他公共事务;第三,协助基层政府办理与村(居)民有关的行政事务;第四,代表村(居)民向基层政府反映居民的意见、要求和提出建议。村(居)委会根据需要可以下设人民调解、治安保卫、公共卫生等委员会,这些下设的委员会可以根据其职能执行相应的内部规约①。其中,村委会与居委会职能略有不同的地方在于,村委会有支持和组织农村集体经济和其他经济、促进农业生产建设等职责,尤其重要的是还有维护以家庭承包经营为基础、统分结合的双层经营体制的职责。而对居委会来讲,《居委会组织法》只规定了管理本居委会的财产。可见村委会较居委会而言有更强的经济管理职能。因此,有一些地方因为城市化进程的影响实行"撤镇改街""撤村改居",虽然改村委会为居委会,其居民仍从事农业生产,仍保持原有经济体制的,全国人大常委会的解释是继续适用《村委会组织法》②。上述四类职能分别对应了村(居)委会四种不同的角色:自治共同体内部权力机构的执行机构,社会公行政组织,行政之手,基层政府与村(居)民信息沟通桥梁。最后,村委会可能还充当着集体经济组织的角色。

尽管《村委会组织法》和《居委会组织法》没有明确规定村(居)委

---

① 参见《村委会组织法》第八条、第九条、第十条,《居委会组织法》第三条、第十五条。
② 参见《全国人民代表大会法律委员会关于〈中华人民共和国村民委员会组织法(修订草案)〉审议结果的报告》中第九条:"一些地方在城市化过程中,将乡镇改为街道,撤销村民委员会,建立居民委员会。实际情况是,不少撤村后改称居民委员会的,其居民仍从事农业生产,仍承包原有的土地,集体经济的性质与形态基本未变。需要明确,对于这类过渡阶段的新建居民委员会,在一定时期内仍应适用村民委员会组织法和其他相关法律的规定。"

会是采用主任负责制还是集体负责制,也没有规定主任、副主任与其他委员之间的相互关系,但结合其他规定来看,可以推论它实行的是集体负责制。首先,村(居)委会职权的行使方式是少数服从多数的民主表决机制①。其次,从村(居)委会成员的产生来看,每个委员的都是独立产生的,不需要经过主任的提名②。因此每个委员的权力直接来源于村(居)民直选,他们的罢免权也在村(居)民会议③,村委会主任没有权力对他们免职,因此他们不需要向主任负责。从名称来看,尽管民间有称呼村委会主任为"村长"的习惯,但是规范文本上的正式称呼一直是主任。最后,村(居)委会职权的行使程序还有赖于自治章程的规定。这一方面是因为作为法律,《村委会组织法》和《居委会组织法》不可能规定过细,以照顾各地村情差异;另一方面也给基层群众自治留下一定的自治空间。但无论自治章程如何规定,遵循《村委会组织法》和《居委会组织法》所规定的民主表决原则是其合法有效的前提。

二、重要事项的决定权与执行权

自治共同体内重要事项的集体决议是基层群众自治制度的重要组成部分,有学者称之为基层治理体系的双翼之一④。依《村委会组织法》和《居委会组织法》的规定,村(社区)内重要事项的决定权由村(居)民会议或村(居)民代表会议行使,而执行权由村(居)委会行使。对于重要事项的具体内容,《村委会组织法》规定的比《居委会组织法》要细得多。《居委会组

---

① 《村委会组织法》第二十九条:"村民委员会应当实行少数服从多数的民主决策机制和公开透明的工作原则,建立健全各种工作制度。"
《居委会组织法》第十一条:"居民委员会决定问题,采取少数服从多数的原则。居民委员会进行工作,应当采取民主的方法,不得强迫命令。"
② 《村委会组织法》第十五条:"选举村民委员会,由登记参加选举的村民直接提名候选人。……"
③ 《村委会组织法》第十六条:"本村五分之一以上有选举权的村民或者三分之一以上的村民代表联名,可以提出罢免村民委员会成员的要求,并说明要求罢免的理由。被提出罢免的村民委员会成员有权提出申辩意见。罢免村民委员会成员,须有登记参加选举的村民过半数投票,并须经投票的村民过半数通过。"
《居委会组织法》第十条:"……居民会议有权撤换和补选居民委员会成员。"
④ 王雷:《农民集体成员权、农民集体决议与乡村治理体系的健全》,《中国法学》2019年第2期,第128页。

织法》笼统地用"涉及全体居民利益的重要问题"来表达①，而《村委会组织法》在第二十四条规定了九种可归入重要事项的情形，并规定必须经村民会议或村民代表会议表决方可办理，其中第九种是"村民会议认为应当由村民会议讨论决定的涉及村民利益的其他事项"②。这一兜底条款意味村民会议对它认为涉及全村利益的一切重要事项都有决定权。这种差异主要是因为相较于城市社区自治共同体，村民自治共同体是一个更为紧密的利益相关体，在统分结合的双层经营体制下，它不仅是一个生活单元还是一个生产单位。由于村（居）民（代表）会议不是一个常设机构，因此它只是掌握重要事项的决议权，而执行权由村（居）委会行使。

三、内部管理权的对外效力难题

重大事项的决议权与执行权的分离带来一个司法实践中的难题：村（居）民（代表）会议之决议的对外效力问题。最为典型的是自治共同体内部决议程序存在瑕疵时该决议对外效力问题（由于司法实践中该类案件较多地发生在农村，在城市社区较少，因此此处仅以村民自治共同体内部决议效力为例进行探讨）。根据魏昀对某市 107 份村集体资产租赁合同纠纷案件的裁判文书分析，在当事人主张合同无效的案件中，订立合同未经民主程序表决、主体不适格是第一大诉因，占 37.03%。对此，在司法实践中有两种不同的处理方法。大部分法院认为此类合同无效③，主要理由是将《村委会组织法》

---

① 《居委会组织法》第十条："……涉及全体居民利益的重要问题，居民委员会必须提请居民会议讨论决定。……"

② 《村委会组织法》第二十四条："涉及村民利益的下列事项，经村民会议讨论决定方可办理：（一）本村享受误工补贴的人员及补贴标准；（二）从村集体经济所得收益的使用；（三）本村公益事业的兴办和筹资筹劳方案及建设承包方案；（四）土地承包经营方案；（五）村集体经济项目的立项、承包方案；（六）宅基地的使用方案；（七）征地补偿费的使用、分配方案；（八）以借贷、租赁或者其他方式处分村集体财产；（九）村民会议认为应当由村民会议讨论决定的涉及村民利益的其他事项。村民会议可以授权村民代表会议讨论决定前款规定的事项。法律对讨论决定村集体经济组织财产和成员权益的事项另有规定的，依照其规定。"

③ 在魏昀的实证统计中，107 份涉案合同中 88.89% 被认定为无效。参见魏昀：《村集体资产租赁合同效力探究——基于 107 份裁判文书的考察》，《海峡法学》2018 年第 4 期，第 75 页。另在郑佳宁和孟涛的实证统计研究中，认定无效的比例是 84%。参见郑佳宁、孟涛：《违反民主议定程序的合同效力探究——基于对 82 例"四荒地"承包合同纠纷的分析》，《湖北社会科学》2015 年第 4 期，第 122 页。

第二十四条和第二十七条认定为效力性的强制性规范。少部分法院认可其效力，理由主要有两种：第一个理由是符合表见代表的特征，第二个理由是将《村委会组织法》第二十四条和第二十七条认定为管理性强制性规范①。根据相关司法解释，管理性强制性规范并不必然导致合同的效力②。例如郯城县郯城街道南关二街居民委员会与张则强用益物权纠纷案中二审法院就在判决书中指出："《村民委员会组织法》第二十四条并未直接规定违反该规定将导致合同无效，违反该规定也并不必然损害国家利益和社会公共利益，因此，该规定当属管理性的强制性规定。"③但有学者认为，司法实践中这两种做法均是对集体决议和对外合同效力的混淆。理论上来讲，自治共同体内部决议只对内部有约束力，其效力不能及于对外的第三人。因此应当区分团体内部决议行为与外部合同行为，不能将用于判断农民集体决议是否成立的法律规范作为判断对外合同是否无效的依据。因此，判断此类合同法律效力时，原《中华人民共和国合同法》第五十条方为效力判断的基准规范，《村委会组织法》和《中华人民共和国农村土地承包法》中的相关程序性规范仅为判断相对人是否善意的辅助规范④（下文称之为"两分理论"）。还有学者认为应当引进比例原则，衡平所涉的冲突利益。对此类合同从直接否定其效力到相对无效再到空白时期，司法解释变迁的背后体现的是最高人民法院对各方利益的平衡⑤。综合来看，利益衡平理论契合了司法实践，同时也符合司法解释对"强制性规范"进行限缩性解释背后的精神，但对于司法实践而言太难把握，缺乏足够的指导意义，毋宁说是一种描述性的理论。而集体决议行为和对外合同行为两分理论则提供了更为精细的理论根据，相对利益衡平理论也对司法实践更有指导意义。不过依"两分理论"仍需回归到几个现实问题：第一，第三方对集体决议的形式审查义务到底应当尽到何种程度方能被认定

---

① 魏昀：《村集体资产租赁合同效力探究——基于107份裁判文书的考察》，《海峡法学》2018年第4期，第75页。

② 2009年《2009最高人民法院关于适用〈中华人民共和国合同法〉若干问题的解释（二）》第十四条："合同法第五十二条第（五）项规定的'强制性规定'，是指效力性强制性规定。"

③ 《郯城县郯城街道南关二街居民委员会与张则强用益物权纠纷二审民事判决书》，（2016）鲁民终499号。

④ 王雷：《论我国民法典中决议行为与合同行为的区分》，《法商研究》2018年第5期，第137页。

⑤ 郑佳宁、孟涛：《违反民主议定程序的合同效力探究——基于对82例"四荒地"承包合同纠纷的分析》，《湖北社会科学》2015年第4期，第119—125页。

是善意的,是只需要村委会提供了村民(代表)会议的记录文件,还是应当有更进一步的证据(比如入户核查记录文件的真伪)?如果是前者,有可能促使村委会与第三人之间的共谋,毕竟村委会只需要提供一份虚假的村民(代表)会议记录即可证明第三人是善意的。这对手握村委公章的村委会而言成本太低;相反,对于村民而言,要举证村委会与第三人之间的共谋太难。如果是后者,那么对第三人而言显然科以过严的义务。第二,如果第三方在前述审查义务中确有疏漏,那么合同是否一定会被认定为无效而无须考虑他已经进行的投资?农业是一种投资周期较长的行业,如果是林业,投资、回报周期甚至长达10多年。从这一点来讲,第三人的投资风险不能不予以考虑。例如,对于一个已经履行了三年再过半年就要挂果的土地承包经营合同,即便第三方无法证明合同订立时之善意主观状态,判决时是否应当考虑平衡双方利益?最后,也是最重要的一点,这一理论是否会助长村委会对村民(代表)会议权力的僭越?从村民自治实践来看,基于集体行动的逻辑,沉默的大多数和原子化的村民并不会通过诉讼途径拿起法律武器捍卫自己的权利,这意味着村委会与第三人合谋失败的风险很小。如果原则上认定此类合同有效,将更会助长村委会对村民会议权力的僭越。

第三节　内部监督权

一、四种不同监督权的区分

2004年,浙江省武义县的后陈村召开村民代表会议,并通过决议成立了中国首个村务监督委员会(以下简称"村监委")。2010年,后陈村的制度创新被修订后的《村委会组织法》所吸纳,村监委成为我国村内组织结构中法定的村内监督权行使机构。村监委制度的诞生补齐了四个"民主"的最后一环。至此,村监委成为我国乡村自治体系中法定的监督权行使者,"三会治村"的村内权力体系正式形成。《居委会组织法》并未对居务监督委员会做出规定,但在2017年《中共中央、国务院关于加强和完善城乡社区治理的意见》中提出,要"建立健全居务监督委员会"由于村与社区具有大体相同的组织结构和权力结构,因此下述论述虽以村内监督权为主,但同样适用于社区内监督权。

在乡村治理体系中，村监委并非唯一的监督主体。有学者提出，在乡村治理体系中应当逐步形成党政监督为主导、村民监督为基础、社会监督为补充的农村基层"多元共监"格局①。2019年，党中央、国务院发布的《关于加强和改进乡村治理的指导意见》也指出要"建立健全小微权力监督制度，形成群众监督、村务监督委员会监督、上级部门监督和会计核算监督、审计监督等全程实时、多方联网的监督体系"。但在多方联网的监督体系中，也有必要区分不同的监督权，以免职权交叉不清，以便发挥各自的效用和特征，形成制度合力。大体来讲，乡村治理体系中存在以下几种监督权：国家监察部门的监督权，村内权力机构（村民会议或村民代表会议）的监督，村监委的监督权和村民个体的监督权。

依我国《监察法》第十五条第五项的规定，基层群众性自治组织中从事管理的人员也在国家监察机关的监察范围之内②。该规定扩大了原先的监察范围。在国家监察体制建立之前，非党员的村干部既不属于党的纪律监督范围，也不属于国家行政监察（因为他们不属于公务员或行政机关任命的工作人员）。尽管国家监察对象覆盖到了村干部，但国家监察与村监委的监督权有着本质的区别。首先，国家监察机关的监督权是一种国家权力，而监督委员会的监督权是一种社会公权力。国家监察机关依《中华人民共和国监察法》拥有相当多的强制性权力，甚至可以采取一些限制人身自由的措施（如留置）。而村监委不是国家机关，它不可能对监督对象采取强制措施，如果发现村干部违法犯罪的证据，只能移送给国家机关处理。其次，国家监察机关的监督权行使依据是国家法，而监督委员会的监督权虽源于国家法的概括授权，但内部规约同时也构成其直接依据。最后，国家监察属于外部监督，村内监督属于内部监督。作为一种内部监督，村内监督有着天然的信息优势和成本优势。另外，对于国家监察而言，其直接目的是反腐倡廉，但并不直接关系到监察主体的切身利益，而对村内监督而言，村内监督权的行使还直接关系到每个村民直接的切身利益，这促使村内监督权的行使者有更强的积

---

① 卢福营、高健：《村务监督委员会制度的局限与拓展——写在后陈村村务监督委员会诞生15周年之际》，《浙江社会科学》2019年第7期，第70页。

② 《监察法》第十五条："监察机关对下列公职人员和有关人员进行监察：……（五）基层群众性自治组织中从事管理的人员；……"

极性。这也解释了国家监察机构的监督对象覆盖了村干部后，村内监督权存在的必要性。

村内权力机构（村（居）民会议或村（居）民代表会议）也是村内监督权的行使者，而且作为权力机构，村民会议或村民代表会议拥有最充分的监督权。依《村委会组织法》的规定，村委会、村务监督委员及村内其他机构产生都源于村民会议的选举，都需向权力机构负责，村民会议有权罢免村委会及村监委成员。有学者曾提出疑问，既然村民会议是村民自治中的法定监督机构，何必另设其他形式的监督机构。该学者更为推崇的是青县模式所设立的"村常委"[①]。权力机构与村监委在监督权上的区别类似于全国人民代表大会与国监委的区别，是权力机构与专门监督机构的区别。在权力机构以外另行设立专门监督机构，主要是出于效率方面的考虑：村民会议与村民代表会议并非常设机构，并且召集成本都太高，而且监督权的行使需要一定的专业知识，并非所有的村民或村民代表都能熟练、高效地行使。

村民个体的监督权属于权利范畴，是作为基本权利的基层群众自治权的核心内容之一[②]。权利是形成权力的基础，村民个体的监督权也是构成作为社会公共权力的村内监督权的基础。村民（代表）会议是村民个体行使监督权的重要方式，但村民（代表）会议行使的监督权不等于村民个体的监督权，也不等于它的简单相加，而是在一定的程序规则下集体公共意志的体现，因为"集体决策不是个体偏好聚集的结果，而是决策规则影响的产物，而且集体决策无法还原为个体偏好"[③]。村民（代表）会议虽然是村民个体行使监督权的重要方式，但并非唯一方式，村民还可以通过诉讼、申诉、检举、信访等各种方式行使自己的监督权。

由于本书研究对象是作为社会公权力的基层群众自治权，此处所讲的内部监督权不包括国家监察权和村民个体的监督权，尽管它们和村内监督权紧密相关，但不属于本书研究的重点范畴。除此以外，有些村还设有监事会、

---

① 杜威漩：《村民自治中的监督制度：冲突、真空及耦合》，《华南农业大学学报（社会科学版）》2012年第2期，第120页。

② 大部分学者将作为基本权利的村民自治权分为：民主选举权、民主决策权、民主管理权和民主监督权。参见郝耀武：《中国农村村民自治权研究》，吉林大学论文，2009年，第72页。

③ James G. March & Johan P. Olsen, The New Institutionalism: Organizational Factors in Political Life, The American Political Science Review, Vol. 78, 1984.

村民监督理财小组以及村务公开监督小组,在职权上与村监委有交叉重叠之处①。由于这些组织不在《村委会组织法》规定之内且各地情况不一,本书也不作重点关注。

二、内部监督权的主要内容

内部监督权的主要监督对象是村委会及其成员。因此《村委会组织法》规定,村监委的产生与村民委员会的产生适用回避制度,村民委员会成员及其近亲属不得担任村务监督机构成员。由于全国各地村情各异,《村委会组织法》的规定应当视为对村监委成员任职条件的基准,并不排除各村根据实际村情附加额外的任职条件。村委会及其成员尽管是村内监督权监督的主要对象,但并非唯一对象。尽管《村委会组织法》并没有明确规定,但是可以合理地推测,对于有集体经济组织的村,村监委还应当监督集体经济组织及其成员。不仅是村委会和村集体经济组织,包括村委会下设委员会都应当是内部监督权的监督对象。因为一切权力都有被滥用的可能,一切公权力的行使者都应当是被监督的对象。有学者呼吁应当拓展监督对象,而不能局限于村委会及其成员,"所有村务及其管理参与者均应当成为农村基层监督的对象"②。需要注意的是,这并不意味着村监委可以监督所有村务及其管理参与者。例如,作为一种村内监督,村监委对基层党政部门及其官员没有监督权,它只能提请国家监察部门进行监督。另外,村监委能否监督村党支部也引起部分学者的兴趣③。从法理上看,村监委的职权源于村民会议,其成员也是由村民选举产生。但村内党组织的权力并不来源于村民会议,其成员的产生也不是由村民选举产生。因此,村监委没有监督村内党组织的职权。村内党组织及其成员的监督权应当由党的纪律部门以及国家监察部门行使,对村内党组织及其成员违法违纪的行为,村监委可以提请国家监察部门和党内纪律监察部门监督。

---

① 王满荣:《困境与反思:村监督组织运行机制的实证研究——以杭州市余杭区为例》,《湖北社会科学》2012 年第 3 期,第 40—44 页。

② 卢福营、高健:《村务监督委员会制度的局限与拓展——写在后陈村村务监督委员会诞生 15 周年之际》,《浙江社会科学》2019 年第 7 期,第 71 页。

③ 马华、叶巨:《四权同步监督机制视阈下的村级政治生态优化》,《山西农业大学学报(社会科学版)》2018 年第 4 期,第 9—14 页。

尽管在《村委会组织法》的规范文本中，村内监督的重点被放在村内财务，在实践中村内财务也是村内监督权运行的聚焦点，但从村庄权力体系的运行过程来看，内部监督权的行使不应局限于村内财务，而应当"始终贯穿于选举权、决策权、管理权的运行过程之中"①。在乡村治理体系中，民主选举、民主决策、民主管理和民主监督是一个有机的整体，其中，民主选举是基础，民主监督是保障。如果缺乏民主选举，村内各机构不可能真正代表村民的意志和利益，村内民主就无从谈起。而如果缺乏有效的监督，民主选举、民主决策和民主管理也不可能真正以民主的形式开展。

村务监督权行使的前提是村务公开。正因如此，《村委会组织法》将民主管理与民主监督并为一章，并且规定了一系列的基本制度，确保村内监督权能顺利行使。首先，规定村监委有权列席村委会的会议。这保证了村监委能全程了解村委会的决策过程。其次，规定了村务公开制度，并明确规定了五类事项属于必须公开的事项，其中第五项算是兜底条款。再次，规定了民主评议制度，并且明确规定民主评议每年至少进行一次，村委会成员连续两次被评议不称职的，其职务终止。同时，规定了村务档案制度，所有村务重要资料几乎都被纳入村务档案之中。最后，规定了任期和离任审计制度，审计事项涵括了村内主要的经济事务②。上述一系列制度既是村内监督权顺利展开的前提，也构建了村内监督权行使的基本框架。

国家法虽然规定了村内监督权行使的基本框架，但没有规定村内监督权运行的程序性规范，因此实践中监督权行使的具体程序往往有赖于内部规约的规定，例如后陈村村监委诞生时便伴有《后陈村村务监督制度》。因此，尽管全国各农村的村务监督委员会均依《村委会组织法》而设立，监督权的具体内容却有相当大的差别。有些地方的村务监督委员会形同虚设，有些地方的村务监督委员会却拥有对村"两委"决策的否决权③。

---

① 马华、叶巨：《四权同步监督机制视阈下的村级政治生态优化》，《山西农业大学学报（社会科学版）》2018年第4期，第13页。

② 相关内容参见《村委会组织法》第三十条至三十五条。

③ 李韬、吴思红：《村务监督委员会的实践困境和功能改进——派系、理性和庇护因素的分析视角》，《湖北行政学院学报》2016年第5期，第54—59页。

第四节 民间调解与裁决权

一、"接近正义"运动与民间准司法的兴起

从历史来看,司法程序从来都不是人类社会解决纠纷的唯一方式,"用非对抗性的方式解决纠纷,这是所有古典社会都具有的特质"①。人类进入现代文明社会后,由于人员流动加剧,个体独立性增强,"传统的家庭或宗族权威衰落,控制下降,法律将其正义逐步扩展到家庭、村落,公社性组织却与此同时逐渐衰亡了"②。司法程序因为契合了现代社会的碎片化、陌生化、多元化的特征,具备"形式合理性"的特质体现了程序正义,从而在现代多元解决纠纷机制中占据了主导地位。然而,现代司法程序的程序正义是以牺牲效率为代价的,在"诉讼爆炸"的时代背景下,伴随着后现代解构主义以及法律实用主义等思潮,20世纪60年代西方各国司法领域开始了"接近正义"运动。意大利著名法学家莫诺·卡佩莱蒂(Mauro Cappelletti)首先提出了"接近正义"(Access to Justice)的理念,以追求真正贴近民众诉求、满足社会需求的权利救济机制,以保证所有人拥有平等分享司法资源、平等进入法院的机会③。第三波"接近正义"浪潮以司法社会化为理念,大力发展替代性纠纷解决机制(ADR)④,ADR成为西方各国革新现有司法程序弊端、应对"诉讼爆炸"、增加法律"可接近性"的核心举措。相较于传统司法程序,ADR具有经济、高效和富有弹性的优势⑤。至今,ADR已经得到西方国家的广泛接受和认可,"各国的区别仅在于欢迎和接受的程度与行动快慢上

---

① 熊浩:《知识社会学视野下的美国ADR运动——基于制度史与思想史的双重视角》,《环球法律评论》2016年第10期,第24—43页。

② 李俊:《从均衡到失衡:当代中国农村多元纠纷解决机制困境研究》,《河北学刊》2015年第6期,第120—126页。

③ 王荔:《司法"接近正义"之实践逻辑转向》,《学术前沿》2017年第16期,第98—101页。

④ 毋爱斌、唐力:《法院附设诉前调解的实践与模式选择——司法ADR在中国的兴起》,《学海》2012年第4期,第115—123页。

⑤ Albert Fiadjoe. Alternative Dispute Solution: A Developing World Perspective, Cavendish Publishing Limited.1(2004).

的不同"①。在美国,ADR 已经从法律阴影下的"替代性"地位发展为今天与民事诉讼制度并行不悖的重要的法律工具②。与普通法系略有不同的是,大陆法系 ADR 的发展并非由于"接近正义"困境,而是源于国家公权力自上而下的推动③。

对于传统的法律制度和司法程序而言,公平和正义是首要的价值。作为公平和正义的最后一道屏障,在公正与效率之间的平衡中,司法程序优先选择了公正而非效率。无论是相对行政程序而言,还是相对调解、仲裁等其他纠纷解决机制而言,司法程序都是最为繁复而且成本高昂的,正因为如此,司法程序才得以成为权利的最后保障者,法官才得以成为最终的裁决者。而对 ADR/ODR(在线纠纷解决机制)而言,公平与正义虽然依然是其核心价值之一,但不再对效率具有压倒性的优势。基于公平与效率衡平结果的"可接受性"才是最终的评判标准。鲁哈·德瓦内森(Ruha Devanesan)和杰弗瑞·阿瑞斯蒂(Jeffrey Aresty)曾给出评判 ODR 合法性的标准:透明、独立与公正、效率、可接近性、灵活性、公平和整体性、可支付性④。上述标准中,透明、独立与公正、公平和整体性均可归结为公平和正义,其他的可归结为效率,因此最终体现为效率与公平的平衡。评判效率与公平是否达到某种高效的均衡,重点在于,它是否对于当事人双方来说都是可接受的。

尽管 ADR 起源于西方,其背后的价值基础与我国民间调解可谓不谋而合,我国向来有"息讼"的文化传统和各类调解的制度经验。在我国古代,"非讼""和合"的思维就已嵌入中华民族的文化基因,除了以诉讼为主的正式司法渠道之外,存在着大量非诉解决之道,包括调解(官方的和民间的)、宗族审判、行会裁决等⑤。各类调解在中国法治发展进程中发挥着独特

---

①③ 史长青:《裁判、和解与法律文化传统——ADR 对司法职能的冲击》,《法律科学(西北政法大学学报)》2014 年第 2 期,第 3—12 页。

② 杨严炎:《美国的司法 ADR》,《政治与法律》2002 年第 6 期,第 104—106 页。

④ Ruha Devanesan & Jeffrey Aresty, ODR and Justice—An Evaluation of Online Dispute Resolution's Interplay with Traditional Theories of Justice, in Online Dispute Resolution: Theory and Practice, a Treatise on Technology and Dispute Resolution 251, 293 (Mohamed S. Abdel Wahab, Ethan Katsh, & Daniel Rainey eds., (2012).

⑤ 马晨光:《中国古代多元纠纷解决机制及现代价值》,《国家行政学院学报》2010 年第 2 期,第 64—67 页。

的作用，被外国誉为"东方经验"①。新中国成立以后，民间调解、行政调解、司法调解等各类调解不仅得到了广泛应用，也获得了官方认可和法律支撑。《中共中央关于构建社会主义和谐社会若干重大问题的决定》（中发〔2006〕19号）指出，要"完善矛盾纠纷排查调处工作制度，建立党和政府主导的维护群众权益机制，实现人民调解、行政调解、司法调解有机结合，把矛盾化解在基层、解决在萌芽状态"。1994年《中华人民共和国仲裁法》、2004年《关于人民法院民事调解工作若干问题的规定》、2010年《中华人民共和国人民调解法》以及各单行法律中有关调解的规定，为各类多元纠纷解决机制提供了法律依据。与西方国家不同的是，中国的各类调解制度不仅仅是源于"诉讼爆炸"导致的积案压力和司法程序成本高昂导致的"接近正义"困境，还源于传统，是一种本土化的法律资源。

二、正式制度与非正式制度下的民间准司法权

严格来讲，民间准司法应当包括民间调解与民间裁决两种。前者的管辖权以纠纷当事人的合意为基础，后者并不以纠纷当事人的同意为管辖权获得的前提，居中裁决人依据传统和习惯法，直接对共同体内部纠纷进行居中裁决。但伴随着新中国的成立和"送法下乡"，以及城乡的开放交流，类似于"山杠爷"之类的民间裁决已经丧失了法理基础和社会基础。文学作品中的"山杠爷"成为关于传统乡土社会掠影的文学想象和历史留影。因此，本书所指民间准司法主要指民间调解。

中国语境下的民间调解事实上包含两种：一种是以人民调解委员会为主体的人民调解制度；另一种是以传统权威为主体的狭义的民间调解②。自2011年《中华人民共和国人民调解法》正式实施起，人民调解便属于具有特定法律地位的民间准司法制度。依《中华人民共和国人民调解法》的规定，村（居）委会下设人民调解委员会，由3—9人组成，负责调解组织内部的民间纠纷。经人民调解委员会调解达成的调解协议，具有法律约束力，当事

---

① 陈斌：《中国法院调解制度与美国ADR制度的比较研究》，《学习与探索》2009年第1期，第115—118页。

② 孙韡、吴大华：《黔东南苗族村寨民间调解机制探析》，《广西民族大学学报（哲学社会科学版）》2012年第3期，第97页。

人应当按照约定履行。经司法确认的调解协议，还可向法院申请强制执行。作为正式制度的人民调解体现了国家意志向民间基层的渗透，是国家"送法下乡"的制度建构的一部分，同时也是沟通国家法与民间法的重要桥梁。

除了国家法定的、制度化的人民调解以外，传统的、非正式制度的民间调解依然发挥着其独特的影响力。民间调解的主体主要是乡土精英，他们或是乡村干部，或是家族长者，并且都有一定经济基础①。许多学者对少数民族的实证研究证明，原生态的少数民族地区的民间调解表现了一定的民族特色，如部落头人、土司后裔以及在有宗教信仰的民族中宗教领袖拥有独特的地位。而在当代社会，民间调解的主体已经发生了渐变，主要表现在"从单纯的族老权威到多元权威的建构"②。尽管传统权威的影响尚存，但是村民调解委员会作为调解主体已经占主导地位③。人民调解委员会在民间调解中主流地位的取得说明了伴随着新的生产、生活方式，旧的传统和旧的权威开始瓦解，国家权威和制度权威开始建立。与此同时，有学者的研究发现，新型的社会和民间权威开始形成，例如非政府组织在民间调解中的作用。高聪、陈建以杭州"和事佬"协会为个案分析了相较传统权威和制度化权威（人民调解委员会），自发的非政府组织在民间调解中的特殊作用和优势：兼顾草根性和专业性④。

无论是作为正式制度的人民调解，还是作为非正式制度的民间调解，都是民间准司法的一种表现形式，它们拥有一系列的"家族性相似"。首先，民间准司法权的形成都是基于纠纷当事人对调解人公正性和影响力的一种认可。这种调解权在本质上属于杜赞奇所谓的"通过各种手段获得他人服从的权力"⑤。如果对应于马克斯·韦伯对权威的划分，人民调解委员会属于法理型权威，家族的领袖或有威望的长者则属于传统型权威，乡村精英就属于魅

---

① 曹焜纯：《民间调解的实证研究》，《天府新论》2012年第4期，第76页。
② 覃主元：《壮族民间法的遗存与变迁——以广西龙胜县龙脊十三寨之马海村为例》，《民族研究》2009年第1期，第58页。
③ 孙鞲、吴大华：《黔东南苗族村寨民间调解机制探析》，《广西民族大学学报（哲学社会科学版）》2012年第3期，第98—99页。
④ 高聪、陈建：《我国民间调解组织发展之初探——基于杭州社区"和事佬"协会实践与发展的思考》，《云南社会主义学院学报》2014年第1期，第186—187页。
⑤ [美]杜赞奇：《文化、权力与国家》，王福明译，江苏人民出版社2003年版，第4页。

力型权威①。无论属于哪种类型权威的调解权，都是以纠纷当事人的共同认可为基础的，它不能强迫纠纷当事人接受调解。其次，国家法并非民间准司法权调解的唯一依据。民间调解权的行使当然不能违背国家法的强制性规定，但这并不意味着国家法构成民间调解的唯一依据。相反，除了国家法，群体文化、民间习惯、传统和人情关系、自治共同体内部规约都可能成为民间调解的依据，"从情出发，讲理为主，辅之以法"②。早在20世纪，郑永流等学者的实地调研就发现，民间调解"与专门的法律机构的处理有很大的不同"，它们虽然运用国家法，但不限于国家法③。

---

① 常沛：《论民间调解人的权威与信用》，《理论月刊》2013年第3期，第130页。
② 吕廷君：《民间司法的"情、理、法"》，《民间法》2013年第1期，第141页。
③ 郑永流等：《农民法律意识与农村法律发展》，中国政法大学出版社2004年版，第36页。

第四章　基层群众自治权的行使

作为一种公权力，基层群众自治权的行使与国家公权力的行使在许多方面有着类似之处，而作为一种社会公权力，它的行使与国家公权力的行使又有所区别。与国家公权力类似，它的最终归属权属于全体成员，但具体行使者是自治共同体内部各机构。并且与国家机构的设置基本类似，基层群众自治共同体也以民主集中制为原则形成了"村权三分，三会治村"的基本组织结构。为了实现基层善治，促进基层群众自治权的规范、有效行使，不少地方对基层群众自治共同体的组织结构改革进行了有益的探索。这些改革与探索与既定法律规范之间是否会构成背离是法学学者值得研究的课题。与国家公权力有所区别的是，基层群众自治权的行使依据既包含了国家法，也包含了自治共同体的内部规约。基于国家法的授权或行政委托，基层群众自治共同体往往同时还承担了一定的行政职能，并进而影响了内部规约的构成。根据内部规约所涉及的职能不同，内部规约可以分为授权性规范和自主性规范。在此二元规范结构下，基层群众自治权的行使主要是依据自主性规范而不是授权性规范。基层群众自治权的行使，除了需要依据既定法的规定，还需遵循一定的基本原则。"自治、法治、德治"三治融合是我国基层社会治理的基本模式。与此同时，自治原则、法治原则和德治原则也构成了基层群众自治权行使的基本原则。除此以外，鉴于民主选举、民主决策、民主管理和民主监督在基层群众自治中的重要地位，民主原则也是基层群众自治权行使的基本原则之一。

第一节　基层群众自治权的行使主体

一、基层群众自治权的归属者与行使者

如前所述，在理论研究中，基层群众自治权主体之争与前述基层群众自

治权性质之争息息相关,与基层群众自治主体之争一脉相承。对于"权利论"者而言,作为一种权利的基层群众自治权主体自然应当是村(居)民而不是村(居)委会,而其中的"村(居)民"究竟是作为集体的村(居)民还是作为个体的村(居)民则又有所不同。对大多数的研究者而言,村(居)民自治的主体与村(居)民自治权的主体往往是统一的,但也有不一致。例如,王允武就认为村民自治的主体是作为集体的村民,而村民自治权的主体则是作为个体的村民①。对于"权力论"者以及"综合论"者而言,早期曾有学者认为村民自治权的主体是村(居)委会,认为村委会应该是一种以村庄为明确权力边界的村民自治组织②。随着研究的深入,大多学者认为村民自治权的主体是基层群众自治共同体(或有学者称为村民自治体、村民集体等)。

除了自治权性质之争外,前述争议产生的部分原因还在于未能区分公共权力的拥有者和行使者。作为公权力的村(居)民自治权的拥有者自然应当是村(居)民集体,但这并不意味着相应的权力总是由村(居)民集体亲自行使。公权力与私权利的区别之一在于私权利大多时候由自己亲自行使(无民事行为能力或限制民事行为能力者除外),而基于效率的原因,公权力大多时候并不由拥有者直接行使而由相应的代表机构行使。例如根据我国《宪法》,我国一切权力属于人民,全国人民是我国一切权力的拥有者,并非直接行使者。与此类似,基层群众自治权的拥有者是全体成员,但是行使者是基层群众自治共同体的各内部机构。这些机构基于国家法和自治章程的授权以及基于选举而产生的民主链条而获得了行使相应公共权力的合法性和正当性。

二、基层群众自治共同体的组织结构

(一)议行合一的横向组织结构

根据我国《村委会组织法》和《居委会组织法》的基本规定,我国村民

---

① 王允武:《中国自治制度研究》,四川人民出版社2006年版,第239、284页。
② 程为敏:《关于村民自治主体性的若干思考》,《中国社会科学》2005年第3期,第126—133页。

自治共同体与居民自治共同体拥有类似的组织结构。两者略有不同之处在于，在《村委会组织法》中村民代表会议和村务监督委员会是法定机构，而《居委会组织法》并未对居民代表会议和居务监督委员会做明确规定，但在其他一些规范性文件中有相应的规定。根据《居委会组织法》的规定，居民代表会议可以被理解为包括于居民会议之中，因为居民会议包括了全体18周岁以上居民参加的会议和由户代表或居民小组代表参加的会议两种形式，后者在本质上即居民代表会议，只是未被贯以"居民代表会议"之名①。但在其他的一些规范性文件中明确贯以"居民代表会议"，例如早在1992年民政部就发文提出要"建立街道居民代表会议"②。与"民居民代表会议"类似，"居务监督委员会"在《居委会组织法》中未明确出现，但也曾出现在其他一些规范性文件中。如2017年《中共中央、国务院关于加强和完善城乡社区治理的意见》提出，要"建立健全居务监督委员会，推进居务公开和民主管理"。各地方也纷纷推出地方性法规或规范性文件推动居民代表会议和居务监督委员会的建立。实践中城市社区也广泛设立了居民代表会议和居务监督委员会。

尽管《村委会组织法》和《居委会组织法》均未明确规定村（居）民会议、村（居）民委员会以及村（居）务监督委员会的性质，但从上述机构的职权和相互关系可以判断，我国基层群众自治共同体实行的是议行合一的组织形式，村（居）民会议、村（居）民代表会议是权力机构，村（居）民委员会是执行机构，村（居）务监督委员会是监督机构。村（居）民会议掌握了内部规约的制定权和一切重大事项的最终决定权，村（居）民委员会、村务监督委员会成员由其选举产生并向其负责并报告工作，另外还要执行村（居）民会议的决议、决定及其制定的内部规约。因此，村（居）民会议与村（居）民委员会、村（居）务监督委员会之间并非平行的关系，

---

① 《居委会组织法》："居民会议由十八周岁以上的居民组成。居民会议可以由全体十八周岁以上的居民或者每户派代表参加，也可以由每个居民小组选举代表二至三人参加。居民会议必须有全体十八周岁以上的居民、户的代表或者居民小组选举的代表的过半数出席，才能举行。会议的决定，由出席人的过半数通过。"

② 《民政部办公厅关于"二五"普法期间进一步宣传、贯彻〈村委会组织法〉和〈居委会组织法〉的意见》（民办发〔1992〕21号〕："省、自治区、直辖市要制订贯彻《两法》的实施办法；县（市）要制订《村（居）民直接选举村委会干部办法》，建立街道居民代表会议和村民代表会议制度，提出村（居）民自治章程指导意见……"

而是一种隶属关系。而村（居）民会议与村（居）民代表会议之间也并非一种平行的关系，村（居）民代表会议的权力源于村（居）民会议的授权，前者有权撤销或者变更后者不适当的决定。村（居）务监督委员会主要监督对象自然应当是村（居）委会，因此两者之间应当是监督与被监督的关系。为表述更清晰，下面依《村委会组织法》和《居委会组织法》之规定，绘制图4-1。

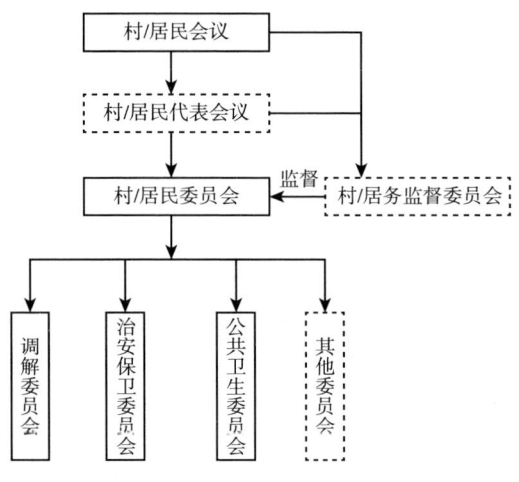

图4-1　基层群众自治共同体组织结构

注：图中虚线框代表该机构不是必然存在的机构。

当然，上述结构只是规范意义上的，在实际运作中不同的村或社区村（居）民会议、村（居）民代表会议、村（居）民委员会以及村（居）务监督委员会的相互关系和实际地位并不完全相同。总体上来讲，由于村（居）民（代表）会议并非常设机构，村（居）民委员会处于事实上的核心地位，在村（居）民会议与村（居）民代表会议相互关系中，强村（居）民代表会议弱村（居）民会议较为常见，在权力机构与执行机构相互关系中，强执行机构（村/居委会）+弱权力机构（村/居会议和村/居代表会议）的结构模式较为常见[①]。另外，在实践中，许多地方为了提高基层治理能效，完善基层议事程序，往往增设了诸如村民议事会、乡贤议事会、一组两会等机构，对这些机构将在下文中继续介绍。

---

① 徐勇：《中国农村村民自治》，生活·读书·新知三联书店2018年版，第80—84页。

（二）纵向组织结构

村（居）民自治共同体除了横向包含有村民会议、村（居）民代表会议、村（居）民委员会以及村（居）务监督委员会四个主要机构以外，纵向来看，村（居）民委员会下面同时还设有人民调解、治安保卫、公共卫生与计划生育等委员会。这些委员会对应着村（居）民委员会的主要职能，在规范文本中它们被定位为村（居）民委员会下属机构①，在实践中往往由村（居）民委员会委员兼职领导。因此，这些委员会与村（居）民委员会可以认为存在隶属关系，受村（居）民委员会的领导。

除以前述下属委员会以外，每个村（居）民自治共同体往往又划分为若干个村（居）民小组。由于村（居）民小组规模较小，村（居）民小组往往只设一个组长，由村（居）民小组会议选举产生，村（居）民小组内部的重要事务由村（居）民小组会议决定，村（居）民小组一般不再设村委会、村务监督委员会等机构。实践中也有许多地方开始探索在村民小组（或屯）设立村委会，以期通过自治单元的下沉来实现更有效的基层治理。

虽然依《村委会组织法》的规定，村（居）民小组是村（居）委会分设机构②，但并不意味着双方存在隶属关系。不能将二者定位为上下级关系，而应该是一种协同合作的关系③。首先从规范文本来看，村（居）民小组被定位为村（居）委会的"分设"机构，而不是"下属"机构。在同一部法律且紧密相连的两个法条中，有区别地使用"分设"和"下属"这两个词，显然并非偶然。从法理来讲，村（居）民小组并不由村（居）民会议也不由村（居）委会产生；相反，村（居）民选举委员会以及村（居）民代表会议的产生方式之一是由村（居）民小组选举产生，村（居）民代表应当向其

---

① 《村委会组织法》第七条："村民委员会根据需要设人民调解、治安保卫、公共卫生与计划生育等委员会。村民委员会成员可以兼任下属委员会的成员。"
《居委会组织法》第十三条："居民委员会根据需要设人民调解、治安保卫、公共卫生等委员会。居民委员会成员可以兼任下属的委员会的成员。"
② 《村委会组织法》第八条："……村民委员会可以根据村民居住状况、集体土地所有权关系等分设若干村民小组。"
《居委会组织法》第十四条："居民委员会可以分设若干居民小组，小组长由居民小组推选。"
③ 程同顺、赵一玮：《村民自治体系中的村民小组研究》，《晋阳学刊》2010年第2期，第32—35页。

推选户或者村（居）民小组负责。最后，依以往"三级所有，队为基础"的传统，实践中大多数的农村土地是由村民小组（而非行政村）集体所有的①，因此村民小组可被视为拥有独立的财产权。根据《中华人民共和国农村土地承包法》（2018年第二次修正）的相关规定，还可以推断出村民小组具有集体土地发包人的资格②。因此，相当多的学者甚至认为村民小组应当是具有独立行为能力和权利能力的法人或"准法人"③，在司法实践中，各地法院也在是否承认村民小组的诉讼主体资格中摇摆④。综上，村（居）民小组的法律地位具有相当的独立性，其既非村（居）民自治共同体的下属机构，更非村（居）委会的下属机构。

三、基层治理革新实践中的组织结构变革

实践中为了提高基层治理能力，不少地方政府都在尝试农村自治的制度创新，其中自治单元的下沉、村内权力结构的再造都是其中的重要内容。这意味着，在实践中前述规范文本中的基本组织结构在实践中略有变化，部分地方甚至出现较大的变化。

（一）自治基本单元的下沉：纵向组织结构的变革

尽管《村委会组织法》并未明确规定所指之"村"是行政村抑或自然村⑤，但在实践中，普遍以行政村为基本单元设立村委会作为基层群众性自治组织。相较于自然村，行政村规模较大。行政村以有利于经济发展和自上

---

① 20世纪末，国土资源部基于9省的调查情况表明，乡（镇）、村、组三级主体土地占有面积分别为1%、9%、90%。参见施建刚、蔡顺明、魏铭材：《论农村集体土地所有权主体之选择》，《农村经济》2012年第9期，第26—29页。当然，已经有相当多的学者认为应当将集体所有权主体从村民小组上移至行政村，但因不属于本书主要探讨内容，此处不予讨论。

② 《中华人民共和国农村土地承包法》第十三条规定："已经分别属于村内两个以上农村集体经济组织的农民集体所有的，由村内各该农村集体经济组织或者村民小组发包。"

③ 王振标：《论村民小组法律地位缺失的弊端——基于公法人理论的思考》，《西部学刊》2014年第10期，第78—80页。

④ 顾乐永：《村民小组诉讼主体确认及责任承担——以中国裁判文书网发布的328例判决为样本》，《人民司法（应用）》2016年第1期，第69—73页。

⑤ 1987年《村委会组织法（试行）》第七条第二款曾规定村委会一般以自然村为单元设立。但在实践中，一般还是以行政村为单元设立村委会。因此1998年正式颁布的《村委会组织法》将此款删除。

而下的管理便利为建制基础①，而不像自然村一样依靠天然的血缘关系和地缘联系为纽带自然形成，因此相较于自然村，行政村更趋向于"半熟人社会"和"陌生人社会"而非典型的"熟人社会"。行政村的大规模和"半熟人社会"特征增加了民主议事成本，增加了村委会与村民之间的空间距离和情感距离，从而增加了村民自治的难度，限制了村民自治制度优势的发挥。根据奥尔森的经典结论，群体规模越大，个人为集体利益而采取行动的可能性越小②，因而行政村的公共产品自主供给也难以形成③，这进一步限缩了行政村自治组织的基层治理能力。

基于上述原因，并在2014年中央一号文件"可开展以社区、村民小组为基本单元的村民自治试点"政策的指引下，村民自治基本单元的下沉成为各地村民自治制度创新的重要方式，村民自治组织下沉到自然村、屯或村民小组成了最直接最常见的创新模式。其中影响较大的主要有五种：广东清远市的自然村自治模式、湖北秭归县的村落自治模式、广西河池市的屯级党群共治模式、广西贵港市的"一组两会"模式、广西融水县的"五会屯治"模式④。上述五种模式尽管具体形式各异，但仍有不少共同之处。除了自治基本单元下沉这一基本共同点以外，还有一个共同点，即它们都保留了原行政村村委会，从而形成"两级村民自治"的自治模式。广东清远模式最初曾将行政村的村委会改组为党政公共服务站，但后来该做法被叫停，仍然保留了原行政村村委会⑤。村落（屯、自然村或村民小组）自治组织主要负责屯内公共事务而不承接行政委托事务，行政村级公共事务以及行政委托事务主要由原村委会承接。当然，自治单元的下沉可能会被认为是回归而非创新，尤其是广东清远将行政村改组为党政公共服务站容易让人联想起以

---

① 汤玉权、黄建荣：《重心再下沉："屯级自治"的崛起与自治的复归——基于广西贵港市"一组两会"工作制度的探讨》，《中国农村研究》2014年第2期，第3—18页。
② [美]曼瑟尔·奥尔森：《集体行动的逻辑》，陈郁译，格致出版社2014年版，第2页。
③ 王振标：《论村内公共权力的强制性——从一事一议的制度困境谈起》，《中国农村观察》2018年第6期，第12—25页。
④ 汤玉权、徐勇：《回归自治：村民自治的新发展与新问题》，《社会科学研究》2015年第6期，第62—68页。
⑤ 唐鸣、陈荣卓：《论探索不同情况下村民自治的有效实现形式》，《当代世界社会主义问题》2014年第2期，第35—43页。汤玉权、徐勇：《回归自治：村民自治的新发展与新问题》，《社会科学研究》2015年第6期，第62—68页。

前的村公所①。因此，不少学者对村民自治单元的下沉有所质疑，甚至有学者提出村民自治单元应当上浮而非下沉②，还有学者另辟蹊径，认为应当建立以紧密利益共同体为基本自治单元，而不必局限于以固定地域为自治单元的建制基础③。尽管有学术界的质疑，自治单元的下沉在当前的村民自治制度创新实践中仍有相当的普遍性。

与农村自治单元下沉类似，城市居民自治也出现了自治单元下沉的探索，逐步出现了以街巷院落为单元的自治、以商品房小区为单元的自治甚至是以楼栋为单元的自治④。其中尤其是商品房小区自治，随着城市的发展和房地产市场的扩张，商品房小区自治在城市基层治理中有着越来越重要的地位。有学者研究认为，以业主委员会为核心建制的社区政体系统能够释放出可观的"制度红利"，并有力促进和改善商品房社区的治理境况和业主福祉⑤。

（二）权力结构的再造：横向组织结构的变革

如果说自治单元的下沉是纵向的制度创新，那么组织结构和权力结构的再造是横向的制度创新。组织结构的再造主要通过增设某些议事机构或监督机构来重构村庄权力结构进而摆脱村民自治中的各种困境。有学者将村民自治的困境总结为"五权"（执政党的领导权、基层政府的行政权、村民自治组织的自治权、集体经济组织的经济权以及村民的参与权）结构失衡⑥。"五权结构"理论确实具有相当的解释力，假如村民自治中的行政化问题，可以解释为行政权与自治权之间的失衡，精英垄断和内部人控制问题可以解释为

---

① 唐鸣、陈荣卓：《论探索不同情况下村民自治的有效实现形式》，《当代世界社会主义问题》2014 年第 2 期，第 35—43 页。
② 陈明：《村民自治："单元下沉"抑或"单元上移"》，《探索与争鸣》2014 年第 12 期，第 107—110 页。
③ 卢宪英：《紧密利益共同体自治：基层社区治理的另一种思路——来自 H 省移民新村社会治理制度创新效果的启示》，《中国农村观察》2018 年第 6 期，第 62—72 页。邓大才：《利益相关：村民自治有效实现形式的产权基础》，《华中师范大学学报（人文社会科学版）》2014 年第 4 期，第 9—16 页，第 2 页。
④ 白雪娇：《规模适度：居民自治有效实现的组织培育》，载徐勇《中国城市居民自治有效实现形式研究》，中国社会科学出版社 2015 年版，第 64—71 页。
⑤ 陈鹏：《城市社区治理：基本模式及其治理绩效——以四个商品房社区为例》，《社会学研究》2016 年第 3 期，第 125—151 页。
⑥ 肖滨、方木欢：《寻求村民自治中的"三元统一"——基于广东省村民自治新形式的分析》，《政治学研究》2016 年第 3 期，第 77—90 页、第 127—128 页。

自治权与参与权之间的失衡。在实践中，为了促进村民自治中的村民参与，平衡村庄治理中的各种权力和权利，增设某种新的自治组织机构成为村民自治制度创新的重要途径。

　　实践中，在农村较为常见的做法是增设某个或某些议事机构。根据职能差异这些议事机构又可以分为两大类：作为决策机构的议事机构和作为辅助机构的议事机构。前者以成都的"村民议事会"和广东蕉岭县的"协商议事会"为典型，后者可以贵州的"乡贤议事会"为例。作为全国农村综合改革试点县，广东蕉岭县通过设立新的议事机构来行使决策权，从而形成决策权（"协商议事会"）、执行权（村委会）、监督权（村务监督委员会）"三元制衡"的权力结构①。相较于广东蕉岭的做法，成都的"村民议事会"的特色在于政府是改革的推动者和引导者，但又确保了政府并不直接干预村民自治。成都"村民议事会"的创设起初是为了讨论和决定由政府下拨的公共服务资金的用途。成都市每年向农村拨付一批公共服务资金，但不直接干涉资金的具体用途，而是由村级组织召开"村民议事会"自主决议项目资金的使用。政府规定了"村民议事会"的议事规则，但不干涉其议事过程。除了在行政村一级设"村民议事会"，村民小组还设"小组议事会"②。贵州的"乡贤议事会"则既非一个决策机构亦非一个执行机构，而是一个辅助性的机构，协助村两委工作。"乡贤议事会"通过会议参事、服务参事、活动参事三种参事方式参与乡村治理③。

　　城市社区也进行了一系列的探索，其中"居站分设"模式是对城市居委会横向组织结构变动较大的一次探索。"居站分设模式"是指在社区党组织、社区居委会之外，设立新的社区工作站来专门负责承接政府的行政性事务，进而明晰划分社区自治权与政府行政权的合理边界④。社区工作站与社区居委会的人员构成实行"选聘分离"，前者则主要通过招考聘任，后者依然根

---

① 肖滨、方木欢：《寻求村民自治中的"三元统一"——基于广东省村民自治新形式的分析》，《政治学研究》2016年第3期，第77—90页、第127—128页。
② 冷波：《村级民主制度创新的实践与机制》，《华南农业大学学报（社会科学版）》2018年第5期，第1—7页。
③ 张春敏：《新型村级治理的制度创新研究——基于黔东Y县乡贤参事会的地方经验》，《成都师范学院学报》2018年第2期，第112—118页。
④ 陈鹏：《社区去行政化：主要模式及其运作逻辑——基于全国的经验观察与分析》，《学习与实践》2018年第2期，第90页。

据《居委会组织法》选举产生。依"居站分设模式",有些地方还进行进一步的探索和创新。深圳市南山区就提出了"一核多元"(简称"1+3+N")的现代社区治理结构,具体而言,就是以社区综合党委(总支)为核心,以社区居委会、社区工作站、社区服务中心三个主体为依托,以农城化股份公司、业主委员会、物业管理公司、社区其他社会组织等多元主体密切配合、互动参与、共建共享的社区治理结构与模式①。

第二节 基层群众自治权的行使依据

一、基层群众自治权行使的直接依据与最终依据

如前所述,国家法和内部规约分别是基层群众自治权的最终依据和直接依据。如果说国家法构建了基层群众自治权的骨骼,那么内部规约则赋予了其血肉。基于国家法的承认和概括授权,基层群众自治权获得了基本框架,基于内部规约,基层群众自治权获得了具体内容。正如在人民调解制度中,作为国家法的《中华人民共和国人民调解法》确立了人民调解委员会居中调解的资格,但调解纠纷的依据是国家法与内部规约相互补充的,最后的调解协议可经国家法确认而获得最后效力。民间规范主要作用的场域是私人领域以及交织紧密社会的公共领域,当然这并不意味着这些领域排斥国家法的作用②。国家法与内部规约共同塑造并支撑了基层群众自治权,国家法总是抽象的和概括性的,内部规约则使基层群众自治权得以丰富。因此,在理想状态中,二者的关系不应是一方完全替代另一方,而应该是相互支撑、互相补充的互养关系③。

基层群众自治权以国家法为其行使的最终依据。首先,基层群众自治制度本身基于国家法的承认方始获得合法性。相应地,基层群众自治权的合法

---

① 郑建君:《公共参与:社区治理与社会自治的制度化——基于深圳市南山区"一核多元"社区治理实践的分析》,《学习与探索》2015年第3期,第70页。
② 石佑启、王振标:《民间规范的生存空间及其受国家法的规制与改造——基于博弈论与新制度经济学的视角》,《江苏社会科学》2018年第6期,第172页。
③ 谢晖:《大、小传统的沟通难题与人权基点的沟通》,《甘肃社会科学》2011年第4期,第57—61页。

性也离不开国家法的承认。其次,内部规约的制定本身就是基层群众自治共同体依《村委会组织法》《居委会组织法》等国家法行使基层群众自治权的结果。因此,可以说没有国家法的承认,就没有所谓的内部规约。最后,国家法是基层群众自治权实现其权威性和强制性的最后倚仗。基层群众自治权虽然不是一种国家权力,虽然不能以强制措施的方式得以实现,但其所依据之内部规约只要不与国家法相抵触,便可在国家司法体系中获得承认,并借助国家权力而实现其权威性和强制性。

内部规约作为基层群众自治权的直接依据的基本理由在于对两种不同行为和权力的划分:法律、法规授权组织所行使的权力来源于法律、法规与规章的授予,其性质是一种国家权力;非政府公共组织的权力直接来源于章程与规约的规定,其性质是一种社会自治权力[①]。如前所言,基层群众自治共同体在不同环境下可能充当了前述两种角色中的一种。换而言之,当其直接依国家法而行使权力时,所行使的是国家所授予的国家公权力,只有当其依内部规约管理内部自治事务时行使的才可能是基层群众自治权。由于我国幅员辽阔,各村(社区)各有不同的村(社区)情,国家法的规定只能是抽象的。在国家法的概括授权下,内部规约赋予了基层群众自治权更丰富的内容。只要不与国家法和国家政策相抵触,不侵犯其成员的合法权益,内部规约可以规定基层群众自治权的具体内容和行使程序。

二、二元规范结构下基层群众自治权的行使依据

内部规约是基层群众自治权行使的直接依据并不意味着,基层群众性自治组织依据内部规约做出的行为一定是行使基层群众自治权的行为,因为内部规约还可以区分为授权性规则和自主性规则。前者是依国家法授权而对国家法进行的细化,后者则是在自治权限内制定的,它们均由自治共同体所制定,共同构成了同一自治共同体的规则秩序,但前者是国家公权力的延伸,后者则是自治权力的依据。

薛刚凌指出,社会自治组织内部规约可以区分为两类:授权性规则和自主性规则,其中前者是法律的延伸,具有法的属性;而后者更接近公法契约,

---

① 石佑启:《论公共行政之发展与行政主体多元化》,《法学评论》2003年第4期,第63页。

不属于法的范畴。作为公法契约的内部规约，其效力介于国家法与私法契约之间，只有在法院确认合法有效以后才能强制实行①。有学者将前述结论引入基层群众自治范畴，认为，若涉及事项属于国家授权村民自治范围的，村规民约本质上是法，具有法的属性；反之属于契约，没有法的属性②。朱芒则将高校规则区分为介入性规则（类似于前述授权性规则）和自主性规则③。朱芒认为，高校依介入性规则行使的是国家权力，其身份是法律法规授权的组织，由此产生的法律关系是行政主体与相对人之间的行政法律关系。而高校依自主性规则行使的是高校的自治管理权，由此产生的是作为法人的高校与内部构成员之间的内部法律关系。通过对高校领域行政诉讼中的指导性案例的分析和总结，他提出，在司法实务中"二元规范结构论"与"一元规范结构论"同时并存，交叉使用④。这一理论虽然是以高校的教育自主权与国家行政权的区分为核心对象，但是内在逻辑也适用于其他自治组织。需要注意的是，朱薛两位的分类不仅在名称上有所区别，在分类的目的上也有一定区别。前者分类（"介入性规范"和"自主性规范"）的主要目的在于明确国家职权与自治权的各自领域；后者分类（"授权性规范"和"自主性规范"）的主要目的在于强调各自的法效力不一样。有意思的是，两者都没有非常明确地界定划分这两种不同规则的标准。

前述"二元规则结构论"从理论上来讲，更加清晰地区分了国家行政职权和自治权之间的性质和依据上的区别。但是，区分授权性规则与自主性规则并不容易。朱芒提出的"二元校规体系论"理论最终也没有能够划分出"介入性校规"和"自主性校规"的边界。理论上来讲，授权性规则与自主性规则存在两种区分标准：第一种是形式上的判断标准，凡是基于国家法具体授权而制定的属于授权性规则，依自治职能而制定的属于自主性规则⑤；第二种是实质上的判断标准，凡是涉及国家事务属于授权性规则，反之只涉

---

① 薛刚凌、王文英：《社会自治规则探讨——兼论社会自治规则与国家法律的关系》，《行政法学研究》2006年第1期，第1—8页。
② 罗鹏、王明成：《村规民约的内涵、性质与效力研究》，《社会科学研究》2019年第3期，第67页。
③ 朱芒：《高校校规的法律属性研究》，《中国法学》2018年第4期，第140页。
④ 朱芒：《高校校规的法律属性研究》，《中国法学》2018年第4期，第140—159页。
⑤ 薛刚凌、王文英：《社会自治规则探讨——兼论社会自治规则与国家法律的关系》，《行政法学研究》2006年第1期，第2页。

及自治组织内部的事务属于自主性规则。就形式上的判断标准而言，因为自治组织的自治职能一般也有国家法的概括授权，区分国家法的明确授权与自治职能可能就存在一定的困难。假如某村规民约就宅基地的分配和使用制定了基本规则，从形式上来看，该村规民约既有国家法的明确授权[①]，从内容上来看，它同时又属于自治职能的一部分。从保障自治制度和自治权角度出发，此类规则应当归入自主性规则，否则自主性规则将被授权性规则所吞没。国家法概括性授权中也有涉及国家职权的，此时就更应该回归到实质标准。毕竟区分授权性规则和自主性规则的主要目的就在于界定清楚依此而行使的权力性质及由此产生的法律关系性质。

但是就实质标准而言，国家事务与自治事务的区分也并没有一条清晰的分界线。从经济学的角度来考虑，当存在外部化（无论是成本外部化还是收益外部化）现象时，某种产品或事务就不再能被视为纯粹的内部事务。当出现类似情况就较难判断它究竟属于授权性规则还是自主性规则。例如，《广西红树林资源保护条例》第六条规定，红树林周边的村（居）委会应当在村规民约或居民公约中规定红树林资源保护措施[②]，这从形式标准来看，当然属于授权性规则。但就实质性标准而言，如果该片红树林资源属于该村集体所有（我国的红树林地既有国家所有的也有集体所有的）[③]，那么保护该片红树林资源则既属于国家事务也属于村内事务，此时就很难根据实质性标准判断其究竟属于授权性规则还是自主性规则。朱芒所述高校校规中自主性规则被介入性规则所吞没的现象，一方面是因为我国行政主体理论落后和行政诉讼受案范围过窄，我国行政诉讼制度至今并不接纳社会公行政组织和社会公行政行为的概念，只有将其纳入法律法规规章授权的行政主体才能被纳入行政诉讼，相对方的权益才能得到保障。另一方面，国家事务与高校自主事务之间界限模糊才是更深刻的原因。教育是一种特殊的公共产品，无论从成本而言，还是从收益的角度来讲，都有一定外部性。从教育的直接消费来讲，

[①] 《村委会组织法》第二十四条："涉及村民利益的下列事项，经村民会议讨论决定方可办理：……（六）宅基地的使用方案……"

[②] 《广西红树林资源保护条例》第六条："红树林资源所在地村（居）民委员会根据当地实际，在村规民约或者居民公约中规定红树林资源保护措施，协助人民政府和相关部门做好红树林资源的保护和管理工作。"

[③] 王振标、彭华：《红树林地法律保护中的财产权限制与补偿——基于管制性征收的分析视角》，《林业经济问题》2018年第3期，第31—38页。

学生固然是教育的直接受益者，与此同时，从教育的间接消费来讲，教育对整个社会的前进和发展具有无法评估的价值，高校的教学科研成果也会使整个社会受益①。相对应地，从成本来说，高校的资金来源既有国家的拨款，也有学生所交的学费以及辛苦的付出。因此，无论是学生的学籍管理，还是学位授予甚至包括奖学金、课程设置等事务，这些事务间并不存在一条归属于国家事务或高校自主事务的泾渭分明之界线。

对授权性规则和自主性规则进行区分的理论意义主要在于区分依此行使的国家职权与自治权力，对于司法实践的指导意义则在于对授权性规则和自主性规则的司法审查应采取不同的标准。对于授权性规则，司法实践中一般适用法律授权行政主体理论，将依授权性规则的行为理解为自治组织代表国家行使行政权的行为，从而纳入行政诉讼的受案范围。对于依自主性规则做出的行为，则既在学理上有分歧，在司法实践中也并不一致。有学者将自治事务又分为两部分，即公共服务和秩序管理，认为前者是行使自治权利的行为，产生的是民事法律关系，后者是行使自治权力的行为，产生的是行政法律关系②。但这种观点显然存在一定的问题。一方面，公共服务与秩序管理之间并没有明确的界限，因为管理在本质上也是一种服务。例如警察指挥交通，对乘客而言既是一种典型的秩序管理，同时也是一种必不可少的服务。因此，即便在最为典型的公共服务领域，依给付行政所产生的法律关系，往往也被视为行政法律关系。另一方面，行政法律关系与民事法律关系的区分并不在于权力的行使是否具有强制性甚至暴力性，而在于双方主体是否处于对等的法律地位，双方的表意行为是否受到法律的同等尊重。行政行为的公定力意味着法律承认行政主体的意思表示相较于对方的意思表示具有优先性，处于优势地位。从这个角度而言，无论是公共服务还是秩序管理方面，只要法律上承认自治共同体相对于其成员的意思表示具有优先性，自治共同体行使公权力的行为所产生的法律关系都应当属于行政法律关系。

区分授权性规则和自主性规则有时过于困难，因此有学者提出应当另辟蹊径，借鉴英国行政法，从公共职能的角度来判断。戚建刚指出，自治性的社团法人，如中国足协，既拥有权利也拥有权力，而所拥有的权力既可能是

---

① ［美］布坎南：《公共财政》，中国财政经济出版社1991年版，第28—40页。
② 方洁：《从第三部门组织到行政诉讼被告——社会公务的司法监督路径》，《行政法学研究》2007年第3期，第68—74页。

国家法所授予的，也可能是通过自治章程以契约形式产生。判断它与其成员之间的关系不能根据其权力来源，而应该根据它是否在履行公共职能[①]。司法实践中高校与学生之间关于学位授予或学籍管理之类的纠纷一般被纳入到行政诉讼，而村民与村委之间的纠纷一般被纳入民事诉讼，体育自治组织与其成员之间的纠纷则不置可否，大多时候还不能得到有效的司法救济。从2001年"广东吉利诉足协案"、2002年的"长春亚泰案"到2008年"广东凤铝诉篮协案"，司法机关最终都以"行业自治"实行了司法逃逸。司法实践中，法院可能既不是根据权力的来源或其行使的依据的性质，也不是根据它是否行使了公共职权，而是采用了政治风险最小、最为现实的遵循先例和遵循最高法指导意见的原则。因此，"田永案"所产生的"二元规则"理论才没有被扩张到其他自治组织中使用。

三、法律保留原则下宪法法律以外法规范的立法权限

需要注意的是，基层群众自治与一般的社会自治有个非常重要的区别，那就是基层群众自治制度被纳入法律保留的范畴。这意味着，自治规则固然不能侵入国家法的领域，反过来，宪法、法律以外的法规范和一般的规范性文件也不能任意侵入基层群众自治制度的领域，尤其是不能动摇基层群众自治制度的根基、损害基层群众自治的基本原则。根据《中华人民共和国立法法》第八条和第九条的规定，与基层群众自治制度相关的事项属于法律保留的事项，只能制定法律，尚未制定法律的，全国人大及其常委会可以授权国务院根据实际需要对其中的部分事项先制定行政法规[②]。与此同时，《中华人民共和国立法法》第七十二条又授予了地方性法规有"城乡建设与管理"方面的立法权限。那么宪法法律以外的国家法规范（尤其是地方性立法）在基层群众自治领域的立法权限的影响究竟如何界定就非常值得研究和探讨。一

---

① 戚建刚：《长春亚泰足球俱乐部诉中国足协案再评析——以公共职能为视角》，《行政法学研究》2004年第3期，第31—37页。
② 《中华人民共和国立法法》第八条："下列事项只能制定法律：……（三）民族区域自治制度、特别行政区制度、基层群众自治制度……"；第九条："本法第八条规定的事项尚未制定法律的，全国人民代表大会及其常务委员会有权作出决定，授权国务院可以根据实际需要，对其中的部分事项先制定行政法规，但是有关犯罪和刑罚、对公民政治权利的剥夺和限制人身自由的强制措施和处罚、司法制度等事项除外。"

个典型的例子是地方性立法在村（居）务公开方面的立法权限。《村委会组织法》和《居委会组织法》只明确授予了省级人大常委会制定选举办法和实施办法的权限，并未明确授予其制定村务公开方面的权限，实践中不少地方却制定了村务公开条例（或办法）[①]，这些地方性法规或规章是否有超越了立法权限？[②]

对《中华人民共和国立法法》第八条理解的关键，显然在于对何为"基层群众自治制度"的理解。如果对上述条款从严理解，意味着有关基层群众自治制度的一切事项除非有明确的授权，地方性立法都无权加以规定。这显然不符合我国国情，也不利于《村委会组织法》《中华人民共和国居委会组织法》的施行和基层群众自治制度的实施。我国幅员辽阔，各基层群众自治共同体环境差异巨大，《村委会组织法》和《居委会组织法》作为基础性的法律，相当多的条款比较宏观，需要地方性立法的进一步细化。而且，民政部门作为民间组织和城乡基层管理的主管行政机关，通过制定一些部门规章来对相应的法律进行细化，以使其有可操作性，是必不可少的。因此，这里的基层群众自治制度显然应当理解为整体的基层群众自治制度，或者说是基层群众自治制度的大体框架、总体原则必须由法律来规定。

但如果以最宽松的理解，将该条理解为除宪法、法律以外的法规范虽然不能规定作为整体的基层群众自治制度，但是可以对基层群众自治制度其他领域进行任意的规定，无论是制定一些解释性的抑或创建性的内容，也无论是否涉及基层群众自治制度的核心内容和核心原则，只要不与上位法明文规定相冲突即可。这种理解将严重削弱基层群众自治制度作为法律保留事项的意义。因为无论是否其作为法律保留事项，不与上位法冲突都是法治原则的应有之义。另外，如果依该种解释，《村委会组织法》第十五条和第四十条关于选举办法和实施办法的专门授权也将显得多此一举[③]。

相对从严的解释是，只要不破坏基层群众自治制度的基础，不违背基层

[①] 我以"村务公开"为标题在北大法宝中检索的结果是11篇地方性法规（其中包含4篇市级地方性法规）和5篇地方性规章。

[②] 刘志鹏：《我国村民自治立法问题研究》，光明日报出版社2012年版，第96页。

[③] 《村委会组织法》第十五条："……具体选举办法由省、自治区、直辖市的人民代表大会常务委员会规定。"第四十条："省、自治区、直辖市的人民代表大会常务委员会根据本法，结合本行政区域的实际情况，制定实施办法。"

群众自治的基础性框架和基本原则,那么在不与上位法相抵触的前提下,宪法、法律以外的法规范都可以进行规定。这种解释仍可视为"不得与上位法相抵触"的基本要求,因为破坏基层群众自治制度的基础和基本原则的规定与我国《宪法》《村委会组织法》《居委会组织法》的基本精神相违背。从法律保留原则①的本意来讲,既有维护国家法制统一的目的,更在于保障公民基本权利②。因此,《中华人民共和国立法法》将基层群众自治制度纳入法律保留范畴应当包含有避免其他法规范剥夺基层群众自治权利或加重其义务之意。

综上,较为合理的理解是宪法、法律以外的法规范可以对基层群众自治制度进行解释性的和执行性的细化,但不能破坏基层群众自治制度的基础,也不能破坏基层群众自治制度的基本原则,与此同时,除非有法律授权,也不能任意削减村(居)民自治权或增加其义务的创制性规定。

至此,我们可以回头继续探讨前述地方性法规或规章关于村务公开方面的立法权限。刘志鹏认为,关于基层群众自治的地方性法规的合法性在于有《村委会组织法》的间接授权,理由是《村委会组织法》并未对村务公开的及时性和真实性及不公开的法律后果做出规定,因此地方性立法(包括法规和规章)对此进行创制性立法并无不妥③。《村委会组织法》作为一部全国性的法律,不仅对村务公开的及时性、真实性和不公开的法律后果没做细致的规定,对选举、村民会议具体召开程序、决策程序以及村委会召集程序、决议程序都未做细致的规定。《居委会组织法》的规定更加抽象。如果规定的抽象性就意味着对地方性立法的授权,那么《村委会组织法》和《居委会组织法》对省级人大常委会制定选举办法和实施办法的授权显然是多此一举的,而且基层群众自治制度被纳入法律保留也毫无意义。这种抽象性既可能是留待次级法规范加以具体化的,也可能是留待村民依村情通过自治章程加以规定的。依前述对《中华人民共和国立法法》第八条的理解,各省级地方

---

① 法律保留一词在不同语境下有不同意义,包括了宪法意义上的法律保留和行政法意义上的法律保留的含义,此处专门针指我国《立法法》中的法律保留,又可称为立法保留。可参见门中敬:《论宪法与行政法意义上的法律保留之区分——以我国行政保留理论的构建为取向》,《法学杂志》2015年第12期,第24—33页。

② 汪庆华:《法律保留原则、公民权利保障与八二宪法秩序》,《浙江社会科学》2014年第12期,第54—64页。

③ 刘志鹏:《我国村民自治立法问题研究》,光明日报出版社2012年版,第96页。

性立法对村（居）务公开方面的规定可视为对《村委会组织法》村务公开方面条款的进一步解释性和执行性的细化，但主要应当是解释性的和执行性的而不应当是创制性的，即便是创制性的也不能减损村（居）民权利或增加其义务。

第三节　基层群众自治权的行使原则

在党的十九大报告中，"自治、法治、德治"三治融合构成了基层治理体系的基本模式，进而也奠定了基层群众自治权运行的基本原则。另外，鉴于"四个民主"在基层群众自治制度中的重要地位以及民主表决机制在基层群众自治权行使中的广泛采用（即便村/居委会也采用多数决定的集体负责制而非主任负责制），民主原则也构成了基层群众自治权行使的基本原则之一。

一、自治原则

作为一种自治权，基层群众自治权的行使必须体现自治原则，否则它就无法被称之为自治权。自治原则首先意味着在内部事务上的自主性，即在内部事务的处理上，基层群众自治权的行使应当排斥国家公权力的不当侵扰。自治原则还意味着基层群众自治权行使的独立性，意味着基层群众自治共同体必须主动减少对国家公权力的依赖。

（一）排斥国家公权力的不当侵扰

基层群众自治权自主运行而免于国家公权力的不当侵扰有着宪法和法律上的依据。宪法、法律的至上权威不仅约束基层群众自治权力，同时也约束国家公权力。法治原则在对基层群众自治权的行使设定了规制和约束的同时，也对基层群众自治权运行提供了保障，即避免国家公权力任意侵入自治领域、干涉基层群众自治权的正常行使。

保障基层群众自治权免受国家公权力侵扰的基础在于划分国家事务和自治事务。前者属于政府管理之事务，具有国家意志性，后者是一村（社区）

之内的事务,具有群众自治性①。国家公权力负责国家事务,基层群众自治权负责自治事务,双方各理其事、各司其责。但是如前所述,国家事务与自治事务之间从来都没有清晰的界限。并且基于效率的考虑,部分国家事务可能由国家法授权或行政委托给村(居)委会来完成或者协助完成,进而部分国家事务可能成为委托事务,村(居)委会成为法律法规授权的行政主体。但这并不表示这种区分不存在,这种区分是自治权存在的基础,一旦这种区分不存在了,那么自治权也就不存在了,所谓的自治共同体就彻底成为基层政府的附属机构了。因此,适当保持国家事务与自治事务、国家公权力与基层群众自治权之间的相互界限是维持自治共同体活力、发挥自治制度优势的重要前提。

保障基层群众自治权免受国家公权力不当侵扰的另一个关键在于有效的司法救济。尽管相对于成员个体而言,自治共同体拥有自治的社会公权力,居于强势地位。但相对于国家公权力而言,这种作为社会公权力的基层群众自治权力就显得微不足道了。这种社会公权力要保持其自治性,唯一的武器就是法律的保护。因此,有效的司法救济途径对于排斥基层群众自治权行使中国家公权力的不当侵扰具有至关重要的作用。但就目前的行政诉讼制度而言,基层政府不当侵扰基层群众自治权行使的案件还很难归入行政诉讼的受案范围。就法律责任而言,尽管《村委会组织法》规定了基层政府不得干预依法属于村民自治范围内的事项,但并未规定相应的法律责任。在实践中,更由于基层群众自治共同体对于基层政府的依赖性,基层自治共同体以基层政府干预基层群众自治权滥用而起诉至法院的案件凤毛麟角。因此,保障基层群众自治权免受国家公权力不当侵扰,加强对基层群众自治权自主运行的司法保障,一是需要明确将该类案件纳入受案范围,二是需要在明确基层政府不当干扰基层群众自治权行使的法律责任。除此以外,还必须尽可能减少基层群众自治权运行中对国家公权力的依赖。关于这一点,将在后文继续探讨。

当然,国家公权力既不能过多干预基层群众自治权的行使以至于自治共同体行政化,同时也不能以尊重自治之名放纵自治权力的滥用以至公民合法

---

① 周贤日、潘嘉玮:《论村民自治权与国家行政权》,《华南师范大学学报(社会科学版)》2003年第1期,第28—29页。

权益受到侵害而得不到保障。一方面要将基层群众自治权力关进制度的"笼子"里,另一方面这个"笼子"又必须有一定的自由空间①。

因此,国家公权力对自治共同体内部事务的介入与规制同时具有必要性与局限性②。界定国家公权力对自治权力的规制和约束是否适当的标准就在于法律,法治对自治的规制和保障之间的平衡的关键就在于国家法对国家公权力、自治权力以及公民合法权利三者之间的界分和平衡。也就是说,在法治与自治复杂关系的背后,是国家、社会与个体三者之间的利益平衡问题。"创建法律者,不是概念,而是利益和目的"③。从自治的终极价值来讲,个体具有终极性,人类一切社会制度的最终目的都是人的自由而全面的发展,为了人的个性的全面解放。相对而言,政治国家和市民社会都具有工具性,是为了实现个体自由本性的工具。但是国家利益和集体利益也并非虚构的,相反地,它是众多个体利益的集合,同时也是个体利益实现的前提。国家公权力以法治之名对自治权力进行规制和制约时,实际上也不断地在自治共同体与其成员个体利益之间做出平衡。"立法者在设定社会公权力主体的基本权利保障义务时,必须遵循比例原则和禁止保护不足原则的双重约束。"④ 立法如此,行政和司法也是如此。例如,当法院在审查村民会议做出的决议是否合法时,也并不仅仅是机械地依据法条进行审查,事实上也需要平衡村集体与村民个体之间的利益。国家法在划定自治事务的外部边界时,事实上也在不断平衡国家利益与集体利益。从来就没有绝对的内部事务和外部事务之间的边界,内部事务与外部事务的划分无非是指对该事务究竟对何者利益更为重要以及何种划分能最大化社会剩余的平衡⑤。

(二) 减少对国家公权力的过度依赖

如前所述,基层群众自治权的顺利行使离不开国家公权力的支持。这种

---

① 贺雪峰:《给村干部一定的自主权——防范农村基层治理的"内卷化"危机》,《人民论坛》2019 年第 3 期,第 54 页。
② 李泽:《法治社会中共同体自治的边界》,《学术交流》2015 年第 6 期,第 72 页。
③ [德] 菲利普·黑克:《利益法学》,傅广宇译,商务印书馆 2016 年版,第 17 页。
④ 李海平:《论基本权利对社会公权力主体的直接效力》,《政治与法律》2018 年第 10 期,第 120 页。
⑤ "社会剩余"是公共经济学术语,即社会的总福利,是指生产者剩余和消费者剩余之和。

支持即有物质上的直接帮助,也有事务上的指导,更有法定权威上的扶持。尽管这种支持是必不可少的,但是基层群众自治权的行使应当尽量主动减少对这种支持的过度依赖。因为无论是物质上的帮助,还是事务上的指导,抑或法定权威上的扶持,都可能加强国家公权力对基层群众自治权事实上的影响力和控制力。要减少对国家公权力的依赖,关键在于提升基层群众自治共同体独立解决内部事务并提供公共产品和公共服务的能力。因此,减少对国家公权力的依赖,主要在于以下两点。

首先,通过加强内部规约建设充实基层群众自治权的内容。如前所述,基层群众自治权的行使依据既在于国家法的承认和概括授权,更在于内部规约的直接授权。国家法赋予了基层群众自治权对外的自主性地位和管理内部事务的内部权威,但是基层群众自治权之具体内容还需要内部规约予以丰富和充实。如果缺乏内部规约对基层群众自治权的赋权,或者在二元规范中授权性规则吞没了自主性规则,那么基层群众性自治组织更多地只能行使国家法授权或基层政府委托的职权,进而,基层群众自治权自然只能有名无实,沦为国家公权力的附庸。而在村规民约建设实践中,村规民约本身的制定就有非常强烈的行政化色彩,许多村规民约本身就是根据基层政府提供的模板制定的[①]。从某种角度而言,内部规约的行政化倾向决定了基层群众自治权的行政化倾向。

其次,应当承认基层群众自治权对于其成员具有强制性和约束力。此处所指的强制性和约束力不同于武力和暴力,仅意味着承认自治共同体依内部规约行使基层群众自治权而做出的意思表示相对于其成员个体意志的优先性。质言之,只要这种权力的行使依据本身是合法的,当自治共同体与其成员发生纠纷时,只要基层群众自治权的行使不与国家法相抵触,自治共同体的意志相较于成员个体意志所具有的优先性应当被承认。这种优先性并非源于集体利益天然高于个体利益,而源于行使基层群众自治权的行为是依内部规约做出的,而内部规约是一种公共契约。如前所述,这种公共契约与普通的私法契约不同,作为自治共同体的成员,个体有服从内部规约的义务,而无论这个内部规约在表决时他是否曾投下赞成票。相对应地,基于这种强制性和

---

① 陈寒非、高其才:《乡规民约在乡村治理中的积极作用实证研究》,《清华法学》2018 年第 1 期,第 62—88 页。

约束力,当行使基层群众自治权时,基层群众自治共同体与其成员之间也不应当被视为平等的民事主体之间的关系,而应当视为行政法律关系,行使基层群众自治权的行为应当被视为社会公行政行为。

二、法治原则

任何形式的自治都必须是法治下的自治。与任何其他公权力一样,一旦失去法律的规制,基层群众自治权也可能会被滥用,其既可能形成无视成本外部化的"土围子",也可能成为欺压内部成员的"利维坦",更可能成为上述两者的结合体。

(一) 法治原则在基层群众自治领域的基本内涵

法治一词具有丰富的内涵。千百年以来,政治、法学等领域的学者们一直对法治的内涵、价值等问题的答案苦苦追寻,但法治一直是一个"无比重要的,但未被定义,也不能随便被定义的概念"。尽管如此,自亚里士多德起,法治至少包含了两个方面的基本内涵:法律至上以及良法之治。古希腊思想家亚里士多德是最早提出法治优于人治的学者,他指出:"法治应该包含两方面的含义:已成立的法律获得普遍的服从,而大家服从的法律又应该本身是制定得良好的法律。"[①] 经过后世的发展,尤其是第二次世界大战以后的发展,法治的内涵进一步成熟,确立了如下 4 个基本要件和标准:(1) 通过法律保障人权(公民的各项基本权利),限制政府公共权力的滥用;(2) 良法的治理,这种良法最基本的要素就是必须尊重人的平等、自由、良心和尊严;(3) 通过宪法确立分权与权力制衡的国家权力关系;(4) 确立普遍的司法原则,如无罪推定等[②]。法治还有形式法治和实质法治之分,形式法治与实质法治都与"人治"相对立,都强调"在统治过程中人(官员)行使政治权力的行为(其中包括其自由裁量的行为)必须受到法律的约束和限制"[③]。但形式法治主要强调形式合法性,不重视对

[①] [希] 亚里士多德:《政治学》,吴寿彭译,商务印书馆 1965 年版,第 199 页。
[②] 何勤华:《论中国特色社会主义法治道路》,《法制与社会发展》2015 年第 3 期,第 32—45 页。
[③] 李桂林:《实质法治:法治的必然选择》,《法学》2018 年第 7 期,第 71—82 页。

法的内容做合格性；实质法治观在形式法治的基础上，加强了对法本身内容的正义性，"要求法律本身具有社会的正当性，法律以及执法旨在实现社会的正义和公平"。①

法治原则对国家公权力的要求，也基本上适用于作为社会公权力的基层群众自治权。根据前述法治的基本内涵，结合基层群众自治权本身的特点，法治原则对于基层群众自治权的行使可以归纳为以下几个方面的内涵。

第一，基层群众自治权的行使既不得与国家法相抵触，也不得与内部规约相抵触。这一要求类似于行政法学中的法律优越原则。国家法的权威性是法治的第一要素，因此基层群众自治权的行使不得与国家法相抵触是法治的最基本要求。前面已述，不与国家法相抵触既包括不与国家法的明文规定相抵触，也包含了不与国家法的基本精神相抵触。部分地方广泛存在的诸如"外嫁女""入赘男"以及"外迁户"等条款就属于典型的违背国家法的基本精神。更有甚者，部分地方甚至出现过把封建家法变成村规民约，甚至判处村民死刑的荒唐事②，就更是基层群众自治权的滥用了。基层群众自治权的行使不仅不能抵触国家法，同时也不能抵触内部规约。内部规约充当着基层群众自治共同体内部"软法"的角色，既为基层群众自治权提供了合法性，同时也约束和规制基层群众自治权的行使。

第二，基层群众自治权的行使应当依法依规。作为一种社会公权力，基层群众自治权不能恣意行使，一定要有国家法和内部规约上的依据，未经国家法和内部规约的授权不得任意行使。

第三，基层群众自治权应当受到制约和监督。除了前述国家法和国家公权力对基层群众自治权的制约和监督之外，更重要的是自治共同体内部的制约和监督，既包括专门监督机构的监督（如村/居务委员会的监督、理财小组的监督），也包括村（居）（代表）会议的监督等。

第四，基层群众自治权必须依程序行使。正当程序是规制公权力滥用的重要方式和途径，任何公权力的行使都应当遵循正当程序。这些程序既包括所谓自然正义程序如回避程序、告知程序，也包括法定程序。我国《村委会组织法》和《居委会组织法》作为全国性的法律，在许多程序方面的规定较

---

① 李树忠：《迈向"实质法治"——历史进程中的十八届四中全会〈决定〉》，《当代法学》2015年第1期，第3—13页。

② 参见莫纪宏：《现代宪法的逻辑基础》，法律出版社2001年版，第508页。

为抽象，在细节方面有待各自治共同体通过内部规约予以细化，但这种细化不得违背《村委会组织法》和《居委会组织法》的基本精神。实践中的某些做法就有违反法定程序之嫌，例如以入户调查的方式充当村（居）民会议的决议①。"决议"，顾名思义，应当是既有"议"又有"决"，以议为基础然后再表决，是在充分沟通讨论之后村（居）民意见尽可能达成一致的结果，而不应当是简单的多数意见对少数意见的压制。因此对于《村委会组织法》和《居委会组织法》所规定之村（居）民会议的一般理解应当是聚于一处，在充分沟通的基础上形成表决意见，即便作扩大解释也至少应当是在某网络空间（如QQ群或微信群）先议后决。入户调查表决，每个村（居）民变成了孤立的客体，在未与其他村（居）民充分沟通进而信息不对称的前提下，村（居）民的意志很容易被入户的干部所左右。在此程序下由此所形成的决议显然不能真正代表自治共同体的公意。

第五，基层群众自治权的行使应当以实现和保障其成员的权益为旨归。国家公权力的行使以全国人民的利益为旨归，相应的基层群众自治权的行使自当以实现和保障其成员的权益为旨归，而不能成为部分村（居）委会干部牟利的工具。但是，一个必须承认的事实是尽管自治共同体同时也是一个利益共同体，但村（居）民的利益并非总是一致的，有时作为个体的村（居）民与作为集体的利益（本质上是村内大多数的利益）是相冲突的。总体上来讲，基层群众自治权的行使自然是以集体的利益为最终出发点，但这并不意味着作为个体的村（居）民的利益可以任意牺牲。以"四个民主"为基础的基层群众自治制度应当如何从制度上避免多数暴政的问题，将在后续的民主原则中继续探讨。

第六，基层群众自治权的行使受国家法承认和保护。基层群众自治权的行使不仅受国家法的规制和约束，同时也受其承认和保护。国家法对基层群众自治权的保障主要是两个方面：首先是规定国家公权力不得任意侵犯自治事务领域，不得恣意干涉基层群众自治权的行使；其次是国家法规定了基层政府有支持、指导和帮助基层群众自治权有效运行的义务。

---

① 例如郯城县郯城街道与张则强用益物权纠纷一案中，郯城南关二居委就采取入户调查问卷的方式履行了民主议定程序，即所谓的"全民决议"。该案在初审和终审中法院都认可了该种所谓民主决议的合法性和效力。见山东省高级人民法院民事判决书，（2016）鲁民终499号。

（二）法治对基层群众自治权的规制与约束

法治对基层群众自治权的规制和约束不仅是维护中央政权和国家法制体系之政治权威的需要，同时也是保障公民合法权益的需要。市民社会与政治国家的矛盾发展奠定了法治的基础[①]。从价值追求上来讲，政治国家和社会组织、法治和自治具有统一性，都是为了保障公民合法权益。经典的法治理论中，法治的目标之一就在于防止国家公权力的滥用。法治与人治相对，其主要区别在于权力本身是否受到法律的限制和约束，能否将权力关进制度的笼子。传统的自治理论也大都包含通过自治权力保障公民权利免受国家公权力侵害的价值追求。但是，任何权力都有自我扩张的欲望，都可能被滥用，自治权力也不例外。在实践中，公民也需要通过国家公权力来保障合法权益免受自治权力的侵害。"长春亚泰案""广州吉利案"等一系列著名案件说明，如果国家法律体系放弃了对社会自治的规制和约束，那么自治组织成员合法权益也可能受到自治权力的侵害而无法获得保障。基层群众自治中也是如此，每年都有大量的村民与村自治共同体之间的纠纷和诉讼，缺乏国家公权力对基层群众自治权的有效规制，缺乏对相应案件的有效调解和公正裁决，就可能促发群体性事件。在村民自治以后，相当多的村民自治共同体与其成员之间的纠纷被基层政府和司法机关以属于村民自治领域为由，拒绝受理[②]。2008年最高人民法院《民事案件案由规定》明确将"侵犯集体经济组织成员权益纠纷"纳入民事案件案由以前，尤其如此。

基层群众自治权的行使需要遵循法治的另一个理由是防止自治共同体的利己行为。自治共同体之所以是一个自治共同体，其前提是它们同时也是一个利益共同体，为了集体的利益，它们可能会损害他者的利益。如前已述，除非有国家法的授权，基层群众自治权的行使对象只能是其内部成员，其约束力不得及于第三方，所处理的事务也只能是内部事务而不得涉及外部事务。但是实践中，内部事务并没有明确的分界线，某些看似纯粹的内部事务也有成本外部化的可能。例如集体土地的租用，从成本最大化的角度来讲，肯定

[①] 马长山：《国家、市民社会与法治》，商务印书馆2002年版，第127—147页。
[②] 张红：《农地纠纷、村民自治与涉农信访——以北京市调研为依据》，《中国法学》2011年第5期，第80页。

是用于何种用途产生的经济效益越大越快就越有利于集体利益,但是从国家农业安全保障和整体规划来讲,要确保耕地"红线",村集体土地就不能任意用于各种用途,国家法对其用途就要实行管制。

但是法律对基层群众自治权的规制和约束应当保持在适当的度以内,否则将影响社团自治的活力和能力。在保证社会基本法治要求的前提下,应将法律对社团自治的干涉降到最低程度①。法治必须为自治保留足够的自治空间,否则空留法治之名,而无自治之实,将会导致自治共同体的行政化和机制僵化。从国家法的规范文本来讲,应当保持足够的弹性,为基层群众自治权的行使保留足够的法律空间。首先,国家法基层群众自治领域方面的立法也应当加强其指导性,平衡任意性条款和强制性条款的比例,让基层群众自治权的行使有更多选择空间。其次,国家法的规定并非越细致越好,应当保持适当的抽象性。法治要求基层群众自治权的行使以不与国家法相抵触为基本原则,那么国家法的规定越抽象,基层群众自治权自由行使和发挥的空间越大。当然这也并非说国家法的规定越抽象越好,毋宁说应当在抽象与具体、强制与引导之中实现平衡。

三、德治原则

我国自古以来都是一个礼法社会,都强调德治的重要意义,在"皇权不下乡"的基层社会,更是强调德治的重要性和乡绅的道德约束力。尽管封建时代的礼法和封建道德已不可取,但其重视道德教化的作用对于构建基层和谐社会、促进基层善治有着重要意义。德治,是沟通"自治"和"法治"的重要桥梁②,基层社会治理中的自治、法治与德治又是可以且是必须贯通、结合的③。具体来讲,对于基层群众自治权的行使,德治意味着基层群众自治权的行使不仅要合法,还需要符合基本的道德观念,而这种道德观念既包含宏观层面的社会主义核心价值观,也包含了作为地方性资源的自治共同体

---

① 管瑜珍:《社团自治离不开法律?——以社团规章的司法介入为例》,《行政法学研究》2007年第2期,第35页。

② 郭夏娟、秦晓敏:《"三治一体"中的道德治理——作为道德协商主体的乡贤参事会》,《浙江社会科学》2018年第12期,第16—25页。

③ 郁建兴、任杰:《中国基层社会治理中的自治、法治与德治》,《学术月刊》2018年第12期,第64—74页。

内部的习俗与传统观念。但是德治绝不意味着以精英民主替代大众民主和直接民主，更不意味着要倒退到过去的乡绅之治。

（一）基层群众自治权的行使不仅要合法还要符合基本道德

作为一种社会公权力，基层群众自治权既有其强制性的一面，同时更应强调其柔性的一面。在基层群众自治共同体内部，尤其是在乡村这种"熟人社会"或"半熟人社会"，基于长期重复博弈所形成的声誉机制和非成文的社会规则[①]对每个共同体成员都构成了强大的约束力。在相当多的时候，这种声誉机制和一系列隐性社会规则而非国家法和内部规约维持着共同体内部的基本秩序。这种声誉机制和非正式制度减少了内部摩擦和损耗，对于共同体内部凝聚力和向心力的构建有着极其重要意义。因此，基层群众自治权的行使不仅要符合法定程序、国家法的基本精神和内部规约，还应当注意它与这套非正式制度的契合性。

当共同体内部出现观念分歧甚至利益纠纷，直接倚仗某种法定权威做出决策固然不可取，简单地采取少数服从多数的民主决方式也不可取。这种做法或许有着国家法和内部规约上的支持和依据，但是它可能造成共同体内部关系的破裂，基于长期重复博弈而形成的合作机制和信任基础将会被破坏。正因如此，长期以来中国乡土社会都是一个人情社会，在处理纠纷时，首先要考虑"情"，然后是"礼"，再次是"理"，最后才是"法"[②]。动之以情、晓之以理的背后强调的正是道德的说服力，而不仅仅是法的威慑力。法定的表决程序、明文的国家法和内部规约条款往往是在前述各种非正式规则失灵时解决纠纷和分歧的最后保障。另外，作为基层群众自治权行使之依据，内部规约本身也应遵守社会普遍认可的道德规范和当地长期形成的公序良俗。

（二）德治之德不仅包含社会主义核心价值观还包含共同体内部价值观

德治之所以曾受质疑，除了因为古代专制时期被人们期待的德治最终异

[①] 此处所谓非成文的社会规则，是要把各类明文的内部规约排除在外。当然严格来讲，各种明文规定的村规民约和居民公约也可以归入社会规则，因为它们不属于国家法的范畴。但是它们相较于一般的隐形社会规则和风俗传统，具有更正式的形式，同时往往也具有更强的法律效力。

[②] 徐勇：《"法律下乡"：乡土社会的双重法律制度整合》，《东南学术》2008年第3期，第19—27页。

化为人治以外，另一个重要原因在于，与法治相较，法治所依之法常常是相对明晰的、稳定的，而德治所指之德往往是模糊的、变动的。法，尤其是成文法常常是相对客观的、外在的，是一种客观精神，而德则是相对主观的、内在的。但法与德的这种区分并非是绝对的。梁启超先生曾在《新民说》中提出"公德"与"私德"之分，公德是关涉他者的道德，私德则是与他者无涉仅旨在自身修养的道德。"无私德则不能立"，"无公德则不能团"①。道德确实是相对主观的、模糊的，但是作为一个共同体在长期的共同生产、生活中所形成的共同价值观，公德却是相对客观的和清晰的。作为一种在公域中行使的社会公权力，基层群众自治权行使所需遵循之道德显然属于公德的范畴，它主要强调的不是某种行为是否符合所有个体的价值判断，而是强调它是否符合社会公众的价值判断和道德期许。

在社会主义中国，社会主义核心价值观构成了整个社会主义公德的基础。社会主义核心价值观是整个国家公共体得以建立的基础，是中华人民共和国成立以来，在党的领导下全国各族、各社会阶层人民在共同的政治、经济、文化生活中所形成的基本共识，因此它也是整个国家共同体内各政治组织、社会团体甚至公民个体所必须坚守的基本价值观念。

除了作为国家共同体价值共识的社会主义核心价值观，每个基层群众自治共同体在长期的共同生产、生活中往往也形成一些独特的传统习俗和价值观念。这些传统习俗和价值观念可能经法定程序转化为村规民约或居民公约，但更多的情形下它作为一种非成文的道德观念存在，不仅约束着普通村（居）民的行为，同时也指引和约束着基层群众自治权的行使。无论这种传统习俗和价值观念是否转化为明文的内部规约，只要它不与国家法和社会主义核心价值观相冲突，它都应该对基层群众自治权的行使存在指导意义，规范着基层群众自治权的行使。例如在中国农村大部分地区，祖坟和祖屋对于每户人家往往具有巨大意义，尊重他人祖坟和祖屋就是一条不成文的规定和共同的价值准则。因此在涉及诸如土地经营权调整、宅基地划分等问题时，就必须尊重一个自治共同体对此类问题处理的传统，只要此类传统不违反国家法和社会主义核心价值观。

---

① 梁启超等：《新民说》，辽宁人民出版社1994年版，第16—18页。

(三) 德治不等于基层群众自治权行使的精英化

德治实现的关键问题之一，是需要找到德治实现的实践主体。实践中德治缺失的一个重要原因就是缺少道德协商与道德治理的实践主体①。在学习新时代"枫桥经验"的浪潮中，不少地方纷纷借鉴桐乡经验，以各种乡贤议事会、乡贤理事会的形式作为践行德治的组织载体。但这种缺乏明确法定依据的草根性机构，在全国各地产生方式各异、权限大小各不相同。康静思和刘孝才通过对某地的实践调研提出，乡贤参事会在具有一定正向价值的同时，也表现出了"代表性不强、精英民主挤压大众民主、规范化欠缺"等负向价值②。姜亦炜对各地的乡贤组织作了更广泛的调查。他通过考察浙北与浙南十个村落的新乡贤组织演生过程得出结论，认为新乡贤组织并非"千村一面"，不同类型的乡贤具有不同的政治影响力与不同的政治参与动机③。不论乡贤组织挤压大众民主属于个案还是具有某种普遍性的情形，它至少反映了乡贤成为新型村治寡头的可能性。

在以各种乡贤组织为载体践行"三治融合"理念的过程中，无论各种乡贤组织是辅助型的，还是协商型的，甚至是决策型的，也无论它是选举产生的还是举荐式的甚至是契约引进的，乡贤组织运行的基本前提是，它不能突破《村委会组织法》和《居委会组织法》的基本规定，不能侵蚀本属于村（居）民（代表）会议的职权。鉴于它的产生、运行程序以及职权等各方面在国家法规范文本上的空缺，它必须寻求内部规约的授权。而作为一种德治实践的组织载体，它的功能应当主要是辅助性的、参谋性的，而不应该是决策性的。只要坚持了上述几点，各种乡贤组织便很难成为基层民主制度的新威胁。

(四) 德治须警惕基层群众自治权行使的泛道德化

基层群众自治权行使的泛道德化倾向之一是不加区分公域与私域的舆论

---

① 郭夏娟、秦晓敏：《"三治一体"中的道德治理——作为道德协商主体的乡贤参事会》，《浙江社会科学》2018年第12期，第16—25页。
② 康静思、刘孝才：《乡贤参事会及其在乡村协商民主中的价值分析——以浙江省嵊州市竹溪乡乡贤参事会为例》，《广西社会主义学院学报》2016年第5期，第46—49页。
③ 姜亦炜：《政治影响力与制度生成——新乡贤组织的演生及其类型学》，《中国农村观察》2020年第3期，第72—89页。

暴力，或是基层群众自治权任意侵入私人领域。至少早在19世纪，英国的政治哲学家密尔就开始关注社会作为暴君对自由的威胁问题。在他看来，尽管代议制的出现消解了政府权威对个体意志的压制，但是无法消解社会舆论对个体自由的压制。"仅仅防范政府的暴政是不够的。还要防范得势舆论和流行情绪的暴政；……更要防范这样一种倾向，那就是：社会束缚与自身不一致的个性的发展……"，他并不反对一般的社会舆论对个体行为和个体意志的限制，而是认为应当"找出一个界限"。最后，他的结论是，"人类可以个别或集体地对个人行动自由进行干预的唯一正当目的，是为了自我防卫"，因而"一个人的行为，只有涉及他人的那部分，才需要对社会负责；在仅仅涉及自己的部分……他的独立性在权利上乃是绝对的"①。按照前述逻辑，即便是在一个交织紧密的熟人社会，群体与个体之间也存在公域与私域的区别。事实上，在一人交织越紧密的社会，社会舆论侵入个人领域的可能性越大，因为越是在这样的一个社会，各成员之间相互了解的程度越高，信息越透明，公共舆论和道德谴责越具有威慑力。在德治之名下，这种公共舆论的言语暴力有可能通过某种民主表决的形式成为某种正式的决议，通过内部规约的方式赋予社会公权力侵入私域以某种形式合法性。

基层群众自治权行使中的还需要防范另外一种泛道德化倾向，那就是对共同体成员施以过高的道德要求，或施加道德绑架。在与哈特的世纪之争中，富勒曾在《法律的道德性》中区分了义务的道德和愿望的道德。他指出，"如果说愿望的道德是以人类所能达致的最高境界作为出发点的话，那么，义务的道德则是从最低点出发"②。在一个村庄或社区，如果把为村社利益而甘愿牺牲自我利益的行为视为愿望的道德，那么义务的道德可以是要求每个共同体成员不能为自我利益而牺牲集体利益。因此，在德治引领下基层群众自治权的行使过程中，权力的行使主体或德治的践行代表主体们须得区分义务的道德和愿望的道德，他们可以对自我科以愿望的道德，但绝不应该对他人也科以愿望的道德，他们只能对他者提出义务的道德的要求。例如为了村庄的利益，需要某村民牺牲自己唯一的自留地，村委会或乡贤代表们可以自己做出表率，为了村庄的利益牺牲自己的自留地，但绝不可依此要求其他人

---

① [英]约翰·密尔：《论自由》，张书克译，中西书局2015年版，第7—13页。
② [美]富勒：《法律的道德性》，郑戈译，商务印书馆2005年版，第8页。

也为了村庄利益而牺牲自己的自留地。当然，如果该村民道德标准非常高，自愿为村庄利益而牺牲自己的利益，这属于愿望的道德的范畴，可以赞美，但绝不能强求。

四、民主原则

（一）基层群众自治的民主基础

如前所述，任何形式的自治都包含了自由和民主两个向度。如果只有免予外部干预的向度，那么所谓的自治只能是沦为内部少数精英之治。以中国古代的"乡绅之治"为例，对于每一个独立的个体来讲，无论是被近在眼前的乡村精英所统治还是被远在天边的皇权所统治，并没有本质区别，更可怕的是在皇权与绅权的合谋下，普通农民接受着远在天边的皇权和近在眼前的绅权的双重统治。美国地方自治受到托克维尔的盛赞，不仅在于它的自治，更在于它的民主，它是以民主为基础的自治。"乡镇权力的来源……是人民。不过这里权力实行的直接程度远超其他任何的行政单位。在美国，各级政府都必须拼命巴结的主人就是人民。"①

因此，我国《村委会组织法》把"四个民主"（民主选举、民主决策、民主管理和民主监督）作为基层群众自治的基本原则。《居委会组织法》虽然没有直接规定"四个民主"，但也在第一条中把"促进城市基层社会主义民主"作为立法宗旨之一，从《居委会组织法》中具体条文来看，"四个民主"也可视为《居委会组织法》的基本原则。"四个民主"形成了基层群众自治制度运行的四个基本环节，并构建了《村委会组织法》立法的整个框架。2010年修订的《村委会组织法》就是以民主选举、民主决策、民主管理和民主监督为基础构建了其基本框架②。这一框架在2018年《村委会组织法》的修订中得到了延续。在基层群众自治制度构建时，基层群众自治组织的民主建设还被赋予了民主试验和民主训练场的厚望。彭真同志说："他们

---

① [法]托克维尔：《论美国的民主》，陈天群、赵振译，江西人民出版社2019年版，第46页。
② 《关于〈中华人民共和国村民委员会组织法（修订草案）〉的说明》："修订草案在总结地方立法经验的基础上，以民主选举、民主决策、民主管理和民主监督为顺序，将修订草案的内容分为'总则''村民委员会的组成和职责''村民委员会的选举''村民会议和村民代表会议''民主管理和民主监督'及'附则'共六章。这样使村民自治各个环节的制度设计更加一目了然。"

把一个村子的事情管好了逐渐就会管一个乡的事情；把一个乡的事情管好了，逐渐就会管一个县的事情；……从这个意义上讲，村民委员会就是一个民主训练班。"①

民主一度主导了基层群众自治的话语体系。以 1998 年"四个民主"（民主选举、民主决策、民主管理和民主监督）纳入《村委会组织法》为标志，到 2014 年党中央提出"探索不同情况下村民自治的有效实现形式"，徐勇把这个阶段归结为村民自治第二波段，认为它的主要贡献就是确立了"四个民主"作为村民自治的主要方向，并将民主和自治相结合。"自 1998 年之后的中共历次代表大会报告都是将村民自治置于基层民主的框架下论述的。无论是政治体制安排，还是学界研究，民主的范式都取代了自治的范式，这对于将传统自治体系纳入现代民主体系的导向下无疑具有重要意义。"② 但和其他一切领域的民主一样，民主并非万能的。所有形式的民主都会面临两大难题：第一，民主与效率之间的平衡问题；第二，民主可能导致的多数暴政问题。这两大问题在基层群众自治制度的运行和基层群众自治权的行使中同样存在。上述两个问题，也是一直困扰农村研究者的难题。

（二）基层群众自治权行使中的直接民主与间接民主

在制度建构的原初设计中，基层群众自治应当是以直接民主为主，村民会议承载了直接民主的理想③。因此，无论《村委会组织法》还是《居委会组织法》，最开始只规定了村（居）民会议，而没有规定村（居）民代表会议。尽管早在 20 世纪 90 年代初，我国大部分的村都设立了村民代表会议④，并且 1998 年《村委会组织法》就正式将村民代表会议这一制度纳入正式法律体系，但直到 21 世纪初，还有学者坚持认为直接民主是村民自治的原则，间接的"代议制"民主是例外⑤。

但是美好的愿望和制度构想总是要直面客观现实中出现的困难，"以村

---

① 《彭真文选》，人民出版社 1991 年版，第 611 页。
② 徐勇、赵德健：《找回自治：对村民自治有效实现形式的探索》，《华中师范大学学报（人文社会科学版）》2014 年第 4 期，第 1—8 页。
③ 唐鸣：《村民会议与直接民主》，《华中师范大学学报（人文社会科学版）》2009 年第 6 期，第 20—27 页。
④ 汤晋苏：《村民会议与村民代表会议》，《政治与法律》1995 年第 2 期，第 10—13 页。
⑤ 张景峰：《村民自治的法哲学分析》，《中国农村观察》2002 年第 6 期，第 53—58 页。

民会议为主要形式的直接民主从来就没有在村民自治中占主导地位"①。由于建制村规模的扩大以及农民工进城务工导致"空心村"普遍存在，作为直接民主的主要载体，村民会议召开成本太高，相应地，村民代表会议应运而生，在部分地方后者甚至成为前者的替代品②。有学者甚至直接提出，蕴含直接民主理念的村民会议不具有可操作性③。居民会议也遇到了类似的困难，随着城市规模的扩大、人口的急速增长以及人口密度的迅速膨胀，每个社区虽然地域范围并没扩大许多，但是其居民成员数量呈倍数增长。居民代表会议的召开频率也远远超过了居民会议。除了决策成本过高以外，常常被用来论证间接民主的好处的另一个理由是精英构成的代表们拥有更高的素质和更多的专业知识，因此他们的决策质量应当高于由全体群众集体决策的质量④。尽管有学者认为，村民代表会议最终依然是直接民主理念的实现⑤，不过遭到了其他学者的有力反驳，"只要是代表会议，就不是直接民主，而是间接民主"⑥。

基层群众性自治组织中间接民主的表现形式不仅有村（居）民代表会议，研究者们往往忽视了一个事实：村（居）民代表会议和村（居）委会事实上都是由村（居）民直接选举产生的，单从选举的角度而言（不考虑其职能的话），村民代表会议和村委会本质上没有差别，差别只在于它们的数量不同进而占全体村民的比例不同。就议事原则而言，村（居）民代表会议是依"少数服从多数"的民主程序进行表决，而村（居）委会内部也是采取"少数服从多数"的民主程序⑦。它们之间的不同主要体现在两点：第一，职

---

① 唐鸣：《村民会议与直接民主》，《华中师范大学学报（人文社会科学版）》2009年第6期，第23页。
② 徐勇：《中国农村村民自治》，生活·读书·新知三联书店2018年版，第75页。
③ 郎友兴、何包钢：《村民会议和村民代表会议——村级民主完善之尝试》，《政治学研究》2000年第3期，第58页。
④ 郎友兴、何包钢：《村民会议和村民代表会议——村级民主完善之尝试》，《政治学研究》2000年第3期，第54—60页。
⑤ 董江爱：《村民代表会议的制度化：直接民主理念的实现》，《马克思主义与现实》2005年第1期，第103—107页。
⑥ 唐鸣：《村民会议与直接民主》，《华中师范大学学报（人文社会科学版）》2009年第6期，第20—27页。
⑦ 《村委会组织法》第二十九条："村民委员会应当实行少数服从多数的民主决策机制和公开透明的工作原则，建立健全各种工作制度。"
《居委会组织法》第十一条："居民委员会决定问题，采取少数服从多数的原则。居民委员会进行工作，应当采取民主的方法，不得强迫命令。"

能和性质的不同,一般认为前者是一个权力机构或决策机构而后者是一个执行机构,不过这种区分往往也只是理论上的,事实上村委会也广泛行使着决策权;第二,前者是非常设机构,后者是一个常设机构。总之,在基层群众自治权的行使中,村(居)民会议是直接民主的载体,而村(居)民代表会议和村(居)委会是间接民主的载体,在村民会议、村民代表会议和村委会之间,依据民主链条和其代表性,它们所行使权力的民主基础是逐级递减的,但从会议成本来讲又是逐级递增的[①]。

尽管直接民主的成本很高,但相应的收益也高。直接民主的价值不仅在于它的决策可能更加正确,更加切合群众的真实的公共意志,更重要的是它尊重了每个个体表达自己利益与意志的机会,更在于其承认了每个个体的主体性[②]。根据陈前恒、职嘉男的实证研究,村庄直接民主能够显著增加农村居民幸福感,村民大会召开次数每增加1个百分点带来的幸福感增加相当于农村居民家庭年人均纯收入增加1.62个百分点带来的幸福感增加[③]。因此,可以说直接民主与间接民主的相互关系在本质上就是民主与效率的平衡,就是民主决策的成本与民主决策的收益之间的比较。

经济学家们通过把经济学的原理引入政治领域,用经济学的研究方法解释民主决策,从而阐释了宪法民主的经济学逻辑。按照布坎南和塔洛克的观点,一项规则同意的人越多,相应的外部成本就越少,当且只有当一项规则被所有人都同意,这时它的外部成本才为零,才是帕累托最优的。但相应地,一项决策规则需要同意的人越多,决策成本就越大。因此对于民主制度中的民主与效率的平衡,实际上可以视为外部成本 C 和决策成本 D 的平衡问题。把 C 和 D 视为决策需要同意的人数的函数(前者为递减函数,后者为递增函数),那么只有当 C + D 最小时,或者从收益与成本相比较的角度来说边际净收益等于边际决策成本时,决策规则才是最优的[④]。采用类似的逻辑,他们还论证了代议制最优的度:决策的外部成本 I 以及决策成本 J 为代表占总人

[①②] 王振标:《村民自治中的直接民主与间接民主:兼论村民会议、村民代表会议与村委会之间的关系》,《安徽农业科学》2012年第2期,第1139—1140页。

[③] 陈前恒、职嘉男:《村庄直接民主对农村居民幸福感的影响》,《中国农村观察》2014年第6期,第59—70页。

[④] [美]詹姆斯·M.布坎南、戈登·图洛克:《同意的计算》,陈光金译,上海人民出版社2017年版,第63—85页。

口的比例（K/N）的函数，那么当 I+J 最小时，代表占总人口数的比例最优[1]。布坎南和塔洛克的理论虽然没有实际上解决上述难题，但是给出了民主政治中民主与效率平衡的经济学分析模型，并给予了以下有意义的启示：（1）全体一致规则虽然在实践中是难以达到的，但是在规范意义上具有核心地位，因为只有全体一致规则才是帕累托最优的，其他规则应当视为这条理想规则的变种和权宜之计；（2）民主政治中的利益交换（例如相投赞同票的行为）并非总是不可取的，有时它可能被视为一种补偿机制，从而使政治过程成为一种正和博弈，但多数表决规则也会导致集体开支超出合理的水平；（3）集体决策的效率不仅应当看结果，更应当关注过程，效率的评价结果与个体的主观偏好有关，因此只要决策的过程中每个个体的意志都受到了尊重，那么这个集体决策就是有效率的。

---

[1] ［美］詹姆斯· M. 布坎南、戈登·图洛克：《同意的计算》，陈光金译，上海人民出版社 2017 年版，第 211 页。

第五章　基层群众自治权的滥用及其规制

人类政治文明的发展历史告诉我们，"一切有权力的人都容易滥用权力，这是万古不易的一条经验，权力运行直至其边界方可休止"①。基层群众自治权也一样存在滥用风险。基层群众自治权的滥用风险既可能表现在权力的内部人控制和越权行使，也可能表现为基层民主制度下的多数暴政，既有研究对前者关注较多，而对后者关注不足。与其他各种形式的公权力一样，要研究和预防基层群众自治权的滥用，还是要从对权力的监督和制约的研究入手，质而言之，权力滥用现象的出现往往意味着权力监督和制约机制存在一定的问题。

第一节　基层群众自治权的滥用风险

一、基层群众自治权的内部人控制

（一）内部人控制：委托代理模式下的道德风险

自徐勇提出村干部的双重角色起，当家人和代理人双重角色就成为研究基层干部行为模式的基本范式（当然这一范式也可被适用于居委会干部）。在基层群众自治体系中，村（居）民—村/社干部之间、基层政府—村/社干部之间也构成了双重委托-代理关系。当村民集体利益与基层政府不一致甚至产生冲突时，村干部上述双重代理角色就会产生冲突。这种研究范式有助

---

① ［法］孟德斯鸠：《论法的精神（上）》，张雁深译，商务印书馆1995年版，第154页。

于深入研究基层群众自治的行政化，不过也存在一定的不足。因为尽管当家人和代理人的角色冲突是基层干部行为逻辑的重要内容，但并非全部，每个基层干部都有着独立的个人利益，他们既可能背叛村民的委托也可能背离政府的期许，进而实现对村/民和基层政府"委托－代理"关系的双重背离。有学者称之为基层干部的三重角色[1]。而基层干部对其与村（居）民"委托－代理"关系产生背离时，就可能利用职务之便和信息优势，作出机会主义行为，进而形成内部人控制现象。

日本著名经济学家青木昌彦最早提出了"内部人控制"这一概念，原用于指称国有企业的经理和工人在计划经济向市场经济转轨背景下、国有企业公司化过程中所获得的相当大一部分控制权的现象[2]。内部人控制现象产生是企业公司化之后所有权和经营权相分离的结果，是股东和职业经理人之间委托－代理关系的表现。尽管青木昌彦最先的文章是以东欧国家国有企业为主要分析对象，但人们很快发现，对于股权分散的公众上市公司"内部人控制"现象同样可能存在。这是因为基于委托－代理模式下的委托人和代理人之间利益可能会产生偏差甚至冲突，如果双方信息不对称，委托人就可能失去对代理人的监督和控制，内部人控制现象极可能产生，因此一切委托－代理模式关系中都可能存在内部人控制的现象[3]，所以"内部人控制"这一概念也被广泛用于所有委托代理关系模式中。尽管有人认为，内部人控制是伪命题，既然公司的所有权和经营管理权是分离的，那么资本所有者和经营管理者在分离权责时，就对各自拥有的权力，有清晰的界定[4]。但大多时候，人们依然在消极意义上使用内部人控制这一概念：作为代理人的"内部人"利用信息上的优势和职务上的便利获得了超越委托代理契约的控制权，为追求自身利益而违背了委托人的利益。

卢福营曾将精英化归入村民自治中的主要变异表现之一，并认为当前"村民自治并不能称为真正意义上的群众自治，事实上已经变异为少数农村

---

[1] 付英：《村干部的三重角色及政策思考——基于征地补偿的考察》，《清华大学学报（哲学社会科学版）》2014年第3期，第154—163页。

[2] 青木昌彦、张春霖：《对内部人控制的控制：转轨经济中公司治理的若干问题》，《改革》1994年第6期，第11页。

[3] 扈映：《行政化与村民自治能否兼容？——一个基于"内部人控制"理论的分析框架》，《中共宁波市委党校学报》2019年第2期，第81—87页。

[4] 陈彩虹：《"内部人控制"问题》，《中国发展观察》2017年第15期，第43页。

能人或精英的治理,至多只能说是……领袖治理"①。显然,卢福营也是从消极意义上使用了精英化这一概念。但是客观地说,精英之治并不意味着必然走向内部人控制,因为从某种角度来说,一个组织走向精英之治几乎是必然的。出于治理绩效的考虑,少数精英对于组织的运行、决策和权力的行使事实上有着远超一般公众的影响力,不仅在集权体制下如此,在民主体制下亦然。因此,黄博将乡村精英治理分为常态的精英治理和病态的精英治理②。他认为,基层治理的精英化有其必然性和积极价值,但是要警惕精英治理异变为精英垄断③。从委托-代理理论来看,某种精英之治是否走向了内部人控制,关键是看代理人是否背叛了委托人的利益以及是否超越了代理权限。从法学的角度来观察,就是看基层群众自治权力是否在法治框架下行使,是否遵循了前述基层群众自治权行使的基本原则,是否有违反相关法律规定。在实践中,基层群众自治权力的内部人控制主要表现在:通过对民主程序的虚置以实现权力集中,并利用职权之便为自身谋利而损害委托人(集体或国家)的利益。

(二)民主程序虚置与权力集中:内部人控制的主要手段

基层群众自治权行使中的精英化或内部人控制最主要途径和现实表现是通过对民主程序的虚置实现事实上的权力集中。尽管从规范意义上来讲,基层群众自治共同体中有着完善的权力制衡和民主程序,村(居)民会议作为权力机关享有一切重大事项的决策权。即便在村(居)委会内部也应该实行少数服从多数的民主决策程序,仅从规范文本来看,村(居)委会主任并不享有任何高于其他一般委员的特权。但在实践运行中较为常见的现象是村(居)民代表会议逐渐取代村民会议,村(居)两委僭越村(居)民(代表)会议行使了本该由后者行使的决策权,而在部分地方,村(居)两委法定的内部民主程序也演化成村(居)委会主任或村(居)支部书记一人决

---

① 卢福营:《论村民自治发展中的制度偏离》,《浙江社会科学》2011年第10期,第90—94页。
② 黄博:《乡村精英治理研究》,南京农业大学,2013年,第91—94页。
③ 黄博:《自治形态与精英治理——对村庄精英治理的二维解读》,《领导科学》2018年第20期,第8—12页。

定。皇甫鑫分别将这两者称之为Ⅰ类集权和Ⅱ类集权①。通过前述方式，基层群众自治权至此实现了层层上移，从基层群众转移到少数内部控制者。徐勇等人在全国31个省市自治区246个村的调查研究表明，近60%的村庄未召开过村民会议，近40%的村庄实行村两委"一肩挑"，"两委"联席会议成为事实上的权力中心和决策中心。民主决策程序大多流于形式，村内重大问题决策主体是村民代表会议、村委会、村支书或村主任、全体村民、村党组织的村民占比分别为：38.9%、32%、15.5%、6.9%、6.7%，尽管看似村民代表会议所占比例最高，但村民代表由村干部指定的村庄占93.6%②。在某些地方，支书还拥有了对其他基层干部的考核权，使支书成为其他基层干部事实上的领导，加上"一肩挑"的普遍实施，更加强了基层权力的集中③。许多村或社区虽然是由代表会议决议，但是没有村（居）民会议的直接授权。而依《村委会组织法》的第二十四条规定，村（居）民会议可以但并不必然将重大事项决策权授权给村（居）民代表会议④。

民主程序的虚置排斥了普通村（居）民对于重大事项决策的参与权，从而使少数精英实现了对基层权力的集中和垄断，从而为内部人控制的产生奠定了基础。但是需注意的是，除了前述途径以外，基层群众自治共同体内权力的集中也可能是自然形成的。基层群众自治共同体内权力运行逻辑与传统官僚体制下的权力运行逻辑并不完全相同，村委会及村干部的权力虽然有国家法和村民选举及内部规约的双重赋权，但是村干部的权力必须想方设法地予以在地化，变成实践权力⑤。双晓爱称之为"正式权力的非正式运行"，基层权力机关实施正式权力并非是直线型的，而是采取迂回的方式来完成其权力目标⑥。基层精英拥有着超乎众人的权威并非全然借助体制上的优势，也

---

① 皇甫鑫：《责任缺失下的村民自治：基于不完全权力的解释》，《党政研究》2019年第2期，第43—50页。
② 徐勇：《中国乡村政治与秩序》，中国社会科学出版社2012年版，第76—97页。
③ 孙敏、田孟：《从"自利"到"自制"：村级治理规避"分利秩序"的机制分析——以上海市若干近郊村为考察对象》，《西南大学学报（社会科学版）》2017年第1期，第5—14页。
④ 《村委会组织法》第二十四条："涉及村民利益的下列事项，经村民会议讨论决定方可办理：……村民会议可以授权村民代表会议讨论决定前款规定的事项……"
⑤ 王雨磊：《村干部与实践权力——精准扶贫中的国家基层治理秩序》，《公共行政评论》2017年第3期，第26—45页。
⑥ 双晓爱：《农村社区公共权力运行失范及重塑机制——以华北D村为考察对象》，《云南行政学院学报》2016年第6期，第21—26页。

有个人魅力和社会博弈上的原因。袁松从人情交换、面子竞争等本土文化现象入手，指出基层精英的社会优势不仅源于符号竞争中所获得的优势，还源于其与众人在不对称的社会交换中获得的认可，这种资源能够通过村委会选举、村党支部"两推一选"等公开程序转换为正式的权威①。但这种自然形成的权威和通过虚置法定民主程序形成的权力集中，尽管在结果上都体现为权力的集中和基层治理的精英化，但是显然还是有明显的区别，最重要的区别在于前者并不违反法律规定，也并不违背民主原则，基层精英尽管居于决策中心，但并不排斥普通民众的决策参与，而后者违反了法律强制性规定，违背了民主原则，基层精英不仅实现了权力集中，还垄断和越权行使了本不属于他们的决策权。

（三）内部人控制的表征

从权力最终归属和设立的目的来讲，一切权力属于人民，一切权力的设立也是为了人民。但是实际政治运作中，不可避免地要将部分权力委托于某些机构甚至个人，一旦这些权力失去有效的监督和制约，这些权力的行使便可能背离其设立的初衷。基层干部贪腐是基层权力（包括国家授予的行政权和基层群众自治权）被滥用的最为显性的恶果和表现。"小官巨贪"是极易刺痛公众神经的媒体话语，但从法律性质上来讲，村（居）委会干部都不属于正式官僚体制内的官员，他们不在公务员体制之列。根据2018年颁布的《中华人民共和国监察法》，基层群众性自治组织中的干部在国家监察机关的监察范围②。周庆智称之为"村官胥吏化"，他们非官亦官，是民非民。尽管他们身份低微，但是"真正的政府代理人"，既熟悉各种政务又通晓地方民情，便可欺上瞒下并从中牟利。基层干部半官半民的身份意味着他们行使权力的复杂性，他们既行使政府所授予的行政权，又有基层群众自治组织所赋予职权③。从媒体报道的典型案例来看，大部分的小官巨贪案例都与基层群众自治权的滥用相关。根据陈文权和莫申容对近年来媒体报道的100多个

---

① 袁松：《发达地区农村的阶层分化与权力实践：一个研究展望》，《中共浙江省委党校学报》2017年第3期，第88页。
② 《中华人民共和国监察法》第十五条："监察机关对下列公职人员和有关人员进行监察：……（五）基层群众性自治组织中从事管理的人员……"
③ 周庆智：《关于"村官腐败"的制度分析——一个社会自治问题》，《武汉大学学报（哲学社会科学版）》2015年第3期，第20—30页。

"小官巨贪"案件的梳理结果,农村征地补偿是小官巨贪的重灾区,其所整理出来的13个典型案例中几乎有一半涉及农地征收补偿①。这也正好说明了巨贪小官中居委会干部较村干部要少,并不能简单归结于前者有更高的思想觉悟,恐怕更重要的是前者缺少后者的土壤。除此以外的小官巨贪大多也涉及侵占公共资金、集体财产、冒领(套取)国家补贴等。如果从所涉及的权力性质来看,侵占或挪用集体资产、违规转让集体土地并收取贿赂等行为更多地涉及村/社区集体利益,相对应地,所涉及的权力也主要是基层群众自治权力,而侵占国家资金(例如扶贫资金)、冒领(套取)国家补贴等行为更多的是侵犯国家利益(当然也涉及村/社区集体利益),相对应,所涉及的主要也是国家所授予的权力。不过在大多数案例中,基层干部贪腐既侵害了国家利益,也侵害了基层群众自治共同体的利益。例如侵占或挪用国家资金,看似受直接损失的只有国家,但是这些资金本该是用于群众或为群众提供公共产品,进而基层群众自治共同体利益也受到损害。总之,基层干部贪腐所体现的是基层干部行为对村(居)民—基层干部之间、基层政府—基层干部之间双重委托-代理关系的双重背离,他们既欺下也瞒上,在基层治理中他们利用职务之便和信息不对称,滥用手中权力采取机会主义行为。

基层干部贪腐虽然是最受关注的基层权力内部人控制的表征,但并非唯一表现,形式主义、官僚主义以及办事不公等都是基层权力被滥用的表现。例如有些村干部利用管理印章的职务之便,在为群众开证明时故意刁难或者相反,不予审查随便盖"人情章"②,或者在自治共同体内部福利分配、纠纷处理等事务上处事不公、厚待亲友薄待他人等,都是常见的基层权力被滥用的表现。安永军在对北京市某村进行深入访谈后指出,在"自己人/外人"关系区分下,村干部会根据亲疏远近,对村民采取内外有别的对待方式,对自己人会保护其私人利益,而对外人则会公事公办。寡头治理的基层群众自治共同体会呈现强私人性和弱公共性的局面。在利益分配和村庄治理中,私

---

① 陈文权、莫申容:《治理"村官巨腐"的长效机制探讨》,《云南行政学院学报》2018年第4期,第102—107页。
② 《中国纪检监察报》2018年12月21日报导的江苏省盐城市盐都区冈中街道三徐村十年低保套保案是典型代表,该案中,自2005年5月至2014年底的十年中,村干部明知当事人2005年4月已经死亡,并且在十年时间内,当事人家庭成员、家庭结构、收入来源、保障水平都发生重大变化,各方面早已不符合低保要求,但碍于乡里乡亲、不想得罪人等考虑,仍以正常手续向上申报年审。

人原则均居于主导地位，呈现出利益分配私人化和村庄治理私人化的特征①。与农村社会不同，城市社区由于缺少共同的经济联系和利益关联，一般而言，这种公共事务私人化的情形较少。尽管如此，有学者通过实践调查发现，在城市社区照样存在一些社区积极分子，他们会帮助居委会完成一些行政任务。而为了维系这样的圈内共同体，居委会也以少量的资源不定期地施恩于这些社区积极分子②。

二、基层群众自治中的多数暴政

（一）民主的多数暴政难题

民主制在现代社会的主要表现形式就是"少数服从多数"的多数规则，区别往往只在是简单多数规则还是一定比例的多数规则。以多数规则作为主要特点的民主制所隐含的最大问题就是多数暴政难题。托克维尔在盛赞美国的民主之余，也不忘警示世人民主可能带来的弊端——多数暴政，并给出了以下名言警句："专制不论以什么形式出现，都是令人讨厌的……但他们又有新的发现：只要以人民的名义来实行暴政和主事不公，暴政也能成为合法的，不公也能变成神圣的"，"无限权威并不是一件好而安全的东西……任何一个权威，只要它拥有了决定一要的权利和能力，不管它在共和国还是在君主国实行，或者它被称为国王还是人民，抑或被称为贵族政府还是民主政府，我都会认为暴政从此开始萌芽"③。美国的政治学家萨托利也认为："如果多数原则是不受限制的或绝对的……我们就会看到……多数专政。"④

"少数服从多数"的简单多数规则最大的问题在于将少数派的意见给抹杀掉了，经过这种民主程序所精炼出来的意志实际上是多数派的意志，而非真正的公共意志。经济学家们也从经济学的角度提示了简单多数规则存在的

---

① 安永军：《关系吸纳制度：寡头治村与基层民主的变异》，《华中农业大学学报（社会科学版）》2018年第5期，第137—143页、第167页。
② 闵学勤：《社区自治主体的二元区隔及其演化》，《社会学研究》2009年第1期，第162—183页。
③ [法] 托克维尔：《论美国的民主》，陈天群、赵振译，江西人民出版社2019年版，第174页。
④ [美] 乔万尼·萨托利：《民主新论》，冯克利、阎克文译，上海人民出版社2009年版，第153页。

诸多缺陷。根据孔多塞"投票悖论"和阿罗不可能定理,如果可选方案超过3 项,如果众多的社会成员具有不同的偏好,那么依靠简单多数规则不可能将众多的个人偏好整合成社会偏好,或者不可能存在某种决策规则同时满足帕累托法则、无限制定义域和无关备选项的独立性以及非独裁这四个条件。阿罗不可能定理导致人们对民主程序能否产生民主的结果的质疑。

  传统的简单多数规则的另一重要缺陷是,"一人一票"的投票表决制不能真实地反映不同投票者的偏好强度,"情绪激昂地反对某项议案的人,与一个有点赞成但并不怎么关心该议案的人"在投票表决中获得同样的重要性①。例如,一个具有非常深厚祖先崇拜情结的由一百户组成的村需要开辟一条新的灌溉渠道(旧的渠道还能用,但是稍远一点),但是需要迁移 3 户人家的祖坟,那么全村表决时,这 3 户人家所持有的表决权远远无法与其他 97 户相抗衡。但是从偏好来讲,对这个决议这 3 户拥有强烈的负偏好,相比之下其他 97 户只有微弱的正偏好。但在简单多数制下,这 3 户少数派就极可能沦为牺牲品。

  当然前述对"多数暴政"的论述绝不意味着对基层民主本身的否定,只是意味着,基层群众自治权的行使中绝不能侵害少数群体的合法权利。任何形式的民主投票表决都是多数人对少数人意志的压制,但并不能就此认为这都属于多数暴政。如达尔所说,如果不建立一个确定的标准,把任何形式的伤害都称为一种"依据法律程序的多数暴政"(majority tyranny through law)的话,则没有任何民主形式是可以成立的②。在部分学者看来,这个标准就是"宪法权利",当多数决的对象不涉及宪法权利时它是正当的,只有当用多数决程序剥夺宪法权利时它才是"多数人暴政"③。不过这种结论似乎面临一个原初的追问:宪法本身也是多数决的结果,尽管我们常说宪法是由人民制定的,但在实际上它也只是由部分人民制定的,无论这个比例是 3∶4 还是 2∶3,本质上也都是多数人对少数人的强制。如果从功利主义和经济学的角度来看,只要总的社会福利为正(即多数派所获得的利益超过了少数派失去

---

① [美]詹姆斯·M. 布坎南、戈登·图洛克:《同意的计算》,陈光金译,上海人民出版社 2017 年版,第 131 页。
② 蒋政、刘俊祥:《"多数暴政"并非民主之必然——论达尔对托克维尔的反驳》,《湖北行政学院学报》2014 年第 6 期,第 6 页。
③ 姜峰:《多数决、多数人暴政与宪法权利——兼议现代立宪主义的基本属性》,《法学论坛》2011 年第 1 期,第 103—109 页。

的利益),那么这个多数决就是可欲的。进而"卡尔多-希克斯"效率标准为多数决提供了理据。但是功利主义也已经受到了以罗尔斯为首的新自由主义的猛烈批判,无论多数人所获得的利益有多大,都不能为少数人所失去的合法利益(哪怕这种利益再小)提供伦理上的支持。在实践中,人们对议案的反对还有可能不是因为该议案不能增进他们的利益,而是因为他们认为该议案不能公平地增进他们的利益。罗尔斯在探讨直觉主义的正义原则时总结了基于"总和-分配"二分法的正义原则:一种是功利主义的,即社会的最大净余额的意义上最大的善;另一种是社会总福利的公平分配。功利主义"不关心社会总福利在个人之间的分配"[①]。不过,只要总的社会福利为正,那么如果交易成本为零,通过政治交易,就可能使少数派的利益得到合理补偿,从而实现帕累托改进,此时就可以说这种情形下的多数决是正当的、合理的[②]。

(二)基层群众自治权运行实践中的多数暴政

对于村(社区)这样一个小规模的"熟人社会"和"半熟人社会"而言,交易成本相对更低,并且基于长期重复博弈的考虑,前述的政治交易更容易形成,满足"卡尔多-希克斯标准"的议案就可能通过政治交易实现帕累托改进。或许正因为如此,人们曾经对小规模团体的自治抵抗多数暴政寄予希望,不过,实践证明基层群众自治权的行使中同样存在类似的问题。当村(居)民会议或村(居)民代表会议就某项议案(或村规民约、居民公约)行使决定权时,如果它明显对大部分人有益但可能伤害少数群体的利益,这样的议案或村规民约大概率会被通过。现实中出现的大量的"入赘男""迁入户""外嫁女"等不得参与村(社区)福利分配的纠纷大多是民主的多数暴政难题在基层群众自治权行使过程中的反映。

相较于一般情形,基层群众自治权行使中的多数暴政还有一定的特殊性:基层群众自治共同体可能会以自治之名排斥源于国家公权力体系的救济,而国家行政和司法机关也可能借尊重自治之名规避基层群众自治共同体与成员之间的纠纷。例如陈淑华诉大沙村委一案中,大沙村民代表会议通过了本村公寓分配方案,陈淑华不服提起诉讼,结果一二审均裁定属于村民自治事项

[①] [美]约翰·罗尔斯:《正义论》,何怀宏、何包钢、廖申白译,中国社会科学出版社2009年版,第21—29页。

[②] 张维迎:《博弈与社会》,北京大学出版社2013年版,第25—27页。

而拒绝受理,而陈淑华提请再审,再审法院则裁定本案应当予以受理①。这类案件大多与村(社区)福利分配或征地补偿费相关。最高人民法院对于该类纠纷是否应当受理曾以复函、答复的形式给予过答复,但是前后态度并不一致。例如2001年《关于人民法院对农村集体经济所得收益分配纠纷是否受理问题的答复》(法研〔2001〕51号)认为:"农村集体经济组织与其成员之间因收益分配产生的纠纷,属平等民事主体之间的纠纷。当事人就该纠纷起诉到人民法院,只要符合《中华人民共和国民事诉讼法》第一百零八条的规定,人民法院应当受理。"而次年即2002年,《关于徐志君等十一人诉龙泉市龙渊镇第八村村委会土地征用补偿费分配纠纷一案的批复》(〔2002〕民立他字第4号)却认为:"农村集体经济组织成员与农村集体经济组织因土地补偿费发生的争议,不属于平等主体之间的民事法律关系,不属于人民法院受理民事诉讼的范围。对此类争议,人民法院依法不予受理,应由有关行政部门协调解决。"② 2005年最高人民法院出台的《关于审理涉及农村土地承包纠纷案件适用法律问题的解释》(法释〔2005〕6号)对此有了一个相对较为系统的解释:除了因未实际取得土地承包经营权和关于土地补偿费数额的纠纷,其他的相关纠纷均被纳入受案范围③。2008年,《民事案件案由规定》明确将"侵害集体经济组织成员权益纠纷"列入民事诉讼案由,这类案件才基本被纳入司法救济范畴,但司法实践中仍有不少被裁定不予受理的。赵新龙从中国裁决文书网上选取2006—2017年681份农村集体资产股份量化纠纷案件,其中一审法院拒绝介入的占35.4%,而二审法院拒绝介入的占52.4%④。

---

① 北大法宝引证号:CLI.C.10659079,《陈淑华诉佛山市禅城区张槎街道大沙村民委员会侵害集体经济组织成员权益纠纷再审案》。

② 张旭勇:《村民民主决策权的司法救济制度研究:行政法语境下的理论与实践》,中国法制出版社2012年版,第117—123页。

③ 《关于审理涉及农村土地承包纠纷案件适用法律问题的解释》第一条:"下列涉及农村土地承包民事纠纷,人民法院应当依法受理:(一)承包合同纠纷;(二)承包经营权侵权纠纷;(三)承包经营权流转纠纷;(四)承包地征收补偿费用分配纠纷;(五)承包经营权继承纠纷。

集体经济组织成员因未实际取得土地承包经营权提起民事诉讼的,人民法院应当告知其向有关行政主管部门申请解决。

集体经济组织成员就用于分配的土地补偿费数额提起民事诉讼的,人民法院不予受理。"

④ 赵新龙:《农村集体资产股份量化纠纷的司法实践研究——基于681份裁判文书的整理》,《农业经济问题》2019年第5期,第30—45页。

但是纳入受案范围只是第一步，后续仍然存在一系列的理论和实践难题。首先一个要解决的问题是法院应该做何种程度的审查。就内容审查而言，目前对于村（居）民（代表）会议决议的进行审查的主要依据是《村委会组织法》第二十七条，即"村民自治章程、村规民约以及村民会议或者村民代表会议的决定不得与宪法、法律、法规和国家的政策相抵触，不得有侵犯村民的人身权利、民主权利和合法财产权利的内容"。但是同样依据该条，不同法院却在大体相同案件背景下作了完全相反或对立的判决[①]。盖因审查标准宽严不一。如前所述，如果从最严的理解，只要违背了国家法的基本精神和原则均算与宪法、法律、法规和国家的政策相抵触。而有些法院则以最宽的理解，只有违背了国家法的明文规定，才构成与国家法相抵触。从程序合法性的审查来看，法院大多采用了极为宽泛的审查标准，基本上只要达到了代表过半数的同意即认可其程序合法，而无论是否有召开会议、会议议程如何安排、如何表决[②]。例如郯城县郯城街道南关二街居民委员会与张则强用益物权纠纷案中，郯城南关二居委会采取入户调查问卷的方式代替了村（居）民（代表）会议[③]，但法院照样认可了其合法性。其次，如果法院认为基层群众自治共同体的民主多数决定违背了国家法和政策，那么法院应当判决确认违法、撤销、重做还是直接变更决策的内容？早在2011年，张红就提出根据《村委会组织法》第三十六条第一款规定，法院只有撤销村民委员会及其成员做出的侵害村民合法权益的决定而无权撤销村民会议做出的决议[④]。即便法院有权撤销村民会议做出的决议，村民会议依然可以再次做出相同的决议，这对于村民权益的保护无济于事。因此，基层群众自治共同体内少数派利益要想真正等到救济，法院必须做出具有直接内容、能直接满足少数派村民利益需求的判决，例如确认其拥有同等村民权益或要求村集体组织支付和补偿其相应的福利等，这在本质上等于直接变更了村民会议的决议[⑤]。但这确实又有司法权过度侵入村民自治领域事项之

[①②] 赵新龙：《农村集体资产股份量化纠纷的司法实践研究——基于681份裁判文书的整理》，《农业经济问题》2019年第5期，第30—45页。

[③] 参见山东省高级人民法院（2016）鲁民终499号判决。

[④] 张红：《农地纠纷、村民自治与涉农信访——以北京市调研为依据》，《中国法学》2011年第5期，第70—83页。

[⑤] 关于实践中类似案件的判决及其中的矛盾和困惑，可以参阅张旭勇：《村民民主决策权的司法救济制度研究：行政法语境下的理论与实践》，中国法制出版社2012年版，第128—144页。

嫌。对于涉及"外嫁女""入赘男"等明显违背男女平等原则和《妇女权益保护法》的村内决议或村规民约，法院直接撤销甚至变更尚或有一定说服力。但对于"空挂户"或者"迁入户"等是否应当分配以及按多大比例分配的问题，似乎更多地应该是个政治问题而非法律问题，由法院代为决定并不是个合理的选项。最后，这种多数暴政下的民主决策行为的对外效力，尤其是对于自治共同体与第三方之间的合同效力的影响，也是学术和司法实践中一个长期存在争议的问题（参见本书第三章第二节）。对这些问题，将在下文继续探讨。

第二节 基层群众自治权滥用的原因探析

一、内部权力制约和监督机制失灵

（一）内部权力失衡

尽管从规范文本来看，基层群众自治共同体内部公共权力总体框架非常清楚，也存在相应的权力制约和监督机制，但是基层群众自治共同体也存在一些内部权力不均衡的问题。从规范文本来看，作为基层群众自治共同体内主要常设机构和执行机构，村（居）委会受到权力机关以及监督机关的双重监督和制约，而且一切重大事项的决策权都由权力机关（代表）机关即村（居）民（代表）委员会来行使，村务监督委员会则行使监督权，由此形成决策权、执行权和监督权"村权三分，三会村治"的基本模式。但从运行实践来看，部分基层群众自治共同体依然出现了前述基层群众自治权被滥用的情形。有些学者指出，基层群众自治困境在于基层权力失衡。例如肖滨、方木欢指出，我国村民自治陷入困境的根本原因在于"五权"（领导权、自治权、行政权、经济权和参与权）失衡[①]。

基于《宪法》所赋予的中国共产党的执政地位，无论是村庄还是城市社

[①] 肖滨、方木欢：《寻求村民自治中的"三元统一"——基于广东省村民自治新形式的分析》，《政治学研究》2016年第3期，第77—90页。

区，都应当坚持党的领导，基层党组织①都是基层群众自治共同体中的权力核心。《村委会组织法》第四条规定："中国共产党在农村的基层组织，按照中国共产党章程进行工作，发挥领导核心作用，领导和支持村民委员会行使职权；依照宪法和法律，支持和保障村民开展自治活动、直接行使民主权利。"此处的村民委员会是专指狭义的村民委员会还是指整个基层群众自治共同体，缺乏明确的解释。村民开展自治活动行使民主权利最主要的途径是村民（代表）会议，村内如何支持和保障村民（代表）会议的召开和村民行使权利在《村委会组织法》中也缺乏更细致的规定。相较于农村基层党组织领导权的行使，城市基层党组织领导权的相关规定更是阙如，《居委会组织法》根本没有条文提到基层党组织。当然，不能据此就认为城市社区就可以脱离党的领导，因为这样既不符合我国《宪法》所规定的坚持党的领导的基本原则，更不符合我国城市社区治理结构的实际。在城市社区自治的运作实践中，与农村基层党组织一样，社区党支部仍然居于权力核心和领导核心的地位。

由于规范文本过于抽象和原则化，基层党组织的政治领导权的具体内容和行使方式存在一定的模糊性，在实践中突出表现为广受人们所关注的基层党组织与村（居）委会之间相互关系的问题。在相当长的时间里，村（居）两委关系问题成为学界研究的主线之一②，从村民自治制度实行伊始，这就是一个理论上模糊、实践中困扰的一个问题③。该问题又可以从内容和形式上分别予以讨论。

首先是关于基层党组织的政治领导权的具体范围和内容的问题。为了区分村两委的权限，有学者将基层党组织的政治领导权定位为决策权④，也有

---

① 如无特别说明，本书所指基层党组织均指村/社区的党委、党总支部或党支部，而不包含乡镇党委。之所以未直接采用"党支部"这一表达，是因为根据《中国共产党农村基层组织工作条例》，根据党员人数的不同，农村可能分别成立支部、总支部或党委。尽管实践中各村党员鲜有超过50人的，成立的一般都是党支部，但为了严谨起见，本文采用"基层党组织"的表达方式，但与乡镇党委相区分。

② 程为敏：《关于村民自治主体性的若干思考》，《中国社会科学》2005年第3期，第126—133页。

③ 柳建闽、汤凌燕：《论村民自治权力制约机制的构建》，《福建农林大学学报（哲学社会科学版）》2011年第4期，第41—45页。

④ 例如有学者就认为基层党组织（党支部）行使的是决策权，与村民委员会的执行权和村务监督委员会的监督权形成"三足分工"。参见李韬、吴思红：《村务监督委员会的实践困境和功能改进——派系、理性和庇护因素的分析视角》，《湖北行政学院学报》2016年第5期，第54—59页。

第五章 基层群众自治权的滥用及其规制

学者主张基层党组织应当从繁杂的村务中摆脱出来，专门负责领导村务监督机构并对村委会的日常工作进行监督①。还有学者将领导权与自治权相并列，认为基层党组织行使的是领导权，村委会行使的是自治权②。其次是基层党组织政治领导权的实现方式问题。关于基层党组织政治领导权的实现方式，有学者提出，基层党组织负责政务，而村（居）委会负责自治事务（村内事务）③。还有人认为党支部的职责主要是政治性的、原则性的，而村委会的职责是事务性的、具体性的④。在实践中，对两委权限交叉问题最主要的解决方式是村两委的交叉任职，即俗称的"一肩挑"。从 2002 年中共中央办公厅和国务院办公厅发布《关于进一步做好村民委员会换届选举工作的通知》开始，"一肩挑"模式得到了党和国家的正式认可和提倡。至此，"一肩挑"已经成为一个趋势，在这个《通知》下发后，全国"一肩挑"平均水平由 2002 年的 20% 多上升到 2005 年的 30% 多，部分地方实现了跨越式增长⑤。在部分地方"一肩挑"的比例甚至达到了 100%⑥。2019 年新修订的《中国共产党农村基层工作条例》将交叉任职由"提倡"改为了"应当"。最后，"一肩挑"或许可以解决两委之间的紧张和冲突，不过人们仍然需要回应基层党组织与权力（代表）机关之间的相互关系。过往研究常常聚焦于村（居）两委（村/居党支委和村/居委会）的关系问题，事实上相较于村（居）两委之间的关系，村（居）支委和村（居）民（代表）会议之间的相互关系更复杂。相较于村（居）委会的执行权，村（居）民（代表）会议所行使的重大事项决策权是一项更为核心的权力。因此，如何既保证基层党组织的领导又不至于架空权力机关和权力代表机关的决策权，需要决策程序上的进一步明确。

---

① 柳建闽、汤凌燕：《论村民自治权力制约机制的构建》，《福建农林大学学报（哲学社会科学版）》2011 年第 4 期，第 41—45 页。

② 肖滨、方木欢：《寻求村民自治中的"三元统一"——基于广东省村民自治新形式的分析》，《政治学研究》2016 年第 3 期，第 77—90 页。

③ 徐勇：《中国农村村民自治》，生活·读书·新知三联书店 2018 年版，第 183 页。

④ 王金红：《"两委矛盾"：经验分析与理论批评》，《华中师范大学学报（人文社会科学版）》2005 年第 5 期，第 18—24 页。

⑤ 程同顺、史猛：《推进村级组织负责人"一肩挑"的条件与挑战——基于 P 镇的实地调研》，《南开学报（哲学社会科学版）》2019 年第 4 期，第 76—86 页。

⑥ 李鑫诚：《乡村权力下沉治理模式的运行策略及其反思》，《湖北社会科学》2017 年第 4 期，第 22—27 页。

上述问题在2019年新修订的《中国共产党农村基层组织工作条例》（以下简称《工作条例》）中有了较为明确的规定①。首先，对于基层党组织政治领导权的范围和具体内容，《工作条例》明确了党的领导不仅体现在对村内重大事项的决策权以及监督权的领导，而是贯穿了"民主选举、民主决策、民主管理和民主监督"全过程，实现了对"经济建设、政治建设、文化建设、社会建设、生态文明建设和党的建设以及乡村振兴中的重大问题"的全覆盖。《工作条例》还明确规定了基层党组织对各类其他组织的领导（自然也包括了村民会议和村民代表会议）②。至此可以发现，根据《工作条例》，村两委之间关系问题并非简单的职能分割问题，把基层党组织行使的权力简单定位为决策权或监督权显然是狭隘的。《工作条例》所要实现的党对村民自治的领导不仅是对村委会的领导，也包括了对村民（代表）会议、村务监督委员会以及其他一切村内组织的领导。基层党组织的政治领导权高于村民大会（村民代表大会）、村委（村民委员会）、监委会分别行使的决策权、执行权、监督权③。把基层党组织的政治领导权与自治权相对立，或将村两委关系定位为代表国家的政治权力与自治权力之间的关系的观点也不准确。尽管在与上级党组织的关系上，基层党组织不同于村委会与基层政府的关系，乡镇党组织对基层党组织是领导与被领导的关系，而村委会不是乡镇政府的

---

① 尽管早在1999年党中央就曾发布过《中国共产党农村基层组织工作条例》，但2019年发布的新《中国共产党农村基层组织工作条例》显然规定的更为明确并具有操作性。

② 《中国共产党农村基层组织工作条例》（2019年发布）第十条："……（二）讨论和决定本村经济建设、政治建设、文化建设、社会建设、生态文明建设和党的建设以及乡村振兴中的重要问题并及时向乡镇党委报告。需由村民委员会提请村民会议、村民代表会议决定的事情或者集体经济组织决定的重要事项，经村党组织研究讨论后，由村民会议、村民代表会议或者集体经济组织依照法律和有关规定作出决定。（三）领导和推进村级民主选举、民主决策、民主管理、民主监督，推进农村基层协商，支持和保障村民依法开展自治活动。领导村民委员会以及村务监督委员会、村集体经济组织、群团组织和其他经济组织、社会组织，加强指导和规范，支持和保证这些组织依照国家法律法规以及各自章程履行职责。……"

第十九条："党的农村基层组织应当加强对各类组织的统一领导，打造充满活力、和谐有序的善治乡村，形成共建共治共享的乡村治理格局。村党组织书记应当通过法定程序担任村民委员会主任和村级集体经济组织、合作经济组织负责人，村"两委"班子成员应当交叉任职。村务监督委员会主任一般由党员担任，可以由非村民委员会成员的村党组织班子成员兼任。村民委员会成员、村民代表中党员应当占一定比例。村级重大事项决策实行"四议两公开"，即村党组织提议、村"两委"会议商议、党员大会审议、村民会议或者村民代表会议决议，决议公开、实施结果公开。"

③ 李庆召、马华：《制约与监督协同视角下的村级权力自控机制研究》，《江西社会科学》2017年第3期，第219—226页。

下级机关。但基层党组织所追求的利益主要仍然是村（社区）的集体利益，其主要构成人员的本质身份依然是村民。在实行两委交叉任职的地方，村委的选举方式也不简单是村内党员内部的选举，而是包含了全村村民意志的选举。因此，基层党组织的党的执政权在村民自治中的体现，是执政权和村民自治权的结合。对于基层党组织政治领导权的实现方式，《工作条例》更进一步地明确肯定了"一肩挑"模式，并且规定村务监督委员会主任一般由党员担任。为了与《村委会组织法》规定的"村民委员会成员及其近亲属不得担任村务监督机构成员"相协调，《工作条例》还规定了村务监督委员会主任可以由非村民委员会成员的村党组织班子成员兼任。关于基层党组织对重大事项决策权的领导方式，《工作条例》明确规定，基层党组织的研究讨论作为村民会议和村民代表会议的前置程序，并明确将"四议两公开"确立为村内重大事项决策的法定程序[1]。

"一肩挑"虽然有效解决了两委之间对内部权力和资源争夺的制度性内耗，但在一些地方也导致了权力的过于集中以及对村（居）委会权力监督和制约的不足。"一肩挑"者既掌握了政治领导权，又掌握了村（居）委会的自治权力，同时掌握了党对自治组织的监督权[2]。这可能造成"上级监督太远，同级监督太软，下级监督太难"的隐忧[3]。当然这并不构成否定"一肩挑"的理由，但是它确实提出了这个一个需求：伴随着"一肩挑"的推行，自治共同体内权力制约和监督机制应当随之改进。在这方面不少学者做了有益的探索。张世花和吴春宝的调研数据显示，在实行"一肩挑"的村庄有更强烈的民主监督需求，具体表现在村民代表会议召集的频率更高，且村内民

---

[1] 《中国共产党农村基层组织工作条例》（2019年发布）第十条："村党组织的主要职责是：……（二）……需由村民委员会提请村民会议、村民代表会议决定的事情或者集体经济组织决定的重要事项，经村党组织研究讨论后，由村民会议、村民代表会议或者集体经济组织依照法律和有关规定作出决定。……"
第十九条："……村级重大事项决策实行'四议两公开'，即村党组织提议、村'两委'会议商议、党员大会审议、村民会议或者村民代表会议决议，决议公开、实施结果公开。……"

[2] 吴思红、陈琳：《试论村"两委"书记主任"一肩挑"的权力监督》，《中共杭州市委党校学报》2015年第2期，第17—23页。

[3] 程同顺、史猛：《推进村级组织负责人"一肩挑"的条件与挑战——基于P镇的实地调研》，《南开学报（哲学社会科学版）》2019年第4期，第76—86页。

主监督组织建设高出普通的村庄①。

另外，长期以来部分基层群众自治共同体政经不分、行政权和自治权不分导致权力过分集中于村（居）委员，也是权力过于集中并缺乏有效制约和监督的重要原因。如前所述，对于大部分村和社区而言，村（居）委会往往既是一个基层群众自治组织，同时也是受委托的国家行政权力的行使者，与此同时还是集体经济的管理者（充当了集体经济组织的角色）。这些权力的集中强化了权力行使者对基层资源事实上的控制力和影响力，从而致使对他们的制约和监督难度更大。对普通村民而言，他们具有政府代言人身份，这种准官方的身份对传统村民而言是一种巨大的身份优势和权威。对基层政府而言，他们是基层政府完成行政任务不可或缺的协助者。对于集体资源密集型自治共同体而言，如果基层干部们拥有着对集体资源的生产和分配事实上的决策权和支配权，村（居）民利益的实现与他们的决策息息相关，这意味着对他们进行制约和监督需要承担更为巨大的风险和成本，机会主义者的选择可能是尽量实现与基层干部的合谋，尽量跻身于"分利秩序"中分利者之列。

（二）村（居）（代表）民会议对村（居）委会的监督制约不足

如前所述，基层群众自治权滥用的重要表现之一是内部人控制，而内部人控制的重要手段之一就是对民主程序的虚置。绝大部分已经报道出来的基层贪腐案件都有一个共同点，那就是本该由村（居）民（代表）会议行使的决策权事实上被少数人甚至个别人所掌握。村（居）民（代表）会议的决策权被僭越，既有客观上的原因，也有制度上的原因。

从制度上来讲，无论权力机关还是权力代表机关都是非常设机关，在客观上，由于我国农村的空心化以及城市居民对社区公共事务的淡漠，村（居）民会议和村（居）民（代表）会议的召集都存在一定的客观困难，使得其权力难以真正有效行使，进而导致本应为权力机关的村（居）民（代表）会议对村委会失去了应有的监督制约作用。

为了解决前述第一个方面的问题，早在2002年河北青县最先创造性的探

---

① 张世花、吴春宝：《村级民主监督：组织运行现状及绩效分析——对全国246个村庄3656户农户的调查研究》，《青海社会科学》2011年第3期，第82—85页。

索并实施了"村代会常任制",取得了较好的效果,并于 2006 年 11 月 16 日在中央电视台新闻联播被宣传报道①。在青县"村代会常任制"的带动下,不少地方纷纷效仿,王赐江对青县"村代会常任制"与中牟县"家庭联户代表制"进行了比较,认为这两种制度都已经实际上改变了原有的基层治理权力结构,并有效地实现了决策权、执行权和监督权的合理分解和相互制约②。直到今天,这种常任制决策机构(无论它在现实中叫什么)的做法并没有得到全国性推广,近年也少见有学界关注。其主要原因如下:第一,常任制需要制度运行成本。一般而言,非常任制的村(居)民代表是不需要误工补贴或极小的误工补贴的,但一旦转为常任制,那么意味着他需要投入极大的精力到集体公共事务上。尤其是在今天,无论是城市社区还是农村村庄,基层干部越来越职业化,许多地方实行坐班制。这意味着常任制干部需要和其他基层干部一样领取误工补贴③。原来一个村庄或居委会只有 3—7 人,基层干部的工资已经是一个极大的财政负担,而村(居)民代表少则十几人多则几十人,这意味着前述开支还要再扩大,即便将村代表的误工补贴降低,一般地方财政也难以负担。第二,对于普通村庄和城市社区而言,需要村民代表会议决策的重大事项是偶发性的,并不经常发生。为了让常任制的村民代表的工作更为充实,也更多地发挥他们的作用,村民代表们要么被赋予监督者的功能和角色,要么被赋予类似普通村干部的角色,因此常任制的村民代表会议往往充当了类似村务监督委员会的角色或者是"第二村委"的角色。这或许是 2010 年村务监督委员会被《村委会组织法》确认以后,村民代表会议常任制关注热度锐减的重要原因。

"空心化"则是村民(代表)会议难以召集的一个更难以解决的障碍。自改革开放以来,大量农村剩余劳动力进入城市,重大节日才返回乡里,从而形成了独具中国特色的"候鸟式"人口移动规律。如此大规模的村民外出务工不仅导致他们参加村民会议成本畸高,并且导致了"候鸟式"村民与留守村民对乡村公共产品和公共服务需求的差异化,对于"候鸟式"村民而

---

① http://unn.people.com.cn/GB/22220/70437/70453/5056784.html,(最后访问时间为 2019 年 9 月 25 日)。
② 王赐江:《完善村民自治亟须构建保障群众参与权常设机制——青县"村代会常任制"与中牟县"家庭联户代表制"比较分析》,《东南学术》2009 年第 4 期,第 40—45 页。
③ 俗称的、也是事实上的工资,因为在实践中一般都由地方财政负担并定期发给。

言，回乡参加村民会议的成本远远超过参加会议可能带来的收益①。但就法理而言，他们的缺席很可能导致村民会议无法达到法定人口而无法召开。对于城市社区而言，虽然并不存在"空心化"的问题，但是政治冷漠却是另一个无法忽视的问题。作者的调研数据显示，7% 的居民表示参加居民会议是浪费时间，16% 的居民表示仅当所议事项与自己有关时才会参加。对于社区内是否召开过居民大会以及居民（代表）大会的召开频率，45% 的受访者均表示不清楚。根据受访者属性与参与居民会议意愿相关度的分析，我们可以发现居民政治面貌与参与居民会议之间呈现明显相关关系，见表 5-1。

表 5-1 居民的年龄、性别、文化程度、政治面貌与居民会议参与意愿相关度分析

Pearson 相关 - 详细格式

		您的文化程度：	您的年龄是：	您的性别是：	您是否是中国共产党党员
如果召开居民会议，您愿意参加居民会议吗？	相关系数	0.063	-0.174	0.144	0.330*
	p 值	0.664	0.226	0.318	0.019

* $p < 0.05$

村（居）民代表本身的独立性也是村（居）民代表会议能否发挥对村（居）委会监督作用的一个重要因素。只有当村民代表相对村委会具有独立性，才能真正有效地对村委会产生制约作用。陈国申、李金锦通过对我国村民代表会议起源地山东省招远市石棚村的实地研究生动地阐释了村民代表的产生方式与它对村委会制约能力之间的相互关系。在 1990—2008 年的 18 年时间里，该村村民代表经两委提名、村民投票产生，这段时间村民代表会议没有出现过修正村委会错误或不当决定的情况。直至 2008 年，村民代表改为无记名式的海选，村民代表会议再次赢得村民信任，并在 2008 年村委会出售变压器以偿债的决议②。根据我的调研数据显示，超过一半的村的村民代表由村两委提名产生（详见图 5-1）。

---

① 王振标：《论村内公共权力的强制性——从一事一议的制度困境谈起》，《中国农村观察》2018 年第 6 期，第 12—25 页。

② 陈国申、李金锦：《兴起、遇冷与回暖：村民代表会议的变迁研究——基于山东省招远市石棚村的调查》，《中国农村研究》2017 年第 1 期，第 89—108 页。

第五章 基层群众自治权的滥用及其规制

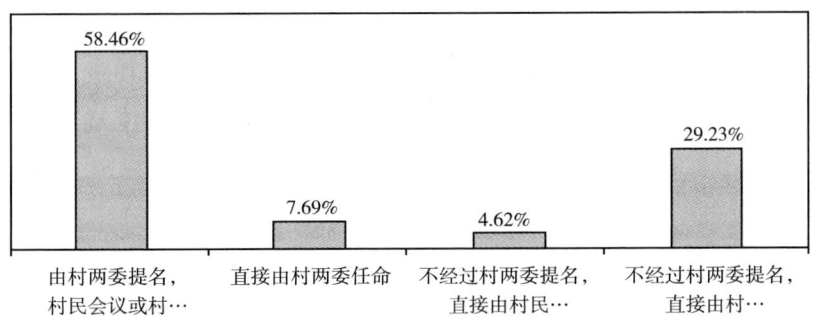

图 5-1 村民代表产生方式的比例

(三) 监督机构的监督乏力

自 2010 年村务监督委员会制度正式实施以来,我国基层群众自治中监督制度基本建立且运行良好。从我调研的数据来看,绝大部分社区都建立了村(居)务监督委员会(不过,相当多的村/居民对本村/社区是否建立了监督委员会不清楚),55%的村民和22%的居民认为村(居)务监督委员会起到了明显的监督作用,而村干部和社区干部对村(居)务监督委员会的监督作用认可度更高,有78%的村干部和68%的社区干部认为村(居)务监督委员会的监督作用明显,仅有5%的村民、6%的居民和0%的村干部、4%的社区干部认为基本没有监督作用,而没有一个村干部和社区干部认为村(居)务监督委员会根本没有监督作用。这说明我国村(居)务监督委员会基本上发挥了应有的监督作用,但这并不意味着现行的村(居)务监督委员制度是完美无缺的。

首先,村(居)务监督委员会的监督权的行使方式和程序还需要更明确的规定。《居委会组织法》根本没有关于居务监督委员会的相关规定。《村委会组织法》中虽然有专章规定村务公开和村务监督(正式名称为"民主管理和民主监督"),但是并未规定村务监督委员会行使的具体权限、方式和程序。村务监督应当如何与国家监督进行衔接,村务监督委员会发现村委会权力行使存在问题时应当如何处理,能否直接否决村委会决议或提请对村委会成员的罢免案,这些都没有具体规定。

其次,各类监督机关之间的权限和分工模糊。在基层治理中,除了具有法定地位的村务监督委员会和国家监察部门(包括纪委)以外,各地根据历史传统和现实需要还不同地存在着村务公开监督小组、民主理财小组等监督机构,除此以外还有村经济合作社的社务监督委员会制度、农村集体资产监督管理制度、农村建筑工程监理制度等①。刘诗林通过对 11 省近 700 名乡镇纪委干部的调查访谈指出，基层监督权的碎片化是基层监督权被削弱的重要原因。他的调查结果显示，不少地方的基层纪委干部认为村委理财小组和村务公开监督小组的监督有效性高过村务监督委员会②。

再次，监督委员会成员缺乏相应专业知识也是监督不力的一个重要原因。村（居）务监督的核心是经济监督，是对自治共同体内部财务都进审核和监督。然而，大部分监督委员会成员并不具有会计或审计专业知识。尤其是在农村，本来村民文化水平就普遍不高，问卷调查（见附录）的数据中，村干部的学历以中专和高中居多，占 40%（见图 5-2），而具有会计和审计专业知识技能的就更是凤毛麟角。加上要保证党员在监督委员会的一定比例以及纪检委员兼任监督委员会主任的考虑，而农村党员也是相对较为稀缺的，要满足上述条件同时还具备一定的会计和审计专业知识的备选人员就更为稀缺。姬超的调查数据显示，党员在我国村务监督委员会的比例相当高。大部分村庄的党员占总人口比重在 2% 以下，而 90% 以上的村务监督委员会中，党员比例超过了 30%③。同时具备会计、审计类专业知识和党员这两个条件的村

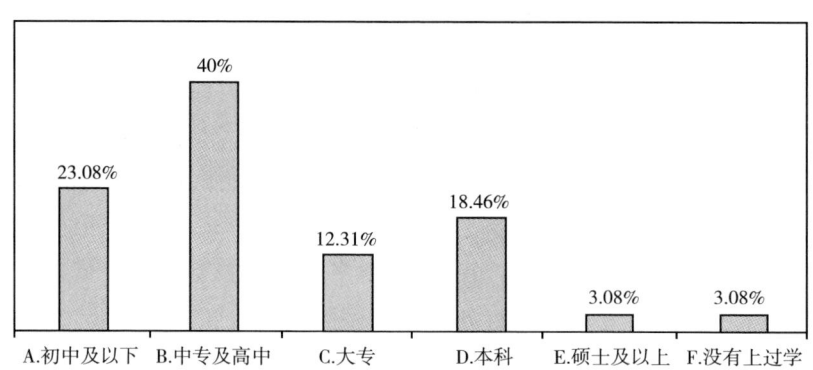

图 5-2 受访村干部文化程度

---

① 卢福营、高健：《村务监督委员会制度的局限与拓展——写在后陈村村务监督委员会诞生 15 周年之际》，《浙江社会科学》2019 年第 7 期，第 66—72 页。

② 刘诗林：《我国村务监督委员会的运行困境及对策建议——基于 11 省 700 名乡镇纪委书记问卷调查的实证研究》，《理论探讨》2015 年第 1 期，第 128—131 页。

③ 姬超：《中国村务监督机制运行评价及其制度优化路径——基于 21 个省 846 个村 4625 个村民的调查研究》，《农业经济问题》2017 年第 1 期，第 21—30 页。

民更是少之又少。从全国情况看,村务监督委员会成员普遍存在政治素质不高、学历较低、年龄偏大、业务能力较差等问题①。

(四) 内部规约的虚置

从理论上讲,基层群众自治权直接来源是自治共同体成员的授权,直接依据是自治共同体内部规约。对基层群众自治共同体内自治权力的权力归属、行使方式、程序、各权力之间的相互制约和监督,除了国家法的基本规定以外,还需要内部规约的进一步细化和明确。基层群众自治权既要依国家法行使,也离不开内部规约的支撑;反过来说,它既受国家法的规制,同时也受内部规约的规制。例如《村委会组织法》规定村民会议可以授权村民代表会议可以代行部分重大事项的决策权,这一方面意味着村民代表会议可以代行重大事项决策权,但也意味着村民代表会议决策权的行使必须以村民会议的授权为前提。村规民约是这种授权的最佳方式。但在实践中,村规民约却很少有这方面的规定。

实践中不少地方的村规民约体现了内容单一和缺乏针对性的特点。有学者的实地调研显示,不少地方的村规民约和居民公约内容单调缺乏针对性,许多村规民约是对政府提供范本的简单照搬,在内容上则主要集中在"遵守法律法规"和"弘扬道德风尚"上②。我的调研数据基本印证了这一结论。对于居民公约的不足,有52%的受访者认为"内容大同小异,主要都是些口号,缺乏针对性"。而对于村规民约,这一数据为70.2%。更为重要的诸如规范和制约村(居)民会议、村(居)委会、村(居)务监督委员会等机构行使权力的条款却极少。我在实地调研和走访中所见的村规民约,从未见有诸如《石磁村典章》③之类对基层群众自治权的行使有较为完整规定的自治章程、村规民约或居民公约。

---

① 刘诗林:《我国村务监督委员会的运行困境及对策建议——基于11省700名乡镇纪委书记问卷调查的实证研究》,《理论探讨》2015年第1期,第128—131页。
② 戴津伟:《社会转型期村规民约的异化问题及其对策研究——基于浙江部分村庄的调研分析》,《民间法》2016年第1期,第338—349页。
③ 《石磁村典章》是2004年浙江省新昌县儒岙镇石磁村经过村民会议公决制定的全国首部真正意义上的自治章程(被称之为中国首部"村民自治特别法")。《石磁村典章》规定了包括村组织及职责、村务会议及决策、财务管理、村务公开制度、干部违规失职追究办法等措施,共6章26条。

二、国家公权力对基层群众自治权的外部监督不足

国家公权力对于基层群众自治权的监督之责的直接法律依据主要是《村委会组织法》第二十七条、第三十一条和第三十六条。《村委会组织法》第二十七条赋予了基层政府对村民（代表）会议制定的村规民约或决议的监督之责；第三十一条主要规定了基层政府对村务公开的监管之责。《村委会组织法》第三十六条规定村委会积极侵权和消极侵权的国家公权力监督和救济[①]。从逻辑上来看，第三十六条规定的基层政府监督之责包含了第三十一条。村委会不及时公布应当公布的事项，或者公布的事项不真实的，也属于不依照法律、法规的规定履行法定义务。略有不同的是第三十一条明确规定了县级政府及有关主管部门也是法定监督主体。因此，此处主要从第二十七、第三十六条出发研究基层政府对于基层群众自治权的监督之责。

（一）监督与干涉之界限模糊

如前所述，国家公权力既对基层群众自治权的规范运行有监督监督之责，同时也对基层群众自治权的自主运行有尊重之克制义务。这就意味着，实践中国家公权力对于基层群众自治权的监督可能陷入两难：过度的监督可能会被质疑为干涉基层群众自治，但过于宽松的监督也可能被指责为不作为。与此同时，这也确实为国家公权力逃避对基层群众自治权的监督之责提供了借口。

尽管 2005 年《最高人民法院关于审理涉及农村土地承包纠纷案件适用法

[①] 《村委会组织法》第二十七条："村民会议可以制定和修改村民自治章程、村规民约，并报乡、民族乡、镇的人民政府备案。村民自治章程、村规民约以及村民会议或者村民代表会议的决定不得与宪法、法律、法规和国家的政策相抵触，不得有侵犯村民的人身权利、民主权利和合法财产权利的内容。村民自治章程、村规民约以及村民会议或者村民代表会议的决定违反前款规定的，由乡、民族乡、镇的人民政府责令改正。"

《村委会组织法》第三十一条："村民委员会不及时公布应当公布的事项或者公布的事项不真实的，村民有权向乡、民族乡、镇的人民政府或者县级人民政府及其有关主管部门反映，有关人民政府或者主管部门应当负责调查核实，责令依法公布；经查证确有违法行为的，有关人员应当依法承担责任。"

《村委会组织法》第三十六条："村民委员会或者村民委员会成员作出的决定侵害村民合法权益的，受侵害的村民可以申请人民法院予以撤销，责任人依法承担法律责任。

村民委员会不依照法律、法规的规定履行法定义务的，由乡、民族乡、镇的人民政府责令改正。

乡、民族乡、镇的人民政府干预依法属于村民自治范围事项的，由上一级人民政府责令改正。"

律问题的解释》以及 2008 年《民事案件案由规定》将"侵害集体经济组织成员权益纠纷"明确纳入民事案件案由,但是相当多的法院依然坚持认为村民(代表)会议的决议属于村民自治事项,不宜由法院受理,而应当由基层政府解决。丁宣丞与下解放村委会征地补偿纠纷一案中吉林省高院的观点比较有代表性,他们认为,"法院受理此类纠纷系在按照相关具体分配方案执行过程中产生的纠纷,而非对相关分配方案本身所产生的争议",因为分配方案本身属于自治范畴,"不可请求人民法院通过司法权力加以干预"。当事人认为村委会侵犯其合法权益的起诉理由也被驳回,因为本方案的制定主体是村民(代表)会议,而非村委会①。对于村民(代表)会议制定的村规民约或决议的合法性,依《村委会组织法》第二十七条第三款②,有法院认为应当由乡镇政府来监督,而不属于法院受理事项③。

基层政府也常有以尊重基层群众自由为由拒绝介入类似纠纷。许某等诉陵水县政府、黎安镇人民政府及大墩村委会一案较为典型。该案中许某等 35 人不服大墩村村民代表会议通过的安置房分配方案,请求黎案镇政府审查该方案,但黎案镇政府表示没有权限鉴别该方案是否合法,许某等申请陵水县政府复议,陵水县政府也认为基层政府没有权限鉴别该方案是否合法,在其合法性经法院审理前,乡镇政府无权责令大墩村委会改正。一审法院支持了黎案镇和陵水县政府的答辩理由,驳回了当事人的诉请,但是二审法院海南省高级人民法院撤销了一审判决,并要求陵水县政府重新作出复议决定。其理由是,"责令改正的前提和基础必须首先是对村民会议或者村民代表会议的决定是否有违反上述法律规定的情形进行判断和认定,法律没有规定这种判断和认定必须要由人民法院进行"④。

---

① 《丁宣丞与集安市太王镇下解放村民委员会承包地征收补偿费用分配纠纷再审审查民事裁定书》,(2018)吉民申 307 号。

② 《村委会组织法》第二十七条:"村民会议可以制定和修改村民自治章程、村规民约,并报乡、民族乡、镇的人民政府备案。村民自治章程、村规民约以及村民会议或者村民代表会议的决定不得与宪法、法律、法规和国家的政策相抵触,不得有侵犯村民的人身权利、民主权利和合法财产权利的内容。村民自治章程、村规民约以及村民会议或者村民代表会议的决定违反前款规定的,由乡、民族乡、镇的人民政府责令改正。"

③ 《王卫东与黄骅市黄骅镇后沙洼村委会承包地征收补偿费用分配纠纷一审民事裁定书》,(2017)冀 0983 民初 637 号。

④ 《许某 1、许某 3 等与陵水黎族自治县人民政府行政复议二审行政判决书》,(2018)琼行终 1239 号。

我以"村民自治"和"不予受理"为关键词在中国裁判文书网上搜到的文书数量为8146份①，其中既有法院直接以"村民自治"不属于受案范围为由裁定不予受理，也有因为基层政府以"村民自治"为由拒绝受理当事人的介入请求，当事人不服进而提起行政诉讼。前者比较典型的是李洪艳诉天津市北辰区北仓镇某村村民委员会一案。李某是嫁入该村的离异妇女，离异后未改嫁亦未迁出户口，但该村停发其村民福利，李某不服于是提起诉讼，历经一审、二审到再审，三级法院均以属于村民自治事项为由裁定不予受理②。后者较为典型的是郑军海诉河南省人民政府行政复议一案，该案中郑军海因对所在村（沟李村）征地补偿款分配方案有异议，郑某依次向县、市、省政府申请复议，结果均相同，最后郑某依次向郑州市中级人民法院、河南省高级人民法院提起行政诉讼，直至向最高人民法院提起了行政诉讼再审申请，可谓穷尽了一切法律手段。在该案中，从叶县、平顶山市、河南省政府再到郑州市中级人民法院，意见一致地以村民自治的事项为由作出了不予受理的决定（或裁定）。有意思的是，河南省高级人民法院和最高人民法院裁定驳回的理由回避了这一难题，他们以同一案件不能既提起行政复议同时又提起行政诉讼为由驳回了郑的起诉和再审申请③。

实践中最常见的纠纷是村（居）民因不满村（社区）对本集体福利或土地征收补偿款等集体资产分配方案，进而请求基层政府责令村/社区改正，此时基层政府即面临着是否应当干预的两难选择。前面所述的基层群众自治中的多数暴政在该类问题具有典型意义。当该类决定是由村民（代表）会议所做出时，从内容上讲，它带有明显的村民自治属性（而非受基层政府所托之行政行为），因为通常被委托行使国家权力的通常是村委会而不是村民（代表）会议，从形式上讲代表的是多数村民的意志。这意味着，借助自治共同体内部的权力制约和监督已经不可能为作为少数派的村（居）民提供救济，国家公权力是其获得救济的唯一途径。但国家公权力的介入又冒着干涉村民自治的风险，甚至某些强硬的村委会以基层政府干涉自治之由拒不执行基层政府的改正命令。不仅政府面临着该类事项是否

---

① 最后更新于2019年10月23日。
② 《李洪艳侵害集体经济组织成员权益纠纷再审审查与审判监督民事裁定书》，(2019) 津民申994号。
③ 《郑军海、河南省人民政府再审审查与审判监督行政裁定书》，(2018) 最高法行申1577号。

属于村民自治事项而不该干预,当案件被提起诉讼时,法院对于是否受理以及受理后应当做何种程度的审查,在司法实践中并没有统一的标准。对于这一点,前面在讨论基层群众自治中的多数暴政时,已经有过详细讨论,此处不再赘述。

上述问题的存在,实际上与《村委会组织法》第三十六条隐含的一个逻辑悖论有关。国家公权力是否应当介入此类事项的重要标准和前提是,村委会的行为或村民(代表)会议的决议(本质上也是基层群众自治权的行使)本身是否合法,是否侵犯了村民合法权益,但要明确基层群众自治权的行使是否合法的前提是要对它进行合法性审查。这样,是否应当进行审查和自治权力行使的合法性之间互为前提,进而成为一个悖论。基层政府和法院在决定是否介入时,往往需要做出初步的判断,当它们认为村委会的行为或村民(代表)会议的决议明显违法时,就会以侵犯村民合法权益为由予以立案,否则就会以不得干涉属于村民自治事项为由拒绝介入。

(二)监督之责的主体、范围与程度界定不清

除了前述监督与干涉之界分这一最大的现实难题以外,《村委会组织法》第三十六条之规定在司法实践的适用中还牵涉了以下几个重要的问题。第一,基层政府的监督之责是否仅限于村委会及其成员不依照法律、法规的规定履行法定义务的?还是也包括了村委会及其成员的决定侵害村民合法权益的情形?第二,监督的责任主体是否仅限于乡镇政府?街道办以及县级政府是否也属于法定监督主体?第三,基层政府的监督之责应当履行到何种程度方为完全履行了其监督义务?如果基层政府虽然责令改正,但基层群众自治性组织以村民自治为理由拒不改正,基层政府是否有义务采取更具有约束力甚至强制力的举措令对方改正?

对于第一个问题的理解有两种。第一种是严格按照字面意思进行解释:法院和基层政府各有分工,对于村(居)委会侵害村民合法权益的,只能提起法院诉讼;而对村(居)委会不依法履行义务,基层政府才有监督之责。第二种理解是进行扩大解释,无论是村(居)委会侵害村民合法权益,还是不履行法定义务的,基层政府均有监督之责。在《刘惇、上海市虹口区人民政府再审审查与审判监督行政裁定书》中,最高人民法院明确指出:"当事人认为居委会干部侵害其合法权益的,宜直接向法院起诉,不应向基层政府

投诉。"① 但在《毛武营与吉林省长春市二道区人民政府不履行法定职责申诉行政裁定书》中,最高人民法院明确指出:"村民委员会成员对村民委员会作出的侵犯村民合法权益的行为有两条救济途径:一是向人民法院提起诉讼,二是由乡、镇人民政府责令改正。"② 上述两个裁决相隔不过3年,同在最高人民法院就有完全不同的两种裁决意见。

对于第二个问题,在上述两个案件中也有涉及。上述两个案件的裁定书对于村民委员会和乡、镇政府的概念都做了扩大理解和类推适用,在刘惇案中明确将《村委会组织法》类推于居委会与居民之间的关系,在毛武营案中将乡镇政府的职责类推于街道办。关于县级政府是否有法定监督之责(除了村务公开方面的监督以外),大多数的司法判例认为,对基层群众自治权行使的监督之责在乡镇一级政府,如果没有乡镇政府而设有街道办的,应当由街道办来履行该责。比如在吕春生、安阳市北关区人民政府为不履行法定职责纠纷一案中,二审河南省高级人民法院在裁定书中认为,当事人认为村委会决定侵害其合法权益的应当依法向乡镇政府提出履行监督职责申请,而北关区人民政府不具有法定监督之责③。另外,前述毛武营案中一审法院也是以类似理由驳回毛某的诉讼申请。不过也有少数判例承认县级政府的监督之责,比如在于敏与辽宁省本溪市南芬区人民政府不履行监督村委会依法发放征地补偿款法定职责行政纠纷再审案中,最高人民法院承认南芬区政府有监督之责④。

基层政府监督责任的履行方式和程度在实践中也存在模糊性。王顺升与寿光市人民政府不履行法定职责案是一个典型的例子。原告王顺升为洛城街道褚庄村村民,王某认为所在褚庄村委会未履行村务公开之责,申请寿光市人民政府责令褚庄村村委会公开相关信息,寿光市政府收到原告申请后,即安排专人到褚庄村委进行了调查,在调查核实的基础上,作出了(2014)第009号《责令公布村务通知书》,并向褚庄村委进行了送达。但褚庄村村委会依然没有公开原告申请的信息,原告认为被告作出的(2014)第009号《责令公布村务通知书》仅为一份书面通知书,不具有责令效力。一审法院支持

---

① 《刘惇、上海市虹口区人民政府再审审查与审判监督行政裁定书》,(2019)最高法行申307号。
② 《毛武营与吉林省长春市二道区人民政府不履行法定职责申诉行政裁定书》,(2016)最高法行申42号。
③ 《吕春生、安阳市北关区人民政府二审行政裁定书》,(2019)豫行终366号。
④ 《于敏、辽宁省本溪市南芬区人民政府行政监察(监察)再审审查与审判监督行政裁定书》,(2017)最高法行申2256号。

了原告的诉讼请求和主张,并认为政府不应仅限于作出并送达责令通知,还应限定公开的合理期限并应跟进监督村委对责令通知的执行情况,以实现公开的结果;政府履行监督之责必须要具备足够的约束力和执行力,以达到法定的"责令改正"的程度。在季国祥因与被上诉人天津市蓟州区人民政府不履行责令村务公开法定职责一案中,二审法院还认为蓟州区人民政府将监督之责转移给乡镇政府也属于未履行监督之责①。但是张问安、张利安因诉西安市灞桥区人民政府(以下简称灞桥区政府)、西安市灞桥区人民政府席王街道办事处一案却又有完全不同的裁决理由和结果,在该案的再审裁决中,最高人民法院认为:"灞桥区政府(县级政府)将该申请转交席王街办(街道办)办理并告知张问安、张利安的行为并无不当。"②

三、法律制度的不完善

(一)违法责任设定的缺失

《村委会组织法》和《居委会组织法》构成了我国基层群众自治的基本法制框架。作为组织法,《村委会组织法》和《居委会组织法》主要功能和任务是规定村民委员会和居民委员会的设立、产生方式、基本职责和任务、运行原则等。对于违反《村委会组织法》和《居委会组织法》的法律责任则,《村委会组织法》和《居委会组织法》的规定都过于抽象,或者干脆没有。早有学者指出,《村委会组织法》规定了村民委员会具有哪些职权,但是在对权力进行确认的同时,对于权力的监督及其责任却没有规范上的明确,这导致了权力和责任的不对称③。《村委会组织法》仅在第三十一条和第三十六条简单规定了村务公开中有违法行为以及村委会侵害村民合法权益的应当依法承担法律责任④,

---

① 《季国祥、天津市蓟州区人民政府二审行政判决书》,(2016)津行终548号。
② 《张问安、张利安再审审查与审判监督行政裁定书》,(2017)最高法行申186号。
③ 王书成:《论村民自治权规范体系之完善》,《政法论丛》2007年第1期,第19—24页。
④ 《村委会组织法》第三十一条:"村民委员会不及时公布应当公布的事项或者公布的事项不真实的……经查证确有违法行为的,有关人员应当依法承担责任。"

第三十六条:"村民委员会或者村民委员会成员作出的决定侵害村民合法权益的,受侵害的村民可以申请人民法院予以撤销,责任人依法承担法律责任。村民委员会不依照法律、法规的规定履行法定义务的,由乡、民族乡、镇的人民政府责令改正。乡、民族乡、镇的人民政府干预依法属于村民自治范围事项的,由上一级人民政府责令改正。"

对于实践中常见的村（居）委会僭越村（居）民（代表）会议决策权、私自对外签订合同等行为的法律责任的规定，则基本处于一片空白。

作为基层群众自治基础性法律的《村委会组织法》和《居委会组织法》在违法责任设定上的缺失，在各省级地方性法规所制定的实施办法中被延续而未能被弥补。在各省、市、自治区制定的《〈村委会组织法〉实施办法》中，只有江苏、湖北、广西、重庆、浙江设立专门章节规定法律责任，其他均只见有零散规定。但无论是系统规定法律责任还是零散规定，从法律责任的内容上来讲大都延续了《村委会组织法》的抽象化表述，主要有三种表述方式："责令改正"，"依法追究法律责任"，"触犯刑法的，依法追究刑事责任"。在各省、市、自治区制定的《〈居委会组织法〉实施办法》中，未见有专章规定法律责任的，即便零散规定，也只有广西、河北、天津、江西、吉林的《〈居委会组织法〉实施办法》中有部分条文简单涉及法律责任，其中主要是针对居委会财产权的保护，规定部门或者单位侵犯居民委员会财产所有权的依法追究法律责任。只有河北省《〈居委会组织法〉实施办法》的第二十三条规定了自治权滥用的法律责任①。

法律责任规定的缺失显见的后果是违法成本偏低，法律权威难以保证。在实践中，除非触及刑法，当事人一般很少受到真正意义上的法律制裁。甚至当新村委会班子成立时，如果旧村委会班子拒绝移交账目和公章应当承担何种法律责任都付之阙如。《村委会组织法》第二十条虽然规定了新旧村委会应当于十日内移交，却没有规定不移交的法律后果②。徐少林在乡村田野调查时曾碰到一个令人啼笑的案例，新村委会主任居然只能通过"骗术"从前任村委会计将村委会公章计赚到手③。《刑法》中虽有隐匿、故意销毁会计凭证、会计账簿、财务会计报告罪，但没有隐匿公章罪。山东沂源曾在2001年审理了全国首例旧村委会干部拒绝移交公章和账目的案件，而这是一个主体不清、结果不明的案例。首先该案原告不明。该案中新任村委会三人中只

---

① 《河北省实施〈中华人民共和国城市居民委员会组织法〉办法》第二十三条第二款："居民（家属）委员会成员徇私舞弊、贪污受贿、玩忽职守给居民利益造成损失，情节轻微的，由不设区的市、市辖区人民政府或者它的派出机关给予批评教育；情节较重的，可以由居民会议撤销其职务；构成犯罪的，依法追究刑事责任。"（本书认为，该款中居民会议撤销其职务似乎应当修改为罢免更为妥当。）
② 《村委会组织法》第二十条："村民委员会应当自新一届村民委员会产生之日起十日内完成工作移交。工作移交由村民选举委员会主持，由乡、民族乡、镇的人民政府监督。"
③ 徐少林：《中国农村调查（上）》，《时代文学（上半月）》2014年第5期，第33页。

有村委会主任一人坚持要告,另两人不同意提起诉讼。因此,如果严格按照《村委会组织法》中村委会的议事原则,到法院起诉不能算作村委会的意思表示,而只能算村委会主任个人的意思表示。但如果以村委会主任个人为原告显然也不合适,因为旧村委会拒绝移交公章和账目的行为侵犯的显然不是新任村委会主任个人的权利。其次,该案被告也不明。因为拒绝移交公章和账目的行为究竟是个人行为还是原村委会集体行为不清楚。另外,从法理上而言,原村委已经解散,已经不是一个法定实体,也无法承担法定责任。因此在没有明显证据证明拒绝移交是原村委会的集体决定的情况下,只能以具体拒绝移交的个人为被告人。不过也有学者认为此案被告应为原村委。他默认推定该行为属于组织行为而非个人行为,除非有充分的证据能证明它确属个人行为,另外他认为已经解散了的组织作为过去的拟制组织在诉讼法上可以存在①。最后,该类型的案件究竟该归于民事案件还是行政案件不清。首先,该类案件似乎不应归入行政案件。因为如果被告确定为个人,那么该类型的案件显然不能归于行政案件。即便被告被确定为原村委,新旧村委相互关系也显然不存在不对等性,更可能是一种平等的民事主体关系。但该案同时似乎也不在民事诉讼的案由中,因为难以确定拒绝移交的行为究竟侵犯了村委会的何种权利。此时被侵犯的显然并非传统民事诉讼领域的人身权、财产权等权利。如果侵犯的是村公章和村账目的管理权,那应当是一种社会公权力,似乎又当提起行政诉讼。

即便是触及刑法,由于基层干部尤其是村干部一般不具有公务员身份,能否被界定为"国家工作人员",适用公职人员职务犯罪在理论上还有争论,在实践中也较为谨慎。从理论界到实务界,我国经历了从"身份论"到"公务论"的转变②。"公务论"的基本逻辑依然是根据村干部双重身份理论对村干部是否构成公职人员职务犯罪主体进行区分,当其协助基层政府从事行政活动时,行使的是国家职权,身份属于刑法规定的"其他依照法律从事公务的人员",而当其行使自治权力时则不能适用③。2000年全国人大常委会专门

---

① 参见李莉:《"村务交接"案引出的两点思考》,《政治与法律》2002年第3期,第101—104页。
② 陈洪兵:《"国家工作人员"司法认定的困境与出路》,《东方法学》2015年第2期,第111—120页。另外关于"身份论"与"公务论"之争,可参曲新久:《论刑法中的"国家工作人员"——"两类、四种"区别对待》,《北大法律评论》2014年第2期,第432—449页。
③ 参见周庆智:《关于"村官腐败"的制度分析——一个社会自治问题》,《武汉大学学报(哲学社会科学版)》2015年第3期,第20—30页。

就村干部贪污受贿罪发布了《关于〈中华人民共和国刑法〉第九十三条第二款的解释》，其立法解释显然认可了这种理论。该解释规定，村民委员会等村基层组织人员协助人民政府从事下列行政管理工作时，属于刑法第九十三条第二款规定的"其他依照法律从事公务的人员"，并明确规定了七种情形。但对于渎职罪，全国人大的司法解释则较为简单，且并未明确将村干部纳入①。因此在司法实践中，除非涉及挪用集体资金、贪污受贿等贪污受贿类的职务犯罪，一般的权力滥用或玩忽职守等渎职类过错很少受到刑事制裁。更重要的是，从理论上来讲，无论是根据"身份论"还是"公务论"，所追究的其实是滥用国家所授予的国家行政权的行为，当基层干部从事自治事务，行使自治权力时是无法适用贪污受贿罪和渎职罪的。如果涉及对集体财产的侵占或挪用，还可以适用职务侵占罪、挪用资金罪等罪名，但如果不涉及经济问题，单纯的滥用自治权力进而给国家或集体带来巨大损失的，是很难给其定罪的（当然与国家工作人员构成共犯的除外）。正因如此，在司法实践中，在基层干部的职务犯罪中，单纯被定以玩忽职守或滥用职权罪的比例极低。有学者对1993—2017年的村干部职务犯罪进行了统计，玩忽职守和滥用职权罪所占比例不足5%②。

（二）《居委会组织法》规定过于简单

经过1998年、2010年和2018年的三次修订，《村委会组织法》已经越来越接近一个事实上的"村民自治法"，但是《居委会组织法》依然是名副其实的《居民委员会组织法》。相较于1987年最初的《村委会组织法》，伴随着条文的增加和内容的丰富，现行《村委会组织法》已经是一个简单的关于村民委员会的组织法。尽管村民委员会依然是《村委会组织法》的核心，但是自2010年修订的《村委会组织法》开始，其立法框架已经是按照村民

---

① 全国人民代表大会常务委员会《关于〈中华人民共和国刑法〉第九章渎职罪主体适用问题的解释》："在依照法律、法规规定行使国家行政管理职权的组织中从事公务的人员，或者在受国家机关委托代表国家机关行使职权的组织中从事公务的人员，或者虽未列入国家机关人员编制但在国家机关中从事公务的人员，在代表国家机关行使职权时，有渎职行为，构成犯罪的，依照刑法关于渎职罪的规定追究刑事责任。"

② 周健宇：《村官职务犯罪的演变与治理探析——基于1993—2017年案例的研究报告》，《政治学研究》2018年第6期，第53—66页。

自治制度运行的基本环节来设计①，再经过 2018 年的修订，现行《村委会组织法》构建了较为清晰的村民自治法律框架。从组织结构的规定来讲，权力机关、代议机关、执行机关到监督机关一应俱全，从自治权力的运行来讲，内部规约制定权、重大事项决策权、监督权、执行权构成一个完整的权力运行闭环。

纵观整个《居委会组织法》，尽管 2018 年也进行了修订，但是修订极为简单，主要是关于居委会任期由三年变更到五年的修订，主体框架和基本内容仍然是 1989 年制定的《居委会组织法》，已经严重落后于时代需求。现行《居委会组织法》总共 23 条，除了第九条、第十条简单规定了居民会议的产生和功能，第二十一条至第二十三条规定《居委会组织法》的适用范围和实施时间以外，其他均以居民委员会为核心。因此，从居民自治组织结构以及居民自治权的分工、行使和监督来讲，《居委会组织法》显得极不完整。除了前面已述的关于法律责任的规定缺失以外，《居委会组织法》对实践中广泛存在的居民代表会议、居务监督委员会完全未做规定，对居民会议的组成和功能的规定也极为原则和抽象。对于自治权力的制约和监督极为重要的居务公开和居务监督，《居委会组织法》也未做任何规定。因此从严格的形式法治意义上来讲，居民代表会议、居务监督委员会等机构的职权及其运行缺乏足够的法律依据。

《居委会组织法》的简陋使其经常不能适应司法实践的需求，因此司法实践中常见类推适用《村委会组织法》于居民自治案件中。如刘惇、上海市虹口区人民政府再审审查案，最高人民法院在裁定书中就直接援引了《村委会组织法》。最高人民法院认为，对于街道办事处和居民委员会是否存在监督关系，《居委会组织法》未明确规定，因此参照《村委会组织法》第三十六条，认为当事人若以居委会侵害其合法权益为由起诉，应直接向法院起诉，不应基层政府投诉②。司法案例中也有未做任何解释就直接援引《村委会组织法》的，例如阳高新区牛房社区居民委员会、乔银海建设工程合同纠纷案

---

① 参见李学举在第十一届全国人大常委会第十二次会议上《关于〈中华人民共和国村民委员会组织法（修订草案）〉的说明》："现行《村民委员会组织法》共三十条，没有分章。修订草案在总结地方立法经验的基础上，以民主选举、民主决策、民主管理和民主监督为顺序，将修订草案的内容分为'总则'、'村民委员会的组成和职责'、'村民委员会的选举'、'村民会议和村民代表会议'、'民主管理和民主监督'及'附则'六章。"

② 《刘惇、上海市虹口区人民政府再审审查与审判监督行政裁定书》，(2019) 最高法行申 307 号。

中，对于牛房社区居委会与乔银海、张明付之间建设工程合同的效力，河南省高院直接援引了《村委会组织法》第二十四条第一款，并认为该条款属于管理性强制性规定，居委会内部程序违法并不必然导致合同无效①。

将《村委会组织法》及相关的司法解释直接类推适用于居民自治相关案件中虽然已成惯例，但从严格的形式法治意义上来讲，这种做法有损法律的权威性和严肃性。尤其是在刑事案件中，类推适用有违罪刑法定的原则。尽管全国人大法律委员会曾在 2010 年第十一届全国人民代表大会常务委员会第十七次会议上的报告中明确指出，城市化进程中，"村改居"后部分居民依然从事农业生产，仍承包原有的土地，集体经济的性质与形态基本未变，这类过渡性质的居委会在一段时间内仍然适用《村委会组织法》②。不过，首先该报告并不属于正式法律规范，也不属于正式的立法解释，其次该报告明确了只有"村改居"过渡性质的居委会才能适用《村委会组织法》。但是，实践中纯粹的居民社区相关案件也有适用《村委会组织法》的。例如前述刘惇、上海市虹口区人民政府案中，当事人刘惇为上海市虹口区凉城三村居委会居民，该居委会虽名为凉城三村，但早已经是纯粹的城市小区，又被称为东苑小区，属于上海市地理位置较好、房价较高的地段。案件缘起是遗嘱纠纷，刘某认为凉城三村居委会在原告母亲的遗嘱见证过程中存在违法、违规、违纪行为，与常见的农村集体经济、土地征收补偿等没有任何关系。

第三节　我国基层群众自治权监督与制约机制的完善

一、加强基层群众自治权的内部规制

（一）基于内部规约的权力规制：从"权力清单"到"乡村典章"

"权力清单"制度最早是作为限制政府权力滥用的一项制度而产生。三

---

① 《安阳高新区牛房社区居民委员会、乔银海建设工程合同纠纷再审审查与审判监督民事裁定书》，(2019) 豫民申 1690 号。
② 参见：《全国人民代表大会法律委员会关于〈中华人民共和国村民委员会组织法（修订草案）〉审议结果的报告》。

第五章 基层群众自治权的滥用及其规制

张清单("权力清单""责任清单""负面清单")被称为政府的"自我革命",是建设法治政府的重要举措之一。浙江宁海制定的《宁海县村务工作权力清单36条》最早将法治政府领域内"权力清单"制度引入乡村,使其成为规范村内公共权力①的一项重要制度。因为宁海县制定的权力清单共36条,故又被称为"宁海36条"。"宁海36条"受到了政界和学界的广泛关注,并为2018年党中央一号文件所采纳并加以推广②。"宁海36条"规定了两大类共36条(村集体民主管理方面19项、便民服务方面17项)村级"小微权力"的权力内容、运行程序以及村民相应的权利、救济途径等,并通过漫画、流程图等村民较易理解和接受的形式加以推广和宣传,从而实现村级"小微权力"的规范化运行③。在宁海模式的带动下,不仅全国乡村普遍推行起了权力清单制度,全国不少社区居委会也开始推行了权力清单制度。

"宁海36条"的本质是对村内权力的内容和程序的细化、明确化和公开化。从这一点来讲,一些地方已经试行的通过村规民约的村内权力规制与"权力清单"制度有异曲同工之妙,在本质上有相同之处,其中浙江新昌的"乡村典章"以及上海市某镇推行的"1+1+X"制度便属于此类。浙江新昌的"乡村典章"的本质在于把村内公共权力的运行程序、基本内容、责任主体以及监督机制等通过自治章程(乡村典章)的形式加以规定。2004年浙江新昌的"石磁村典章"是中国第一部真正意义上的自治章程,与传统的村规民约不同,它的核心内容不再是对国家政策和法律的简单重复,"石磁村典章"对村内重大事项的民主决策、村内财务代理、集体工程招投标、村务监督和村务公开都做了明细化的规定④。石磁村的创举在新昌县被借鉴,例如新昌的"董村典章"就对村内公共权力运行机制,主要围绕"谁是核心""谁决策""谁管理""谁监督""谁调解""追究谁"等六个方面做出了规定⑤。上

---

① 此处之所以采用村内公共权力的说法是因为当然其中既包括了源于国家行政权转授的权力,也包括了本文研究主题的基层群众自治权力。

② 2018年中央一号文件明确规定:"推行村级小微权力清单制度,加大基层小微权力腐败惩处力度。"

③ 罗兴佐:《基层治理制度创新是如何可能的——基于浙江宁海"36条"的调查》,《求索》2018年第5期,第137—143页。

④ 王国勤:《基层治理中制度创新的制度化——以浙江新昌儒岙镇石磁村的实践为例》,《浙江学刊》2010年第3期,第130—134页。

⑤ 牟言波、赵宬斐:《"董村典章":新时代基层小微治理机制创新研究》,《浙江学刊》2018年第6期,第48—51页。

海市某镇的"1+1+X"制度与前述"新昌模式"有类似之处，都是通过村规民约来实现村内公共权力的明确化和行使程序的规范化，从而实现对村内权力的规范和规制。其中第一个"1"指党组织的领导；第二个"1"指村民自治章程（镇党委制定）；"X"，即若干实施细则（村民会议或村民代表会议制定）①。"1+1+X"模式的核心依然在于借助村规民约实现村内公共权力的明确化和规范化。

"宁海模式"和"新昌模式"虽然在本质上有相同之处，在实现途径上却有细微的差别，但这细微的差别从法学的视角来看却较为重要。"宁海模式"是一种自上而下的制度变迁，作为规范村级公共权力的核心依据是县一级的规范性文件，《宁海县村务工作权力清单36条》是由宁海县纪委制作的，是共产党执政权力的体现。"新昌模式"则主要体现一种自下而上的自生自发的制度变迁，新昌没有统一的乡村典章，而是在党和政府的领导下由各村自行制定属于本村的自治章程。从这一点讲，上海H镇的做法介于前述两者之间，既有镇党委制定统一的自治章程，又有各村（社区）自己制定的内部规约。依《村委会组织法》第二十七条和第一十五条的规定，村民会议和居民会议是自治章程和村规民约（居民公约）唯一合法的主体，无论是乡镇还是县一级的国家公权力机关都不是合适的制定主体。从法理上来讲，村级公共权力应该分成两类——国家行政权转授的权力和基层群众自治权力。前者既然属于国家公共权力的范畴，由国家公权力机关来制定运行规则当无争议；后者既然属于村民自治的事项，由村规民约来规范更为妥当，或者根据《村委会组织法》和《居委会组织法》对实施办法的授权，由省级人大或人大常委会来制定后者的行使规范。当然这并不意味着县、乡两级政府在这方面是无所作为的，它们可以将相应的制定规范作为一种可选的制度供给，积极引导基层的村和社区以县乡文件为模板，自主制定更符合本村（社区）的自治章程和程序规范，进而实现从强制性制度变迁到诱致性制度变迁的转化。

（二）完善内部权力结构

1. 三元均衡与政经分离

鉴于权力结构对于制约和监督权力滥用的重要性，内部权力结构的再造

---

① 张波：《农村基层民主自治制度的回归与重塑——以上海H镇"草根宪法"实践为例》，《学术探索》2017年第9期，第52—59页。

与均衡成为各地基层治理创新的核心内容。如前所述，在当前基层治理有效形式的探索中最为常见的有两种：第一种是纵向组织结构的再造，主要形式是自治单元的下沉；第二种是横向组织结构革新，主要形式是各种民主议事机构的设置以及部分地方的"政经分离"（村委会和集体经济组织的分离）。上述两种组织结构的再造，本质上都是对自治共同体内部权力结构的改造。源于后陈村的村务监督委员会以及相应的村务监督权的产生，也可视为这种村治革新实践被法律认可的产物。

如前所述，依《村委会组织法》和《居委会组织法》的规定，基层群众自治共同体是一种议行合一原则下决策权、执行权和监督权三者分工制约和监督的权力结构。这一结构有学者称之为"三元制衡"的横向权力结构①。三元制衡规范模式在实践中遇到的主要问题之一是过高的议事成本使村（居）民（代表）会议行使的决策权在实践中遇到客观障碍，致使决策权事实上旁落于村委会基层。因此，如果对既有各地方的实践探索进行总结，各地基层治理创新的核心基本都在于平衡决策权、执行权和监督权，防止村委会一权独大。从村（居）民会议到村（居）民代表会议，再到现在以广东蕉岭和四川成都为代表的形形色色的村民议事会、协商议事会、乡贤会等，决策机构逐渐变小，其基本逻辑在于要在议事成本与民主代表性之间取得平衡。规模越大议事成本越高，但其民主代表性也越高。规模过大的会议组织只能是一个表决机构，而不能真正成为一个协商机构和议事机构。根据事情大小，决策权分别由村（居）民会议、村（居）民代表会议和更小规模的议事机构来行使成为一种理性选择。江苏南通市的五接镇桃园村将这一原则用到了极致，该村根据事务大小分别由人数规模不一的"村民说事会""乡贤理事会""代表议事会"来处理，当地称之为桃园版的"三会治村"②。议事成本低、召集容易的议事机构才能真正形成对村委会的有效制约和监督。

如果说决策权、执行权和监督权分设的"三元均衡"模式是按权力行使过程的一种制衡模式，那么"政经分离"则是从职能上将基层群众自治权与经济管理权分开。在集体经济较为发达的地方，自治权和经济权的一体化和

---

① 肖滨、方木欢：《寻求村民自治中的"三元统一"——基于广东省村民自治新形式的分析》，《政治学研究》2016年第3期，第77—90页。

② 参见赵勇进：《五接镇探索乡村治理有效新模式》，《南通日报数字版》，http://epaper.ntrb.com.cn/new/ntrb/html/2018—04/10/content_97566.htm，最后访问日期为2019年10月10日。

过分集中既为少数村干部滥用权力提供了诱因，又为其创造了便利。广东南海在10多年前已经开始"政经分离"的改革探索，南海实现了"五个分离"，即选民分离、组织分离、干部分离、议决事分离和账目分离，同时明确界定各基层组织的选民资格，将党组织、自治组织和集体经济组织选民资格限定在党员、村民和股民三个群体中①。"政经分离"本身也符合我国相关法律的基本精神。《村委会组织法》第八条规定"村民委员会应当尊重并支持集体经济组织依法独立进行经济活动的自主权"，《民法总则》第九十六条赋予了集体经济组织特别法人的地位。

2. 权力结构再造中的合法性问题

从既有的创新实践和学术研究来看，大多数的基层治理结构创新的和实践探索都取得了较好的效果。邓大才将以各种议事会为典型的村治革新称之为规则型自治，并认为规则型自治可能会全面取代"价值型自治"和"条件型自治"②。但除了对基层治理绩效和权力制约监督的关注以外，这些治理结构的创新和权力结构的调整还必须关注其本身的合法性。自治共同体组织结构的变革不可避免地涉及一些内部机构的增设及权力结构的调整，那么这些新设机构（例如各种村民议事会、协商理事会、乡贤会等）的权力是否合法、如果合法其来源如何，是法学研究者必须要回答的问题。

如果村内增设的机构仅为辅助性的机构，并不拥有实质性的权力，尚可解释为对法律规定的细化。但一旦新增设的组织机构拥有实质性权力，改变法定权力结构，新增的组织机构之职权就可能面临于法无据或与国家法相抵触的风险。例如，前述广东清远的改革中将行政村级村委会撤销改设为党政公共服务站，这个党政公共服务站的职权便于法无据。这或许也是撤销行政村级村委会设立党政公共服务站的制度创新最终未能如期推广的重要原因之一。部分地方通过地方性立法或地方制定的规范性文件对这些机构职权加以规定，但这些地方性立法或规范性文件本身也可能于法无据。一方面，依《中华人民共和国立法法》第八条、第九条之规定，基层群众自治制度属于法律保留范畴，地方性立法可能缺乏相应立法权限。另一方面，部分地方性

---

① 肖滨、方木欢：《寻求村民自治中的"三元统一"——基于广东省村民自治新形式的分析》，《政治学研究》2016年第3期，第77—90页。

② 邓大才：《规则型自治：迈向2.0版本的中国农村村民自治》，《社会科学研究》2019年第3期，第39—47页。

立法和规范性文件可能与《村委会组织法》或《居委会组织法》相抵触。比如浙江省民政厅制定的《浙江省村民代表会议工作规程（试行）》中部分内容也有违反《村委会组织法》部分立法精神之嫌。该规范性文件第十七条直接规定了村民代表会议的职责①，但根据《村委会组织法》第二十三条、第二十四条和二十五条的有关规定可以看出，关于村民代表会议的职权，《村委会组织法》的基本精神是村民代表会议的职权源于村民会议的授权，授权多则职权多，授权少则职权少②。再如《成都市村民议事会组织规则》的部分规定亦有不妥之处，例如其第六条规定："……村民（代表）会议有权撤销、变更村民议事会不适当的决定。"村民议事会职权源于村民会议授权，村民会议撤销、变更村民议事会不适当的决定自然合情合理，但村民代表会议和村民议事会职权都源于村民会议授权，除非有自治章程授权，村民代表会议撤销、变更村民议事会不适当的决定的权力便显得既无法理依据，亦无实定法上之依据。

当然这并不意味着这些非法定机构的职权一定是非法的。如前所述，基层群众自治权源于自治共同体成员权利的让渡，其行使的直接依据为自治章程或村规民约（或居民公约）。因此，自治章程是自治共同体成员之间有关村域或社区公共和公益事务管理的契约，是基层群众自治的直接依据，规定村（居）民自治权（力）的具体内容、行使程序以及村民自治结构等具体内容是其应有之义③。因此，由村（居）民自愿发起的制度创新只要不与国家法相抵触即可，其所创设之机构职权可视为自治共同体成员通过自治章程授权，只要不与国家法相抵触，都不悖于法治的基本精神，应当受到国家法的

---

① 《浙江省村民代表会议工作规程（试行）》第十七条："村民代表会议履行下列职责：（一）讨论决定村民会议授权的事项；（二）讨论村民自治章程、村规民约，提出意见交村民会议决定；（三）讨论决定村民委员会选举的选举办法、工作人员和选举其他事宜；（四）选举产生村级民主监督组织成员；（五）听取、审议村民委员会工作报告、村级民主监督组织工作报告；（六）监督评议村民委员会、村级民主监督组织及其成员的工作、行为；（七）向村党组织、村民委员会反映村民的意见、要求和建议。"

② 《村委会组织法》第二十三条："……村民会议可以授权村民代表会议审议村委员会的年度工作报告，评议村民委员会成员的工作，撤销或者变更村民委员会不适当的决定。"第二十四条："……村民会议可以授权村民代表会议讨论决定前款规定的事项。"第二十五条："人数较多或者居住分散的村，可以设立村民代表会议，讨论决定村民会议授权的事项……"

③ 梁开银：《论村民自治章程的法律地位、内容及效力——兼论村民自治的法律制度生态》，《社会科学家》2010年第1期，第74—78页。

承认。另外，由村民自觉发起仅限于一村之范围的村民自治制度创新，其效果仅限于该村，自然也谈不上重大改革，只要不与国家法相抵触，并不违背"重大改革于法有据"的精神。

3. 扩大基层群众自治机制创新的法律空间

由于法的滞后性和稳定性，基层群众自治机制创新实践难免会与实定法之间产生紧张关系，有时甚至会互相抵触。即便不适用"于法有据"的原则而采用不抵触原则，某些在实践中行之有效的做法也可能面临合法性危机。比如广东蕉岭首创的村民代表会议召集组制度，就和《村委会组织法》第十六条和第二十六条有冲突之嫌。从 2006 年起，在蕉岭县纪委的推动下，各村设立村民代表会议召集组①。在村民代表会议闭会期间，召集组负责收集村民意见，遇有腐败或不作为村官，召集组可以召开村民代表会议，罢免不称职村官②。这一做法有效地解决了以下矛盾：对村委会有制约和监督之权限的村民代表会议必须由村委会召集，可以有效地避免村委会拒不召集村民（代表）会议的情形。但是这一做法显然与《村委会组织法》第十六条村委会成员由村民会议（而不是村民代表会议）罢免的规定有冲突；另外，根据该条，罢免案的提案权五分之一以上有选举权的村民或者三分之一以上的村民代表联名，召集组虽然大多是村民代表，但是并不一定达到三分之一的比例。另外，更直接的冲突是与《村委会组织法》第二十六条村民代表会议由村委会召集的规定相抵触③。如果拿《中华人民共和国公司法》作为参照，《公司法》原先也曾有过类似问题，但《公司法》于 2005 年修订时规定了董事会拒不召集股东大会时的处理办法④。

---

① 季丽新：《中国特色农村民主协商治理机制创新的典型案例分析》，《中国行政管理》2016 年第 11 期，第 51—57 页。

② 张悦：《权力制约视角下的村官腐败治理机制》，《哈尔滨市委党校学报》2015 年第 3 期，第 45—49 页。

③ 《村委会组织法》第十六条规定："本村五分之一以上有选举权的村民或者三分之一以上的村民代表联名，可以提出罢免村民委员会成员的要求，并说明要求罢免的理由。被提出罢免的村民委员会成员有权提出申辩意见。罢免村民委员会成员，须有登记参加选举的村民过半数投票，并须经投票的村民过半数通过。"第二十六条规定："村民代表会议由村民委员会召集。村民代表会议每季度召开一次。有五分之一以上的村民代表提议，应当召集村民代表会议。村民代表会议有三分之二以上的组成人员参加方可召开，所作决定应当经到会人员的过半数同意"

④ 《中华人民共和国公司法》第四十条："……董事会或者执行董事不能履行或者不履行召集股东会会议职责的，由监事会或者不设监事会的公司的监事召集和主持；监事会或者监事不召集和主持的，代表十分之一以上表决权的股东可以自行召集和主持。"

第五章 基层群众自治权的滥用及其规制

实践表明，尽管可能面对着一定的法律风险，但是从改革绩效来看，许多地方的制度创新都取得了一定的成功，部分地方制度创新还产生了辐射效应，成为其他地方学习的先进经验，少数地方的制度创新还得到了中央的认可。十八届四中全会《决定》在提到"重大改革于法有据"的同时，也指出，"立法主动适应改革和经济社会发展需要"。因此，村民自治有关的法律制度也应当适应村民自治制度创新的需要，尽量提供制度创新所需的法律空间，为发挥传统制度资源的作用、基层自主创新以及农村社会治理多元化留出足够的空间，以免抑制和削弱基层自主创新能力，压缩村民自治权限[①]。要达到上述目的，可以从以下方面着手。

第一，对现行法律进行修改和完善，明确和强化自治章程在基层群众自治权运行中的"小宪法"地位，并明确规定自治章程中的法定事项和任意事项，明确承认村民会议在法定范围内通过自治章程对自治制度的细化权、选择权甚至一定的创建权，正如同《公司法》区分法定事项和任意事项，授予公司股东大会通过公司章程在法定范围内对任意事项有自行决断的权利一样。《村委会组织法》和《居委会组织法》终究是以村（居）委会为核心的组织法，而不是专门针对村（居）民自治的立法。从法律条文上来讲，《村委会组织法》涉及村民自治的规定大概只有 4 条，并且这些条文只是在规定村民委员会行使职权时才有所涉及[②]，涉及自治章程的只有 2 条，对于自治章程具体应该规定哪些内容没有规定。村（居）民自治的具体方式、程序，基层群众自治权的运行必须依靠自治章程才能得以细化。例如，《村委会组织法》虽然规定了村民委员会的组成和产生，却没有规定村委会中村主任与其他成员间的相互关系、村委会的意志形成程序。从自治的原则出发，对于纯粹内部事物的自主决定是自治的应有之意，因此这些内容理应由代表全村公意的村（居）民会议通过自治章程来加以规定。因此，较为稳妥的办法是制定专门的《基层自治法》或修订《村委会组织法》《居委会组织法》，明确自治章程在村（居）民自治制度中的功能、地位和法律效力，明确村（居）民自治章程的法定事项和任意事项[③]。出于扩大基层群众自治制度创新之法律空

---

① 肖金明：《建构和完善农村社会民主治理体系与制度——兼议〈中华人民共和国村民委员会组织法〉的修改》，会议资料，2010 年。

②③ 梁开银：《论村民自治章程的法律地位、内容及效力——兼论村民自治的法律制度生态》，《社会科学家》2010 第 1 期，第 74—78 页。

间的需要,还应当明确自治章程在法定范围内对基层群众自治制度的选择自主权甚至创建权。

第二,通过有关的法律解释明确地方立法在基层群众自治领域内的权限。如前所述,《中华人民共和国立法法》第八条将基层群众自治制度纳入法律保留事项,而《村委会组织法》和《居委会组织法》又只就村民委员会选举办法和《村委会组织法》《居委会组织法》实施办法两个领域对省一级人大常委会进行了授权。这给通过地方立法来拓宽基层群众自治制度创新空间的路径带来了法律风险。地方处于村民自治领域改革的前沿阵地,地方性法规和规章是其创新和改革实现于法有据的最便捷途径。全国人大常委会可以在不违背《立法法》基本精神的前提下通过相对宽松的、有利于基层群众自治制度创新的立法解释,明确地方立法在村民自治领域的立法权限和基本原则。其中至少有以下几点需要加以明确:第一,地方性立法究竟是否有权就村(居)委会选举办法和《村委会组织法》《居委会组织法》实施办法以外的村民自治领域进行立法?第二,如果前述问题结论为真,那么是否有某些领域应禁止地方性立法加以规定?第三,如果第一个问题结论为真,那么立法主体是否只限定在省一级?第四,除了地方性法规以外,地方性规章是否也有权加以规定,地方性法规和地方性规章在该领域内的立法权限应当如何加以区分?

(三) 对多数暴政的规制:从比例民主到商谈民主

无论是在理论研究中还是基层群众自治的实践探索中,大多数的权力结构再造和程序规制对象主要都是针对村(居)委会及一般的村干部,而极少有针对村(居)民(代表)会议的。村(居)民(代表)会议作为权力(代表)机关,除了应当接受基层党组织政治上的领导外,基本不会受到基层群众自治共同体内任何其他内部力量的制约。但任何不加约束的权力都有被滥用的可能,而在实践中不乏类似的案例,不仅村委会的权力如此,作为民意代表机关的村(居)民(代表)会议的权力也一样。后者权力滥用的典型表现形式就是多数暴政:多数人对少数人合法权益以民主之名的任意侵犯。

要解决多数暴政的难题,在实践中主要依靠外部国家公权力机关,尤其是法院提供的司法救济。但除此以外,基层群众自治共同体内部的决议程序也是避免多数暴政的关键一环。欲有效避免多数暴政，应当从以下几个方面入手。

第一，进入民主表决的事项和处分的对象必须是公共事项或者是公共财物或是公众对之确有处分权的事物。在一些常见的用于批判多数暴政的极端例子中存在一个共同点，即表决者其实对表决对象并不拥有权利。最典型的是沉船表决，即大海上一艘载有若干人的即将下沉的船，只有将一个人扔下海才能拯救整条船上其他的人，这时有两种"民主"方案：抽签或表决。如果通过民主表决，那么他们行使的是对他人生命权的处置权。现实生活中也有类似的翻版，所谓的"大巴表决"和"课堂表决"①，表决者行使的表决权所决定的对象是别人的乘车权、健康权、教育权甚至生命权，而真正的权利主体却被排除在表决权之外（当然即便他参与了表决，对于结果影响也不大，因为他们属于少数群体）。此类事项之所以令人直观地感到荒唐和非正义，正是因为表决者们在处分他人的权利。这种表决就类似于亲朋好友来表决两口子是否应当离婚，邻居们表决某户装修应当贴瓷砖还是墙纸一样荒唐。但当涉及公共利益与私人利益之间相互冲突时，这一切似乎就有了被合法化的可能，公共利益拥有了对私人利益的道德优势，而多数表决提供了合法化的外衣。比如，当某村水渠需要改道但需流经某户的祖坟，那么由村民来集体表决该户是否应当改迁祖坟便似乎并不如前述案例那么荒唐和难以接受，以公共利益之名反而似乎更显有道德上的优势。但如果与之前的"沉船表决""大巴表决"相比，这类表决似乎并没有本质上的区别。但进一步的深入研究发现，这两类表决之间确有本质上的不同，其中最重要的是正如多数意志不等于公意一样，多数人的利益并不等于公共利益。与"沉船表决""大巴表决"不同，至少村内水渠的修缮对于需迁移祖坟的该户也是有益的。更重要的区别在于，集体利益的存在必须要以一个共同体的存在为前提。与沉船上的、巴士上的乘客不同，一个村（社区）的村（居）民构成了一个共

---

① 这是两个真实案例。"大巴表决"是在一个寒冷的夜晚，一辆满载乘客的大巴上有两名感冒乘客被其他乘客疑似甲流，其他乘客集体投票是否应当强制这两名乘客下车。结果自然是两名乘客在寒风中和高速公路上被赶下了车。所谓的"课堂表决"与此类似，是一个老师要让学生自己表决，在如下方案中选择一个：方案A，让老师继续教下去；方案B，让课堂捣蛋者甲某离开课堂。分别参见：刘婉《票决民主中的多数人暴政——以四川乐山"村民民主投票"剥夺轮换工农民身份案为视角》，《法制与社会》2010年第32期，第286—287页；舒圣祥、黄果《"民主投票"强制退学是一堂暴力课》，《浙江人大》2012年第8期，第47页。

同体，由于长期生活、生产在一起，他们之间构成了一个利益共同体，并经由公共契约让渡自己的部分权利。因此，基于这种公共契约，共同体确实有权处分成员让渡出来的权利。但这还不能就断然赋予共同体内多数直接压倒少数、处分少数的权力。一方面，成员并未让渡自己的全部权利给共同体，共同体并不能处分其成员的所有权利，比如生命权不能被处分。另一方面，根据"特别牺牲"和"公平负担"理论，为了公共利益，村集体可以要求某村民个体利益做出一定让步，但是并不能要求村民做出显然不合理的让步而不给予补偿。最为极端的例证是封建时代的献祭，献祭之所以荒唐和非正义，不仅是因为它不具有科学依据，还因为它要求个体为集体作过度的牺牲。村民们应当就多种方案之间加以沟通和选择。比如水渠是否可以稍微改道又或者给予祖坟迁移者以一定的物质补偿等。这就要引入下文的第二个原则，即共同体内部事务的集体决策不应当是简单的比例民主，更应当是在意见充分沟通、利益相互妥协和交换之后达成一致的结果。

第二，民主决议应当是充分商谈的结果，必须要经过严格的决议程序，不能单纯追求节省会议成本只决不议。前面已述，多数决并不具有天然的正当性和合法性；相反，孔多塞"投票悖论"和阿罗不可能定理反过来说明（简单）多数决定未必能实现公共意志的聚合。有学者在经过对多数决的深入分析后得出结论：只有在人们依据理由而不是偏见进行投票，"多数"与"少数"不固定等条件下，"少数服从多数"才能够实现多数决的程序价值[①]。这意味着，多数决必须以充分的论证和相互提供理由论证和说服，从而尽可能达成一致为前提，而不是多数派利用人数上的优势直接压倒少数。该结论显然与20世纪80年代以来，在世界范围内兴起的协商民主和商谈民主有共通之处。沿循卢梭的"公民自我立法"和康德的"自由即自律"的思想，哈贝马斯提出了著名的商谈原则："有效的只是所有可能的相关者作为合理商谈的参与者可能同意的那些行动规范。"他还将商谈原则适用于法律规则，并指出："具有合法的有效性的只是这样一些法律规则，它们在各自的以法律形式构成的商谈性立法过程中是能够得到所有法律同伴的同意的。"[②] 哈贝

---

① 龚蔚红、牛文浩：《"少数服从多数"的证成及其限度——程序价值角度的研究》，《浙江社会科学》2019年第2期，第28—35页。

② ［德］哈贝马斯：《在事实与规范之间：关于法律和民主法治国的商谈理论》，童世骏译，生活·读书·新知三联书店2003年版，第132页。

第五章 基层群众自治权的滥用及其规制

马斯的商谈理论从哲学和伦理的角度解释了法律规则的合法正当性。将商谈原则应用于法律形式之中,就形成了有别于简单多数民主的商谈民主。在哈贝马斯看来,重要的不是在"小我"(共同体中的多数群体意志)和"大我"(整个共同体意志即公意)之间进行非此即彼的选择,而是要跳出这种执着于"我"或主体性的思路,把目光转向"我们"或者"主体间性",转向具体的主体间交往网络或者社会建制①。当然在实践中,理想化的商谈话语环境并不存在,实践中的政治谈判也并不总能满足事实的真实性、规范的正当性和表达的真诚性等有效性要求,即便经历了完美的商谈,共同体内部一致的共识并不总是能达成。但是商谈理论依然具有规范上的指导意义,它提供了一个理想(尽管可能永远达不到)的商谈模式,根据这一模式,集体决议在做出之前,尽可能充分的意见沟通和交流是其合法性和正当性的前提和基础。根据这一原则,类似前述郯城县郯城街道与张则强案中直接入户统计各村(居)民意见所形成的"村民(代表)会议决议"就不应当被承认其法律效力。

第三,每个村(居)民应当被同等尊重,利益越相关者应当获得越多的表达意见的机会。商谈原则的核心是自由和自觉②,在哈贝马斯的商谈理论中理想的话语环境要求所有潜在参与者均有同等参与话语论证的权利,每个话语主体都应当被充分地尊重③。这样的话语环境,在基层群众共同体尤其是乡村这种熟人社会的日常生活交往所形成的公共空间可能更接近达成(当然并不能完全达成,因为即便是日常的生活中,由于身份地位的不同,实际上每个人的话语权并不可能真正相同),但在村民(代表)会议这种正式的政治公共空间中,由于议事成本的限制,这种理想话语环境是很难达成的。因此,在有限的商谈资源中,给予利益相关者更多的话语权和表达机会是有必要的,也不违背同等尊重的原则。比如前述因村内修水渠,而某户家可能需要搬迁祖坟时,该户就应当获得更多的意见表达机会。尤其是当前基层群众自治共同体内,事实上的意志形成和决策机构规模逐渐变小,从村民会议

---

① 童世骏:《没有"主体间性"就没有"规则"——论哈贝马斯的规则观》,《复旦学报(社会科学版)》2002年第5期,第23—32页。
② 傅永军、徐闻:《哈贝马斯论民主的商谈原则与类型》,《山东社会科学》2011年第10期,第5—9页。
③ [德]得特勒夫·霍尔斯特:《哈贝马斯传》,章国锋译,东方出版中心2000年版,第80页。

到村（居）民（代表）会议再到村（居）民议事会等，并不是所有村民都有机会进入集体决策的正式商谈环境中。那么，无论该户是否是村（居）民代表或议事会成员，他都应当有参与讨论和决策的权利，而不应当被排除在决策主体之外。在各地方的基层群众自治机制创新实践中，较为成功的议事制度往往都应用了这一原则。例如广东蕉岭协商议事会、四川成都村民议事和天长市的协商委员会的议事主体都是"固定成员+利益相关者"模式，当他们议事时，除了有一些固定的议事会成员以外，还会引入了利益相关者加入商议①。

第四，对于可疑的"固定的少数派"应当有制度性的保护。严格来讲，基层群众自治共同体中，并不存在绝对固定的"少数派"。在某类公共事项表决中的少数派，可能在其他事项的表决中成为多数派。但在乡村公共事务的治理中，异姓者、少数民族（此处指自治共同体中的少数民族，也包括了少数民族聚集区中的汉族）、"外迁户"、特殊女性群体（寡妇、外嫁女以及大龄未嫁女）等相比一般群体有更大概率在村民会议、村民（代表）会议以及村民议事会中由于人数较少而成为少数派，即这些群体成为相对固定的"少数派"。既然民主意味着每个个体都要受到同等的尊重并拥有相同的机会，那么当存在"固定的少数"时，总是无法在决策中取胜的少数人显然没有受到公平的对待②。萨托利（Giovanni Sartori）更直截了当地指出，"多数暴政"中的多数就是指一个"某种有形的、有内聚力的运作单位"，而不是"随着问题的变化，不断解散和重组自身"的"短命的集合体"③。由于相对固定的"少数派"身份，在简单的多数决民主中，他们的意见经常会被过滤掉，因此他们是否拥有表决权，常常对结果没有影响。佩迪特认为，这时外在表决结果对他们而言就是一种外在意志的强加④。哈贝马斯也指出，多数决的前提是不存在"生而为少数的人"⑤。常见的对于"固定的少数"的弥补

---

① 关于这三者的介绍和比较，可参见邓大才：《规则型自治：迈向2.0版本的中国农村村民自治》，《社会科学研究》2019年第3期，第39—47页。

② SAUNDERS B. Democracy, Political Equality, and Majority Rule, Ethics, 2010（1）：149，155—156.

③ [美]乔万尼·萨托利：《民主新论》，冯克利、阎克文译，上海人民出版社2009年版，第154页。

④ PETTIT P. On the People's Terms: A Republican Theory and Model of Democracy [M]. Cambridge: Cambridge University Press, 2012: 212—213.

⑤ HABERMAS J. Civil Disobedience: Litmus for the Democratic Constitutional State [J]. Berkeley Journal of Sociology, 1985, 30.

办法是在核心的决策代表群体中增加他们的代表比例。这是一种必要的但并非充分的解决方案。另一个釜底抽薪的办法是，将表决权赋予绝对中立的第三方，当受到集体决议伤害的少数派村（居）民们向外寻求政府或法院的救济时，政府或法院尤其是法院的决定之所以被认为是可接受的或正义的，其原因不仅在于它们是国家公权力的行使者，还在于他们往往是中立的利益第三方。不过寻求国家公权力的救济往往是最后的迫不得已的选择。一个值得探索但尚不成熟的折中方案是在村（社区）内议事主体中引入独立的且利益中立的第三方（例如在当地有威望的他村耆老或受村民信任的他村法律顾问）参与，正如上市公司中为了保护小股东的利益而引入独立董事一样。

第五，越是重大的事项，所需达到意志一致的比例应当越高。卢梭在论述民主制度中多数决定所需要的合适的投票比例时指出两个原则：要决定的事情越是严肃和重要，占上风的观点就越应接近全体一致；要决定的事越是需要快速解决，绝大多数的数量就越要降低①。卢梭的结论更多源于直观感受，公共经济学家们从经济学的角度加以了论证。公共选择学派的代表人物布坎南和图洛克从成本收益比较的角度得出结论，最优的决策比例是当边际净收益等于边际决策成本时的比例②。对于越是重要的事项同等决策成本条件下，净收益更大，因此越是重要的事项，越是值得投入更多的决策成本，越是接近诸如立宪或涉及基本权利的事项，越需要接近一致同意规则③。上述原则在现代社会已经被普遍应用于各种民主决议的场景，从各国的立宪、修宪程序到公司中重大事项的表决，不同比例的表决规则在不同的场合适用，越是重要的场合越是追求更高比例的同意。在极端情况下，甚至需要实行一致同意规则，例如，英美法系中可以定人生死的陪审团成员和可以左右世界安全格局的联合国安理会中常任理事国的都拥有一票否决权，这意味着集体决议的通过需要获得他们的一致同意。在基层群众自治共同体内重要事项的决议中，同样应当适用类似的原则，如同《公司法》中关于简单多数和绝对多数规则在不同场域中的适用。比如，自治章程的通过所需要的赞成票比例就应当高于一般村规民约所需要的比例。

---

① ［法］卢梭：《社会契约论（双语版）》，戴光年译，武汉出版社2015年版，第103页。
② ［美］詹姆斯·M.布坎南、戈登·图洛克：《同意的计算》，陈光金译，上海人民出版社2017年版，第85页。
③ 牛文浩：《多数决的证成及其限度》，吉林大学论文，2018年。

二、完善国家公权力对基层群众自治权行使的外部监督

(一) 厘清监督与干涉的界限

要厘清监督与干涉的界限，必须回归国家公权力对基层群众自治权的行使进行外部监督的法理基础。如前所述，法治原则构成了国家公权力对基层群众自治权行使的基础。法治原则意味着自治权必须在法治框架下行使，代表国家公权力的基层政府以及法院对基层群众自治权的行使有监督和审查之责。但基于法治原则和辅助原则，这种监督必须在合理的范围，否则便有干涉基层群众自治之嫌。依此，可以将自治事务分为法定事项和意定事项，前者必须遵循国家法的基本原则和具体规则，后者应当由基层群众自治共同体自行决定。这意味着以下三点。

首先，合法性审查是国家公权力对基层群众自治权行使的监督的应有之义，不能被视为干涉自治。无论是依法治原则，还是《村委会组织法》第二十七、第三十一、第三十六条等诸条款的规定，国家公权力对基层群众自治权行使的合法性监督是基层群众自治共同体成员之合法权益免受自治权滥用而侵害的重要保障，对于国家公权力而言，既是一种权力也是一种责任。以尊重自治之名放弃对基层群众自治权行使的合法性审查，在本质上是对监管责任的逃避。

其次，属于基层群众自治权自由裁量范围内的事项，基层群众自治共同体有自我决定的自由，国家公权力机关不能干涉。和其他形式的自治一样，基层群众自治既有必须遵循的法律原则和法律规则，同时也一定存在大量的自由裁量空间。自治意味着在这些自由裁量的空间内，基层群众自治共同体有权决定自主事务而免受外界的干涉。

最后，对于自治事务，国家公权力机关不能代替作出决议，否则便构成对基层群众自治事务的干涉。依《村委会组织法》之规定，基层政府对于基层群众自治共同体有指导之职权和职责。这种指导之职责之所以存在，不仅因为基层政府代表着国家公权力，还因为在实践中基层群众自治共同体缺乏相应的专业人才、治理经验以及相对而言基层政府利益中立者的角色（尤其是针对集体利益分配决议和方案的制定时）。但是这种指导不能异化为行政

命令，否则便是以基层政府的意志代替基层群众的集体意志，便构成了干涉自治。某些规范性文件虽名为指导意见，但内容和行文中更多的是强制性规定和行政命令，也只能视为行政命令而非真正的行政指导行为。

下文将以上述结论为基础，进一步正面回应前述司法实践中的主要分歧和问题。

（二）明确司法机关对于村民自治领域案件的受理和审查权限

1. 对于村民自治领域的纠纷，司法机关应以受理为原则，不受理为例外

从规范文本的角度上来讲，以村民自治为由拒绝受理当事人的诉请并没有充分的法律依据。事实上，我国从未有法律明文规定村民自治事项法院不得受理。无论是我国《村委会组织法》《居委会组织法》《行政诉讼法》还是《民事诉讼法》，均未曾规定法院不得受理属于基层群众自治的事项。相反，《村委会组织法》《物权法》以及其他一些法律法规和司法解释等都有支持村民权利受村委会或集体经济组织侵害时获得司法救济的相关规定[①]。从司法定争止纷实现权利救济的角度来讲，只要未被法律明确排除在受案范围之外的，应当尽量纳入受案范围。支持法院拒绝受理的两个主要法律文件是前述 2002 年最高人民法院《关于徐志君等十一人诉龙泉市龙渊镇第八村村委会土地征用补偿费分配纠纷一案的批复》以及 2005 年《最高人民法院关于审理涉及农村土地承包纠纷案件适用法律问题的解释》第一条第二款。但 2005 年《解释》第一条第一款已经明确将"征用补偿费"分配纠纷纳入了民事诉讼的受案范围，事实上等于已经否决了 2002 年《批复》。2005 年《解释》排除在受案范围外的只有两项：集体经济组织成员因未实际取得土地承包经营权，集体经济组织成员就用于分配的土地补偿费数额产生的纠纷[②]。

从法理上来讲，常见的支持不予受理的理由有两个：第一，国家公权力

---

① 参见《村委会组织法》第三十六条，《物权法》第六十三条以及《民事案件案由规定》等。

② 《最高人民法院关于审理涉及农村土地承包纠纷案件适用法律问题的解释》："下列涉及农村土地承包民事纠纷，人民法院应当依法受理：（一）承包合同纠纷；（二）承包经营权侵权纠纷；（三）承包经营权流转纠纷；（四）承包地征收补偿费用分配纠纷；（五）承包经营权继承纠纷。

集体经济组织成员因未实际取得土地承包经营权提起民事诉讼的，人民法院应当告知其向有关行政主管部门申请解决。集体经济组织成员就用于分配的土地补偿费数额提起民事诉讼的，人民法院不予受理。"

不应当干涉自治事项;第二,村委会(或集体经济组织)与村民之间的关系不是平等民事主体之间的关系。这两个理由均不能构成法院拒绝受理相关案件的充分理由。就第一个理由而言,基层群众自治并不享有法外特权,法治社会从来不存在不受司法审查的自治领域。因此,准确来讲,国家公权力机关不应当干涉基层群众自治权的合法行使,而不是国家公权力不能审查基层群众自治权行使的合法性。监督和审查基层群众自治权的行使是否合法,法院只有在受理以后才能作出更为准确的判断。第二个理由最早出现在2002年最高人民法院《关于徐志君等十一人诉龙泉市龙渊镇第八村村委会土地征用补偿费分配纠纷一案的批复》中,该批复中最高人民法院认为:"农村集体经济组织成员与农村集体经济组织因土地补偿费发生的争议,不属于平等主体之间的民事法律关系,不属于人民法院受理民事诉讼的范围。对此类争议,人民法院依法不予受理,应由有关行政部门协调解决。"这一理由和逻辑与2002年"吉利诉讼中国足协案中"拒绝受理足协与其成员之间纠纷的理由如出一辙。这一理由和逻辑也常被地方各级法院所引用。一方面,最高人民法院关于该类争议究竟是否属于平等主体之间民事法律关系的结论前后矛盾。另一方面,即便它不属于平等主体之间的民事法律关系,也并不必然被排除在法院的受案范围。除非证明它既非民事法律关系亦非行政法律关系(类似案件除非涉及犯罪否则显然不属于刑事诉讼),否则仅以其不属于平等主体间的民事法律关系就得出应当由行政部门协调解决而法院不予受理的结论有逃避职责之嫌。因此,第二个理由主要关涉的是该类案件应当适用民事诉讼程序抑或行政诉讼程序,而不是它是否属于法院管辖范围的问题。对于当事人来讲,他更关心的是案件是否能够得到公正的审判,至于是采用民事诉讼程序还是行政诉讼程序,往往是退而求其次的问题。

最后,从社会稳定和社会效果上来讲,我国虽然没明确树立"禁止拒绝裁判"的原则,但出于定争止纷和消解社会矛盾的目的而言,司法机关不应当拒绝受理该类案件[①]。司法的最终目的是定争止纷,是实现对公民合法权利的救济,是实现正义的最后一道屏障。但是如果这道门被直接关上,可能导致当事人不断地上访。信访无法代替司法,信访无法也不应该成为解决农

---

① 郑鹏程、于升:《对解决农村土地征收补偿收益分配纠纷的法律思考》,《重庆大学学报(社会科学版)》2010年第3期,第91—97页。

地纠纷的主要渠道①,法院面对类似问题的司法逃逸只能积累社会不稳定因素。尽管最高人民法院在2002年的徐志君案的批复中指出当事人应当找政府协调解决,但是实践中,当案件到法院时,当事人一般已经穷尽行政救济手段了。因为相对来讲,基层政府在乡镇,离当事人更近,行政程序相对便捷,从习惯上来讲有事找政府而非法院也更符合"非讼"的文化传统。在我的调查问卷中,当村(居)民遇到纠纷时的选择,有20%的人选择找基层政府,而只有5%的人选择到法院起诉(更多的是选择自行和解或找基层干部)。更重要的是,从法律上来讲,乡镇政府对于类似案件往往并没有强制执行权,最终仍然需要依赖司法机关来强制执行。前述的李顺琼起诉东莞市大岭山镇新塘四社一案生动说明了这一点。当事人申诉:"申请人为此事已维权两年多,经历申诉、信访、投诉、行政诉讼等一系列程序。"但"穷尽一切合法的行政救济途径后,最后被政府部门告知应当向法院诉讼解决,而申请人向法院起诉本案时,又被法院直接裁定不予受理"②。

2. 审查的主要内容应当是合法性,对合理性应当做审慎判断

如同国家公权力一样,基层群众自治权的行使既有必须遵循的法定原则和具体规则,同时也有相当的自由裁量范围。司法机关对于基层群众自治权的行使是否违反国家法和国家政策拥有当然的审查权限,但对于属于其自由裁量的范畴应当保持司法谦抑。

这一逻辑类似于行政诉讼中司法权对行政行为的审查原则。出于对行政权的尊重,原则上属于行政权自由裁量的部分,司法权不应当过多干涉,更不应当代替行政权直接作出判断。同样的道理,基于对基层群众自治的尊重,国家权力应保持适当的谦抑,对于本该由村民(代表)会议或村委会做出自由裁量的部分,司法机关和司法权不应当过多地介入,更不应当代替之做出决定。国家公权力对于基层群众自治权力的监督权的合法性和正当性主要依据在于法治原则,即自治权的行使必须在法治框架内进行,因此国家公权力对于基层群众自治权的监督必须是对自治权的行使是否合法为主要内容,而对其合理性不宜做过多的干涉。前述司法解释《关于审理涉及农村土地承包

---

① 张红:《农地纠纷、村民自治与涉农信访——以北京市调研为依据》,《中国法学》2011年第5期,第70—83页。

② 《李顺琼侵害集体经济组织成员权益纠纷再审审查与审判监督民事裁定书》,(2019)粤民申3282号。

纠纷案件适用法律问题的解释》（法释〔2005〕6号）可以印证这一主张，《法释〔2005〕6号》虽然吸纳一般农地补偿费纠纷，但排斥关于农地补偿费具体数额引起的纠纷。因为具体数额往往是一个政治问题，而非一个法律问题。有学者主张，在农地征收补偿纠纷类型的案件中，司法机关应秉持司法为民的理念，充分发挥司法能动性，不断探寻解决农村土地征收补偿收益分配纠纷的新方法[①]。但法院毕竟不是一个立法机构，在法律尚存空白和模糊地带，没有任何证据能够证明，法官的自由心证比一个民意机构做出的民主决议有更多的合理性。

  尊重自治共同体在自由裁量范围内的自主决定并不意味着司法机关对该类案件的审查毫无意义。类似于"空挂户""出嫁女""外迁户"等是否具备自治共同体成员资格，是否应当享有等同于普通村民分享集体福利和土地征收款的同等资格，尽管并不存在全国统一立法的规定，但不少地方性立法均有较为详细的规定。根据《村委会组织法》和《居委会组织法》的规定，村民（代表）会议制定的村规民约和做出的决议不仅不能与国家法律法规相抵触，也不能和国家政策相抵触。这里所谓的抵触，如前所述一般的理解，既包括了和国家法具体规定的抵触，也包括了和国家法基本精神的抵触。对于显失公正的分配方案和分配规则，法院可以适用"男女平等""法律面前人人平等"等法律原则否定其合法性。这也是司法实践中广为各地方法院所采用的方法。对于涉及"外嫁妇""离异女"之类的案件，"男女平等"原则常常是否定某村民（代表）会议合法性的主要理据之一。

  司法实践中还需回应以下难题：法院能否直接变更村（居）民（代表）会议所制定的村规民约（居民公约）或决议。如果法院仅仅撤销而不是变更村（居）民（代表）会议决议或否定某村规民约（居民公约）的效力，可能并不足以实现对当事人权利的救济，因为村（居）民（代表）会议可能会做出基本相同或类似的决议、村规民约。例如曾晨、陈某诉万柳村13组一案中，一审二审法院就以即使法院作出了实质性审查，最终还是以要回归民主程序解决为由拒绝受理属于村民自治的案件，并驳回起诉[②]。法院确实不宜变更村规民约（居民公约）或决议的内容，但司法程序要实现的只是个案正

[①] 郑鹏程、于升：《对解决农村土地征收补偿收益分配纠纷的法律思考》，《重庆大学学报（社会科学版）》2010第3期，第91—97页。

[②] 《曾晨、陈某侵害集体经济组织成员权益纠纷再审民事裁定书》，（2018）川民再744号。

义而并非普遍正义，因此该问题并非无解。前述案件至四川省高级人民法院申请再审时，四川省高院的意见就撤销了一二审的裁定，支持了曾、陈的再审申请。司法实践中的解决方案一般有两个方法：一是类似行政诉讼一样，判决确认违法的同时，要求不得做出相同或基本相同的村规民约（居民公约）或决议；另一个方法是，如果当事人在其诉求中提出了具体的赔偿方案或解决方案，法院可以通过对当事人诉讼请求的审查，来实现对当事人合法权益的救济。司法实践中不乏这样的案例，例如在官桥村一组与钟燕梅一案中，南宁市中院就直接判决了处官桥村一组应当支付 100480 元[①]。

（三）明确行政权与司法权在基层群众自治权监督中的各自职责

如前所述，基于《村委会组织法》第三十六条的规定，基层政府与法院对基层群众自治权的行使都有监督之职。但由于对该条的理解不同，实践中存在以下分歧：基层政府和法院对于基层群众自治权的监督是否存在明确分工。如果完全从字面意思上理解，基层政府与法院存在着明确分工，基层政府监督消极侵权，而法院监督积极侵权。但如果作扩大解释，那么这种区分并不存在，两者均对消极侵权和积极侵权行为有监督之职权和职责，救济申请人有选择自由。综合来看，后一种解释更为符合权利保障救济的基本精神和基层群众自治的基本实践。

首先，从对村民合法权益的保障和救济来讲，行政救济和司法救济各有自身的优缺点，后一种解释提供了当事人更多的救济途径和选择自由。行政权和司法权在对基层群众自治权的监督职责管辖争议，一般发生在国家公权力机关作为中立的第三者居中裁决自治共同体与其成员之间纠纷时。此种情形下，国家公权力对基层群众自治权的监督同时也是对村（居）民权利的一种救济，并且后者具有目的论上的优先地位，质言之，国家公权力对基层群众自治权的监督最终也是为了保障村（居）民合法权益不受共同体内部权力的恣意侵犯。此时面对实践中的争议，对《村委会组织法》第三十六条的理解就不能仅从文义解释，还得回归其保障村民合法权益的立法目的和立法本意。

[①] 《南宁市兴宁区民生街道办事处官桥村一组、钟燕梅侵害集体经济组织成员权益纠纷二审民事判决书》，（2019）桂01民终1465号。

一般来讲，对于社会纠纷居中裁决应当是法院的职责和功能，但在我国，《村委会组织法》《居委会组织法》《土地管理法》《土地承包法》等法律常常赋予基层政府相应的行政调解、裁决之职能，其原因在于，基层政府提供的行政救济有许多优势。基层政府对基层群众自治权进行监督的优势有以下几点：其一，对于当事人而言，定争止纷的成本更低。这一方面是因为我国基层政府在乡镇一级，而基层法院在县一级，从地理距离和心理距离来讲，基层政府有着天然优势；另一方面是因为行政程序相对司法程序具有效率上的优势。其二，他们与基层群众自治权的行使者联系更为紧密，虽然从法律上他们往往不具有强制执行权，但是由于基层群众自治实践中事实上的行政化，基层政府对于村（社区）干部的控制力和影响力相较法院更加直接和有效。其不足在于，大多数情况下，他们没有强制执行权，对基层群众自治权滥用的行为，他们虽然可以责令改正，但法律没有直接授予他们强制对方改正的权力。例如前述李顺琼起诉东莞市大岭山镇新塘四社一案中，基层政府虽然已经明令村委会给予李顺琼以配股、分红的平等村民待遇，但是村委会并不执行。最终李某穷尽行政救济途径，只得提起诉讼。法院作为救济主体的优势在于：其一，最基层的法院也在县一级，它虽然离基层群众较远，但也保证了它与基层群众自治性组织及其干部之间一般较少利益关系；其二，法院作为司法机关，其工作人员有更高的法律素养以及司法裁判经验；其三，大部分情形下，法院拥有强制执行权，法院的判决和裁定具有强制执行力，且不需要借助于政府的力量。法院作为救济主体的弱势在于成本较高，效率较低，耗时较长。

既然行政救济和司法救济各有优缺点，那么由当事人自行选择，对于保障和救济当事人权利显然更为有利。

其次，从整个法律体系来讲，后一种解释可以在其他的法律规范中获得支持。《中华人民共和国地方各级人民代表大会和地方各级人民政府组织法》规定基层政府有保护公民合法财产和人身权利的职权和职责①。该条概括性地赋予了基层政府有保障公民合法财产和权利之权力与职责，且并未区分

---

① 《中华人民共和国地方各级人民代表大会和地方各级人民政府组织法》第六十一条："乡、民族乡、镇的人民政府行使下列职权：……（三）保护社会主义的全民所有的财产和劳动群众集体所有的财产，保护公民私人所有的合法财产，维护社会秩序，保障公民的人身权利、民主权利和其他权利；……"

是因消极侵权还是积极侵权而引起。如果说前面只是一种概括式授权的话，还可以从其他具体的法律规范获得更充分的证据。从《村委会组织法》第二十七条可以看出，基层政府对基层群众自治权行使的监督并不仅限于消极侵权。根据该条，如果村民（代表）会议的决议或村规民约侵犯村民合法权益的（积极侵权），乡镇政府有权责令改正。既然政府可以监督村民（代表）会议的积极侵权行为，那么可以合理类推，政府对村委会积极侵权行为也有监督权。另外《土地管理法》第十四条和《土地承包法》第五十五条都授权乡镇政府对村民与集体之间土地所有权或使用权以及承包经营纠纷的调解和介入处理的权限，这些条款中均未明确区分积极侵权还是间接侵权。实践中也未见基层政府以该种分类来区别对待集体土地承包经营纠纷。

三、进一步完善基层群众自治相关法律规定

（一）合并《村委会组织法》与《居委会组织法》为《基层群众自治法》

作为基层群众自治制度的基础性法律，《村委会组织法》和《居委会组织法》二元立法模式是特定历史条件下城乡二元化的结果。在城乡一体化建设的今天，这种二元立法的基本社会基础已经不复存在。其实早有学者提出，《村委会组织法》和《居委会组织法》共性多且长久可期、差异性少且是短暂的，因此建议将两法合并①。更有学者直接提出制定统一的《社会组织基本法》，以统一规范社会组织与行政组织之间相互关系，对履行公共行政职能的社会组织的含义、性质、地位、职能、设置、组织结构、权利与义务、法律责任与救济等问题作出规定②。制定统一的《社会组织基本法》的社会基础是否已经具备尚且不论，但制定统一的《基层群众自治法》已经没有大的制度障碍。无论是基层群众自治性组织的产生、任期、基本组织结构框架，

---

① 陈国申、陈福卫：《试论〈中华人民共和国居委会组织法〉与〈中华人民共和国村委会组织法〉合并的必要性》，《理论月刊》2005年第2期，第105—107页。

② 石佑启、杨治坤：《中国政府治理的法治路径》，《中国社会科学》2018年第1期，第66—89页。

还是基层群众自治共同体与国家公权力机关之间相互关系等一切重要的方面，村民自治与居民自治几乎都没有本质性的区别。两者的区别基本都在一些次要的方面，且这些方面将来都是可以进行统一的。例如资金来源方面，虽然两者在法律文本上的规定并不一样，但在实践中，却基本实现了统一。在选举制度的细节方面的差异，也有学者在呼吁《居委会组织法》向《村委会组织法》靠拢①。对于村民自治和居民自治确实存在且目前尚需保留的一些差异性，两法合并可采用总则和分则的立法方式，两者相同之处可以归入总则，相异之处可以纳入分则。

两法合并有利于节省立法成本和立法资源。《村委会组织法》与《居委会组织法》均存在不少不能适应现实需要而应修订的地方。尤其是《居委会组织法》实施近30年，已经不能适应现实需要②。《居委会组织法》的修订工作早在2004年就被纳入全国人大"十五"立法规划，民政部甚至还对外宣布了修改稿的草案，2011年《居委会组织法》的修订工作再次启动③。遗憾的是，由于种种原因都没有修订成功。如前所述，由于《居委会组织法》的过于简陋，《村委会组织法》常被类推适用于居民自治法律关系之中。这也恰好说明了，《居委会组织法》和《村委会组织法》并不存在难以逾越的鸿沟。两法合并，可以节省大量的立法、修法资源。

以自治法代替组织法的主张也由来已久。早在2000年，袁达毅就提出应当要制定《村民自治法》以代替《村委会组织法》④。除了《村委会组织法》和《居委会组织法》均未规定法律责任以外，更重要的原因在于将整个基层群众自治制度构建于《村委会组织法》之下，"存在着立法宗旨与立法条文、名称在事实上的背离"⑤，而且村（居）委会代替村（居）民（代表）会议成为事实上的权力中心多少也与此有关。不过近些年类似主张已经不似以前强烈，并不是因为该主张支持者越来越少，更大程度上是因为《村委会组织法》经过多次修改，已经越来越接近一部事实上的自治法，而不仅仅是一部

---

①③ 唐鸣：《城镇化背景下基层民主的发展——对居委会组织法修改的一点意见》，《探索与争鸣》2013年第11期，第56—58页。

② 孙梦爽、王晓琳：《人大调研：走进民政部共话社会建设领域立法》，《中国人大》2019年第7期，第25—26页。

④ 袁达毅等：《农村基层民主建设研究》，中国社会出版社2003年版，第394—397页。

⑤ 唐鸣：《关于完善村民自治法律体系的两个基本问题》，《法商研究》2006年第2期，第3—8页。

组织法，村民委员会在整个《村委会组织法》中虽然依然占据核心地位，但是比重已经明显下降。但如果《村委会组织法》和《居委会组织法》合并，则正是修正这一瑕疵、解决这一历史问题的好时机。

（二）专章设定法律责任

法律责任设定的缺失使违法成本过低，国家法的威慑力大大降低。没有法律责任专章规定的法律可以说是不完整或不完善的[①]。通过总结近40年村民自治的经验，应当将实践中最常见、最迫切需要规范的一些违法行为或滥用基层群众自治权的行为纳入《基层群众自治法》法律责任专章规范。根据前述分析，本书认为，至少应当有以下几种法律责任需要明确：明确规定村（居）委会越权行使本该由村（居）民（代表）会议行使的决策权之法律责任；明确村（居）务公开不及时、不完整或不真实的法律责任；明确村（居）委会怠于行使职权的法律责任；明确村（居）委会拒不执行村（居）民（代表）会议决议的法律责任。

在全国统一的法律规范中明确法律责任的同时，应当充分重视发挥自治章程和村规民约（居民公约）在规制基层群众自治权滥用方面的作用，应当授权自治章程和村规民约（居民公约）在国家法规定的法律责任基础之上制定更为细致、更富操作性的内部规约。由于全国各地情况各异，全国性的法律所规定的法律责任往往是较为原则和抽象的，通过各自治共同体内部规约使之更加具体化和可操作化非常有必要。基层群众自治权的既源于国家法的认可，也源于自治章程和村规民约等内部规约的授权，因此通过内部规约来规定相应的法律责任具有充分的法理依据。从浙江"宁海36条"和新昌"乡村典章"模式的运行实践来看，通过内部规约来规定相应的责任条款在实践中是相当有效的。例如《石磁村典章》就规定了村干部履职前要交任职保证金，"如果任期内有违章6次或民主评议结果不满意率超过60%者，将限期辞职或被提出罢免；因违规决策或因个人行为造成集体损失的，由村民代表会议确定赔偿金额"[②]。

[①] 肖金明：《建构和完善农村社会民主治理体系与制度——兼议〈中华人民共和国村民委员会组织法〉的修改》，中国法学会行政法学研究会2010年年会论文，第8页。

[②] 《浙江新昌县儒岙镇石磁村：村官缴押金、典章管村务》，http://zjnews.zjol.com.cn/05zjnews/system/2005/05/24/006117818.shtml，最后访问时间为2019年10月25日。

在规定法律责任时，还需要注意区分组织责任和个体责任。尤其是当村（居）委会违法滥用或怠于行使基层群众自治权时，既要注意追究村（居）委会的整体组织责任，也要追究负有直接责任的个别村（居）委会干部的个体责任。除此以外，还需要注意狭义的村委会和广义的村委会导致的法律责任主体的区别。虽然依据我国《民法总则》，基层群众自治性组织已经获得特殊法人的法律地位。这种特殊法人的法律地位主要是对外而言法律上的独立地位，因此此处的基层群众自治性组织应当是整个基层群众自治共同体，而不是狭义上的村（居）委会。狭义上的村（居）委会只是由少数几个村（居）委会干部构成的一个自治共同体内的执行机构，它并不具备有独立的财产，也无法作为一个真正的实体承担法律责任。比如部分案件中虽然是以村委会为被告，但实际上争议焦点是村民（代表）会议所做出的决议，此时显然不能由狭义的村委会来作为事实上的责任主体。

第六章 基层群众自治权的虚化与回归

作为社会公权力的基层群众自治权在运行实践中既可能出现滥用的情形,也可能因为缺乏实质性内容而虚化。基层群众自治权虚化的实践表征可以概括为两个既相关又相互区别的情形,其一是因为沦为国家公权力附庸而呈现出的"行政化",其二是剥离国家公权力后呈现出的"空心化"。既有的研究往往聚焦于前者,而对后者关注不足,并陷于"行政化"与"去行政化"的循环,仿佛"去行政化"是摆脱自治空转、实现自治落地的根本路径。但是"居站分离"的改革实践说明,这种基于"国家—社会"简单研究范式的观点过于片面和理想化,因为它将政府与基层群众自治共同体、国家公权力与基层群众自治权之间相互关系简单化了。剥离国家公权力之后的基层群众自治权因为公共产品供给能力低下而呈现出空心化的特征。公共产品和公共服务供给是基层群众自治共同体存在的主要目的和功能,因此公共产品和公共服务供给能力是基层群众自治权脱虚向实的基础,也是实现其相对独立性和自主性的前提。

第一节 实践中基层群众自治权的虚化表征

一、基层群众自治权的行政化

(一)家父主义下的"村财乡管"与"居财街管":基层政府对基层群众性自治组织经济管理权的渗透

"村财乡管"与"居财街管"顾名思义是指村(社区)的财务由乡镇(街道)代为管理,更具体地,一般是指在保证各村集体资产的所有权、使用权、收益权"三不变"的前提下，村里的经济活动由村报账员报到乡镇，乡镇农村经营管理科（站）统一记账并核算①。我国目前90%以上的农村地区已经实施了"村财乡管"制度②。据周珩考证，村财乡管模式可以追溯到1996年财政部发布的《村合作经济组织财务制度（试行）》，后经2000年中共中央、国务院联合下发的《关于进行农村税费改革试点工作的通知》以及2000年财政部、监察部下发的《关于试行会计委派制度工作的意见》逐步推动下，各省、自治区纷纷制定了本省域"村财乡管"的文件③。实践中的探索至少早在1989年就开始，1989年老河口市就开始探索"村账乡管"制度④。与农村"村财乡管"相类似，城市社区也存在"居财街管"（由于"村财乡管"和"居财街管"基本内容和逻辑一致，为表述上的简洁本书主要分析"村财乡管"）。

"村财乡管"和"居财街管"具有明显的家父主义特点。在自上而下的强制性制度变迁中，基层政府代管村（社区）财务，如同基于父母代替未成年子女保管他们的压岁钱。"村财乡管"和"居财街管"主要基于两个方面的考虑：其一是基层现代化专业会计人才的缺乏；其二是加强对村级财政的外部监督。我国大部分地区农村缺乏拥有专业会计知识的专业人员，村会计一般由文化素质相对高的农民担任。据聂建平的在巴山山区的调查，持证上岗的会计人员不到20%⑤。而与此同时，基层群众自治共同体内部监督制度还不足以完善到实现对村内公共权力完善有效的制约的程度。在村级财务管理制度尚未成熟前，为了保障农民的权益和集体资产不被浪费，政府以强大行政资源推行"村财乡管"是一种特定历史条件下的权宜之计。对基层群众自治共同体而言，前述两方面表明了"村财乡管"和"居财街管"既是一种帮助也是一种监督。

---

① 陈清扬：《江苏扬州地区农村集体财务村账乡管的历史逻辑与当前运行模式探析》，《江苏农业科学》2013年第9期，第421—422页。

② 刘磊、晏晓波：《"村财乡管"机制实施困境及解决路径》，《人民论坛》2016年第31期，第118—119页。

③ 周珩：《村财乡管的法理悖论及改革路径》，《法学论坛》2017年第5期，第142—151页。

④ 杜继略、刘永万、谢国清：《建立村账乡管机制强化农财管理》，《农村经济与科技》1998年第1期，第19页。

⑤ 聂建平：《农村"村账乡管"模式问题及对策分析——基于巴山山区三县的数据调查》，《财会通讯》2016年第2期，第27—29页。

尽管"村财乡管"从主观上来讲是为了规范村级财务管理、监督村内经济管理权的滥用，就实践而言，"村财乡管"和"居财街管"也确实对于规范村级财务，限制村级资产的浪费、贪污起到了巨大的作用。但是从客观上来讲，"村财乡管"也加强了乡镇政府对乡村干部的控制，加强了对行政权对乡村公共事务决策和管理的影响力，侵蚀了村民自治共同体的经济管理权。因此有学者认为，"村财乡管"从法理上来讲，不符合村民自治原则，也没有充分的法律依据[①]。尽管这种观点有些绝对，未考虑自治理论与实践需要之间的落差，也未充分考虑各省之间在具体措施上的差异，但确实反映了学界对基层群众自治行政化的一种担忧。尽管基层群众自治的行政化有众多原因和表征，但无疑"村财乡管"是其中重要的表征和原因之一，行政权对经济自主权的渗透和控制程度直接决定了基层群众自治权的行政化程度。

（二）基层干部的公职化：基层政府对基层群众自治共同体的人事控制

如果说"村财乡管"和"居财街管"体现的是基层政府对基层群众自治共同体的经济控制，那么基层干部的职业化与行政化体现的就是基层政府对基层群众自治共同体的人事控制。基层干部的"公职化"不是指把基层干部变为公务员，而是由财政支付基层干部"工资"和社会保险，并把公务员管理的某些做法变通移植到基层干部管理上[②]。基层干部公职化的主要表现是：基层干部"误工补贴"的工资化；基层干部办公时间和场所的固定化（"坐班制"）；基层政府对基层干部的绩效考核制。

长期以来，村干部待遇低，且因为不属于公务员序列，缺乏晋升渠道，无法吸引和留住人才。为了激励村干部的工作积极性，也为了能吸引和留住人才，村干部（尤其是村或社区的正职干部）的待遇近些年逐年提升。党的十七届三中全会明确提出，"通过财政转移支付和党费补助等途径，形成农村基层组织建设、村干部报酬和养老保险、党员干部培训资金保障机制"。全国除了极少数经济较为发达的地方以外，村两委的主要干部的误工补贴实

[①] 周珩：《村财乡管的法理悖论及改革路径》，《法学论坛》2017年第5期，第142—151页。

[②] 李勇华：《自治的转型：对村干部"公职化"的一种解读》，《东南学术》2011年第3期，第4—13页。

际上由财政支付①。这意味着误工补贴事实上工资化了。部分地方甚至规定了村主职干部（主任和书记）享受乡镇副职干部待遇②。随着待遇的"工资化"，村干部的工作形式还开始体现出科层制的特点，最显著的就是"坐班制"和"考核制"的实施。越来越多的地方开始推行基层两委主要干部"坐班制"，并如同普通行政干部一样需要接受基层政府的业绩考核。至少早在2005年，赵树凯的调查研究就显示，在他所调研的20个乡镇中，基层政府普遍实施了对村干部的目标责任考核制，并且考核结果和其工资待遇往往挂钩③。其他学者的调研结果还显示，除工资制与考核制外，乡镇对村级组织实施较为严格的坐班制和考勤制④。总之，村干部的公职化和行政化可谓学界的共识⑤。

当然，全国各地情形各不相同，不同地方村干部公职化和行政化呈现出地域化的差异。贺雪峰的调研结果显示，由于集体经济、私营经济的发达程度不同，中西部地区、苏南上海地区、浙江农村以及珠三角等四个地区村干部的稳定性、公职化和行政化呈现出不同的特征⑥。不仅各地区之间存在地域化的差异，村干部之间的公职化程度也呈现出差异和分化。贺雪峰就指出，由于村干部里面正职干部与普通干部之间收入差距的扩大，湖北省提高村级正职待遇产生了一个预料之外的后果，就是普通村干部更加缺少工

---

① 陈永刚：《谁该为村干部报酬"买单"——对村干部工资管理若干问题的思考》，《兰州学刊》2010年第5期，第54—58页。
② 贺雪峰：《村干部收入与职业化》，《中国党政干部论坛》2015年第11期，第64—66页。
③ 赵树凯：《乡村关系：在控制中脱节——10省（区）20乡镇调查》，《华中师范大学学报（人文社会科学版）》2005年第5期，第2—9页。
④ 欧阳静：《村级组织的官僚化及其逻辑》，《南京农业大学学报（社会科学版）》2010年第4期，第15—20页。
⑤ 由于村级治理的行政化一直是学界关注的重点，关于这方面的调研特别多。关于"工资制""坐班制"和"考核制"，还可参见：张曦《双层治理结构下村民小组治理机制研究——以陕西D村为例》，《青海社会科学》2018年第1期，第118—122页；王丽惠《控制的自治：村级治理半行政化的形成机制与内在困境——以城乡一体化为背景的问题讨论》，《中国农村观察》2015年第2期，第57—68页；冷波《"双轨政治"重构与村治结构创新——以湖北省秭归县"幸福村落建设"为例》，《中共宁波市委党校学报》2018年第3期，第96—103页；李鑫诚《乡村权力下沉治理模式的运行策略及其反思》，《湖北社会科学》2017年第4期，第22—27页。通过这些文章可以发现，基层干部的公职化和行政化特点是全国普遍现象，并且这一现象构成一种学界共识。如果说学界存在分歧，主要是对这一现象的评价存在分歧。
⑥ 贺雪峰：《村干部稳定性与职业化的区域差异》，《中共天津市委党校学报》2018年第3期，第73—78页。

作积极性了①。孙敏和田孟对上海近郊的实地调查研究进一步证实了上述结论，由于待遇和工作形式的区别，村干部开始分化为"正式干部"和"半正式干部"，前者是以书记为领导核心的村两委班子成员，后者为其他村干部。前者待遇高，但实行坐班制，完成了村干部职业化；而后者则依旧保持"亦官亦民，以民为主"的村庄代言人角色②。

相对于村干部，社区居委会干部的公职化不遑多让。居委会的行政化与去行政化一直就是理论界与实务界关注的重点③。首先，从规范文本来讲，居委会干部就体现出更多的行政化色彩。如前所述，根据《居委会组织法》第十七条的规定，居委会的工作经费和来源、居委会成员的生活补贴原则上由财政供给，村委会则原则上由村集体供给。其次，从实践上来讲，居委会早就开始推进专职化改革。至少早在 2000 年，民政部推出《关于在全国推进城市社区建设的意见》，在此之后各地城市开始通过公开招聘的办法，推行社区专职工作者制度④。部分地方的社区居委会更进一步推动专职干部纳入正式财政编制。例如天津市早在 2002 年就开始试行部分社区干部的专职化，并推出《天津市居委会事业编制专职干部管理试行办法》，其中规定，"专职干部的工资福利待遇按照全额拨款事业单位管理人员的有关政策执行"，并明确规定，"居委会主任，参照执行四级职员（副科）的工资标准，副主任参照执行五级职员的工资标准"。由于大部分社区没有独立的财产和集体财产，显然绝大部分社区干部（包括专职和兼职）工资均由财政供给，并且专职干部理论上均由街道聘请。

任何权力，无论它理论上从属于何种群体或组织，最终都由个体化的人来行使。作为主要的常设机构，村（居）两委是基层群众自治共同体权力结构事实上的核心，基层干部是基层群众自治权事实上的行使者，因此基层政府对基层干部的控制力和影响力就等于是对基层群众自治权的控制力和影响

---

① 贺雪峰：《村干部稳定性与职业化的区域差异》，《中共天津市委党校学报》2018 年第 3 期，第 73—78 页。

② 孙敏、田孟：《从"自利"到"自制"：村级治理规避"分利秩序"的机制分析——以上海市若干近郊村为考察对象》，《西南大学学报（社会科学版）》2017 年第 1 期，第 5—14 页。

③ 侯利文：《去行政化的悖论：被困的居委会及其解困的路径》，《社会主义研究》2018 年第 2 期，第 110—116 页。

④ 郭伟和：《基层社会治理的双重背离现象及对其探源》，《浙江工商大学学报》2018 年第 1 期，第 101 页。

力。质而言之,基层干部的行政化程度与基层群众自治权的行政化程度呈线性正比关系。无论基层干部的公职化和行政化有着何种社会基础和历史背景,它在客观上显然加强了基层政府对基层共同体干部的控制力,并且促使其在"当家人"和"代理人"的角色冲突中更加倾向于后者。正因如此,在"国家—社会"的二元结构范式下,基层干部的公职化成为行政化的现实和社会自治的理想之间冲突的关键节点,在基层群众自治的行政化与去行政化的学术交锋中,基层干部的公职化成为一个无法绕开的话题。

二、基层群众自治权的空心化

(一)剥离行政职能之后居委会的空心化与边缘化:从"居站分离"说起

为了消除行政化带来的负面影响,无论是城市社区居委会还是农村村委会都不乏实践中的努力尝试和探索,但从最后的结果来看,都尚有进一步探索的空间,其中最为典型的是"居站分离"。"居站分离"是指在社区党组织、社区居委会之外,设立新的社区工作站来专门负责承接政府的行政性事务,而居委会只保留其自治事务,至此实现行政事务与自治事务的分离①。不过从实际效果来看,困扰中的居委会在一轮又一轮的改革中陷入"居委会去行政化"的"治乱循环"②。

"居站分离"最早起源于广东省深圳市盐田区,其制度依据是1999年民政部印发的《全国社区建设实验区工作方案》,该文件首次提出"社区自治、议行分设"原则,要求在实践中探索社区内议事层与执行层分开的社区建设组织形式。不过刚一开始,盐田区"居站分离"的本质就并非纯粹的"议行分设",而更主要的是实现行政与自治的分离。其主要目的就是厘清社区居委会的行政职能和自治职能,区分行政事务和自治事务,分开行政权力和自治权③。"居站

---

① 陈鹏:《社区去行政化:主要模式及其运作逻辑——基于全国的经验观察与分析》,《学习与实践》2018年第2期,第89—97页。
② 侯利文:《去行政化的悖论:被困的居委会及其解困的路径》,《社会主义研究》2018年第2期,第110—116页。
③ 杨成虎:《居站分离的逻辑与改革向度》,《公共管理与政策评论》2013年第3期,第45—50页。

分离",顾名思义就是在要居委会之外,另外设立社区工作站(部分地方另外还有社区服务站,从而形成"一会两站"模式),前者专门履行自治职能,行使自治权,而后者则承接自上而下的行政事务,行使行政委托的行政权。但是"居站分离"、行政与自治职能剥离的结果却是:一方面社区工作站陷入再行政化的陷阱,甚至直接成了街道办的下属机构;另一方面居委会出现了"空心化"和"边缘化"的趋势,部分地方甚至出现了"以站代居"的异化现象[1]。吴永红等人的研究显示,为了应对这种"边缘化"和"空心化",居委会采取了主动行政化的策略来重新建构与强化其与政府的非均衡依赖关系[2]。

"居站分离"未能实现的行政与自治相分离的理想预设,学界较一致将其归结为特定的制度背景和宏观的国家诉求,并认为由行政主导的强制性制度变迁难以使居委会真正实现自治[3]。在体制改革不彻底、政府职能未根本转变、基层群众自治性组织发育不成熟的背景下,居委会"去行政化之殇"就有持续空间[4]。上述结论虽然有其道理,但仍然回答不了如何跳出"行政化与去行政化"的循环。要回答这一问题,必须进一步追问,所谓的社区自治职能和服务职能究竟是什么?如何完成?以社区自治职能和服务职能为依托的自治权力又当具有何种内容?如果它不是一场由行政力量主导的自上而下的改革,而是一场自下而上自发的探索,是否就能有不同的结果?从另一个角度来看,"居站分离"的改革实践揭示了当行政力量和政府资源剥离后,居委会还剩下什么。

(二) 公共产品的供给:基层群众自治权之根基

基层群众性自治组织的基本功能定位是"自我管理、自我教育、自我服务"。大部分的情形下,自治共同体所提供的"自我管理、自我教育、自我

---

[1] 王振堂:《制度变异:从"居站分离"到以站代居》,华东理工大学,2012年。另可参见王星:《"居站分离"实践与城市基层社会管理创新》,《学海》2012年第3期,第31—36页。

[2] 吴永红、梁波:《制度结构、非均衡依赖与基层治理困境的再生产——以居委会减负悖论为例》,《甘肃行政学院学报》2017年第4期,第52—60页。

[3] 王迪:《从城市社区改革的失效看"国家"的自主性与异质性》,《新视野》2016年第1期,第106—112页。

[4] 侯利文:《去行政化的悖论:被困的居委会及其解困的路径》,《社会主义研究》2018年第2期,第110—116页。

服务"都可视一种公共产品，因此归结到一点，公共产品的供给是基层群众自治权的核心职能，也是其赖以存在的基本。相应地，缺乏提供公共产品的相关资源，才是与行政权剥离后居委会被边缘化的根源。这一结论可以从两个方面的比较加以佐证：其一是将居委会与业委会、物业公司相比较；其二是将居委会与村委会、居民自治和村民自治相比较。

如果暂时跳出"居站分离"中居委会与工作站的对比，将居委会与业委会、物业公司对比，抛开行政资源、行政职能和行政权力以后，仅就社会职能和自治职能而言，我们可以发现，居委会不仅被工作站边缘化了，甚至被业委会和物业公司边缘化了。尤其是作为商业法人主体存在的物业公司，在城市社区的公共产品供给和生产中具有越来越重要的地位。这是因为，相较于居委会，业委会与居民更近，有着居民（业主）更直接和充分的授权，而对于业主而言居委会更接近"第二政府"。基于与业主（或业委会）之间的契约，物业公司不仅有从各户收取物业费之权，同时也有约束少数不守内部规约业主之权（如要求业主按规定停车、不得高空抛物或乱丢垃圾等），甚至有时会采取停水、停电等制裁措施①。尽管不少业主与物业公司之间矛盾重重，但不可以否认，对于大部分城市居民而言，物业公司提供的公共产品已经日益重要，它们已与普通居民日常生活紧紧绑定在一起。相比之下，居委会提供公共产品的能力显然不足。剥离行政资源之后的居委会，一无独立之财产，二无实质性的基层群众自治权力，离开了行政资源，居委会基本没有提供任何公共产品的能力。居委会虽然也有一定的办公经费，但由于"费随事走"，"居站分离"后居委会所留下的经费基本仅限于人员工资以及办公等非生产性开支，显然不足以提供额外的公共产品。基层群众自治权是一个具有相当弹性的概念，其权力大小、内容之丰富与否取决于村（居）民的授权。居委会的自治权之大小与多寡依赖于居民公约之授权。各社区虽也有所谓居民公约，但其内容均空洞无约束力。受居委会是一个社会自治性组织而非国家机关之概

---

① 2019 年河南焦作的高空坠物受物业停电处罚一事引起社会广泛关注。2019 年 9 月 29 日，河南焦作一男子夜里喝酒，从 13 楼扔下酒瓶。物业公司根据经《业主规约》，执行断电 30 天的处罚，男子家人打 110 电话报警。此事引发广泛讨论，大多媒体和学者均认为物业并非供电公司亦非执法机关，无权对违法者进行处罚。不过本书认为，上述结论依然是一元化行政主体理论下的产物，在社会公行政组织和社会公行政主体广泛存在的今天，应有更广阔的视野。物业公司只是《业主规约》的执行者（决策者是业主大会），在一个自治共同体内，如果要使内部规约不成为"不发亮的光，不发热的火"，承认内部规约一定的强制性是必要的。当然，至于能否采取停电停水等极端措施则另当别论。

念约束，居民公约一般也不会授予居委会以某些强制性的权力。

同样的逻辑显然也适用于村委会和村民自治，因此这一结论可借由村集体经济对村民自治的影响进一步佐证。事实上类似的"去行政化"努力在村级治理创新实践中也有不少地方探索经验。例如前述广东清远曾经将行政村改造成党政公共服务站以承接原村委会的行政职能，将自然村改造成专门履行自治职能的自治组织。再如湖北秭归县"幸福村落建设"，按照制度设计，村委会主要负责完成上级行政任务和承接资源，而自治职能由村落理事会承接[①]。成都的"村民议事会"制度也有类似的规划，村委会承接上级行政任务和行政资源，而"村民议事会"承接其自治职能[②]。总体上来看，前述村级治理创新实践并未出现类似"居站分离"所导致的如此明显的"空心化"。之所以如此，主要有以下原因。第一，无论一个村庄集体经济差到何种地步，至少它仍然是法定的集体土地的所有者和发包人。这意味着，在农村社会，村集体拥有最重要的农业生产资料的所有权和发包权，也就意味着村相较于社区而言，它们拥有天然的共同利益需求，更重要的是它们拥有独立的财产。第二，在一个熟人社会，财产并非唯一的社会资源和资本，人情、面子、血缘关系都是重要的社会资源和社会资本。例如，在一个集体经济较差的村落，村委会无法组织和提供的公共产品生产及供给，宗族却可能组织起来。

总之，《村委会组织法》和《居委会组织法》虽然赋予了基层群众自治共同体法定的基层群众性自治组织的身份，但是只有真正具备了提供公共产品的能力才能充实自治职能，才能使基层群众自治"落地"。

第二节 基层群众自治权虚化的原因探析

一、国家公权力的下沉与自治空间的限缩

既有研究大都把基层群众自治权的行政化归结于行政权对自治事务的介

[①] 冷波：《"双轨政治"重构与村治结构创新——以湖北省秭归县"幸福村落建设"为例》，《中共宁波市委党校学报》2018年第3期，第96—103页。

[②] 杜鹏：《村民自治的转型动力与治理机制——以成都"村民议事会"为例》，《中州学刊》2016年第2期，第68—73页。

入或行政事务过多地被委托于基层群众自治性组织。这种划分虽然揭示了国家公权力和基层群众自治权之间的基本分界，也确实是基层群众自治权行政化的主因之一，但是在城乡一体化建设、项目下乡以及乡村振兴等大背景下，这种"国家—社会"二元简化的研究范式已经越来越难以满足基层群众自治实践需要，国家事务与自治事务之间的分野越来越难以区分。党的十九大提出打造共建共治共享的社会治理格局，更加说明，未来基层社会治理格局中国家公权力与基层群众自治权相互交融、相互协作将是一个基本趋势，两者之间的分野将更加难以区分。

如同徐勇所言，在我国的现代国家建构过程中，国家运用行政体系通过动员、任务与命令的形式，将国家意志输入乡土社会并实现了乡土社会的整合[1]。农村费改革后，基层政府行为模式发生了变化，乡村关系随之发生了变化，基层政府对乡村事务的影响方式也产生了变化。基层政府的主要行为模式从过去的"要钱""要粮"变为"跑钱"和借债，基层政权从过去"汲取型"变成了与农民关系更为松散的"悬浮型"[2]。不过"项目制"的出现很快重塑了乡村关系，并帮助基层政府重新实现了对村庄的控制力和影响力。

"项目制"的出现是为了弥补基层尤其是乡村公共产品供给能力的不足。税费改革以后，县乡两级财政收入都锐减，基层财政能力不足，相应地，公共产品供给能力也严重不足[3]。为了弥补乡村基层公共产品供给不足，也为了实现城乡一体化、缩小城乡差距，在各种惠农政策下的国家通过转移支付来解决这一问题，而"项目制"成为非常重要甚至是主要的形式。项目制不仅在数量上而且在各个领域中，都已经成为最主要的财政支付手段[4]。

就村民自治而言，"项目下乡"也带来一些意外的影响，首先便是行政意志向基层的渗透，短暂松散的乡村关系再度紧密起来。伴随着国家资金和

---

[1] 徐勇：《"行政下乡"：动员、任务与命令——现代国家向乡土社会渗透的行政机制》，《华中师范大学学报（人文社会科学版）》2007年第5期，第2—9页。
[2] 周飞舟：《从汲取型政权到"悬浮型"政权——税费改革对国家与农民关系之影响》，《社会学研究》2006年第3期，第1—38页。
[3] 袁明宝：《"去自治化"：项目下乡背景下村民自治的理想表达与现实困境》，《江西行政学院学报》2015年第3期，第68—73页。
[4] 折晓叶、陈婴婴：《项目制的分级运作机制和治理逻辑——对"项目进村"案例的社会学分析》，《中国社会科学》2011年第4期，第126—148页。

国家项目的层层下放,国家和各级政府的意志也随之进入乡村,因此才有学者说,"(项目下乡)可以视为国家权力的回归,直至最基层社区"①。各种惠农项目有普惠的,也有竞争性的,只有那些拥有政府信息资源、人脉资源、政治资源的村庄才能真正拿到竞争性项目②。因此,村庄主要负责人的个人关系网络就显得极为重要,拥有广泛的政治资源和社会关系网络的村庄精英在村庄选举中占据更多的优势,同时也在村庄公共事务中拥有了更多的话语权。村庄主要负责人的主要任务就是跑项目,在跑项目的过程中乡村之间形成一种庇护关系③。尽管竞争性项目体现的更明显,但其实无论是普惠的还是竞争性的项目,自上而下的项目发包和自下而上竞标的过程同时也是一个国家意志和地方政府意志自上而下贯彻和渗透的过程。各村庄在接受了项目带来的好处,享受项目带来的公共产品收益的同时,也需要遵循和接受自上而下的各级政府意志。对基层政府而言,有限的项目资源被分配到哪些村庄,主要不取决于哪些村庄更需要这些项目,而取决于在哪些村庄实施更能突出政绩亮点。对各村庄而言,实施哪些项目不取决于本村更迫切需要哪些项目,而取决于能从政府有限的项目资源中争取到哪些项目,取决于自上而下的统一规划。这样就造成了基层公共产品供给中需求与供给之间的偏差。

"项目下乡"带来的另外一个影响是国家事务与自治事务的相互交织与界限模糊化。通过公共产品的供给、生产和消费,各种惠农项目将中央、地方政府和村庄联结到了一起。国家(由中央政府代表)作为公共产品的供给者,往往并非直接生产者,而需要委托给其他的间接供给者(地方政府)或生产者。它们要保证在委托—代理模式下,自己的意志和战略意图能真正执行下去,就必须采取各种监督、验收手段来进行信息反馈和控制。此时的惠农项目已经很难说究竟是国家事务还是自治事务。诸如"路路通""村村通""户户通"等一系列惠农项目的广泛推广,公共产品的消费者和受益者是农民,从该角度来讲,这些项目具有自治性质。尤其是"路路通"中,如何规划村内交通,如何妥善处理好修路过程中村民土地损失中的公平负担等问题

---

①② 折晓叶、陈婴婴:《项目制的分级运作机制和治理逻辑——对"项目进村"案例的社会学分析》,《中国社会科学》2011年第4期,第126—148页。

③ 赵晓峰、魏程琳:《行政下乡与自治下沉:国家政权建设的新趋势》,《华中农业大学学报(社会科学版)》2018年第4期,第110—116页。

显然更主要是村内事务。但从资金来源而言，这些惠农项目又具有国家事务的性质。各级政府必须保证巨额财政资金的支出物得其所、专项专用，国家的战略意图得到实现。如果说"项目下乡"对乡村关系的影响和形塑已为众多学者所关注，那么其所导致的行政事务与自治事务的相互交织以及界限模糊则基本上被忽略了。事实上，就基层群众自治权的虚化而言，后者的影响丝毫不弱于甚至超过了前者。因为基层群众自治权与国家公权力的相互区分的基础就是自治事务与国家事务的区分，自治事务与国家事务的相互交织和界限模糊也就意味着国家公权力与基层群众自治权之间的相互交织和界限模糊。如果缺乏足够精细的制度保障，鉴于国家公权力的强大、项目资金自上而下的来源以及项目审批、监督和验收中国家公权力的优势地位，最终的结果只能是基层群众自治权被国家公权力所吞没，以至于形成部分学者所说的"资源消解自治"①或"去自治化"②现象。

二、国家公权力与基层群众自治权之间关系的模糊性：基于辅助原则的审视

既有研究常见有将辅助原则用于解释中央政府和地方政府以及国家与社会组织之间复杂关系。不过如前所述，辅助原则本身是模糊不清的，其实际内容在不同学者笔下也各有细微差别。辅助原则本身的模糊性恰好可以用于解释国家公权力与基层群众自治权之间关系的复杂性和模糊性。从某种意义上来讲，两权之间的界限是只能描述却并不能真正划清的，并且随着情势变迁，这个界限可能还会发生变动。

（一）辅助原则消极面相与积极面相之间的张力：帮助与干涉之间的模糊界限

如前所述，辅助原则具有消极和积极两重面向，共 6 种表达方式③，但

---

① 李祖佩：《"资源消解自治"——项目下乡背景下的村治困境及其逻辑》，《学习与实践》2012 年第 11 期，第 82—87 页。

② 袁明宝：《"去自治化"：项目下乡背景下村民自治的理想表达与现实困境》，《江西行政学院学报》2015 年第 3 期，第 68—73 页。

③ Ken Endo, The Principle of Subsidiarity: From Johannes Althusius to Jacques Delors [J]. Hokkaido Law Review, 1994, 43 (6): 553–652.

辅助原则的消极面向和积极面向却蕴含着潜在的紧张关系。辅助原则的消极面向强调高层次组织尽量不要介入低层次组织内部事务，于高层次组织而言是一种克制义务，而积极面向却强调高层次组织对低层次组织的帮助义务。帮助与干涉的界限在于低层次组织能否自主地处理某项事务，上层次组织对下层次组织的帮助也仅限于完成某项任务的需要。质而言之，高层次组织的帮助应当且只应当在低层次组织需要帮助时出现，并且这种帮助仅以低层次组织的需要为限，否则便会构成对自治权的干涉。不过此种界分有一个前提，那就是低层次组织能够准确有效地聚合并表达公共意志。如果低层次组织不能有效地聚合并表达公共意志，而是为少数内部人所控制，那么源于高层次组织的帮助便可能以一种强制性的姿态嵌入低层次组织。这就类似于在父爱主义下，当未成年子女尚未能自由地辨识自己行为、表达自己意志时，家长出于保护未成年子女利益的需要，可以自己的意志压制子女的意志。

仍以"村财乡管"为例，"村财乡管"对村民自治共同体而言既是一种帮助，也是一种监管，稍有越界，就可能构成了对村民自治的干涉。不少地方虽然名义上依然坚持"村财乡管"制度下村财审批权仍归属村民（代表）会议，但同时又规定乡镇代管机构拥有最终审批权，这就在事实上构成了国家公权力对基层民主决策权的侵犯[1]。类似的规定体现了强烈的家父主义特征，村财几乎成了儿童（村/社区）的压岁钱，而乡镇政府则成了代管压岁钱的家长。但没有任何证据能支撑基层政府对于基层群众自治共同体的关爱真如同父爱一样伟大和无私，相反基层政府也有自身利益和行动逻辑。有些乡镇政府甚至借"村财乡管"之机侵占村集体财产，或收取"代管费"，比例甚至达到10%，还有些乡镇利用"村财乡管"之机做假账，虚报村集体经济收入[2]。因此，村财乡管的推行必须要在自下而上的帮助需求和它可能导致的自上而下的干涉、侵犯风险之间寻求平衡，以期找到对基层群众自治权侵害风险最小、又确实能有效帮助基层群众自治共同体实现财务规范管理的机制。

---

[1] 《黑龙江省村集体经济组织财务管理暂行办法》第六条："……实行预决算制度，年初各村按照规定用途编制预算，报乡（镇）经管站审核批准，乡（镇）经管站审核批准后及时拨付至村。"

[2] 张坤、郭斌：《"村账乡管"的制度缺陷及其优化机制设计》，《农村经济》2014年第6期，第121—124页。

实现上述微妙平衡的关键是"村财乡管"是否基于村民的需要,并且恰好以村民需要的形式出现。"村财乡管"最大的阻力往往并不是来自村(居)民,而是源自基层干部①。因此,当基层群众自治共同体处于内部人控制状态时,那么"村财乡管"中国家公权力是否构成对基层群众自治权的侵犯就很难判断,有时源于外部的国家公权力的强势介入正是打破这种内部人控制状态的重要举措。当然这并不意味着国家公权力的强势介入一定是符合村民公共意志的,仅仅意味着国家公权力对基层群众自治权的帮助与干涉之间界限的模糊性。基于地方政府本身的自利性,对国家公权力的介入保持相当的警惕仍然是必要的。总体来讲,基层群众自治制度越发达,越能有效实现公共意志的聚合和表达,越能有效地实现内部财务规范化管理,相应地,国家公权力越应当尊重基层群众自治权的自主性,"村财乡管"越应给予村庄足够的自由支配权。

(二) 责任与权限的分配难题:从最低层次到最合适层次的组织

如前所述,就责任与权限的分配来讲,对辅助原则的有两种不同的理解:一种理解是责任与权限应分配给尽可能低层次的组织,另一种理解是责任与权限应分配给最合适层次的组织。我国农村义务教育供给责任主体的变迁体现了公共产品供给责任从最低层次组织到最合适层次组织的发展历程。农村税费改革之前,农村义务教育的供给责任主要被限定于基层乡村,甚至是农民个体,这一政策之前常被批评为城乡义务教育供给不均衡。1986年国务院出台的《关于实施义务教育法若干问题意见》明确把城乡义务教育的基本建设投资分成两种模式,"在城镇,义务教育设施应当列入城镇建设规划……农村中小学校舍建设投资,以乡、村自筹为主……",从而形成了义务教育的城乡有别,城市优先的发展策略②。进入21世纪之后,党的十六大正式提出"城乡统筹发展",以此为背景,义务教育的城乡差别发展策略被扭转,城乡义务教育均等化成为新的发展目标。农村税费改革后,长期加诸农民的教育附加费也不复存在,农民个体的义务教育供给责任也不再存在。2006年颁布的《中华人民共和国义务教育法》不再区分城乡义务教育,而将全国义

---

① 周珂:《村财乡管的法理悖论及改革路径》,《法学论坛》2017年第5期,第142—151页。
② 杨挺、李伟:《城乡义务教育治理40年》,《教育研究》2018年第12期,第71—80页。

务教育统一纳入财政保障。不过抛却义务教育的城乡差别，还必须面对另一个更复杂的问题：义务教育供给主要责任应当由谁来承担？在2006年《义务教育法》制定时，关于义务教育的经费来源曾有不少争论，不过大部分与会者认为，国家应该拿"大头"、省级财政拿"中头"、县级财政拿"小头"①。2019年5月国务院最新出台的《教育领域中央与地方财政事权和支出责任划分改革方案》明确了义务教育中中央财政与地方财政的比例，基本实现了中央财政拿"大头"的目标②。

根据实际设立的情形和就近入学的原则，乡村小学的主要服务对象是村内适龄儿童，而初中的主要服务对象是某一乡镇的适龄学生，因此最初小学由村负责、初中由乡镇负责的供给原则正好体现了辅助原则中责任与权力分配给最低层次组织的原则。但是由于各地方城乡经济发展水平的不同，尤其是在农村税费改革后乡、村两级财政"空心化"背景下，即便城市也按与乡村同样的供给原则，城乡义务教育差别只能越来越大。进入21世纪以来，城乡义务教育均等化战略决定了义务教育供给责任从低层次向高层次组织转移的基本趋势。公共经济学关于教育的公共产品理论为这种转移提供了理论依据。从教育产品的间接消费和收益外部性来讲，义务教育的受益对象是其所在社区进而扩展到整个社会而不仅仅是受教育者本人。经济学界一般认为，教育层次越高，私人属性越强，而越低层次的教育公共属性越强。我国有学者通过实证研究验证了上述结论③。我国还有学者进一步从公共经济学的角度论述，基础教育供给责任应当从县一级进一步向上转移到更高层次④。前述理论研究不仅为义务教育的免费提供了依据，也为义务教育的供给责任从最低层次向最高层次（中央政府）的转化提供了理论依据。

---

① 胡平平：《2006年义务教育法修订的前前后后》，《人民政协报》2019年9月25日第10版。
② 2018年出台的《基本公共服务领域中央与地方共同财政事权和支出责任划分改革方案》就已经基本确立了上述方案。该文件进一步将义务教育经费具体事项细化，并各地区经济发达进行分档，不同档次中央财政与地方财政所占比例不同，但一般情况下中央财政所占比例至少是50%。其中最主要的一项即公用经费保障，第一档中央财政分担80%，第二档中央财政分担60%，第三档、第四档、第五档中央财政分担50%。
③ 陈晓宇：《论教育的产品属性与营利性学校》，《清华大学教育研究》2012年第1期，第109—116页。
④ 李世刚、尹恒：《县级基础教育财政支出的外部性分析——兼论"以县为主"体制的有效性》，《中国社会科学》2012年第11期，第81—97页。

在今天，义务教育已经基本不属于基层群众自治事项，也与基层群众自治权无关，这正是义务教育责任和事权从最低层次组织向合适层次组织转移的结果。但在其他领域，类似的问题依然存在。以农村的清洁服务[①]为例，城市公共道路的清洁由财政负担，而小区内的清洁由小区业主出资聘请的物业公司负责，但在乡村，村内清洁费用大多采用"财政补贴+村民集资"的模式。部分地方还将村内清洁费用以地方立法的形式加以确立，比如《广西壮族自治区乡村清洁条例》就规定了公共财政主导、村民委员会和村民自筹的多元化投入机制[②]。至此，村内清洁即形成一种复杂的公共产品，它既使用财政经费，又需要村民集资，既是一种行政事务又是一项自治事务，相应地，国家公权力与自治权力也相互交织在一起。《大理白族自治州乡村清洁条例》的相关规定更加凸显了这种模式下行政权与自治权相互交织的特征。为了保证乡村环境的清洁和卫生，该《清洁条例》规定了一系列的禁止性事项，以及相应的制裁措施。在这些制裁权限的分配中，或许考虑到村民自治共同体的非政权性特征，批评教育权被分配给了村民自治共同体，而行政罚款权被分配给了乡镇政府[③]。但是这种责任和权限的分配是否合理？是否符合了辅助原则中职责和权限分配给最适当层次的组织这一原则？如果按照城乡均等化的理念，既然城市小区内的清洁由业主自己承担，村内清洁费用自然也应当由村民自己承担。从公共产品的外溢性来讲，与教育产品相比，在相对封闭的社区，环境卫生产品的外溢性相对较弱，因此公共产品的提供者应当在更低层次。但在实践中要准确界定到底哪个层次组织才是责任和权限最佳承担者是极为困难的，更关键的问题是谁有权来界定责任和权限应该分配给哪个单位，这意味着又回归到了尤纳森·罗丹所提出的辅助原则的分配难题。

（三）辅助原则的法律保障困境：政治责任抑或法律义务

辅助原则设定了高层次单位对低层次单位的帮助义务和克制义务，但在

[①] 此处主要指村/社区内部垃圾清理和保洁服务，不包括向来由财政负担的垃圾清运、焚埋等服务。
[②] 《广西壮族自治区乡村清洁条例》第三十三条："县级以上人民政府应当建立以政府公共财政主导、村民委员会和村民自筹、受益主体付费、社会资金支持的乡村清洁经费多元化投入机制……"
[③] 《大理白族自治州乡村清洁条例》第二十五条："违反本条例第十六条规定行为之一的，由村（居）民委员会、自然村村民自治组织、村民小组批评教育，并要求限期改正；逾期未改正的，由乡（镇）人民政府给予以下处罚：………"

实践中，大多时候这种义务只是一种政治上的义务，甚至只是一种伦理上的义务，而不是一种法律上的义务。即便有明文规定于法律规范之中，高层次单位对低层次单位的帮助义务或克制义务也往往因为缺乏相应责任条款或制裁条款而难以得到有效限制，相应地，国家公权力对基层群众自治权的干涉所产生的法律后果较少受到追究。

依辅助原则的积极面向所产生之地方政府对基层群众自治共同体的帮助义务，尤其是物质帮助义务往往受客观条件所限，法律规定往往较为模糊，并且不具有可诉性。例如《村委会组织法》第三十七条关于地方政府对村委会的帮助义务之规定非常富有弹性，"……地方人民政府给予适当支持"①。《居委会组织法》虽然明确规定了地方政府对居委会的物质帮助义务，但具体标准的制定权依然保留给了地方政府。根据实际财政能力以及政治上的考量，各地相应的具体标准更多地以政策而非立法形式而出现，比如上海、广州和深圳等经济较发达的市就有相应的专项支出并且数额较大（除日常办公、基层干部工资或误工补贴等非生产性经费以外）。成都市作为国家级统筹城乡综合配套改革试验区，也对辖区内的村和社区也有较大数额的专项经费支持，但一般地方的村庄和社区极少能获得稳定的专项经费支持。相对应地，基层群众自治共同体获得此类物质帮助的权利更多地是一种政治权利而非法律权利，即便承认它是一种法律权利，也是一种缺乏救济途径的法律权利。从《中华人民共和国行政诉讼法》的受案范围来看，行政给付虽然被纳入行政诉讼受案范围，但仅限于少量几种行政给付②，政府对于基层群众自治共同体的帮助义务显然不在其列。正因如此，地方政府对基层群众自治共同体的物质帮助具有了一种"恩赐"的性质，客观上也成为国家公权力渗入和控制基层群众自治权的重要手段。

如果说地方政府对基层群众自治共同体的帮助义务受财政能力等客观条件受限，难以实现从政治责任到法律义务的转换，那么依辅助原则的消极面向所产生的克制义务受客观条件所限较少，相应的责任应当尽可能纳入法律规范中，实现从政治责任到法律义务的转换。但在实践中，这种克

---

① 《村委会组织法》第三十七条："……村民委员会办理本村公益事业所需的经费，由村民会议通过筹资筹劳解决；经费确有困难的，由地方人民政府给予适当支持。"

② 《行政诉讼法》第十二条："人民法院受理公民、法人或者其他组织提起的下列诉讼：……（十）认为行政机关没有依法支付抚恤金、最低生活保障待遇或者社会保险待遇的；……"

制义务往往也缺乏应有的约束力。一方面,如前所述,帮助、监督与干涉之间界限模糊,以致多数情况下地方政府行为难以纳入司法审查范围;另一方面,在既有法律规定中,缺乏对违背克制义务的法律制裁条款,致使违背克制义务的法律成本过低。无论《村委会组织法》还是《居委会组织法》,都只规定了基层政府不能干预基层群众自治事项,而缺乏相应法律责任的规定。

三、自由支配的财产和强制性权力的缺失:公共产品供给之关键

公共产品的供给需要两种最主要的资源:财力和权力。一般情况下,不管是有形的公共产品还是无形的公共服务,它们的供给都需要一定的财力支撑。如果将管理也视为一种公共产品(例如社会治安和公共卫生的管理),那么公共产品的供给还需要具有强制性约束力的公共权力。除此以外,熟人社会中的人情、面子以及长期的社会交往中所形成的社会影响力等社会资源对于自愿供给的公共产品的形成也有至关重要的作用。

就第一个因素而言,早有学者意识到,村集体经济状况对于各村的村民自治有着重要影响。早在20世纪90年代,就有国外学者从这一角度做过研究。欧博文(Kevin J. O'Brien)指出,在拥有效益良好的集体企业的富裕村提倡村民自治比较容易[1]。国内学者也有类似结论,方丽华和卢福营的研究认为,在村级集体经济欠缺的乡村,村民自治遭遇了民主管理变形、自我教育无力、自我服务缺位等一系列问题[2]。李松有从"资源—权力"二元关系的视角,总结了四种不同模式的村民自治模型,并认为,破解村民自治"落地"难题,关键在于探寻不同经济情形下村民自治的有效形式[3]。在李松有研究的四个具体案例中,村集体经济实力雄厚的村民自治共同体能有效提供公共产品,村民自治各项制度如村民代表会议等能有效开展,而村集体经济

---

[1] Kevin. O'Brien J. Implementing Political Reform in China's Villages. The Australian Journal of Chinese Affairs. 1996: 32 – 33, 59.

[2] 方丽华、卢福营:《论集体经济式微对村民自治的钳制》,《浙江师范大学学报(社会科学版)》2012年第1期,第80—84页。

[3] 李松有:《乡村振兴战略视野下村民自治的有效实现与超越——从权力与资源的关系视角考察》,《广西师范大学学报(哲学社会科学版)》2019年第2期,第64—75页。

欠缺的村庄，公共产品和公共事务的供给要么依靠宗族势力，要么需要依靠国家项目才能有效推进。我的调研也发现，集体经济的发达程度与村民代表会议召开频率以及重大事项决定主体之间呈明显正相关关系。参见表6-1、表6-2。

必须指出的是，此处所指之独立财产，既应当是独立于政府的，同时也应当是独立于其成员的。因为唯有如此，该财产方可能是自治共同体可自由支配的，可用于公共产品之供给。比如基本办公经费或者财政下拨专项经费，虽然下发至自治共同体，但是自治共同体并无自由支配之可能。再如，土地拆迁补偿的安置费和青苗费等，虽然一般先发至村集体（或村民小组），但在本质上归属于村民个体，村自治共同体也无自由支配的可能，也不可能用于供给公共产品。

如果说前一因素尚有不少学者关注，第二因素却是一个极少被关注却又极为重要的问题。之所以如此，大抵是因为学术界和司法实践中一般对这种"权力"较为警惕，因为如第一章所述，权力一般被等同于公共权力，而公共权力又一般被等同于国家权力，因此自治共同体中的权力不被认可。实践中，一个自治共同体中公共产品的供给往往既需要财力的支撑，同时也需要一定的强制性权力的支撑。例如，村（社区）公共卫生的维护包括两个方面：首先是要请人及时打扫卫生，这需要财力上的支持；其次是需要有规制甚至处罚乱丢垃圾的行为的权力。如果一个村（社区），只有聘请保洁的财力而没有对破坏公共卫生行为的规制权，那么显然也难以维持公共产品的供给。

规制甚至处罚违反内部规约行为的措施可以分为两种类型：不需要对方配合，需要对方配合的措施。对于前者，一般不需要强制执行（比如村或社区在醒目处张贴丢垃圾行为人的名单并予以谴责），而对于后者（比如罚款，或有些学者所称之违约金）需要强制执行。实践中往往对于后者争议往多，一般认为后者违反了我国《行政处罚法》关于处罚权的设定的相关规定，对于前者则一般默认其合法性；但事实上如果以《行政处罚法》来否定后一种措施，其实也可以同样的理由否定前者。在醒目处张贴丢垃圾行为人的名单并予以谴责也可以被视为一种申诫罚。事实上无论是前者抑或后者，都是基层群众自治权的体现，都需要以内部规约为支撑。

表6-1　集体经济收入与村民代表会议交叉（卡方）分析结果

题目	名称	您所在村2018年村集体经济收入是多少？（%）						x^2	p
		1万元以下	1万—3万元	3万—5万元	5万—10万元	10万—20万元	20万元以上	总计	
您所在的村召开村民代表会议的次数？*	平均每年一次	5 (38.46)	5 (38.46)	1 (7.69)	0 (0.00)	0 (0.00)	1 (50.00)	12 (24.00)	28.453	0.005**
	平均每年两次以上	7 (53.85)	8 (61.54)	11 (84.62)	3 (100.00)	2 (100.00)	1 (50.00)	33 (66.00)		
	不清楚	1 (7.69)	0 (0.00)	1 (7.69)	0 (0.00)	0 (0.00)	0 (0.00)	5 (10.00)		
总计		13	13	13	3	2	2	50		

* $p < 0.05$　** $p < 0.01$

表 6-2 集体经济收入与重大事项决定主体交叉（卡方）分析结果

题目	名称	没有	1万元以下	1万-3万元	3万-5万元	5万-10万元	10万-20万元	20万元以上	总计	x²	p
您所在村的重大事项（例如村集体土地对外承包、土地补偿款的分配方案、贫困户的评选等）由谁来决定？	村支书和村主任	3(75.00)	1(7.69)	4(30.77)	0(0.00)	0(0.00)	0(0.00)	0(0.00)	8(16.00)	45.876	0.032*
	村两委（村支部和村委会）联席会议	0(0.00)	4(30.77)	1(7.69)	2(15.38)	1(33.33)	2(100.00)	1(50.00)	11(22.00)		
	村民代表会议	0(0.00)	6(46.15)	7(53.85)	9(69.23)	2(66.67)	0(0.00)	0(0.00)	24(48.00)		
	村民会议	0(0.00)	0(0.00)	1(7.69)	1(7.69)	0(0.00)	0(0.00)	1(50.00)	3(6.00)		
	其他村议事机构	0(0.00)	0(0.00)	0(0.00)	1(7.69)	0(0.00)	0(0.00)	0(0.00)	1(2.00)		
	不清楚	1(25.00)	2(15.38)	0(0.00)	0(0.00)	0(0.00)	0(0.00)	0(0.00)	3(6.00)		
总计		4	13	13	13	3	2	2	50		

*$p<0.01$

第三节　基层群众自治权脱虚向实的实现与保障

一、基层群众自治权脱虚向实的经济保障

（一）定额、可自由支配的自治经费的财政供给

"居站分离"后居委会"空心化"的现实揭示了可供自由支配的财产对于充实基层群众自治权的重要性。2011年民政部和发改委联合发布的《关于印发〈民政事业发展第十二个五年规划〉的通知》（民发〔2011〕209号）提出，要"健全社区管理制度，建立来源稳定、管理规范的社区自治经费保障机制"。以此为基础，最先开始试行"居站分离"的广东省部分地区在总结"居站分离"后的种种经验和教训的基础上开始进一步改革，以期能够还权赋能，充实社区居委会的自治职能和自治权，其中核心内容之一是赋予社区居委会一定的经济自主权。2012年，深圳市南山区招商街道开始以花果山社区为试验点进行进一步改革。改革包括两项重要内容，其一是将社区工作站升级为社区服务站，其背后的核心是政府购买服务，政府由公共服务的直接生产者变成公共服务的供给者、购买者和监管者；其二便是赋予居委会定额的自治预算，并由居委会自行决定该类经费的使用，自行决定购买社会组织的专业服务①。其他经济发达的地方也开始注重配给居委会固定的自治经费，上海便是典型。2015年上海市制定的《关于居委会工作经费使用管理的指导意见》就规定居委会每年不低于10万元的工作经费，其中即包含了自治经费②。在此基础上，上海市徐汇区更进一步，要求上述10万元工作经费中创新自治项目比例不低于40%。在此基础上，每个街镇再增设50万—100万元的"以奖代补"经费，重点加大对创新性高，居民知晓度、参与度和满意

---

① 金城、钟良：《让社区回归社会：深圳花果山社区自治试验进行中》，《21世纪经济报道》2013年1月25日第6版。

② 上海市财政局、民政局《关于居委会工作经费使用管理的指导意见》（沪财社〔2015〕58号）。

度高的特色自治项目支持力度①。根据前述文件，上海市徐汇区下辖社区每年至少有 4 万元自治经费，该笔经费只用于各社区自治项目，不得为日常办公或常规社区服务所占用（该类事项有专门的日常办公经费和常规社区服务经费），也不得为各类行政任务或行政项目所占用（行政任务或行政项目遵循"费随事转"原则，由专项经费保障）。

不仅在城市社区越来越多的地方注重自治经费的财政拨付，农村地区也开始重视和强调自治经费的财政保障。湖北省还将自治经费保障纳入地方性法规，《湖北省实施〈中华人民共和国村民委员会组织法〉办法》第三十一条专门规定，要"建立健全县级统筹为主、省市级财政补助、村集体收入补充的村民自治经费保障制度"。不过从实践运行来看，最早将农村自治经费纳入财政预算的当属前述成都的"公服资金"。不过成都作为全国最早获批的两个国家级城乡统筹综合配套改革试验区之一，成都的个案并不具有足够代表性，我国绝大部分农村尚没有较为稳定的由财政拨付的可供自由支配的自治经费。

尽管不少地方已经开始建立自治经费的财政保障制度，但是总体来讲，还远未完成对全国的覆盖，大部分地区自治经费还缺乏较为稳定的财政拨付，自治项目经费仍然缺少较为稳定和固定的配额，类似于上海徐汇区这样直接规定最低限额的在全国属于少数。大多数地方，村（社区）仍缺乏可自由支配的资金，除了政府主导的行政任务和行政项目，各村（社区）难以独自承担起公共产品供给的重任。

自治经费的财政来源可能引发行政化的担忧，不过根据前述各地方的实践探索来看，基层群众自治权是否会行政化真正的关键之一在于财产是否能自由支配，而不是经费的来源问题。从域外经验来看，也能得出类似结论。国外自治社区经费来源一般都具有多元化的特点，其中财政拨付通常是主要来源。除了财政拨款和社会捐赠以外，一些国家还允许自治社区收取项目服务费或直接创收②。因此，尽管自治经费的财政配给可能加强行政权对基层

---

① 上海市徐汇区人民政府办公室《徐汇区关于进一步加强居委会工作经费保障和管理的实施意见》（徐府发〔2015〕7 号）。上海徐汇区的改革为财政部所报道，可参见财政部官网：http://www.mof.gov.cn/xinwenlianbo/shanghaicaizhengxinxilianbo/201504/t20150408_1213846.html，最后访问日期：2019 年 11 月 15 日。

② 刘志鹏：《城市社区自治立法：域外比较与借鉴》，《国家行政学院学报》2012 年第 3 期，第 118—122 页。

群众自治权的影响力,但是只要自治共同体在如何使用自治经费上有足够的自由度,这种影响可以被降到最低。当然,这并不排除在条件成熟时,培育和发展自主资金来源。与域外类似,我国自治共同体自主资金来源主要包括两种:第一种是集体经济收入;第二种是向自治共同体成员征收的会费或管理费。

(二) 推动和培育农村集体经济

集体经济收入是基层群众自治经费的有益补充。相较于财政拨付的资金,集体经济收入有助于自治经费的自我供给,能更有效地降低行政权对基层群众自治权的影响,同时也能减轻国家的财政负担。

从新中国成立开始,农村集体经济就一直是我国社会主义公有制经济的重要组织部分。改革开放伊始,得益于国家政策以及农村廉价的要素供给、城乡产品供不应求的巨大缺口,以乡镇企业为主要形式的农村集体经济一度发展迅猛。但从 20 世纪 90 年代以后,农村集体经济不断弱化和边缘化,不少乡镇企业破产倒闭或改制为民营企业,出现了大量的集体经济"空壳村"[①]。2017 年的数据显示,我国有超过一半的行政村负债或没有经营性收入;22% 的行政村经营性收入低于 5 万元;只有不足 30% 的行政村经营性收入超过 5 万元[②]。党的十八大以来,伴随着一系列支持农村集体经济的政策措施,借助国家脱贫攻坚战的东风,农村集体经济再次迎来快速发展的新机遇。为了帮助农村尤其是贫困村脱贫致富,实现从"输血"到"造血"的转变,国家和各地方政府采取了种种措施帮助各地农村发展集体经济,取得了明显成效。到 2018 年,无集体经济经营收入的村数减少到 19.5 万个,占比降到 35.8%。集体经济经营收入在 5 万元以上的村数一直保持增长态势,从 2012 年的 12.7 万个增加到 2018 年的 19.9 万个,增长了 56.7%[③]。但总体来讲,我国农村集体经济还有进一步培育和发展的空间,在脱贫攻坚背景下发展起来的集体经济也有待市场实践的进一步检验。从各地集体经济建设实践来看,农村集体经济的培育和发展离不开政府的财政支持以及政策支持。

[①③] 高鸣、芦千文:《中国农村集体经济:70 年发展历程与启示》,《中国农村经济》2019 年第 8 期,第 1—21 页。

[②] 刘义圣、陈昌健、张梦玉:《我国农村集体经济未来发展的隐忧和改革路径》,《经济问题》2019 年第 11 期,第 81—88 页。

财政资金作为集体经济的"原动力"和"第一颗蛋",对于盘活乡村闲置资源、孵化集体经济起着至关重要的作用,与此同时,政策支持对于村企合作、引资入村也必不可少。

与农村集体经济组织的国家扶持政策不同,城市居委会能否兴办集体经济尤其是生产性业务曾经是一个较有争议的问题。1989 年,《居委会组织法》草案修改稿第四条原先的表述为:"居民委员会应当开展便民利民的社区服务活动,可以兴办有关的生产生活服务事业。"有的委员建议把"生产"两个字去掉,意即居委会可以兴办一些生活服务类业务(如小百货、小商品之类),但不能兴办生产性企业,但民政部和部分城市主张居委会可以兴办生产性服务事业。由于存在一些不同意见,最终《居委会组织法》将"生产生活"四个字删去,采用了"可以兴办有关的服务事业"的模糊化表述①。从改革开放 40 年的发展实践来看,除了少数"村改居"的社区居委会以外,绝大多数城市居委会都未曾发展起规模化的集体经济。除了缺乏法律和政策上的支持以外,更重要的是城市社区居委会缺乏集体经济的客观基础(共有的生产资料)以及主观基础(共同的文化认同和身份认同)。因此,即便不存在法律上的规制和阻碍,纯粹的城市社区居委会也很难发展起真正的集体经济(当然这并不排除部分商品房小区分通过共有部分获得一定的集体经济收益)。既有因"村改居"而形成的社区集体经济也存在种种问题②,非农集体经济陷入"市场化"和"社会性"的两难境地中左右徘徊,既有学者主张社区集体经济的市场化改制③,也有学者主张加强和重建其"社会性"④。

---

① 参见:1989 年 10 月 30 日在第七届全国人民代表大会常务委员会第十次会议,时任全国人大法律委员会副主任委员宋汝棼所作《全国人大法律委员会关于〈中华人民共和国城市居民委员会组织法(草案修改稿)〉几点修改意见的汇报》;以及 1989 年 12 月 20 日在第七届全国人民代表大会常务委员会第十一次会议上时任全国人大法律委员会副主任委员林涧青所作:《全国人大法律委员会关于〈中华人民共和国城市居民委员会组织法(草案)〉是否规定居民委员会可以兴办"生产"服务事业问题的汇报》。

② 张雪峰:《城镇化背景下"村改居"社区集体经济组织面临的问题及创新模式》,《青海社会科学》2019 年第 2 期,第 93—97 页。

③ 张雪峰:《城镇化背景下"村改居"社区集体经济组织面临的问题及创新模式》,《青海社会科学》2019 年第 2 期,第 93—97 页。类似观点还可参见屈群苹:《"村改居"社区研究焦点追踪与视角探析》,《四川行政学院学报》2018 年第 3 期,第 100—104 页。

④ 蓝宇蕴:《非农集体经济及其"社会性"建构》,《中国社会科学》2017 年第 8 期,第 132—147 页。另可参见贺建军、毛丹:《社会嵌入与社区集体经济发展:来自中国城市社区的经验证据》,《浙江大学学报(人文社会科学版)》2018 年第 5 期,第 188—204 页。

（三）承认基层群众自治共同体一定条件下的收费权

在城市，小区范围内的日常公共产品和公共服务主要由物业公司来承担，同时业主需支付物业费作为对价的公共产品市场供给模式，已经广为接受。这一模式也可理解为业主团体（业主大会）向业主收费，然后业主团体（业主大会）聘请物业公司并与物业公司签订物业服务合同①。因此，如果不把城市居民自治共同体局限在居委会这一层面而扩大至商品房小区，那么城市社区自治共同体向其成员收费已经是一个普遍现象，本小节主要分析村民自治共同体针对村民的收费权是否具有合法性和合理性。

作为后税费时代中国农村公共产品供给的重要制度安排，"一事一议"事实上在一定程度上承认了基层群众自治共同体针对其成员收费的合理性和合法性。但作为"一事一议"主要法律依据的《村民一事一议筹资筹劳管理办法》并没有对拒不筹资筹劳的行为规定相应的激励和惩罚机制；相反，该文件规定"一事一议"的首要原则是村民自愿。但也正因如此，"一事一议"制度在现实中陷入了囚徒困境和集体行动困境。为了走出集体行动的困境，从2008年起我国开始推行"一事一议财政奖补"政策，意图以外来的财政资金刺激内部的公共产品自愿供给。经过多年发展，原先公共产品供给自愿供给的"一事一议"制度设计经"财政奖补"政策修正，财政资金占比逐年提升，已经有异化为纯粹由国家财政提供公共产品的倾向②，并且"项目制"大有取代"一事一议"制度的趋势③。

"一事一议"政策演变路径，很大程度上与我国减轻农民负担、加强惠农补贴、城乡关系从汲取型到反哺型的战略转型有关。在此大背景下，承认

---

① 关于物业服务合同究竟是业主、业主委员会还是业主团体与物业公司之间签订的合同，由于我国《物业管理条例》的规定存在模糊性，同时也由于业主大会并不具备法人资格，前述问题一直存有争议。相对主流的观点是业主委员会只是业主大会的执行机构，物业服务应当是业主大会与物业管理公司之间的合同。请参见：刘宇《业主委员会法律地位之思考》，《法学杂志》2009年第9期，第131—133页；韩增辉、周珂《物业管理中的业主自治机构法律性质浅析》，《法学杂志》2005年第3期，第65—67页；刘兴桂、刘文清《物业服务合同主体研究》，《法商研究》2004年第3期，第101—108页。

② 王振标：《论村内公共权力的强制性——从一事一议的制度困境谈起》，《中国农村观察》2018年第6期，第12—25页。

③ 田孟：《发挥民主的民生绩效——村级公共品供给的制度选择》，《中国农村经济》2019年第7期，第109—124页。

基层群众自治共同体针对其成员尤其是对村民的收费权极容易引发走回头路、加重村民负担的担忧。21世纪初，我国的农村税费改革是一场非常伟大的制度变革，它终结了中国几千年来农民需要交"皇粮国税"的历史，同时也标志着我国正式进入工业反哺农业的时代，标志着我国农村基层政府由汲取型政府转向服务型政府。与此同时，为了减轻农民负担，向农民收费开始变成一个极为敏感的政治问题，在某种程度上甚至成为一个禁区。比如前述村干部待遇，尽管依《村委会组织法》之规定，应当主要由村民自治共同体承担，但实践中除少数集体经济较为发达的地方以外，绝大部分地方村干部误工补贴由财政负担。

尽管减轻农民负担、加强惠农补贴是一个基本方向，但是实践中"一事一议"仍有存在的空间，农村仍无法完全避免收费以及由此带来的集体行动困境。尽管在城乡一体化背景下，基础公共产品和公共服务的供给责任应当由政府来承担，但仍会有一些公共产品需要农民自己承担，农村公共卫生（如清洁工的补贴）便是一个典型。在城市社区，小区内的清洁费用一般包含在物业费中，由小区业主来承担。我国农村大部分地方，则采用村民集资+财政补贴的模式。由于我国大部分农村之前并没有专人维护公共卫生，也就没有付费享受公共卫生服务的意识。因此，尽管清洁费数额极小，但仍有少量的村民以各种理由拒不支付清洁费，并由此引发羊群效应。

税费改革前，中国农民负担重，不仅是因为农民要承担过多的税费，更重要的是因为在公共产品供给方面的城乡二元化结构。在相当长的时间，公共产品供给的城乡差距过大，本该由政府承担的公共产品由农民自身承担。以基础教育为例，税费改革前，城市基础教育由国家财政供给，但农村基础教育需要由农民自己负担一部分[①]。必须承认的是，基础公共产品的供给责任应当由政府承担，在城乡一体化背景下，政府在公共产品和公共服务的供给方面要平等对待城市居民和农村村民。但在基础公共产品和公共服务之上，如果需要享受更好、更多的公共产品和公共服务，那么依据"谁受益，谁负担"的原则，基层群众自治共同体对村（居）民适当的收费并非不能接受，正如同商品房小区业委会授权物业公司针对业主收取物业费一样。但这种收费应当满足以下两个前提。

---

① 税费改革前"三提五统"中即包括了教育附加费，主要用于乡村中小学教育。

首先，基层群众自治治理结构足够完善，基层民主足够成熟。基层民主足够成熟，意味着自治共同体收费权的获得经由法定程序通过，是自治共同体公共意志的体现，而非少数内部人控制的结果。治理结构足够完善意味着有完善的监督机制，得以保证所收费用服务于自治共同体公共利益，不会被不正当地挪用或侵占。

其次，收费不会构成村民过重的经济负担。我国的"一事一议"制度就体现了收费限制的原则，根据《村民一事一议筹资筹劳管理办法》第十一条规定，省级政府应当制定筹资筹劳的限额标准。各省制定的实施办法一般都采取了上限控制的办法，有些省份采用绝对数上限控制的办法，有些省则采用相对数控制的办法。例如贵州省采用绝对数上限控制的办法，规定部分地方（经济相对发达的地方）每人每年不超过15元，其他地方每人每年不超过10元[①]。而辽宁则采用了农民人均收入百分比数的上限控制办法[②]。

最后，需注意的是，承认基层群众自治共同体在一定条件下的收费权并不等于授予其收费权。质而言之，当经由合法程序形成的代表公共意志的内部规约赋予基层群众自治共同体针对其成员的收费权时，国家法并不否定这种赋权的合法性，但国家法本身并不赋予自治共同体收费权。共同体收费权获得与否取决于共同体的公共意志。类似地，"一事一议"制度亦只承认经由村民（代表）会议表决之后，自治共同体向其成员筹资筹劳的合法性，而并不代表自治共同体每年都自动获得向成员筹资筹劳的权力。

基层群众自治共同体向其成员的收费权难免会体现出多数意志对少数意志的强制。由于基层群众自治共同体并非一组政权，因此总会面临如何确保其成员履行缴费义务的问题。比如为了迫使拒不缴付清洁费的村民缴付清洁费，以避免由此产生的羊群效应，部分地方的村委会就会采取一些极端手段（比如不给对方办新农合或在其他事项上故意为难对方、不予盖章），迫使对方就范，引发合法性危机。基层群众自治权是否具有强制性，如果具有强制性那么它应当如何实现，将在下文继续探讨。

---

① 参见《贵州省村民一事一议筹资筹劳管理实施办法》第（十一）项："筹资筹劳数额实行上限控制。其中，贵阳市、遵义市、安顺市、六盘水市、毕节市、黔南自治州筹资按现有人口计算每人每年不超过15元，筹劳每个劳动力每年不超过10个标准工日；铜仁市、黔东南自治州、黔西南自治州筹资按现有人口计算每人每年不超过10元，筹劳每个劳动力每年不超过10个标准工日。"

② 参见《辽宁省村民一事一议筹资筹劳管理办法》第十九条："筹资筹劳原则上实行上限控制，每年每人筹资不得超过本县（市、区）农民上年人均纯收入的1%……"

二、基层群众自治权之自主性的实现

(一) 公共产品财政供给中基层群众自治权之自主性的实现

从公共产品供给的角度而言，辅助原则的核心——将权力和责任授予最低层次（或说最接近公民）且能有效执行任务的单位——的重要理由是越低层次的单位越能真实地反映公民的消费偏好。我国自上而下的公共产品财政供给模式下，供给和需求不能有效衔接，常被批评为我国基层公共产品供给中的主要问题之一。在农村公共产品供给中，"政府经常以自身的供给偏好替代农民的需求偏好"①，在项目制下，竞争性项目往往不是被分配给最需要的村庄，而是被分配给具有资源优势的村庄或能突显政绩的村庄，在复杂的项目分配逻辑的背后是政府的自利性②。同样的批评也出现在城市基层公共产品的供给中，有学者指出，过度集中的政府管理体制导致公共产品与变动不居的（公共产品）需求严重脱节③。因此，实际"自上而下"的供给决策向"自下而上"的供给决策模式的转变就变成解决基层公共产品供给与需求脱节的关键。也正因为如此，尽管项目制已经大有取代"一事一议"而成为农村公共产品供给的主要模式的趋势，但仍有学者坚持认为，以项目制难以担当村级公共产品供给使命，而"一事一议"制度仍然更加符合中国农村基层的实际④。

这意味着，基层公共产品供给中既要面对自身供给能力不足需要财政支持的问题，同时又要避免因自上而下的财政支持而导致的行政化难题以及供给与消费之间的脱节问题。要解决上述问题，就需要政府、自治共同体、第三方等各主体发挥各自的作用和优势，以形成相互协作同时也相互制约的公共产品供给机制。在这方面成都的城乡统筹改革和"村民议事会"制度提供

---

① 曲延春：《差序格局、碎片化与农村公共产品供给的整体性治理》，《中国行政管理》2015年第5期，第70—73页。
② 李祖佩：《项目下乡、乡镇政府"自利"与基层治理困境——基于某国家级贫困县的涉农项目运作的实证分析》，《南京农业大学学报（社会科学版）》2014年第5期，第18—25页。
③ 杨俊锋：《"人地钱"挂钩之后——中国城市化的体制性障碍与出路》，《学术月刊》2017年第1期，第66—75页。
④ 田孟：《发挥民主的民生绩效——村级公共品供给的制度选择》，《中国农村经济》2019年第7期，第109—124页。

了可资借鉴的经验和教训。

2007年成都获批成为两个国家级统筹城乡综合配套改革试验区之一（另一个是重庆）。作为城乡统筹改革的一部分，从2008年起，成都市给每个行政村每年20万~30万元[①]公共事业服务资金（以下简称公服资金），用于各村公共产品建设，并计划于2020年实现城乡统一的公共服务供给，基本实现城乡基本公共服务均等化[②]。公服资金不允许被私分，也不能用于消费或是还债，只能用于公共设施和公共产品的建设，但公服资金具体用于哪些公共项目政府不做干涉，由各村自行决定该如何使用[③]。为了能真实反映村民的公共产品需求偏好，鉴于村民（代表）会议召集成本过高，成都各村成立了"村民议事会"以审议自治项目方案，只有通过了"村民议事会"审核的项目才能逐级上报[④]。项目通过后由村委会执行，村监会负责监督。在此模式中，村集体（由"村民议事会"代表）是项目决策者，村民是公共产品和公共服务的受益者，而政府的角色则是经费的提供者和项目实施的监督者。因此对于这一模式可以形象概括为"集体点菜、村（居）民吃菜、政府买单"的公共产品供给模式。由于公共产品的项目决策既非上级政府决定，也非村内少数精英（村委会）决定，而是由村民议事会决定的，因此公共产品供给的成都模式真实地反映了村民的消费需求，有效地解决了中的供给和需求相脱节的难题，实现了供给和需求的有效衔接。

成都模式不仅有效地解决了公共产品供给中供给和需求相脱节的难题，同时还为有效处理公共产品供给中行政权和自治权之间相互关系提供了有益的经验和启示。基层群众自治权的行政化和独立性与公共产品的供给密切相

[①] 每村公服资金最低限额逐步增至25万元、30万元，到2013年时已经增加到40万元。参见王鑫昕：《成都逾12亿元财政资金直接拨到村》，《中国青年报》2013年08月10日第1版。

[②] 成都市的公共服务资金不仅限于农村的建制村，城市社区也同样享有。从2012年起，仿效农村公服资金，成都市设立了专用于城市社区公共服务的城市社区公共服务和社会管理专项资金，主要用于社区公共产品和公共服务的供给。成都市制定了《成都市村级公共服务和社会管理专项资金管理办法》和《成都市城市社区公共服务与社会管理一般性转移支付资金管理办法》，分别适用于农村公服资金和城市社区公服资金的管理。由于两者基本逻辑相同，本书仅以农村公服资金为主进行研究。

[③] 贺雪峰：《城乡统筹路径研究——以成都城乡统筹实践调查为基础》，《学习与实践》2013年第2期，第74—86页。

[④] 杜鹏：《村民自治的转型动力与治理机制——以成都"村民议事会"为例》，《中州学刊》2016年第2期，第68—73页。

关。一方面，如前所述，"自上而下"的项目制会加深基层群众自治权的行政化，加强基层群众自治权对行政权的依附性，形成所谓的"资源消解自治"；另一方面，基层群众自治权的独立性和行政化程度也反过来影响公共产品的需求形成过程。行政化的村委会在筛选公共产品项目时，会自动考虑乡镇政府的偏好，选择符合乡镇政府政绩需要的面子类项目[①]。与一般的项目制相比，成都模式具有以下特点：普惠性和自主性。公共服务资金是每个行政村都有的，这在很大程度上降低了项目竞争导致的基层群众自治权对行政权的依附性。另外，在公共服务资金的使用上，成都模式最大限度地尊重了村民的自主决策权。这使成都模式相较于一般的项目制在很大程度上减少了行政权对基层群众自治权的影响和干涉，行政权的作用主要在于项目的事前审批和事后的监督，而基层群众自治权的主要作用在于项目的决策和执行。

以公服资金下乡为契机，"村民议事会"制度充实了村内民主决策权，使得村内民主决策权由虚变实，并重塑了村内权力结构和村级治理机制，实现了村内决策权与行政权的相对分离和相互协作。通过公服资金下乡和公共项目的建设，原子化的村民重新被公共项目凝聚起来。由于事关每个村民切身利益，公共项目调动了每个村民参与村内公共事务的热情。如果村民议事会无法取得多数意见，那么公服资金就无法下拨[②]。类似的规定促使村内公意得以顺利形成，并使得"村民议事会"真正成为一个决策中心，而非村委会控制下的表决机器。"村民议事会"虽然是为了审议公共服务资金的用途而设立，但很快"村民议事会"民主决策机制就被广为接受，其职能被扩展到村内其他自治事务，"几乎所有的村民自治事务，均可以纳入议事范畴"[③]。

（二）基层群众自治共同体经济自主权的实现：以村财代管的广东智慧为例

虽然"村财乡管"几乎已经成为一个全国性的制度，但是由于缺乏全国统一性的法规，全国各地村级自治共同体的经济自主权存在相当大的差异。

[①] 刘彤：《农村公共产品供给问题及解决思路——基于供给主体的分析》，《理论探索》2015年第3期，第75—79页。

[②] 冷波：《村级民主制度创新的实践与机制》，《华南农业大学学报（社会科学版）》2018年第5期，第1—7页。

[③] 邓大才：《规则型自治：迈向2.0版本的中国农村村民自治》，《社会科学研究》2019年第3期，第39—47页。

主要的差异体现在资金的保管（主要是涉及银行账户由乡镇还是村、社区管理）、村级财务的审批权、财务账目管理权以及管理模式上的选择自主权等几个方面。比如关于资金的保管，有的地方直接规定"村有乡存"，由乡镇代管①，而有的地方则是村乡共管②。有些地方甚至规定了村集体原则上不得开设银行账户③。关于账目的管理，主要也有三种模式，最传统的是由乡镇代管（一般是由乡镇经管站代管），其次算是前一种的一个变通模式，主要方式是由乡镇委派会计人员到村（社区）管理村级财务账目，最后一种是由有资质的中介机构代管。最后，关于村级财务的审批权，不同的地方性法规或规章也有不同的规定。部分地方规定了乡镇对于村级财务的审批权，例如《黑龙江省村集体经济组织财务管理暂行办法》第四条就规定："……（村集体经济组织）财务收支既要经乡（镇）经管站审核批准，又要接受村民理财小组的监督。"而第六条更是直白地规定了乡镇经管站才是真正的审批者，"年初各村按照规定用途编制预算，报乡（镇）经管站审核批准，乡（镇）经管站审核批准后及时拨付到村"。而有些地方则强调了村民自治共同体对于村级财务的审批权以及村民对"村财乡管"的选择权。由于各地具体规定方面的差异化，各地基层群众自治共同体的经济自主权也相差较大，受基层政府控制程度也各不相同，总体上来讲，广东省较好地平衡了"村财乡管"中国家公权力和基层群众自治权之间相互关系。

  广东模式的最大特点是通过契约的形式，将代管机构与自治共同体之间构建成一种契约关系，淡化了强制性色彩，强化了自治共同体的选择自主权，减少了基层群众自治机构对地方政府的依赖。根据广东省财政厅颁发的《关于推进镇（乡）财政和村级财务管理方式改革试点工作的指导意见》，广东省的"村财乡管"坚持了村级"三个民主"（民主管理、民主决策和民主监

---

① 例如《河北省村集体财务管理条例》第十五条："村集体经济组织或者村民委员会的资金可以在自愿的原则下实行村有乡存，由乡农经管理机构代管……。"再如《广西壮族自治区农村集体经济组织资金财务管理办法（试行）》第二十八条："……农村集体经济组织的银行账户由农村集体财务会计代理服务机构代管。"

② 参见《甘肃省农村集体财务管理办法》第十八条："农村集体经济组织只能开设一个银行基本存款账户。……

农村集体财务代理服务机构应当为其代理的农村集体经济组织开设银行账户，并在开户银行预留农村集体经济组织财务专用章、农村集体经济组织负责人和代理会计印鉴。"

③ 《湖北省农村集体财务管理办法》第八条规定："……农村集体经济组织原则上不得开设银行账户，由乡（镇）财政所统一开设'村级财务代理账户'……"

督）和"四权"（资产所有权、经营权、处置权和财务审批权）不变，并规定了三种不同的村级财务代管模式（村财镇代管模式、村级会计委派制/选聘制模式、委托中介机构管理模式），村民可以自行选择。无论哪种模式，都需要经过村民（代表）会议同意才能实施，并且均以契约化的形式约定双方权利义务，财务审批权依然保留在村一级。在"广东模式"下，既有效地解决了村级财务会计人才缺乏，村级财务管理不规范的问题，又在很大程度上维护了村民自治原则，使乡镇政府行政权对村民自治共同体经济管理权的侵蚀减小到最低。美中不足的是，广东省的相关文件只是一个规范性文件，在理论上不属于法的范畴，不能给"村财乡管"提供充分的法律支撑。

三、基层群众自治权之强制性的证成与实现

（一）非暴力的强制性：基层群众自治权的效力优先性

对于基层群众自治权的强制性的质疑主要源于基层群众自治共同体的非国家性，即基层群众自治共同体并非一级国家政权，而国家是暴力唯一的合法垄断者。这种观点简单地把强制与暴力、强制性与强制执行权相等同。虽然强制经常以暴力作为最后的后盾，但两者之间仍有相当明显的区别。除了执法机关外，绝大部分的行政机关以及承担行政职能的事业单位都不拥有合法的暴力，甚至不具有行政强制执行权，但不可否认，它们的行政行为依然具有强制性。这种强制性主要体现为以国家公权力为基础的行政行为所具有的效力优先性（以公定力为核心）：行政行为一经成立，不论是否合法，非经法律程序撤销即有约束行政主体及其相对方，并要求双方履行的法律效力[1]。事实上，不仅是行政行为，立法和司法行为等其他国家公权力行为都有相对于国家之成员（公民和社会组织、团体等）的效力优先性。国家公权力行为之所以具有效力优先性，是因为它是国家意志的体现，而国家意志优先于个人意志。基于同样的逻辑，自治共同体是其成员基于公共契约而形成，自治权力以国家法的承认为前提，以内部规约为基础，共同体公共意志优先于成员个体意志，因而相对于共同体成员而言，体现共同体公共意志的自治

---

[1] 应松年：《行政法》，北京大学出版社、高等教育出版社2010年版，第92—94页。

权力具有效力优先性。基层群众自治权强制性的实现依靠其所拥有的村内集体资源（包括物质资源和社会资源）以及国家对其政治身份的承认，必要时它还可以通过国家公权力来实现①。

承认基层群众自治权的强制性还可能导致一种现实担忧：基层群众自治权的滥用及对村民合法权益的侵犯。这种担忧不无道理，尤其是在我国基层群众自治制度尚不成熟、基层群众自治权缺乏有效制约的背景下，基层群众自治权的滥用的情形并不鲜见，承认基层群众自治权的强制性有可能助长这种现象。但是这种担忧依然不足以构成否认基层群众自治权强制性的充分理由。因为，承认基层群众自治权的强制性并不等于承认其拥有强制执行的权力，更不等于承认其拥有合法的暴力，只是承认当其不与国家法相冲突时所具有的法律效力。基层群众自治权运行的合法性最终依然要受到国家公权力的监督和审查，但在此之前，应当推定其合法有效并对其成员具有约束力，如同承认行政行为的公定力和拘束力一样。

当基层群众自治权的运行不与国家法相冲突时，对于其行为的合法性和有效性，无论在理论上还是司法实践上，争议并不大。真正争议的焦点在于：村规民约规定的各类罚则尤其是经济罚则是否因与《行政处罚法》相冲突而被认定为无效。"在社团自治性规则中，罚则是最让人敏感的，而挑战似乎应由法律、法规、规章所保留的行政处罚的惩罚形式的社团罚则是更富争议的。"② 因为基层群众自治权的直接来源与行使依据都是内部规约，所以关于基层群众自治权强制性的争论往往最终落脚到关于内部规约罚则的合法性上。

（二）作为社团罚的内部规约罚则之合法性

1. 内部规约罚则合法性在司法实践中的分化

基层群众自治权以内部规约为基础而产生，因此关于基层群众自治权的强制性的争议在实践中最突出地表现为对于内部规约中限制性条款及罚则的合法性争议。从司法实践来看，因基层群众自治共同体内部规约罚则而产生的争议，在农村主要表现为对村规民约罚则合法性产生的争议，在城市则主要表现为对商品房小区自治规范（而非居委会的居民公约）罚则的有效性产

---

① 李海平：《论社会宪政》，《法律科学（西北政法大学学报）》2012 年第 1 期，第 36—43 页。
② 方洁：《社团罚则的设定与边界》，《法学》2005 年第 1 期，第 47—54 页。

生的争议。

由于国家权力向乡村社会的渗透以及法治的推进，现代村规民约中的罚则相较传统的村规民约已经减轻许多，但大部分村规民约依然规定了一定程度的罚则，其处罚形式包括了批评教育、道歉与赔偿、罚款、取消或暂停村中福利（包括取消成员资格）、送交司法机关等①。随着城市公寓式商品房的迅速发展，基于《物权法》和《物业管理条例》的相关规定，城市商品房小区也已经具有相当的自治地位，许多小区自治规范也开始出现相当多的限制性条款，例如禁止封闭阳台、禁止将共有部分出租给业主专有使用、对小区实行封闭管理等②。为保证限制性条款不成为一纸空文和"墙上的条款"，这些小区自治规范往往还伴随有罚则，前述引起广泛争议的河南焦作城际花园小区业主高空抛物被停电便是典型案例。

司法实践中对于内部规约罚则的合法性呈现出明显的分化，在极为类似的案例中会有截然不同的判决。总体来讲，村规民约中的罚款条款大多会被判定违反了《行政处罚法》而被否定其合法性③，但对于其他一些罚则的合法性呈现明显分化。比较典型的是因为违反村规民约而被取消或减损集体福利的分配。例如李文诉金河小组一案，一审二审法院均认为，村规民约（本案中实为居民公约）对违反计划生育者施加以额外的扣减集体福利的处罚并没有违背国家法的强制性规定，是合法有效的④。与此同时，也有相当多相反的案例，例如苏某2、苏某1诉赤水村村委会一案与前案案由几乎一致，都是因为违反了计划生育政策被剥夺村内集体福利，但是法院给出了截然相反的判例，法院认为"即使苏某2违反了计划生育，也应由有关机关进行处理，而不应以此丧失了集体经济组织成员应享有的权益"⑤。对于小区业主公

---

① 周家明、刘祖云：《村规民约的内在作用机制研究——基于要素作用机制的分析框架》，《农业经济问题》2014年第4期，第21—27页。

② 于凤瑞：《业主自治规范中限制性条款的司法审查——基于美国的实践》，《法商研究》2016年第3期，第156—166页。

③ 村规民约中经济罚则（罚款）也有少数判例认可其有效性的。比如唐田安诉庄子田居民小组物权保护纠纷一案，一审二审法院均认可了庄子田居民小组关于禁止开垦集体土地否则处以每亩5万元罚款的罚则的合法性，参见：云南省文山壮族苗族自治州中级人民法院民事判决书（2015）文中民三终字第329号。

④ 可参见：云南省昆明市中级人民法院民事判决书（2016）云01民终1890号；浙江省温州市中级人民法院民事判决书（2016）浙03民终3892号。

⑤ 参见：广东省韶关市武江区人民法院民事判决书，（2018）粤0203民初2314号。

约中罚则（尤其停水、停电或锁车等最为常见和典型）的合法性也呈现出明显分化。部分法院认为，业主委员会和物业公司既非执法部门亦非供水供电主体，即使业主存在有违约行为，业主委员会和物业公司也没有权限对业主实施停水、停电等措施①，但也有相当部分法院认为物业公司依据业主公约对业主违反公约的行为实施停水、停电或锁车措施并不违反国家法的强制性规定，而是违约之业主应当承担的违约责任②。前述河南焦作某小区业主高空抛物被停电事件引起的网络热议表明，在公共舆论空间，类似的分化也相当明显。

2. 内部规约罚则在理论界的性质之争：违约责任、行政处罚抑或社团罚

与司法实践中的分化类似，学术界对该问题也存在较大的分歧。对内部规约罚则之合法性的判断首先取决于对其性质的认定。关于内部规约罚则的性质，有学者认为是一种违约责任③，也有学者将之归入行政处罚④。主张违约责任者大多认可内部规约罚则的效力，认为它体现的是一种私法自治原则下带有一定惩罚性质的违约责任。主张行政处罚者则大多认为内部规约罚则违反了《行政处罚法》，因为行政处罚法明确规定了行政处罚的设置权限，规章以上的法规范才有设定权，其他规范性文件不能设定行政处罚。基层群众性自治组织并非一级政权，而只是一个社会组织，自然没有权力设定行政处罚⑤。

厘清内部规约罚则的性质的关键之一是界定依内部规约罚则对其成员处罚时村民自治共同体与其成员之间的法律关系的性质问题。前述司法实践中

---

① 参见《贵州谋道律师事务所、遵义市金宁物业管理有限公司财产损害赔偿纠纷二审民事判决书》，(2017) 黔 03 民终 3096 号；《毛伟、成都盛禾物业服务有限公司侵权责任纠纷二审民事判决书》，(2019) 川 01 民终 4040 号。

② 例如贵州省黔东南苗族侗族自治州中级人民法院在梁海兵与贵州冠华物业发展有限公司（以下简称：冠华物业）物业服务合同纠纷一案中的判决，参见 (2018) 黔 26 民终 1141 号。另可参见《张一波、长沙市开福区金色比利华小区业主委员会排除妨害纠纷二审民事判决书》，(2017) 湘 01 民终 8298 号。

③ 参见：陈永蓉、李江红《论村规民约中经济处罚约定的规制》，《理论与改革》2015 年第 5 期，第 151—153 页；蒋鸣湄《社会契约与国家法律在现代乡村社会中的实践方式——对广西三江侗族自治县多元化纠纷解决机制的考察》，《广西民族研究》2009 年第 4 期，第 148—153 页。

④ 许娟：《新型乡约若干问题探讨》，《法学论坛》2008 年第 1 期，第 107—113 页。

⑤ 张弘、潘昌伟：《村民自治权的实现——村民自治权的运行论》，2010 中国法学会行政法学研究会 2010 年年会论文，第 12 页。

产生的问题,其原因之一便是断然将村民自治共同体与其成员间的关系归入民事法律关系,混淆了村民自治共同体作为集体经济组织与社会公行政组织的角色区别。如前所述,当村民自治共同体作为社会公行政组织行使基层群众自治权时,其目的在于自治共同体的公共利益,其依据是自治章程与内部规约,其行为是一种社会公行政行为。因此,此时自治共同体与成员之间并非平等民事主体间的关系,而是一种社会公共行政法律关系。事实上,同样是社团与其成员之间因内部规约处罚而产生的争议,司法实践中也有把行业协会与其成员之间的法律关系归入行政法律关系之先例(也有纳入民事法律关系的)[①]。而且内部规约是经过法定民主程序的多数意志上升为公共意志的体现,而非简单的民事合同意义上合意的结果。因此,内部规约罚则很难被视为一种违约责任,至少不是一种民法意义上的违约责任。

内部规约罚则也不宜被简单地理解为一种行政处罚,至少不应是一种国家法意义上行政处罚。内部规约效力的直接来源是自治共同体成员的自我同意和权利让渡,人民将部分权利让渡给国家形成国家公权力后,还通过结社将部分权利转移给共同体形成社会公权力[②],内部规约的罚则正是这种社会公权力的体现。另外,村民自治共同体既然并非国家政权机关,那么其设立的罚则自然很难被认为是国家法意义上的行政处罚。因此断然依《行政处罚法》第十四条的规定否定内部规约罚则的效力缺乏足够的说服力。最后,认定内部规约中经济罚则违反《行政处罚法》也会导致另外一个问题,即内部规约中规定的警告、通报批评等罚则也可能因为被视为一种行政处罚(申诫罚)而违反《行政处罚法》,这意味着内部规约几乎不能设定任何类型的罚则,这将会大大消解内部规约在乡村治理中的作用和意义。如前所述,如果我们不希望内部规约成为"不燃烧的火,不发亮的光",那么"为确保成员遵守自治规范,设置相应的处罚措施是必要的"[③]。从域外经验来看,美国部分州不仅承认村内规章罚则的强制性,甚至承认其征税权[④]。

内部规约罚则更多地应当被认定为一种社团罚:一种依自治章程和自治

[①] 如前述"广州吉利对中国足协案",法院将足协与其成员关系视为内部行政法律关系。
[②] 姜明安:《法治的自治基础与自治的法治保障:析足协等社会自治组织的可诉性》,《法制日报》2002年2月17日第3版。
[③] 石佑启:《论协会处罚权的法律性质》,《法商研究》2017年第2期,第74—81页。
[④] 黄辉:《论美国乡村自治法律制度——以〈纽约乡村法〉为例》,《当代法学》2009年第1期,第140—146页。

规则"为维护社团的纪律及秩序,社团对社员常须为一定的制裁"①,"是团体对于它成员的某些违反团体规定行为的一种反应"②。对于社团罚的性质,国内外都存在两种不同的认识,一种强调其契约性,认为它是私法自治原则下违约责任的体现;另一种则强调其权力性,认为它是基于习惯法上的承认以及实体上的必要性,社团必须具备对违反规则行为做出反应的能力③。德国联邦最高法院在1956年的判决显然偏向了后一种理论,它指出,"为了保障其成员义务的履行而在社团法上规定的处罚并非合同罚,因为这些处罚不同于合同罚是以合同为基础,而是以其成员置身于社团章程效力之下为基础"④。我国越来越多的学者认为社团罚兼具公私法的特点,它既区别于传统的私法范畴下的违约责任,也有别于公法范畴下的行政处罚,而是一种公私权力的混合⑤,它具有社会法的属性,体现了公私法相融合的特征⑥。还有学者称之为一种"特殊的行政处罚"⑦。可见对社团罚进行研究的学者主要分歧在于它的公法性质抑或私法性质,或者说是契约性质抑或权力性质,但基本上都不否定社团罚本身存在的合理性和合法性。

3. 社团罚的设定边界与限制

必须注意的一点是,即便我们承认内部规约罚则的合法效力,也不意味着其设立罚则的权力是无限制的。内部规约的效力源于村民权利的让渡,但并非所有的权利都能让渡和自由处置,对于类似人身权、自由权、生命权这些最基本的权利,权利者自身也无权放弃⑧,那么自然内部规约也无权加以设定相应的罚则。现实中也确实存在一些村规民约滥设、滥用处罚权的现象,更有甚者,借村规民约之名行欺压村民、横行乡里之实⑨。根据于凤瑞的研究,对于业主自治规范限制性条款的司法审查,在我国司法实践中出现了程

---

① 王泽鉴:《民法总则》,中国政法大学出版社2001年版,第191页。
② Janßen, Rechtsschutz gegen vereins—und verbandsrechtliche Sanktionen, S. 5. 转引自宁昭:《论德国法上的社团罚》,中国政法大学,2009年,第2页。
③⑤ 袁曙宏、苏西刚:《论社团罚》,《法学研究》2003年第5期,第58—70页。
④ 宁昭:《论德国法上的社团罚》,中国政法大学,2009年,第10页。
⑥⑧ 方洁:《社团罚则的设定与边界》,《法学》2005年第1期,第47—54页。
⑦ 谭九生:《社团罚性质的厘定》,载《湖湘公共管理研究》(第一卷),湘潭大学出版社2009年版,第171—178页。
⑨ 例如四川省理塘县曲登乡普查一村、二村降某、四某、达某、细某等村干部以村规民约罚款之名行敲诈勒索之实,以村民泽某、洛某、泽某、仁某等人盗窃法器为名,对其各罚款3万元。参见四川省理塘县人民法院刑事判决书(2018)川3334刑初23号。

序标准、合法性标准、合理性标准①。罚则往往与限制性条款紧密相联，作为限制性条款的制裁措施存在，并与后者一起构成一个完整的规范。因此，前述对限制性条款的司法审查标准，事实上也是对社团罚的审查标准。

司法实践中，法院往往综合应用前述三个标准来对社团罚进行审查。程序标准是一个相对较为容易把握的标准，如果设立社团罚的内部规约非经法定程序而制定，那么意味着它不能真正代表公共意志，其效力自然应当被否定。不过司法实践中一个常见的问题是，尽管依《村委会组织法》的规定，村民会议是村规民约的唯一制定主体，但司法实践中经由村（居）民代表会议而非村（居）民会议通过的村规民约往往被认定为有效。例如梁某、张某诉冲澄居委会侵权一案。2017年7月，冲澄居委会召开村民代表大会通过了《……政务财务两公开制度社规民约》（以下简称《社规民约》），依该公约，梁、张夫妇第三胎属于超生，梁某夫妇被扣罚7年的股红。该《社规民约》是由居民代表会议制定而非居民会议制定，但是无论是备案的开平市长沙街道办事处、还是本案审理法院甚至包括原告夫妇本人，都未以程序不合法或主体不适格为由主张否定该《社规民约》的效力②。

司法实践中更常见的是以合法性标准来对社团罚进行审查，但有时会辅之以合理性标准。依据《村委会组织法》第二十七条之规定，村规民约不仅应当程序合法，代表了公共意志，在内容上还不得与宪法、法律、法规和国家的政策相抵触，不得侵犯村民的人身权利、民主权利和合法财产权利。但如前所述，司法实践中法院对于如何理解"不与国家法相抵触，不能侵犯村（居）民合法权益"还存在较多的分歧，这是导致司法实践中类似案例产生截然不同判决的主要原因。由于该问题前面已述，此处不再赘述③。

（三）基层群众自治权强制性的实现方式

在实践中，并非所有的基层群众自治权行使的内容都有赖于相对方的配合才能实现。当基层群众自治权的行使是以授益性行为或是剥夺、取消其某种权利等非科以义务的形式表现时（诸如通报批评/表扬、物质奖励、剥夺

---

① 于凤瑞：《业主自治规范中限制性条款的司法审查——基于美国的实践》，《法商研究》2016年第3期，第156—166页。
② 参见：《广东省开平市人民法院民事判决书》（2019）粤0783民初1157号。
③ 见本书第三章第一节第三小节。

或取消其参加某些公共活动的资格甚至是剥夺或取消其成员资格之类的处罚或奖励），虽然有明确的指向对象，但其实施并不需要相对方的积极配合。这类内部规约的实施和基层群众自治权的行使，并不需要相对方的积极配合，但也体现了其强制性——代表公益的自治共同体对其成员个体的强制。对于这类基层群众自治权的内容，只要其依据的内部规约经过合法民主程序，基层群众自治共同体可以直接执行。相对方对其合法性有质疑且合法权益受到侵害的，可以依法向人民法院提起诉讼从而达到权利救济和合法性审查的目的。

当基层群众自治共同体对其成员科以义务时，基层群众自治权内容的实现即有赖于相对方的积极配合。由于基层群众自治共同体不是一级政权，不享有强制执行权，此时基层群众自治共同体无法通过直接执行的方式行使基层群众自治权。尽管如此，我们可以借用传统行政法中的间接强制执行方式来实现基层群众自治权的强制性。例如，当村内"一事一议"项目通过后，如果有部分"搭便车"者拒不筹资、筹劳，那么对于拒不筹劳者可以采用代执行的方式来完成，由此产生的费用由义务人承担，并视其为对村集体负有债务；对于拒不筹资者，可直接视为对村集体负有债务，与此同时，可以在内部规约中约定一定的利率。对于有集体经济的村民自治共同体，可约定在村内分配集体经济时从其应得份额中扣除本息；对没有集体经济的村民自治共同体而言，可以通过司法途径请求法院要求相对方履行其义务。

由于当下村内民主、法治尚不成熟，基层群众自治权行使时尚存在滥用和侵犯相对方合法权益的情形，因此当村民自治共同体通过司法途径向法院起诉要求其成员履行义务时，该司法途径当以普通诉讼程序为主，以确保司法机关对其合法性之审查以避免村民合法权益受到侵犯。待村内民主、法治逐步成熟，内部规约确能体现公意，基层群众自治权确能规范运行，该司法途径可逐步考虑采用简单程序、支付令甚至直接申请法院强制执行等程序，以确保基层群众自治权运行效率，减少其运行成本。

结　语

　　基层群众自治制度是独具中国特色、集中了中国人民智慧的基层治理制度，也是社会主义治理体系中的重要一环。党的十九届四中全会《决定》提出要"健全充满活力的基层群众自治制度"，并将其列入人民当家作主和社会主义民主政治的五项基本制度之一。基层群众自治权既是基层群众自治制度运转的核心，也是对基层群众自治进行法学研究最佳切入点，不过经过19世纪末和21世纪初的短暂繁荣后，法学界尤其是公法学界对于基层群众自治权的研究渐趋平淡。随着农村土地三权分置政策的出台和推行，法学界对基层治理的研究重心转向了农村土地集体所有权，主要研究大多也局限于民法领域。对于"村财乡管""居站分离""自治单元的下沉""基层干部的公职化"等诸多问题，法学界都缺乏充分的关注。与法学界不同，政治学界、社会学界以及公共管理学界等对基层群众自治问题依然保持着深厚的兴趣，并为我国基层群众自治制度有效运转提供了有益的理论支撑。但由于各种学科本身的研究旨趣和价值取向不同，前述的研究大多从民主和效率等价值取向入手，研究的重心在于基层民主的有效实现以及基层群众自治有效治理模式，对于基层群众自治制度中的法律问题研究不够，也不能为基层群众自治实践中的一系列法律问题提供有效的理论指导。

　　由于缺乏对基层群众自治权之社会公权力属性的深入认识，法学界既有对基层群众自治权的研究大多局限于"去行政化"以及村（居）民个体权利的司法保障等问题。如果跳出"行政化"与"去行政化"的思维局限，回归到《村委会组织法》和《居委会组织法》所规定的"自我管理、自我教育、自我服务"的职能定位，那么就能，发现公共产品和公共服务的供给才是基层群众自治权之根本。《村委会组织法》和《居委会组织法》虽然赋予了基层群众自治共同体法定的基层群众性自治组织的身份，但是只有真正具备了提供公共产品的能力才能充实自治职能，才能使基层群众自治"落地"。在项目下乡以及乡村振兴的大背景下，国家公权力与基层群众自治权之间相互关系也越来越紧密，如何既实现公共产品供给中国家公权力对基层群众自治权的帮助与监管，同时又有效地实现基层群众自治权的自主性将越来越成为未来理论和实践关注的焦点。对这些问题的研究离不开公法学界的关注，希望本书能为重新唤起公法学界对基层群众自治权研究的关注尽微薄之力。

参考文献

一、经典文献

[1]《辞海》,上海辞书出版社 1979 年版。

[2]《马克思恩格斯文集》第 1 卷,人民出版社 2009 年版。

[3]《彭真文选》,人民出版社 1991 年版。

[4]《现代汉语大词典》,光明日报出版社 2003 年版。

二、中文译著

[1][美]奥斯特罗姆:《公共事务的治理之道——集体行动制度的演进》,余旭达、陈旭东译,译文出版社 2012 年版。

[2][美]布坎南:《公共财政》,中国财政经济出版社 1991 年版。

[3][加]查尔斯·泰勒:《市民社会的模式》,冯青虎译,转引自邓正来、亚历山大编《国家与市民社会——一种社会理论研究路径》,中央编译出版社 1999 年版。

[4][德]得特勒夫·霍尔斯特:《哈贝马斯传》,章国锋译,东方出版中心 2000 年版。

[5][美]杜赞奇:《文化、权力与国家》,王福明译,江苏人民出版社 2003 年版。

[6][德]菲利普:《黑克:利益法学》,傅广宇译,商务印书馆 2016 年版。

[7][美]富勒:《法律的道德性》,郑戈译,商务印书馆 2005 年版。

[8][德]哈贝马斯:《公共领域的结构转型》,曹卫东等译,学林出版社 1999 年版。

[9][德]哈贝马斯:《在事实与规范之间:关于法律和民主法治国的商

谈理论》，童世骏译，生活·读书·新知三联书店，2003年版。

［10］［德］黑格尔：《法哲学原理》，范扬、张企泰译，商务印书馆1961年版。

［11］［德］卡尔·施米特：《宪法学说》，刘锋译，上海人民出版社2005年版。

［12］［法］卢梭：《社会契约论：双语版》，戴光年译，武汉出版社2015年版。

［13］［美］罗伯特·埃里克森：《无需法律的秩序》，苏力译，中国政法大学出版社2016年版。

［14］［德］马克斯·韦伯：《经济与社会（上卷）》，林荣远译，商务印书馆1997年版。

［15］马克斯·韦伯：《儒教与道教》，洪天富译，江苏人民出版社2003年版。

［16］［英］迈克尔·曼：《社会权力的来源——第三卷——全球诸帝国与革命（1890—1945）》，郭台辉、茅根红、余宜斌等译，上海人民出版社2015年版。

［17］［美］曼瑟尔·奥尔森：《集体行动的逻辑》，陈郁译，格致出版社2014年版。

［18］［法］孟德斯鸠：《论法的精神（上）》，张雁深译，商务印书馆1995年版。

［19］［美］乔万尼·萨托利：《民主新论》，冯克利、阎克文译，上海人民出版社2009年版。

［20］［日］青木昌彦：《比较制度分析》，周黎安译，上海远东出版社2001年版。

［21］［英］史蒂文·卢克斯：《权力：一种激进的观点》，彭斌译，江苏人民出版社2012年版。

［22］［法］托克维尔：《论美国的民主》，陈天群、赵振译，江西人民出版社2019年版。

［23］［英］维特根斯坦：《逻辑哲学论》，贺绍甲译，商务印书馆2005年版。

［24］［希］亚里士多德：《政治学》，吴寿彭译，商务印书馆1965年版。

［25］［日］盐野宏：《行政法》，杨建顺译，法律出版社1999年版。

[26] [奥] 尤根·埃利希：《法律社会学基本原理》，中国社会科学出版社 2009 年版。

[27] [美] 约翰·罗尔斯：《正义论》，何怀宏、何包钢、廖申白译，中国社会科学出版社 2009 年版。

[28] [英] 约翰·密尔：《论自由》，张书克译，中西书局 2015 年版。

[29] [美] 詹姆斯·M. 布坎南、戈登·图洛克：《同意的计算》，陈光金译，上海人民出版社 2017 年版。

三、中文专著

[1] 邓正来：《国家与社会：中国市民社会研究》，北京大学出版社 2008 年版。

[2] 丁国民：《中国村民自治权研究》，法律出版社 2013 年版。

[3] 费孝通等：《皇权与绅权》，生活·读书·新知三联书店 2013 年版。

[4] 高其才：《中国习惯法论》，长沙：湖南出版社 1995 年版。

[5] 何泽中：《当代中国村民自治》，湖南大学出版社 2002 年版。

[6] 贺雪峰：《小农立场》，中国政法大学出版社 2013 年版。

[7] 蒋永甫：《政治学导论》，桂林：广西师范大学出版社 2016 年版。

[8] 李大琨：《中国社会行政管理》，中国国际广播出版社 1998 年版。

[9] 梁启超等：《新民说》，辽宁人民出版社 1994 年版。

[10] 刘茂林：《公法评论—第 1 卷》，北京大学出版社 2003 年版。

[11] 刘志鹏：《我国村民自治立法问题研究》，光明日报出版社 2012 年版。

[12] 马长山：《国家、市民社会与法治》，商务印书馆 2002 年版。

[13] 莫纪宏：《现代宪法的逻辑基础》，法律出版社 2001 年版。

[14] 瞿同祖等：《清代地方政府》，法律出版社 2003 年版。

[15] 沈岿：《谁还在行使权力》，清华大学出版社 2003 年版。

[16] 孙中山：《中华民国建设之基础》，载陈旭麓、郝盛潮编《孙中山集外编》，上海人民出版社 1990 年版。

[17] 王建学：《作为基本权利的地方自治》，厦门大学出版社 2010 年版。

[18] 王名扬：《美国行政法（上）》，北京大学出版社 2016 年版。

［19］王禹：《我国村民自治研究》，北京大学出版社2004年版。

［20］王允武：《中国自治制度研究》，成都：四川人民出版社2006年版。

［21］王泽鉴：《民法总则》，中国政法大学出版社2001年版。

［22］徐勇：《培育自治：对居民自治有效实现形式的探索》，载徐勇主编《中国城市居民自治有效实现形式研究》，中国社会科学出版社2015年版。

［23］徐勇：《中国农村村民自治》，生活书店出版有限公司2018年版。

［24］叶必丰：《行政规范》，载应松年《当代中国行政法》（上卷），中国方正出版社2002年版。

［25］应松年：《行政法》，北京大学出版社、高等教育出版社2010年版。

［26］袁达毅等：《农村基层民主建设研究》，中国社会出版社2003年版。

［27］张维迎：《博弈与社会》，北京大学出版社2013年版。

［28］张文山：《自治权理论与自治条例研究》，法律出版社2005年版。

［29］张旭勇：《村民民主决策权的司法救济制度研究——行政法语境下的理论与实践》，中国法制出版社2012年版。

［30］郑贤君：《地方制度论》，首都师范大学出版社2000年版。

［31］郑永流等：《农民法律意识与农村法律发展》，中国政法大学出版社2004年版。

四、中文论文

［1］安树昆，吉龙华：《村民自治的司法保障问题探析》，《云南大学学报（法学版）》2005年第1期，第112—115页。

［2］安永军：《关系吸纳制度：寡头治村与基层民主的变异》，《华中农业大学学报（社会科学版）》2018年第5期，第137—143、167页。

［3］白雪娇：《规模适度：居民自治有效实现的组织培育》，载徐勇：《中国城市居民自治有效实现形式研究》，中国社会科学出版社2015年版。

［4］曹焜纯：《民间调解的实证研究》，《天府新论》2012年第4期，第76页。

［5］常沛：《论民间调解人的权威与信用》，《理论月刊》2013年第3期，第130页。

［6］陈斌：《中国法院调解制度与美国ADR制度的比较研究》，《学习与探索》2009年第1期，第115—118页。

[7]陈彩虹:《"内部人控制"问题》,《中国发展观察》2017年第15期,第43页。

[8]陈锋:《分利秩序与基层治理内卷化资源输入背景下的乡村治理逻辑》,《社会》2015年第3期,第95页。

[9]陈国申、陈福卫:《试论〈中华人民共和国居委会组织法〉与〈中华人民共和国村委会组织法〉合并的必要性》,《理论月刊》2005年第2期,第105—107页。

[10]陈国申、李金锦:《兴起、遇冷与回暖:村民代表会议的变迁研究——基于山东省招远市石棚村的调查》,《中国农村研究》2017年第1期,第89—108页。

[11]陈寒非、高其才:《乡规民约在乡村治理中的积极作用实证研究》,《清华法学》2018年第1期,第62—88页。

[12]陈洪兵:《"国家工作人员"司法认定的困境与出路》,《东方法学》2015年第2期,第111—120页。

[13]陈箭,刘民安:《简论村民委员会的法律地位》,《政治与法律》1992年第6期,第45—47页。

[14]陈明:《村民自治:"单元下沉"抑或"单元上移"》,《探索与争鸣》2014年第12期,第107—110页。

[15]陈鹏:《城市社区治理:基本模式及其治理绩效——以四个商品房社区为例》,《社会学研究》2016年第3期,第125页。

[16]陈鹏:《社区去行政化:主要模式及其运作逻辑——基于全国的经验观察与分析》,《学习与实践》2018年第2期,第89—97页。

[17]陈前恒、职嘉男:《村庄直接民主对农村居民幸福感的影响》,《中国农村观察》2014年第6期,第59—70页。

[18]陈清扬:《江苏扬州地区农村集体财务村账乡管的历史逻辑与当前运行模式探析》,《江苏农业科学》2013年第9期,第421—422页。

[19]陈绍方:《地方自治的概念、流派与体系》,《求索》2005年第7期,第46页。

[20]陈伟东:《邻里网络:自组织的社会结构——解读城市社区自治的一种分析框架》,《湖湘论坛》2010年第2期,第28页。

[21]陈文权、莫申容:《治理"村官巨腐"的长效机制探讨》,《云南

行政学院学报》2018年第4期,第102—107页。

[22] 陈晓宇:《论教育的产品属性与营利性学校》,《清华大学教育研究》2012年第1期,第109—116页。

[23] 陈永刚:《谁该为村干部报酬"买单"——对村干部工资管理若干问题的思考》,《兰州学刊》2010年第5期,第54—58页。

[24] 陈永蓉、李江红:《论村规民约中经济处罚约定的规制》,《理论与改革》2015年第5期,第151—153页。

[25] 程守艳:《萨托利"有限多数原则"及对我国民族区域自治实践的启示》,《焦作大学学报》2010年第2期,第110—112页。

[26] 程同顺、史猛:《推进村级组织负责人"一肩挑"的条件与挑战——基于P镇的实地调研》,《南开学报(哲学社会科学版)》2019年第4期,第76—86页。

[27] 程同顺、赵一玮:《村民自治体系中的村民小组研究》,《晋阳学刊》2010年第2期,第32—35页。

[28] 程为敏:《关于村民自治主体性的若干思考》,《中国社会科学》2005年第3期,第126—133页。

[29] 崔智友:《中国村民自治的法学思考》,《中国社会科学》2001年第3期,第129—140页。

[30] 戴津伟:《社会转型期村规民约的异化问题及其对策研究——基于浙江部分村庄的调研分析》,《民间法》2016年第1期,第338—349页。

[31] 邓大才:《规则型自治:迈向2.0版本的中国农村村民自治》,《社会科学研究》2019年第3期,第39—47页。

[32] 邓大才:《利益相关:村民自治有效实现形式的产权基础》,《华中师范大学学报(人文社会科学版)》2014年第4期,第9—16页。

[33] 董江爱:《村民代表会议的制度化:直接民主理念的实现》,《马克思主义与现实》2005年第1期,第103—107页。

[34] 杜承铭:《村民自治的宪政之维》,《武汉大学学报(哲学社会科学版)》2011年第4期,第30页。

[35] 杜继略、刘永万、谢国清:《建立村账乡管机制强化农财管理》,《农村经济与科技》1998年第1期,第19页。

[36] 杜鹏:《村民自治的转型动力与治理机制——以成都"村民议事

会"为例》,《中州学刊》2016年第2期,第68—73页。

[37] 杜威漱:《村民自治中的监督制度:冲突、真空及耦合》,《华南农业大学学报(社会科学版)》2012年第2期,第120页。

[38] 段凡:《论权力应是公权力》,《武汉大学学报(哲学社会科学版)》2012年第5期,第45—51页。

[39] 范思凯、邓泉国:《结构与关系:村民自治与居民自治组织体系比较研究》,《中共福建省委党校学报》2012年第1期,第28—34页。

[40] 方洁:《从第三部门组织到行政诉讼被告——社会公务的司法监督路径》,《行政法学研究》2007年第3期,第68—74页。

[41] 方洁:《社团罚则的设定与边界》,《法学》2005年第1期,第47—54页。

[42] 方丽华、卢福营:《论集体经济式微对村民自治的钳制》,《浙江师范大学学报(社会科学版)》2012年第1期,第80—84页。

[43] 房亚明:《回应与责任:村庄自治组织形式的多元化建构——中国农村权力结构的制度化调整》,《湖北行政学院学报》2012年第2期,第25—30页。

[44] 冯之东:《社会公权力的司法救济与民间化——以公私法域交融背景下的足球协会为研究个案》,《南京大学法律评论》2010年第2期,第125页。

[45] 付建军:《从民主选举到有效治理:海外中国村民自治研究的重心转向》,《国外理论动态》2015年第5期,第82—89页。

[46] 付英:《村干部的三重角色及政策思考——基于征地补偿的考察》,《清华大学学报(哲学社会科学版)》2014年第3期,第154—163页。

[47] 傅永军、徐闻:《哈贝马斯论民主的商谈原则与类型》,《山东社会科学》2011年第10期,第5—9页。

[48] 高聪、陈建:《我国民间调解组织发展之初探——基于杭州社区"和事佬"协会实践与发展的思考》,《云南社会主义学院学报》2014年第1期,第186—187页。

[49] 高鸣、芦千文:《中国农村集体经济:70年发展历程与启示》,《中国农村经济》2019年第8期,第1—21页。

[50] 高其才:《通过村规民约的乡村治理——从地方法规规章角度的观

察》,《政法论丛》2016 年第 2 期,第 22 页。

[51]《公权力与私权力界限析》,《重庆社会科学》2017 年第 4 期,第 33—39 页。

[52] 龚蔚红、牛文浩:《"少数服从多数"的证成及其限度——程序价值角度的研究》,《浙江社会科学》2019 年第 2 期,第 28—35 页。

[53] 顾乐永:《村民小组诉讼主体确认及责任承担——以中国裁判文书网发布的 328 例判决为样本》,《人民司法(应用)》2016 年第 1 期,第 69—73 页。

[54] 邓大才:《规则型自治:迈向 2.0 版本的中国农村村民自治》,《社会科学研究》2019 年第 3 期,第 39—47 页。

[55] 管瑜珍:《社团自治离不开法律?——以社团规章的司法介入为例》,《行政法学研究》2007 年第 2 期,第 35 页。

[56] 郭道晖:《论国家权力与社会权力——从人民与人大的法权关系谈起》,《法制与社会发展》1995 年第 2 期,第 22 页。

[57] 郭道晖:《论社会权力的存在形态》,《河南省政法管理干部学院学报》2009 年第 4 期,第 1—8 页。

[58] 郭圣莉:《阶级净化机制:国家政权的城市基层社会组织构建——以解放初期上海居委会的整顿与制度建设为例》,《甘肃社会科学》2007 年第 4 期,第 172—176 页。

[59] 郭伟和:《基层社会治理的双重背离现象及对其探源》,《浙江工商大学学报》2018,年第 1 期,第 97—106 页。

[60] 郭夏娟、秦晓敏:《"三治一体"中的道德治理——作为道德协商主体的乡贤参事会》,《浙江社会科学》2018 年第 12 期,第 16—25 页。

[61] 韩铁英:《居民自治的生理与病理——日本地方政府与居民的关系浅析》,《日本学刊》1999 年第 1 期,第 28—29 页。

[62] 韩增辉、周珂:《物业管理中的业主自治机构法律性质浅析》,《法学杂志》2005 年第 3 期,第 65—67 页。

[63] 何勤华:《论中国特色社会主义法治道路》,《法制与社会发展》2015 年第 3 期,第 32—45 页。

[64] 何泽中:《论村民自治权的法律救济》,《法学论坛》2005 年第 5 期,第 87—90 页。

[65] 贺雪峰：《城乡统筹路径研究——以成都城乡统筹实践调查为基础》，《学习与实践》2013年第2期，第74—86页。

[66] 贺雪峰：《村干部收入与职业化》，《中国党政干部论坛》2015年第11期，第64—66页。

[67] 贺雪峰：《村干部稳定性与职业化的区域差异》，《中共天津市委党校学报》2018年第3期，第73—78页。

[68] 贺雪峰：《给村干部一定的自主权——防范农村基层治理的"内卷化"危机》，《人民论坛》2019年第3期，第54页。

[69] 贺雪峰：《农村集体产权制度改革与乌坎事件的教训》，《行政论坛》2017年第3期，第12—17页。

[70] 侯利文：《国家政权建设与居委会行政化的历史变迁——基于"国家与社会"视角的考察》，《浙江工商大学学报》2019年第1期，第120—133页。

[71] 侯利文：《去行政化的悖论：被困的居委会及其解困的路径》，《社会主义研究》2018年第2期，第110—116页。

[72] 胡金龙：《村民自治司法裁判制度探微》，《长江论坛》2006年第2期，第69—72页。

[73] 胡若溟：《国家法与村民自治规范的冲突与调适：基于83份援引村民自治规范的裁判文书的实证分析》，《社会主义研究》2018年第3期，第98—109页。

[74] 胡萧力：《财政分权与我国地方政府角色的再认识——地方化与辅助性原则的视角》，《东方法学》2017年第5期，第64页。

[75] 扈映：《行政化与村民自治能否兼容？——一个基于"内部人控制"理论的分析框架》，《中共宁波市委党校学报》2019年第2期，第81—87页。

[76] 皇甫鑫：《责任缺失下的村民自治：基于不完全权力的解释》，《党政研究》2019年第2期，第43—50页。

[77] 黄博：《自治形态与精英治理——对村庄精英治理的二维解读》，《领导科学》2018年第20期，第8—12页。

[78] 黄辉：《论美国乡村自治法律制度——以《纽约乡村法》为例》，《当代法学》2009年第1期，第140—146页。

[79] 姬超：《中国村务监督机制运行评价及其制度优化路径——基于21个省846个村4625个村民的调查研究》，《农业经济问题》2017年第1期，第21—30页。

[80] 季丽新：《中国特色农村民主协商治理机制创新的典型案例分析》，《中国行政管理》2016年第11期，第51—57页。

[81] 江平：《社会权力与和谐社会》，《中国社会科学院研究生院学报》2005年第4期，第29页。

[82] 姜峰：《多数决、多数人暴政与宪法权利——兼议现代立宪主义的基本属性》，《法学论坛》2011年第1期，第103—109页。

[83] 姜明安：《论公法与政治文明》，《法商研究》2003年第3期，第63页。

[84] 姜明安：《新世纪行政法发展的走向》，《中国法学》2002年第1期，第61—72页。

[85] 姜亦炜：《政治影响力与制度生成——新乡贤组织的演生及其类型学》，《中国农村观察》2020年第3期，第72—89页。

[86] 蒋大兴：《社团罚抑或合同罚：论股东会对股东之处罚权——以"安盛案"为分析样本》，《法学评论》2015年第5期，第152—163页。

[87] 蒋鸣湄：《社会契约与国家法律在现代乡村社会中的实践方式——对广西三江侗族自治县多元化纠纷解决机制的考察》，《广西民族研究》2009年第4期，第148—153页。

[88] 蒋政、刘俊祥：《"多数暴政"并非民主之必然——论达尔对托克维尔的反驳》，《湖北行政学院学报》2014年第6期，第6页。

[89] 焦必方：《以地方自治为特点的日本市町村政府的行为方式研究》，《中国农村经济》2001年第11期，第74—75页。

[90] 今川晃：《日本地方自治的基本原则》，《俞祖成，周石丹译，政治学研究》2016年第1期，第114页。

[91] 康静思、刘孝才：《乡贤参事会及其在乡村协商民主中的价值分析——以浙江省嵊州市竹溪乡乡贤参事会为例》，《广西社会主义学院学报》2016年第5期，第46—49页。

[92] 蓝宇蕴：《非农集体经济及其"社会性"建构》，《中国社会科学》2017年第8期，第132—147页。

[93] 郎友兴、何包钢：《村民会议和村民代表会议——村级民主完善之尝试》，《政治学研究》2000年第3期，第54—60页。

[94] 冷波：《"双轨政治"重构与村治结构创新——以湖北省秭归县"幸福村落建设"为例》，《中共宁波市委党校学报》2018年第3期，第96—103页。

[95] 冷波：《村级民主制度创新的实践与机制》，《华南农业大学学报（社会科学版）》2018年第5期，第1—7页。

[96] 李桂林：《实质法治：法治的必然选择》，《法学》2018年第7期，第71—82页。

[97] 李海平：《论基本权利对社会公权力主体的直接效力》，《政治与法律》2018年第10期，第120页。

[98] 李海平：《论社会宪政》，《法律科学（西北政法大学学报）》2012年第1期，第36—43页。

[99] 李晶、红英：《"村落自治"中的国家——日本宫城县仙台秋保町马场村的田野调查》，《云南民族大学学报（哲学社会科学版）》2016年第5期，第46—56页。

[100] 李俊：《从均衡到失衡：当代中国农村多元纠纷解决机制困境研究》，《河北学刊》2015年第6期，第120—126页。

[101] 李莉：《"村务交接"案引出的两点思考》，《政治与法律》2002年第3期，第101—104页。

[102] 李庆召、马华：《制约与监督协同视角下的村级权力自控机制研究》，《江西社会科学》2017年第3期，第219—226页。

[103] 李世刚、尹恒：《县级基础教育财政支出的外部性分析——兼论"以县为主"体制的有效性》，《中国社会科学》2012年第11期，第81—97页。

[104] 李树忠：《迈向"实质法治"——历史进程中的十八届四中全会《决定》》，《当代法学》2015年第1期，第3—13页。

[105] 李松有：《乡村振兴战略视野下村民自治的有效实现与超越——从权力与资源的关系视角考察》，《广西师范大学学报（哲学社会科学版）》2019年第2期，第64—75页。

[106] 李韬、吴思红：《村务监督委员会的实践困境和功能改进——派

系、理性和庇护因素的分析视角》，《湖北行政学院学报》2016 年第 5 期，第 54—59 页。

[107] 李天昊：《公权力与私权力界限析》，《重庆社会科学》2017 年第 4 期，第 33—39 页。

[108] 李鑫诚：《乡村权力下沉治理模式的运行策略及其反思》，《湖北社会科学》2017 年第 4 期，第 22—27 页。

[109] 李勇华：《自治的转型：对村干部"公职化"的一种解读》，《东南学术》2011 年第 3 期，第 4—13 页。

[110] 李泽：《法治社会中共同体自治的边界》，《学术交流》2015 年第 6 期，第 72—76 页。

[111] 李祖佩：《"资源消解自治"——项目下乡背景下的村治困境及其逻辑》，《学习与实践》2012 年第 11 期，第 82—87 页。

[112] 李祖佩：《项目下乡、乡镇政府"自利"与基层治理困境——基于某国家级贫困县的涉农项目运作的实证分析》，《南京农业大学学报（社会科学版）》2014 年第 5 期，第 18—25 页。

[113] 梁成意：《论完善村民自治救济制度的原则与方案》，《荆州：长江大学学报（社会科学版）》2011 年第 4 期，第 24—28 页。

[114] 梁开银：《论村民自治章程的法律地位、内容及效力——兼论村民自治的法律制度生态》，《社会科学家》2010 年第 1 期，第 74—78 页。

[115] 刘磊、晏晓波：《"村财乡管"机制实施困境及解决路径》，《人民论坛》2016 年第 31 期，第 118—119 页。

[116] 刘莘、张迎涛：《辅助性原则与中国行政体制改革》，《行政法学研究》2006 年第 4 期，第 9 页。

[117] 刘诗林：《我国村务监督委员会的运行困境及对策建议——基于 11 省 700 名乡镇纪委书记问卷调查的实证研究》，《理论探讨》2015 年第 1 期，第 128—131 页。

[118] 刘彤：《农村公共产品供给问题及解决思路——基于供给主体的分析》，《理论探索》2015 年第 3 期，第 75—79 页。

[119] 刘婉：《票决民主中的多数人暴政——以四川乐山"村民民主投票"剥夺轮换工农民身份案为视角》，《法制与社会》2010 年第 32 期，第 286—287 页。

[120] 刘兴桂、刘文清：《物业服务合同主体研究》，《法商研究》2004年第3期，第101—108页。

[121] 刘义圣、陈昌健、张梦玉：《我国农村集体经济未来发展的隐忧和改革路径》，《经济问题》2019年第11期，第81—88页。

[122] 刘颖：《村民自治权利的司法救济及相关问题探讨》，《河南师范大学学报（哲学社会科学版）》2005年第3期，第83—85页。

[123] 刘颖：《论村民自治的主体》，《求索》2008年第6期，第54—56页。

[124] 刘宇：《业主委员会法律地位之思考》，《法学杂志》2009年第9期，第131—133页。

[125] 刘泽友：《论湘鄂西土司司法自治与土家族家族司法的确立》，《学术交流》2009年第3期，第80—84页。

[126] 刘志鹏：《城市社区自治立法：域外比较与借鉴》，《国家行政学院学报》2012年第3期，第118—122页。

[127] 刘祖云：《中国都市居民委员会的历史沿革及其特点——中国都市社会基层居民组织的结构与功能研究之一》，《社会学研究》1987年第6期，第67页。

[128] 柳建闽、汤凌燕：《论村民自治权力制约机制的构建》，《福建农林大学学报（哲学社会科学版）》2011年第4期，第41—45页。

[129] 卢福营、高健：《村务监督委员会制度的局限与拓展——写在后陈村村务监督委员会诞生15周年之际》，《浙江社会科学》2019年第7期，第66—72页。

[130] 卢福营：《论村民自治发展中的制度偏离》，《浙江社会科学》2011年第10期，第90—94页。

[131] 卢宪英：《紧密利益共同体自治：基层社区治理的另一种思路——来自H省移民新村社会治理制度创新效果的启示》，《中国农村观察》2018年第6期，第62—72页。

[132] 罗鹏、王明成：《村规民约的内涵、性质与效力研究》，《社会科学研究》2019年第3期，第67页。

[133] 罗兴佐：《基层治理制度创新是如何可能的——基于浙江宁海"36条"的调查》，《求索》2018年第5期，第137—143页。

[134] 吕廷君：《民间司法的"情、理、法"》，《民间法》2013年第1期，第141页。

[135] 马晨光：《中国古代多元纠纷解决机制及现代价值》，《国家行政学院学报》2010年第2期，第64—67页。

[136] 马华、叶巨：《四权同步监督机制视阈下的村级政治生态优化》，《山西农业大学学报（社会科学版）》2018年第4期，第13页。

[137] 门中敬：《论宪法与行政法意义上的法律保留之区分——以我国行政保留理论的构建为取向》，《法学杂志》2015年第12期，第24—33页。

[138] 苗静：《欧盟宪法辅助原则的历史发展与当代含义》，《广西社会科学》2007年第2期，第85—89页。

[139] 苗连营：《论地方立法工作中"不抵触"标准的认定》，《法学家》1996年第5期，第41页。

[140] 闵学勤：《社区自治主体的二元区隔及其演化》，《社会学研究》2009年第1期，第162—183页。

[141] 牟言波、赵宬斐：《"董村典章"：新时代基层小微治理机制创新研究》，《浙江学刊》2018年第6期，第48—51页。

[142] 聂建平：《农村"村账乡管"模式问题及对策分析——基于巴山山区三县的数据调查》，《财会通讯》2016年第22期，第27—29页。

[143] 欧阳静：《村级组织的官僚化及其逻辑》，《南京农业大学学报（社会科学版）》2010年第4期，第15—20页。

[144] 潘嘉玮、周贤日：《村民自治权与村民经济自主权》，《华南师范大学学报（社会科学版）》2003年第4期，第44—52页。

[145] 戚建刚：《长春亚泰足球俱乐部诉中国足协案再评析——以公共职能为视角》，《行政法学研究》2004年第3期，第31—37页。

[146] 秦晖：《传统中华帝国的乡村基层控制：汉唐间的乡村组织》，《中国乡村研究》2003年第1期，第1—31页。

[147] 秦晖：《农民需要怎样的"集体主义"——民间组织资源与现代国家整合》，《东南学术》2007年第1期，第12页。

[148] 青木昌彦、张春霖：《对内部人控制的控制：转轨经济中公司治理的若干问题》，《改革》1994年第6期，第11页。

[149] 屈群苹：《"村改居"社区研究焦点追踪与视角探新》，《四川行

政学院学报》2018年第3期，第100—104页。

［150］曲新久：《论刑法中的"国家工作人员"——"两类、四种"区别对待》，《北大法律评论》2014年第2期，第432—449页。

［151］曲延春：《差序格局、碎片化与农村公共产品供给的整体性治理》，《中国行政管理》2015年第5期，第70—73页。

［152］任剑涛：《政治秩序与社会规则——基于国家—社会关系的视角》，《人民论坛·学术前沿》2012年第4期，第42页。

［153］沈寿文：《重新认识民族区域自治权的性质——从《民族区域自治法》文本角度的分析》，《云南大学学报（法学版）》2011年第6期，第17页。

［154］施建刚、蔡顺明、魏铭材：《论农村集体土地所有权主体之选择》，《农村经济》2012年第9期，第26—29页。

［155］石佑启、王振标：《民间规范的生存空间及其受国家法的规制与改造——基于博弈论与新制度经济学的视角》，《江苏社会科学》2018年第6期，第172页。

［156］石佑启、杨治坤：《中国政府治理的法治路径》，《中国社会科学》2018年第1期，第66—89页。

［157］石佑启：《论公共行政之发展与行政主体多元化》，《法学评论》2003年第4期，第59—66页。

［158］石佑启：《论协会处罚权的法律性质》，《法商研究》2017年第2期，第74—81页。

［159］史焕高：《权力与国家：评迈克尔·曼〈社会权力的来源〉》，《政治与法律评论》2011年第1期，第287—296页。

［160］史长青：《裁判、和解与法律文化传统——ADR对司法职能的冲击》，《法律科学：西北政法大学学报》2014年第2期，第3—12页。

［161］舒圣祥、黄果：《"民主投票"强制退学是一堂暴力课》，《浙江人大》2012年第8期，第47页。

［162］双晓爱：《农村社区公共权力运行失范及重塑机制——以华北D村为考察对象》，《云南行政学院学报》2016年第6期，第21—26页。

［163］孙波：《地方立法"不抵触"原则探析——兼论日本"法律先占"理论》，《政治与法律》2013年第6期，第122—132页。

[164] 孙梦爽、王晓琳：《人大调研：走进民政部共话社会建设领域立法》，《中国人大》2019 年第 7 期，第 25—26 页。

[165] 孙敏、田孟：《从"自利"到"自制"：村级治理规避"分利秩序"的机制分析——以上海市若干近郊村为考察对象》，《西南大学学报（社会科学版）》2017 年第 1 期，第 5—14 页。

[166] 孙犎、吴大华：《黔东南苗族村寨民间调解机制探析》，《广西民族大学学报（哲学社会科学版）》2012 年第 3 期，第 97—99 页。

[167] 覃主元：《壮族民间法的遗存与变迁——以广西龙胜县龙脊十三寨之马海村为例》，《民族研究》2009 年第 1 期，第 58 页。

[168] 谭九生：《社团罚性质的厘定》，载《湖湘公共管理研究》（第一卷），湘潭大学出版社 2009 年版，第 171—178 页。

[169] 汤晋苏：《村民会议与村民代表会议》，《政治与法律》1995 年第 2 期，第 10—13 页。

[170] 汤玉权，黄建荣：《重心再下沉："屯级自治"的崛起与自治的复归——基于广西贵港市"一组两会"工作制度的探讨》，《中国农村研究》2014 年第 2 期，第 3—18 页。

[171] 汤玉权、徐勇：《回归自治：村民自治的新发展与新问题》，《社会科学研究》2015 年第 6 期，第 62—68 页。

[172] 唐鸣、陈荣卓：《论探索不同情况下村民自治的有效实现形式》，《当代世界社会主义问题》2014 年第 2 期，第 35—43 页。

[173] 唐鸣：《城镇化背景下基层民主的发展——对居委会组织法修改的一点意见》，《探索与争鸣》2013 年第 11 期，第 56—58 页。

[174] 唐鸣：《村民会议与直接民主》，《华中师范大学学报（人文社会科学版）》2009 年第 6 期，第 20—27 页。

[175] 唐鸣：《关于完善村民自治法律体系的两个基本问题》，《法商研究》2006 年第 2 期，第 3—8 页。

[176] 田飞龙：《从村民自治领域的权利救济看统一公法学知识生产的必要性——从村民自治领域的两个典型案例切入》，《美中法律评论》2009 年第 10 期，第 45 页。

[177] 田孟：《发挥民主的民生绩效——村级公共品供给的制度选择》，《中国农村经济》2019 年第 7 期，第 109—124 页。

[178] 童世骏：《没有"主体间性"就没有"规则"——论哈贝马斯的规则观》，《复旦学报（社会科学版）》2002年第5期，第23—32页。

[179] 汪沛颖：《村民自治权与村民个体权利间的冲突之困与解决之道》，《四川行政学院学报》2017年第5期，第68—72页。

[180] 汪庆华：《法律保留原则、公民权利保障与八二宪法秩序》，《浙江社会科学》2014年第12期，第54—64页。

[181] 王宝治：《社会权力概念、属性及其作用的辨证思考——基于国家、社会、个人的三元架构》，《法制与社会发展》2011年第4期，第141—147页。

[182] 王赐江：《完善村民自治亟须构建保障群众参与权常设机制——青县"村代会常任制"与中牟县"家庭联户代表制"比较分析》，《东南学术》2009年第4期，第40—45页。

[183] 王迪：《从城市社区改革的失效看"国家"的自主性与异质性》，《新视野》2016年第1期，第106—112页。

[184] 王国勤：《基层治理中制度创新的制度化——以浙江新昌儒岙镇石磁村的实践为例》，《浙江学刊》2010年第3期，第130—134页。

[185] 王海娟、贺雪峰：《资源下乡与分利秩序的形成》，《学习与探索》2015（2）：56—63页。

[186] 王华：《关于"村财乡管"的思考——基于辅助原则的分析》，《长江论坛》2009年第6期，第67—70页。

[187] 王建学：《论地方政府事权的法理基础与宪法结构》，《中国法学》2017年第4期，第124页。

[188] 王金红：《"两委矛盾"：经验分析与理论批评》，《华中师范大学学报（人文社会科学版）》2005年第5期，第18—24页。

[189] 王凯、程同顺：《协商民主视角下的村民自治主体分析》，《湖北社会科学》2016年第6期，第18—23页。

[190] 王雷：《论我国民法典中决议行为与合同行为的区分》，《法商研究》2018年第5期（总第35期），第137页。

[191] 王雷：《农民集体成员权、农民集体决议与乡村治理体系的健全》，《中国法学》2019年第2期，第128页。

[192] 王丽惠：《控制的自治：村级治理半行政化的形成机制与内在困

境——以城乡一体化为背景的问题讨论》,《中国农村观察》2015年第2期,第57—68页。

[193] 王荔:《司法"接近正义"之实践逻辑转向》,《学术前沿》2017年第16期,第98—101页。

[194] 王满荣:《困境与反思:村监督组织运行机制的实证研究——以杭州市余杭区为例》,《湖北社会科学》2012年第3期,第40—44页。

[195] 王书成:《论村民自治权规范体系之完善》,《政法论丛》2007年第1期,第19—24页。

[196] 王习明:《谁来为农田的灌溉买单——税费改革后乡村的农田灌溉难题》,《中国乡村发现》2007年第2期,第120—127页。

[197] 王星:《"居站分离"实践与城市基层社会管理创新》,《学海》2012年第3期,第31—36页。

[198] 王雨磊:《村干部与实践权力——精准扶贫中的国家基层治理秩序》,《公共行政评论》2017年第3期,第26—45页。

[199] 王振标、彭华:《红树林地法律保护中的财产权限制与补偿——基于管制性征收的分析视角》,《林业经济问题》2018年第3期,第31—38页。

[200] 王振标:《村民自治中的直接民主与间接民主:兼论村民会议、村民代表会议与村委会之间的关系》,《安徽农业科学》2012年第2期,第1139—1140页。

[201] 王振标:《论村规民约的法治化治理》,《行政与法》2016年第2期,第46页。

[202] 王振标:《论村民小组法律地位缺失的弊端——基于公法人理论的思考》,《西部学刊》2014年第10期,第78—80页。

[203] 王振标:《论村内公共权力的强制性——从一事一议的制度困境谈起》,《中国农村观察》2018年第6期,第12—25页。

[204] 魏昀:《村集体资产租赁合同效力探究——基于107份裁判文书的考察》,《海峡法学》2018年第4期,第75页。

[205] 毋爱斌、唐力:《法院附设诉前调解的实践与模式选择——司法ADR在中国的兴起》,《学海》2012年第4期,第115—123页。

[206] 吴思红、陈琳:《试论村"两委"书记主任"一肩挑"的权力监

督》，《中共杭州市委党校学报》2015 年第 2 期，第 17—23 页。

[207] 吴永红、梁波：《制度结构、非均衡依赖与基层治理困境的再生产——以居委会减负悖论为例》，《甘肃行政学院学报》2017 年第 4 期，第 52—60 页。

[208] 项继权：《外国农村基层管理体制比较与借鉴》，《政治学研究》1996 年第 1 期，第 76—81 页。

[209] 肖滨、方木欢：《寻求村民自治中的"三元统一"——基于广东省村民自治新形式的分析》，《政治学研究》2016 年第 3 期，第 77—90 页、第 127—128 页。

[210] 肖金明：《建构和完善农村社会民主治理体系与制度——兼议〈中华人民共和国村民委员会组织法〉的修改》，中国法学会行政法学研究会 2010 年会论文，中国山东泰安。

[211] 谢晖：《大、小传统的沟通难题与人权基点的沟通》，《甘肃社会科学》2011 年第 4 期，第 57—61 页。

[212] 熊光清：《从辅助原则看个人、社会、国家、超国家之间的关系》，《中国人民大学学报》2012 年第 5 期，第 68 页。

[213] 熊浩：《知识社会学视野下的美国 ADR 运动——基于制度史与思想史的双重视角》，《环球法律评论》2016 年第 10 期，第 24—43 页。

[214] 徐靖：《论法律视域下社会公权力的内涵、构成及价值》，《中国法学》2014 年第 1 期，第 79—101 页。

[215] 徐少林：《中国农村调查（上）》，《时代文学（上半月）》2014 年第 5 期，第 33 页。

[216] 徐勇，赵德健：《找回自治：对村民自治有效实现形式的探索》，《华中师范大学学报（人文社会科学版）》2014 年第 4 期，第 1—8 页。

[217] 徐勇：《"法律下乡"：乡土社会的双重法律制度整合》，《东南学术》2008 年第 3 期：第 19—27 页。

[218] 徐勇：《"行政下乡"：动员、任务与命令——现代国家向乡土社会渗透的行政机制》，《华中师范大学学报（人文社会科学版）》2007 年第 5 期，第 2—9 页。

[219] 徐勇：《村干部的双重角色：当家人与代理人》，《二十一世纪》（香港），1997 年第 8 期。

[220] 徐勇：《村民自治的成长：行政放权与社会发育——1990 年代以来中国村民自治发展困境的反思》，《开放导报》2004 年第 6 期，第 32—37 页。

[221] 许娟：《新型乡约若干问题探讨》，《法学论坛》2008 年第 1 期，第 107—113 页。

[222] 薛刚凌、王文英：《社会自治规则探讨——兼论社会自治规则与国家法律的关系》，《行政法学研究》2006 年第 1 期，第 1—8 页。

[223] 杨成：《村民自治权的性质辨析》，《求实》2010 年第 5 期，第 80 页。

[224] 杨成虎：《居站分离的逻辑与改革向度》，《公共管理与政策评论》2013 年第 3 期，第 45—50 页。

[225] 杨华、王会：《重塑农村基层组织的治理责任——理解税费改革后乡村治理困境的一个框架》，《南京农业大学学报（社会科学版）》2011 年第 2 期，第 41—49 页。

[226] 杨俊锋：《"人地钱"挂钩之后——中国城市化的体制性障碍与出路》，《学术月刊》2017 年第 1 期，第 66—75 页。

[227] 杨挺、李伟：《城乡义务教育治理 40 年》，《教育研究》2018 年第 12 期，第 71—80 页。

[228] 杨严炎：《美国的司法 ADR》，《政治与法律》2002 年第 6 期，第 104—106 页。

[229] 尹洪阳：《论司法对社会公权力的介入和规制》，《中国政法大学学报》2013 年第 5 期，第 84 页。

[230] 于凤瑞：《业主自治规范中限制性条款的司法审查——基于美国的实践》，《法商研究》2016 年第 3 期，第 156—166 页。

[231] 于建嵘：《村民自治：价值和困境——兼论〈中华人民共和国村民委员会组织法〉的修改》，《学习与探索》2010 年第 4 期，第 73—76 页。

[232] 郁建兴、任杰：《中国基层社会治理中的自治、法治与德治》，《学术月刊》2018 年第 12 期，第 64—74 页。

[233] 袁明宝：《"去自治化"：项目下乡背景下村民自治的理想表达与现实困境》，《江西行政学院学报》2015 年第 3 期，第 68—73 页。

[234] 袁曙宏、苏西刚：《论社团罚》，《法学研究》2003 年第 5 期，第

58—70页。

[235] 袁松:《发达地区农村的阶层分化与权力实践:一个研究展望》,《中共浙江省委党校学报》2017年第3期,第88页。

[236] 张波:《农村基层民主自治制度的回归与重塑——以上海H镇"草根宪法"实践为例》,《学术探索》2017年第9期,第52—59页。

[237] 张春敏:《新型村级治理的制度创新研究——基于黔东Y县乡贤参事会的地方经验》,《成都师范学院学报》2018年第2期,第112—118页。

[238] 张弘、潘昌伟:《村民自治权的实现——村民自治权的运行论》,中国法学会行政法学研究会2010年会论文,中国山东泰安。

[239] 张红:《农地纠纷、村民自治与涉农信访——以北京市调研为依据》,《中国法学》2011年第5期,第70—83页。

[240] 张济顺:《上海里弄:基层政治动员与国家社会一体化走向(1950—1955)》,《中国社会科学》2004年第2期,第178—188页。

[241] 张景峰:《村民自治的法哲学分析》,《中国农村观察》2002年第6期,第53—58页。

[242] 张景峰:《居民自治权理论探讨》,《河南科技大学学报(社会科学版)》2008年第3期,第104页。

[243] 张坤、郭斌:《"村账乡管"的制度缺陷及其优化机制设计》,《农村经济》2014年第6期,第121—124页。

[244] 张敏:《自治还是他治:村民自治权异变及其治理》,《中共浙江省委党校学报》2011年第6期,第66—73页。

[245] 张明新:《乡规民约存在形态刍论》,《南京大学学报(哲学.人文科学.社会科学版)》2004年第5期,第61页。

[246] 张其鸾、付民:《村民自治的司法保障》,《西南民族大学学报(人文社科版)》2005年第3期,第102—104页。

[247] 张清、顾伟:《居民自治权论要》,《南京大学法律评论》2013年第2期,第56页。

[248] 张世花、吴春宝:《村级民主监督:组织运行现状及绩效分析——对全国246个村庄3656户农户的调查研究》,《青海社会科学》2011年第3期,第82—85页。

[249] 张曦:《双层治理结构下村民小组治理机制研究——以陕西D村

为例》,《青海社会科学》2018年第1期,第118—122页。

[250] 张雪峰:《城镇化背景下"村改居"社区集体经济组织面临的问题及创新模式》,《青海社会科学》2019年第2期,第93—97页。

[251] 张悦:《权力制约视角下的村官腐败治理机制》,《哈尔滨市委党校学报》2015年第3期,第45—49页。

[252] 赵树凯:《乡村关系:在控制中脱节——10省(区)20乡镇调查》,《华中师范大学学报(人文社会科学版)》2005年第5期,第2—9页。

[253] 赵晓峰、魏程琳:《行政下乡与自治下沉:国家政权建设的新趋势》,《华中农业大学学报(社会科学版)》2018年第4期,第110—116页。

[254] 赵新龙:《农村集体资产股份量化纠纷的司法实践研究——基于681份裁判文书的整理》,《农业经济问题》2019年第5期,第30—45页。

[255] 折晓叶、陈婴婴:《项目制的分级运作机制和治理逻辑——对"项目进村"案例的社会学分析》,《中国社会科学》2011年第4期,第126—148页。

[256] 郑佳宁、孟涛:《违反民主议定程序的合同效力探究——基于对82例"四荒地"承包合同纠纷的分析》,《湖北社会科学》2015年第4期,第119—125页。

[257] 郑建君:《公共参与:社区治理与社会自治的制度化——基于深圳市南山区"一核多元"社区治理实践的分析》,《学习与探索》2015年第3期,第70页。

[258] 郑鹏程、于升:《对解决农村土地征收补偿收益分配纠纷的法律思考》,《重庆大学学报(社会科学版)》2010年第3期,第91—97页。

[259] 周安平:《社会自治与国家公权》,《法学》2002年第10期,第15—22页。

[260] 周飞舟:《从汲取型政权到"悬浮型"政权——税费改革对国家与农民关系之影响》,《社会学研究》2006年第3期,第1—38页。

[261] 周珩:《村财乡管的法理悖论及改革路径》,《法学论坛》2017年第5期,第142—151页。

[262] 周家明、刘祖云:《村规民约的内在作用机制研究——基于要素—作用机制的分析框架》,《农业经济问题》2014年第4期,第21—27页。

[263] 周健宇:《村官职务犯罪的演变与治理探析——基于1993~2017

年案例的研究报告》,《政治学研究》2018年第6期,第53—66页。

[264] 周庆智:《关于"村官腐败"的制度分析——一个社会自治问题》,《武汉大学学报(哲学社会科学版)》2015年第3期,第20—30页。

[265] 周庆智:《厘清村民自治与基层社会自治的不同属性》,《人民论坛》2016年第22期,第56—58页。

[266] 周贤日、潘嘉玮:《论村民自治权与国家行政权》,《华南师范大学学报(社会科学版)》2003年第1期,第26—34页。

[267] 周小平、刘志强:《地方自治的理论与实践》,《法治研究》2007年第6期,第52页。

[268] 朱芒:《高校校规的法律属性研究》,《中国法学》2018年第4期,第140—159页。

五、报刊网络资料

[1] 胡平平:《2006年义务教育法修订的前前后后》,《人民政协报》2019年9月25日第10版。

[2] 姜明安:《法治的自治基础与自治的法治保障:析足协等社会自治组织的可诉性》,《法制日报》2002年2月17日第3版。

[3] 金城、钟良:《让社区回归社会:深圳花果山社区自治试验进行中》,《21世纪经济报道》2013年1月25日第6版。

[4] 王鑫昕:《成都逾12亿元财政资金直接拨到村》,《中国青年报》2013年8月10日第1版。

[5] 赵勇进:《五接镇探索乡村治理有效新模式》,《南通日报》数字版,http://epaper.ntrb.com.cn/new/ntrb/html/2018—04/10/content_97566.htm.最后访问2019年10月10日。

[6] 中国足球协会2017、2018年财务报告,https://sports.qq.com/a/20190822/003680.htm.最后访问时间2020年1月11日。

[7]《浙江新昌县儒岙镇石磁村:村官缴押金、典章管村务》,http://zjnews.zjol.com.cn/05zjnews/system/2005/05/24/006117818.shtml。最后访问日期为2019年10月25日。

六、学位论文

[1] 龚文婧:《英美地方自治制度比较研究》,中共中央党校,2011年。

［2］郝耀武：《中国农村村民自治权研究》，吉林大学，2009 年。

［3］黄博：《乡村精英治理研究》，南京农业大学，2013 年。

［4］亢攀英：《村规民约合法性审查研究》，郑州大学，2017 年。

［5］宁昭：《论德国法上的社团罚》，中国政法大学，2009 年。

［6］牛文浩：《多数决的证成及其限度》，吉林大学，2018 年。

［7］孙宏伟：《英国地方自治体制研究》，南开大学，2014 年。

［8］王振堂：《制度变异：从"居站分离"到以站代居》，华东理工大学，2012 年。

［9］闫理真：《村民自治组织与村民权利的行政法救济》，中国政法大学，2007 年。

七、外文文献

［1］Albert Fiadjoe. Alternative Dispute Solution：A Developing World Perspective，Cavendish Publishing Limited. 1（2004）.

［2］Alex Mills. Federalism In The European Union And The United States：Subsidiarity, Private Law, And The Conflict Of Laws［J］，University of Pennsylvania Journal of International Law. 2010.

［3］Amy B. Epstein, . 2003. Village Elections in China：Experimenting with Democracy. U. S. And Shi Tian – Jian. Economic. Development and village elections in Rural China. journal of contemporary China，1999：425 – 442.

［4］Andreas von Staden. Subsidiarity In Global Governance：Subsidiarity In Regional Integration Regimes In Latin America And Africa，79 Law & Contemp. Prob. 27.

［5］AurelianPortuese. The Principle Of Subsidiarity As A Principle Of Economic Efficiency［J］. 17 Columbia Journal of European Law. 2011（17）：232.

［6］Benjamin S. Llamazon, Subsidiarity：The Term, Its Metaphysics And Use［J］，Aquinas：Rivista Internationale Di Filosofia，1978（21）：45 – 56.

［7］Carl. H. Lande. Introduction：The Dyadic Basis of Clientelism［M］//S Schmidt. Friends, Followers and Factions：A Reader in Political Clientelism. Berkley：University of California Press，1977：xx.

［8］Chaplin J. Subsidiarity and Social Pluralism［M］// Global Perspectives on Subsidiarity. Springer Netherlands, 2014: 72.

[9] Dahl, R. "The Concept of Power", Behavioral Science, 1957, 2 (3): 201 - 215.

[10] De Smith, S., H. Woolf, and J. Jowell, Principles of Judicial Review, London: Sweet&Maxwell, 1999: 68 - 74.

[11] Dominic Burbidge. The Inherently Political Nature ofSubsidiarity [J]. The American Journal of Jurisprudence, 2017 (62): 143 - 164.

[12] Edward T. Swaine . Subsidiarity and self - Interest: Federalism at the European Court of Justice [J]. 41 Harvard International Law Journal. 2000 (41): 3.

[13] Gabriel A. Moens * and John Trone. The Principle Of Subsidiarity In Eu Judicial And Legislative Practice: Panacea Or Placebo? [J] J. Legis., 2014 (41): 65 - 102

[14] Geoffrey D. Strommer, Stephen D. Osborne. The History, Status, And Future Of Tribal self - governance Under The Indian self - Determination And Education Assistance Act. 39 Am. Indian L. Rev. 1 (2014).

[15] George A. Bermann, Taking Subsidiarity Seriously: Federalism in the European Community and the United States, 94 Colum. L. Rev. 332, 338 - 339 (1994).

[16] Habermas j. Civil Disobedience: Litmus Test for the Democratic Constitutional State [J]. Berkeley Journal of Sociology, 1985, 30.

[17] Hope M. Babcock. A Civic - Republican Vision of "Domestic Dependent Nations" in the Twenty - First Century: Tribal Sovereignty Re - envisioned, Reinvigorated, and Re - empowered. 2005 Utah L. Rev. 443.

[18] Jacka Chengrui: Village self - Government and Representation in Southwest China, Journal of Contemporary Asia, 2016 (1).

[19] James G. March & Johan P. Olsen, The New Institutionalism: Organizational Factors in Political Life, The American Political Science Review, Vol. 78, 1984.

[20] Janben, Rechtsschuts gegen vereins - und verbandsrechtliche Sanktionen, S. 5. 转引自：宁昭：《论德国法上的社团罚》，中国政法大学，2009：2.

[21] Jean. Oi. Economic Development, Stability and democratic villageself-governace. China view, 1996.

[22] John James Kennedy: The Price of Democracy: Vote Buying and Village Elections in China, Asian Politics & Policy, 2010, 4.

[23] Kaushik Basu," The role of Norms and the Law in Economics: An Essay on Political Economy", in Scott and Keates (eds.), Schools of Thought, Princeton University Press, 2001: 165.

[24] Ken Endo, The Principle ofSubsidiarity: From Johannes Althusius to Jacques Delors [J]. Hokkaido law review, 1994, 43 (6): 553-652.

[25] Kevin. O'Brien J. Implementing political reform in China's villages. The Australian Journal of Chinese Affairs. 1996: 32-33, 59

[26] Latimer Trevor. Againstsubsidiarity [J]. Journal Of Political Philosophy, 2018, 26 (3): 282-303.

[27] Latimer Trevor. The principle ofsubsidiarity: A democratic reinterpretation [J]. Constellations, 2018, 25 (4): 587.

[28] Manion. Melanie. The Electoral connection in the Chinese Countryside. American Political Science Review, 1990 (4): 736-748.

[29] McQuillin. The Law of Municipal Corporations § 4: 80 (3d ed., 2010).

[30] Paolo G. Carozza. Subsidiarity as a Structural Principle of International Human Rights Law [J]. American Journal of International Law, 2003 (97): 41.

[31] PETTIT P. On the People's Terms: A Republican Theory and Model of Democracy [M]. Cambridge: Cambridge University Press, 2012: 212-213.

[32] Reimer von Borries, Malte Hauschild: Implementing The Subsidiarity Principle [J], Columbia Journal of European Law, 1999 (5): 369.

[33] Rodden, J. Hamilton's paradox: The promise and peril of fiscal federalism [M]. New York: Cambridge University Press, 2006: 19.

[34] Ruha Devanesan & Jeffrey Aresty, ODR and Justice - An Evaluation of Online Dispute Resolution's Interplay with Traditional Theories of Justice, in Online Dispute Resolution: Theory And Practice, A Treatise On Technology And Dispute Resolution 251, 293 (Mohamed S. Abdel Wahab, Ethan Katsh, & Daniel Rainey

eds. , 2012).

[35] SAUNDERS B. Democracy, Political Equality, and Majority Rule [J]. Ethics, 2010 (1): 149, 155-156.

[36] TamaraJacka, Sally Sargeson: Representing Women in Chinese Village self-Government: A New Perspective on Gender, Representation, and Democracy, Critical Asian Studies, 2015 (4).

[37] ThomasLinzey, Daniel E. Brannen. A Phoenix from The Ashes: Resurrecting A Constitutional Right of Local, Community self-Government in The Name of Environmental Sustainability, 8 Arizona Journal of Environmental Law & Policy 1 (2017, Oct 01).

[38] Tiebout C M. A Pure Theory of Local Expenditures [J]. Journal of Political Economy, 1956, 64 (5): 416-424.

[39] Vivient A. Schmidt. Democratizing France [M]. Cambridge [England]: Cambridge University Press, 1990: 183.

[40] Yishai Blank. Federalism, Subsidiarity, And The Role Of Local Governments In An Age Of Global Multilevel Governance, 37 Fordham Urb. L. J. 509.

附　　录

附录 A：调查问卷

A1　居民自治权运行状况调查问卷（社区干部卷）

您好！为了深入了解我国城市居民自治制度运行的现状，我们向您请教一些问题，希望能得到您的支持和配合。同时，我们向您保证：问卷是匿名的，您所提供的信息，我们也将予以严格保密，仅用于统计分析，不会提供给任何部门或个人。调查需要耽搁您一些时间，希望得到您的谅解。衷心感谢您对此项工作的大力支持！

1. 您所在的省份城市与地区。［填空题］*

_____

2. 您所在的社区叫（　　　）社区。［填空题］*

_____

3. 您的年龄是（　　　）岁。［单选题］*
   A. 18—30　　　B. 30—50　　　C. 50—70　　　D. 70 以上
4. 您的性别是（　　　）。［单选题］*
   A. 男　　　　　B. 女
5. 您是否是中国共产党党员（　　　）。［单选题］*
   A. 是　　　　　B. 否
6. 您的文化程度：（　　　）。［单选题］*
   A. 初中及以下　B. 中专或高中　C. 大专　　　　D. 本科
   E. 硕士及以上　F. 未上过学

7. 您已经在本社区居住多长时间？（   ）［单选题］*

    A. 1 年以下   B. 1—5 年   C. 6—10 年   D. 10 年以上

8. 您在社区的职务是？（   ）［填空题］*

    _____

9. 您每月的工资是？（   ）［单选题］*

    A. 1000 元以下   B. 1000—2000 元

    C. 2000—3000 元   D. 3000—5000 元

    E. 5000—7000 元   F. 7000 元以上

10. 您觉得居委会的最主要的职能是（   ）。［排序题，请在中括号内依次填入字母］*

    A. 执行和宣传党和国家的方针、政策

    B. 协助基层政府和街道办管理本社区内的公共事务

    C. 为居民提供便民服务，办理本居住区居民的公共事务和公益事业

    D. 基本没有什么用

11. 下列组织所提供的公共服务，您觉得哪些更重要，请您排个序（   ）。［排序题，请在中括号内依次填入字母］*

    A. 居委会   B. 物业公司

    C. 业委会   D. 其他非营利性的社会组织

12. 您所在的社区是否有招聘来的大学生社区干部？（   ）［单选题］*

    A. 有   B. 没有

13. 本社区是否有兼职干部？（   ）［单选题］*

    A. 有   B. 没有

14. 您所在的社区除了居委会以外，是否另外设有公共服务站？（   ）［单选题］*

    A. 是   B. 否

15. 您觉得本社区的工作核心是公共服务站还是居委会？（   ）［单选题］*

    A. 居委会   B. 公共服务站

16. 您所在社区居委会成员是（   ）产生。［多选题］*

    A. 由道街办提名候选人，然后由居民选举产生

    B. 直接由街道办任命

C. 候选人由居民自荐,然后直接由居民选举产生

D. 经由事业单位考试后聘用

E. 其他_____ *

17. 您所在的社区书记和居委会主任是否由同一人兼任?( ) [单选题]*

　　A. 由同一人兼任　　　　　　B. 由两个人分别担任

18. 您所在的社区召开居民大会(即全社区所有成年人都参与表决的会议)的频率?( ) [单选题]*

　　A. 从来没有召开过　　　　　B. 近5年没有召开过

　　C. 平均每年一次　　　　　　D. 平均每年两次及以上

　　E. 不清楚

19. 如果召开居民会议,您愿意参加居民会议吗?( ) [单选题]*

　　A. 总是愿意　　　　　　　　B. 有空就参加

　　C. 讨论的问题与我有关就参加　D. 浪费时间,总是不愿意

20. 您所在的社区召开居民代表会议的次数?( ) [单选题]*

不是每个居民都参加的,而是每个居民小组或小区派几个代表,或都是每几户派一个代表参加

　　A. 从来没有召开过　　　　　B. 近5年没有召开过

　　C. 平均每年一次　　　　　　D. 平均每年两次以上

　　E. 不清楚

21. 您所在的社区重大事项由谁来决定?( ) [单选题]*

　　A. 社区书记和居委会主任　　B. 两委(支部和居委会)联席会议

　　C. 居民代表会议　　　　　　D. 居民会议

　　E. 不清楚

22. 您所在的村居民会议和居民代表会议召开的主要形式有( )。[多选题]*

　　A. 由居委会召集,直接集中到居委会开会

　　B. 先在各居民小组或小区自行开会,完后将表决结果汇总到社区居委会

　　C. 直接入户询问各户的意见,不在家的打电话问他的意见

　　D. 从未参加过,所以不清楚

23. 您所在社区是否会将重要居务进行公开?( ) [单选题]*

A. 会 　　　　　　　　B. 不会（请跳至第 27 题）

C. 没关注过（请跳至第 27 题）

24. 您认为目前公开的居务信息的真实度是（　　）？［单选题］*

   A. 全部内容真实 　　　　　　B. 主要内容真实

   C. 部分内容真实 　　　　　　D. 虚假

   E. 不清楚

25. 本社区居务公开的途径有哪些？（　　）［多选题］*

   A. 本社区的网站或微信公众号公示

   B. 居委会公告栏公开

   C. 居委会办公室查询

   D. 不清楚

   E. 其他_____

26. 您认为本社区居务公开的主要内容（　　）？［单选题］*

   A. 公开了居委会所有事务 　　B. 公开了社区内重大事务

   C. 不清楚

27. 您所在的社区是否有居务监督委员会？（　　）［单选题］*

   A. 有 　　　B. 没有（请跳至第 31 题）

   C. 没关注过，不清楚（请跳至第 31 题）

28. 您认为居务监督委员会是否发挥了监督社区干部的作用？（　　）
［单选题］*

   A. 监督作用很明显 　　　　　　B. 有一点监督作用

   C. 基本没有监督作用 　　　　　D. 完全是摆设，没有任何监督作用

   E. 不清楚

29. 您所在社区的居务监督委员会主任（　　）。［单选题］*

   A. 由社区党委（支部）纪检委员兼任

   B. 由社区党委（支部）其他成员兼任

   C. 由居委会成员兼任

   D. 由专职的普通干部担任

30. 您所在社区的居务监督委员会除主任以外的其他成员与两委之间是否有交叉任职？（　　）［单选题］*

   A. 居务监督委员会成员基本都由居委会成员兼任

B. 居务监督委员会成员基本都由社区党组成员兼任

C. 居务监督委员会成员少量由社区党组成员兼任

D. 居务监督委员会成员少量由居委会成员兼任

E. 居务监督委员会成员与两委之间不存在交叉任职

31. 您所在的社区有居民公约吗？（   ）[单选题]*

A. 有　　　　　　　B. 没有（请跳至第36题）

C. 没关注过，不清楚（请跳至第36题）

32. 您所在的社区的居民公约是由（   ）制定的？[单选题]*

A. 居委会　　　　　　　　　B. 街道办事处

C. 全体居民集体表决制定　　　D. 居民代表会议

E. 不清楚

33. 如果居民有发生违反居民公约的行为，居委会一般如何处理？（   ）[多选题]*

A. 罚款

B. 剥夺他在本社区的部分福利

C. 通报批评

D. 报请政府处理

E. 社区没有执法权，所以基本上都不管

F. 其他方式_____*

G. 不清楚

34. 您所在社区的居民公约主要规定哪些方面的内容？（   ）[多选题]*

A. 居委会各项业务办事流程

B. 居委会选举基本规则

C. 居委会和居务监督委员会运行基本规则

D. 提倡诸如"尊老爱幼、节俭持家"等公共道德

E. 宣传国家政策和法律

G. 其他_____*

H. 不清楚

35. 您觉得居民公约现在存在哪些问题？（   ）[多选题]*

A. 内容大同小异，主要都是些口号，缺乏针对性

B. 制定过程缺少民主性

C. 与现行法律存在冲突

D. 缺乏惩戒机制，难形成有效约束

E. 不清楚

F. 其他_____ *

36. 您所在的社区居民之间如果发生纠纷一般会（　　）?［多选题］*

　　A. 双方自行和解　　　　　　B. 由社区干部调解

　　C. 找妇联等其他组织调解　　D. 直接到镇政府或派出所告状

　　E. 直接到基层法院去告状　　F. 根据居民公约处理

　　G. 根据约定俗成的习惯来处理　　H. 其他方式_____ *

A2　居民自治权运行状况调查问卷（居民卷）

您好！为了深入了解我国城市居民自治制度运行的现状，我们向您请教一些问题，希望能得到您的支持和配合。同时，我们向您保证：问卷是匿名的，您所提供的信息，我们也将予以严格保密，仅用于统计分析，不会提供给任何部门或个人。调查需要耽搁您一些时间，希望得到您的谅解。衷心感谢您对此项工作的大力支持！

1. 您所在的省份城市与地区：［填空题］*

_____

2. 您所在的社区叫（　　）社区。［填空题］*

_____

3. 您的年龄是（　　）岁。［单选题］*

　　A. 18—30　　B. 30—50　　C. 50—70　　D. 70 以上

4. 您的性别是（　　）。［单选题］*

　　A. 男　　　　B. 女

5. 您是否是中国共产党党员（　　）。［单选题］*

　　A. 是　　　　B. 否

6. 您的文化程度：（　　）。［单选题］*

　　A. 初中及以下　　B. 中专或高中　　C. 大专　　　　D. 本科

　　E. 硕士及以上　　F. 没有上过学

7. 您已经在本社区居住多长时间？（　　）［单选题］*

作为社会公权力的基层群众自治权

A. 1 年以下　　B. 1—5 年　　C. 6—10 年　　D. 10 年以上

8. 您觉得居委会的主要职能是（　　）。[多选题]*

　　A. 执行和宣传党和国家方针、政策

　　B. 协助基层政府和街道办管理本社区内的公共事务，例如计划生育、社区公共卫生、公共安全等

　　C. 为居民提供便民服务，办理本居住区居民的公共事务和公益事业

　　D. 基本没有什么用，从来没找过居委会

9. 下列组织提供的公共服务请您根据重要程度排序（　　）。[排序题，请在中括号内依次填入字母]*

　　A. 居委会　　　B. 物业公司　　　C. 业委会　　　D. 楼栋小组

　　E. 其他非营利性组织

10. 您所在的社区召开居民大会（即全社区所有成年人都参与表决的会议）的频率？（　　）[单选题]*

　　A. 从来没有召开过　　　　　　B. 近 5 年没有召开过

　　C. 平均每年一次　　　　　　　D. 平均每年两次及以上

　　E. 不清楚

11. 如果召开居民会议，您愿意参加居民会议吗？（　　）[单选题]*

　　A. 总是愿意　　　　　　　　　B. 有空就参加

　　C. 讨论的问题与我有关就参加　D. 浪费时间，总是不愿意

12. 您所在的社区召开居民代表会议的次数？（　　）[单选题]*

不是每个居民都参加的，而是每个居民小组或小区派几个代表，或都是每几户派一个代表参加

　　A. 从来没有召开过　　　　　　B. 近 5 年没有召开过

　　C. 平均每年一次　　　　　　　D. 平均每年两次以上

　　E. 不清楚

13. 您所在的社区重大事项（例如村制定居民公约、审议社区年度工作报告和制度年度发展计划等）由谁来决定？（　　）[单选题]*

　　A. 社区支部书记

　　B. 居委会主任

　　C. 社区支部书记和居委会主任一起

　　D. 两委（支部和居委会）联席会议

E. 居民代表会议

F. 居民会议

G. 不清楚

14. 您所在的村居民会议和居民代表会议召开的主要形式（　　）。[多选题]*

   A. 由居委会召集，直接集中到居委会开会

   B. 先在各小区、居民小组或楼栋小组自行开会，完后将表决结果汇总到社区居委会

   C. 直接入户询问各户的意见，不在家的打电话问他的意见

   D. 从未参加过，所以不清楚

15. 您所在社区是否会将重要居务进行公开？（　　）[单选题]*

   A. 会　　　　　B. 不会　　　　　C. 没关注过

16. 您认为目前公开的居务信息的真实度是（　　）。[单选题]*

   A. 全部内容真实　B. 主要内容真实　C. 部分内容真实　D. 虚假

   E. 不清楚

17. 本社区居务公开的途径有哪些？（　　）[多选题]*

   A. 本社区的网站或微信公众号公示　B. 居委会公告栏公开

   C. 居委会办公室查询　　　　　　　D. 不清楚

   E. 其他_____

18. 您认为本社区居务公开的主要内容（　　）。[单选题]*

   A. 公开了居委会所有事务　　　B. 公开了社区内重大事务

   C. 不清楚

19. 您所在的社区是否有居务监督委员会？（　　）[单选题]*

   A. 有　　　　　B. 没有　　　　　C. 没关注过，不清楚

20. 您认为居务监督委员会是否发挥了监督社区干部的作用？（　　）[单选题]*

   A. 监督作用很明显　　　　　　B. 有一点监督作用

   C. 基本没有监督作用　　　　　D. 完全是摆设，没有任何监督作用

   E. 不清楚

21. 您所在的社区有居民公约吗？（　　）[单选题]*

   A. 有　　　　　B. 没有　　　　　C. 没关注过，不清楚

22. 您所在的社区的居民公约是由（　）制定的？（　　）[单选题]*

　　A. 居委会　　　　　　　　　　B. 街道办事处

　　C. 全体居民集体表决制定　　　　D. 居民代表会议

　　E. 不清楚

23. 如果居民有发生违反居民公约的行为，居委会一般如何处理？（　　）[多选题]

　　A. 罚款

　　B. 剥夺他在本社区的部分福利

　　C. 通报批评

　　D. 报请政府处理

　　E. 社区没有执法权，所以基本上都不管

　　F. 其他方式_____*

　　G. 不清楚

24. 您所在社区的居民公约主要规定哪些方面的内容？（　　）[多选题]*

　　A. 居委会各项业务办事流程

　　B. 居委会选举基本规则

　　C. 居委会和居务监督委员会运行基本规则

　　D. 提倡诸如"尊老爱幼、节俭持家"等公共道德

　　E. 宣传国家政策和法律

　　G. 其他_____*

　　H. 不清楚

25. 您觉得居民公约现在存在哪些问题？（　　）[多选题]*

　　A. 内容大同小异，主要都是些口号，缺乏针对性

　　B. 制定过程缺少民主性

　　C. 与现行法律存在冲突

　　D. 缺乏惩戒机制，难形成有效约束

　　E. 不清楚

　　F. 其他_____*

26. 您所在的社区居民之间如果发生纠纷一般会（　　）。[多选题]*

　　A. 双方自行和解　　　　　　　　B. 由社区干部调解

C. 找妇联等其他组织调解　　　D. 直接到镇政府或派出所告状

E. 直接到基层法院去告状　　　F. 根据居民公约处理

G. 根据约定俗成的习惯来处理

A3　村民自治权运行状况调查问卷（村干部卷）

您好！为了深入了解我国农村村民自治制度运行的现状，我们向您请教一些问题，希望能得到您的支持和配合。同时，我们向您保证：问卷是匿名的，您所提供的信息，我们也将予以严格保密，仅用于统计分析，不会提供给任何部门或个人。调查需要耽搁您一些时间，希望得到您的谅解。衷心感谢您对此项工作的大力支持！

1. 您所在的省份城市与地区：*［填空题］

　_____

2. 您所在的村叫（　　）村。*［填空题］

　_____

3. 您的年龄是（　　）岁。［单选题］*

　A. 18—30　　B. 30—50　　C. 50—70　　D. 70 以上

4. 您的性别是（　　）。［单选题］*

　A. 男　　　　B. 女

5. 您是否是中国共产党党员？（　　）［单选题］*

　A. 是　　　　B. 否

6. 您的文化程度：（　　）。［单选题］*

　A. 初中及以下　B. 中专或高中　C. 大专　　　　D. 本科

　E. 硕士及以上　F. 没有上过学

7. 您已经在村里居住多长时间？（　　）［单选题］*

　A. 1 年以下　　B. 1—5 年　　C. 6—10 年　　D. 10 年以上

8. 您在村内的职务是（　　）。［多选题］*

　A. 村支书　　　　　　　　　　B. 村委会主任

　C. 村委会成员　　　　　　　　D. 村党支部成员

　E. 村务监督委员会成员　　　　F. 其他村干部_____*

9. 您的村干部工资（或误工补贴）每月大约是（　　）？［单选题］*

　A. 1000 元以下　　　　　　　B. 1000—2000 元

C. 2000—3000 元　　　　　　D. 3000—5000 元

E. 5000 元以上

10. 您所在的村村支书和村主任是否由同一人兼任？（　　）［单选题］*

A. 由同一人兼任　　　　　　B. 由两个人分别担任

11. 您所在村村委会成员是（　　）产生。［单选题］*

A. 由乡镇党委或政府提名候选人，然后由村民选举产生

B. 候选人由村民自荐，然后直接由村民选举产生

C. 其他_____*

12. 您所在村村两委选举的过程是（　　）？［单选题］*

A. 先选举村委会成员，再根据村委会选举情况，确定村支部候选人

B. 先选举村支部，再根据村支部选举情况，确定村委会成员候选人

13. 您所在的村召开村民大会（即全村所有成年人都参与表决的会议）的频率？（　　）［单选题］*

A. 从来没有召开过　　　　　B. 近 5 年没有召开过

C. 平均每年一次　　　　　　D. 平均每年两次及以上

E. 不清楚

14. 您所在的村召开村民代表会议的次数？（　　）［单选题］*

A. 从来没有召开过　　　　　B. 近 5 年没有召开过

C. 平均每年一次　　　　　　D. 平均每年两次以上

E. 不清楚

15. 您所在村的村民代表是（　　）。［单选题］*

A. 由村两委提名，村民会议或村民小组会议选举产生

B. 直接由村两委任命

C. 不经过村两委提名，直接由村民会议选举产生

D. 不经过村两委提名，直接由村民小组会议选举产生

16. 您所在的村重大事项（例如村集体土地的对外承包、土地补偿款的分配方案、评选贫困户等）由谁来决定？（　　）［单选题］*

A. 村支书和村主任

B. 村两委（村支部和村委会）联席会议

C. 村民代表会议

D. 村民会议

E. 其他村民议事机构

F. 从来没有过比较重大的事项

G. 不清楚

17. 您觉得村内宗族对村内重大事项的影响（　　）。[单选题]*

　　A. 有着决定性的影响　　　　B. 有重要影响

　　C. 有轻微影响　　　　　　　D. 没有任何影响

18. 您所在的村村民会议和村民代表会议召开的主要形式有（　　）。[多选题]*

　　A. 由村两委召集，直接集中到村委会开会

　　B. 先在各屯或村民小组自行开会，完后将表决结果汇总到村里

　　C. 先集中到村委会开会，没有来参加会议的打电话问他们的表决意见

　　D. 直接入户询问各户的意见，不在家的打电话问他的意见

　　E. 从未参加过，所以不清楚

19. 您所在的村除了村民代表会议以外，是否还有其他的村民议事机构？（　　）[单选题]*

　　A. 有　　　　　B. 没有（请跳至第 21 题）

20. 您所在村除了村民代表会议以外的村民议事机构叫什么？它的产生方式和主要职责是？[填空题]*

_____

21. 您所在村是否会将重要村务进行公开？（　　）[单选题]*

　　A. 会　　　　　B. 不会（请跳至第 25 题）

　　C. 没关注过（请跳至第 25 题）

22. 您认为目前公开的村务信息的真实度是（　　）。[单选题]*

　　A. 全部内容真实　　　　　　B. 主要内容真实

　　C. 部分内容真实　　　　　　D. 虚假

　　E. 不清楚

23. 本村村务公开的途径有哪些？（　　）[多选题]*

　　A. 村务公开网站公示　　　　B. 村公告栏公开

　　C. 村委会办公室查询　　　　D. 广播

　　E. 不清楚　　　　　　　　　F. 其他

24. 您认为本村村务公开的实际情况是（　　）。[单选题]*

A. 公开了村委会所有事务

B. 公开了村委会工作中的问题和过失

C. 公开了村委会工作的成就

D. 公开了村内重大事务

E. 不清楚

25. 您所在的村是否有村务监督委员会？（　　）[单选题]*

A. 有　　　　B. 没有（请跳至第 29 题）

C. 没关注过，不清楚（请跳至第 29 题）

26. 您所在村的村务监督委员会主任（　　）。[单选题]*

A. 由村支部纪检委员兼任

B. 由村支委中除了支书和纪检委员以外的一般党员兼任

C. 由非村支委中的一般党员担任

D. 由非党员的一般群众兼任

27. 您所在村的村务监督委员会中除了主任以外的其他委员（　　）。[单选题]*

A. 均未在村两委兼职

B. 在村支部有兼职但在村委会没有兼职

C. 在村两委均未有兼职

28. 您认为村务监督委员会是否发挥了监督村干部的作用？（　　）[单选题]*

A. 监督作用很明显　　　　B. 有一点监督作用

C. 基本没有监督作用　　　　D. 完全没有任何监督作用

29. 您所在的村有村规民约吗？（　　）[单选题]*

A. 有　　　　B. 没有　　　　C. 没关注过，不清楚

30. 您所在村的村规民约是由（　　）制定的？[单选题]*

A. 村委会　　　　B. 乡镇政府

C. 全体村民集体表决制定　　　　D. 村民代表会议

E. 不清楚

31. 如果村民有发生违反村内规章制度的行为，村委会一般如何处理？（　　）[多选题]*

A. 罚款　　　　B. 剥夺他的部分土地承包经营权

C. 通报批评 　　　　　　　　D. 报请政府处理

E. 其他方式_____*

32. 您所在村的村规民约主要规定哪些方面的内容？（　　　）［多选题］*

A. 宅基地和土地承包经营权等土地权利纠纷

B. 征地补偿款分配规则

C. 村委会选举基本规则

D. 村委会和村务监督委员会运行基本规则

E. 宣传国家政策和法律

G. 其他_____*

33. 您觉得村规民约现在存在哪些问题？（　　　）［多选题］*

A. 内容大同小异，缺乏针对性　　B. 制定过程缺少民主性

C. 与现行法律存在冲突　　　　　D. 监督乏力，难形成有效机制

E. 其他_____*

34. 您所在的村村民之间如果发生纠纷一般会（　　　）。［多选题］*

A. 双方自行和解　　　　　　　　B. 由村干部调解

C. 由村里其他人来调解　　　　　D. 直接到镇政府或派出所告状

E. 直接到基层法院去告状　　　　F. 根据村内规章制度处理

G. 根据约定俗成的习惯来处理　　H. 其他方式_____*

35. 您所在村2018年村集体经济收入是多少？（　　　）［单选题］*

A. 没有　　　　　　　　　　　　B. 1万元以下

C. 1万—3万元　　　　　　　　　D. 3万—5万元

E. 5万—10万元　　　　　　　　 F. 10万—20万元

G. 20万元以上

36. 您所在村2018年村集体经济收入来源主要由哪几部分构成？（　　　）［多选题］*

A. 光伏发电　　B. 资源类收入　　C. 服务类收入　　D. 混合经营收入

E. 资产类收入　　F. 其他收入

37. 您认为村干部的主要职责是（　　　）（按您的理解，对以下选项进行重要性排序）。［排序题，请在中括号内依次填入字母］*

A. 执行党和国家的政策和任务

B. 发展村集体经济，为村民谋福利

C. 为村民提供公共服务，如调解村民纠纷、帮村民申请五保补助、为村民提供农业生产技术服务等

D. 其他

A4　村民自治权运行状况调查问卷（村民卷）

您好！为了深入了解我国农村村民自治制度运行的现状，我们向您请教一些问题，希望能得到您的支持和配合。同时，我们向您保证：问卷是匿名的，您所提供的信息，我们将予以严格保密，仅用于统计分析，不会提供给任何部门或个人。调查需要耽搁您一些时间，希望得到您的谅解。衷心感谢您对此项工作的大力支持！

1. 您所在的省份城市与地区：［填空题］*

　――――――――――――――――――――

2. 您所在的村叫（　　）村。［填空题］*

　――――――――――――――――――――

3. 您的年龄是（　　）岁。［单选题］*

　A. 18—30　　　B. 30—50　　　C. 50—70　　　D. 70 以上

4. 您的性别是（　　）。［单选题］*

　A. 男　　　　　B. 女

5. 您是否是中国共产党党员？（　　）［单选题］*

　A. 是　　　　　B. 否

6. 您的文化程度：（　　）。［单选题］*

　A. 初中及以下　B. 中专或高中　C. 大专　　　　D. 本科及以上

　E. 没有上过学

7. 您已经在村里居住多长时间？（　　）［单选题］*

　A. 1 年以下　　B. 1—5 年　　　C. 6—10 年　　　D. 10 年以上

8. 您所在的村召开村民大会（即全村所有成年人都参与表决的会议）的频率？（　　）［单选题］*

村民会议即全村成年人都参加的会议，不是每家每户派代表参加的会议

　A. 从来没有召开过　　　　　　　B. 近 5 年没有召开过

　C. 平均每年一次　　　　　　　　D. 平均每年两次及以上

　E. 不清楚

9. 您所在的村召开村民代表会议的次数？（　　）［单选题］*

不是每个村民都参加的，而是每个屯或村民小组派几个代表，或都是每几户派一个代表参加。

  A. 从来没有召开过　　　　　　B. 近 5 年没有召开过

  C. 平均每年一次　　　　　　　D. 平均每年两次以上

  E. 不清楚

10. 您所在的村重大事项（例如村集体土地的对外承包、土地补偿款的分配方案、评选贫困户等）由谁来决定？（　　）［单选题］*

  A. 村支书

  B. 村主任

  C. 村支书和村主任一起

  D. 村两委（村支部和村委会）联席会议

  E. 村民代表会议

  F. 村民会议

  G. 从来没有过比较重大的事项

  H. 不清楚

11. 您所在的村村民会议和村民代表会议召开的主要形式有（　　）。［多选题］*

  A. 由村两委召集，直接集中到村委会开会

  B. 先在各屯或村民小组自行开会，完后将表决结果汇总到村里

  C. 先集中到村委会开会，没有来参加会议的打电话问他们的表决意见

  D. 直接入户询问各户的意见，不在家的打电话问他的意见

  E. 未参加过，所以不清楚

12. 您所在村是否会将重要村务进行公开？（　　）［单选题］*

  A. 会　　　　　　B. 不会（请跳至第 16 题）

  C. 没关注过（请跳至第 16 题）

13. 您认为目前公开的村务信息的真实度是（　　）。［单选题］*

  A. 全部内容真实　B. 主要内容真实　C. 部分内容真实　D. 虚假

  E. 不清楚

14. 本村村务公开的途径有哪些？（　　）［多选题］*

  A. 村务公开网站公示　　　　　　B. 村公告栏公开

C. 村委会办公室查询　　　　　　D. 广播

E. 不清楚　　　　　　　　　　　F. 其他_____

15. 您认为本村村务公开的实际情况是（　　）。［单选题］*

A. 公开了村委会所有事务

B. 公开了村委会工作中的问题和过失

C. 公开了村委会工作的成就

D. 公开了村内重大事务

E. 没有村务公开

F. 不清楚

16. 您所在的村是否有村务监督委员会？（　　）［单选题］*

A. 有　　　　　　B. 没有（请跳至第18题）

C. 没关注过，不清楚（请跳至第18题）

17. 您认为村务监督委员会是否发挥了监督村干部的作用？（　　）［单选题］*

A. 监督作用很明显

B. 有一点监督作用

C. 完全是摆设，没有任何监督作用

18. 您所在的村有村规民约吗？（　　）［单选题］*

A. 有　　　　　　B. 没有　　　　　　C. 没关注过，不清楚

19. 您所在村的村规民约是由（　　）制定的。［单选题］*

A. 村委会　　　　　　　　　　　B. 乡镇政府

C. 全体村民集体表决制定　　　　D. 村民代表会议

E. 不清楚

20. 如果村民有发生违反村内规章制度的行为，村委会一般如何处理？（　　）［多选题］*

A. 罚款　　　　　　　　　　　　B. 剥夺他的部分土地承包经营权

C. 通报批评　　　　　　　　　　D. 报请政府处理

E. 其他方式_____ *

21. 您所在村的村规民约主要规定哪些方面的内容？（　　）［多选题］*

A. 宅基地和土地承包经营权等土地权利纠纷

B. 征地补偿款分配规则

C. 村委会选举基本规则

D. 村委会和村务监督委员会运行基本规则

E. 宣传国家政策和法律

G. 其他_____*

22. 您觉得村规民约现在存在哪些问题？（　　　）[多选题]*

A. 内容大同小异，缺乏针对性　　B. 制定过程缺少民主性

C. 与现行法律存在冲突　　　　　D. 监督乏力，难形成有效机制

E. 其他_____*

23. 您所在村的村民之间如果发生纠纷一般会（　　　）。[多选题]*

A. 双方自行和解　　　　　　　　B. 由村干部调解

C. 由村里其他人来调解　　　　　D. 直接到镇政府或派出所告状

E. 直接到基层法院去告状　　　　F. 根据村内规章制度处理

G. 根据约定俗成的习惯来处理

附录 B：访谈提纲

B1　乡镇干部访谈提纲

1. 您如何看待乡镇与村（居）委会的相互关系？

2. 您认为村（居）委会的主要职能是什么？

3. 贵乡镇的村（社区）是否都制定了村规民约？村规民约是由乡镇拟定还是各村（社区）自己制定？

4. 贵乡镇的村（社区）是否存在"村民议事会""乡贤议事会"等机构？

5. 贵乡镇的村（社区）是否都采取了"一肩挑"模式？

6. 村（居）民对村（居）委会干部不满是否会到乡镇政府来申诉？

7. 您觉得各村（社区）的监督委员会能否有效地监督村干部？

8. 贵乡镇内是否实行了"村财乡管"？主要模式是什么？

9. 贵乡镇的村（居）委会干部的工资大约多少？是否由财政支付？

10. 您认为村（居）委会是否有权对违反村规民约和国家政策的村（居）民进行处罚？

11. 您认为基层治理中最主要的问题和最迫切需要解决的问题是什么？

B2 村（居）干部访谈提纲

1. 您如何看待乡镇与村（居）委会的相互关系？
2. 您认为村（居）委会的主要职能是什么？
3. 贵村（社区）是否制定了村规民约？村规民约是由乡镇拟定还是各村/社区自己制定？
4. 贵村（社区）是否存在"村民议事会""乡贤议事会"等机构？
5. 贵村（社区）的重要事项是如何决策的？
6. 贵村（社区）是否召开过村（居）民全体会议和代表会议？多久召开一次？
7. 贵村（社区）是否都采取了"一肩挑"模式？
8. 贵村（社区）是否设有监督委员会？其成员和村（居）委会之间是否有交叉任职？和村（居）党组织成员之间是否有交叉任职？您觉得各村/社区的监督委员会能否有效地监督村干部？
9. 贵村（社区）是否实行了"村财乡管"？主要模式是什么？您如何看待这项制度？
10. 贵乡镇的村（居）委会干部的工资大约多少？是否由财政支付？
11. 您认为村（居）委会是否有权对违反村规民约和国家政策的村（居）民进行处罚？
12. 您认为基层治理中最主要的问题和最迫切需要解决的问题是什么？